東海大学菅生高等学校中等部

〈収録内容〉

便利な DL コンテンツは右の QR コードから

解答用紙

⇒

※データのダウンロードは 2025 年 3 月末日まで。
※データへのアクセスには、右記のパスワードの入力が必要となります。 ⇒ 031816

〈合格最低点〉

	第 1 回 A	第 1 回 B	第 2 回 A
2024年度	81点	96点	82点
2023年度	82点	95点	90点
2022年度	85点	(4科) 168点／(2科) 93点	93点
2021年度	80点	(4科) 159点／(2科) 82点	80点
2020年度	75点	(4科) 108点／(2科) 80点	(4科) 160点／(2科) 78点

本書の特長

実戦力がつく入試過去問題集

- ▶ 問題 …………… 実際の入試問題を見やすく再編集。
- ▶ 解答用紙 …… 実戦対応仕様で収録。
- ▶ 解答解説 …… 詳しくわかりやすい解説には、難易度の目安がわかる「基本・重要・やや難」の分類マークつき（下記参照）。各科末尾には合格へと導く「ワンポイントアドバイス」を配置。採点に便利な配点つき。

入試に役立つ分類マーク

基本 確実な得点源！
受験生の 90％以上が正解できるような基礎的、かつ平易な問題。
何度もくり返して学習し、ケアレスミスも防げるようにしておこう。

重要 受験生なら何としても正解したい！
入試では典型的な問題で、長年にわたり、多くの学校でよく出題される問題。
各単元の内容理解を深めるのにも役立てよう。

やや難 これが解ければ合格に近づく！
受験生にとっては、かなり手ごたえのある問題。
合格者の正解率が低い場合もあるので、あきらめずにじっくりと取り組んでみよう。

合格への対策、実力錬成のための内容が充実

- ▶ 各科目の出題傾向の分析、合否を分けた問題の確認で、入試対策を強化！
- ▶ その他、学校紹介、過去問の効果的な使い方など、学習意欲を高める要素が満載！

解答用紙ダウンロード 解答用紙はプリントアウトしてご利用いただけます。弊社ＨＰの商品詳細ページよりダウンロードしてください。トビラのＱＲコードからアクセス可。

UD FONT 見やすく読みまちがえにくいユニバーサルデザインフォントを採用しています。

東海大学菅《すが》生《お》高等学校 中等部

生徒数　211 名
〒197-0801
東京都あきる野市菅生1468
☎042-559-2411
五日市線秋川駅　西東京バス（約11分）
青梅線小作駅　西東京バス（約13分）
八王子駅・楢原　スクールバス

Dream ALL 夢実現物語
めぐまれた自然環境の中で
ゆとりある個性重視の教育

URL	https://www.tokaisugao-jhs.ed.jp

プロフィール　豊かな人格と創造性のある個性を育成

1983 年に高校が開校。学校は緑豊かな自然の中にあり、若い心身の成長にとって最高の教育環境だ。平成７年には併設中学校が開校し、中高一貫教育を行っている。東海大学の建学の精神である人道主義・人格主義に基づき、豊かな人格と創造的な個性を育てることを教育目標としている。

環境　明るく充実した施設

中等部は都立草花丘陵自然公園に隣接した、高台の広々とした敷地にそびえ立つ６階建ての校舎で、充実した学園生活が行われている。

教室では、電子黒板を利用したICT授業が行われている。また、一人１台iPadを操作して情報収集する等、様々な活用を通した授業展開を行っている。メディアルームは書籍だけでなく最新のメディアが利用できる。

カリキュラム　中等部からの一貫教育 高校は充実のコース制

一貫教育の前半でもある中等部は、６年間という大きな枠の中、２学期制と週６日制を導入し、また、１年次は朝学習でネイティブによる英会話の授業を行っている。英数の習熟度別授業や、英会話の少人数授業で個々の理解度に合った授業が展開され、英検３級合格者は学年の８割に迫る。特進クラスは2021 年度より、医学・難関大コース（６年一貫）として新たにスタート。内容を全て一新し、東海大医学部を始めとして国公私立難関大合格を目指す。また、2023 年度より一貫進学コースを開設し、東海大学への進学をより確かなものにしている。

広い敷地に多彩な施設が並ぶ

開校以来、独特の環境学習のプログラムを持っている。トウキョウサンショウウオ、ホタルなどの観察や、里山の自然を守る取り組みも行っている。

修学旅行は北海道の東部を４泊５日の日程で見学する。東京ではできない環境学習や酪農体験、さらに世界遺産に登録されている知床半島を遊覧船で回ったりする自然体験やアイヌ民族の伝統文化の学習と盛りだくさんの内容である。

高校は、特進 PBL・進学コースの２コースがあり、特進 PBL コースは国公立・難関私大を目指している。

学校生活　食育を考えた給食メニュー

６階食堂では、元一流ホテルのシェフが腕をふるい和・洋・中のメニューを給食献立に取り入れ毎日楽しみながら美味しく全校そろっていただく。

さらに自慢の施設は100m×65mのJFA公認の人工芝グラウンドだ。汚れることのない快適な環境で体育やクラブができる。その他、野球場やテニスコートなど体育施設も充実している。キャンパスには緑があふれ、生徒が憩うベンチや、自然遊歩道もあり、様々な動植物も見られ、自然を愛し、人を思いやる心を養う。広い駐車スペースも整い、保護者や見学者も気軽に車で来校できるようになった。

このように、たいへん恵まれたキャンパスは、生徒の夢を育くむ明るい学園生活を約束してくれるはずだ。

理科実験の様子

進路　希望した９割以上が東海大へ 難関大学も増加傾向

ほとんどの生徒が進学希望で、90%以上の生徒が現役で進学している。併設の東海大学へは、希望者の約９割が医学部を始めとし、付属推薦制度による幅広い学部学科コース等に進学している。他大学へは、東京学芸大、電気通信大、横浜国立大、信州大、慶應義塾大、青山学院大、上智大、明治大、立教大、法政大、中央大、成蹊大、武蔵大、日本女子大、日本大など有名大学への進学も増加している。推薦型・総合型選抜入試の対策も積極的に行っている。

2024 年度入試要項

試験日　2/1（第１回Ａ・Ｂ）
2/2（第２回Ａ・Ｂ）
2/4（第３回）　2/6（第４回）

試験科目　国・算（第１回Ａ・２回Ａ・Ｂ・３回・４回）算数特化型または国・算（第１回Ｂ）

2024年度	募集定員	受験者数	合格者数	競争率
第1回A	40	52	51	1.0
第1回B	15	46	42	1.1
第2回A	10	8	6	1.3
第2回B	5	10	8	1.3
第3回	若干	9	8	1.1
第4回	若干	6	4	1.5

過去問の効果的な使い方

① **はじめに**　ここでは，受験生のみなさんが，ご家庭で過去問を利用される場合の，一般的な活用法を説明していきます。もし，塾に通われていたり，家庭教師の指導のもとで学習されていたりする場合は，その先生方の指示にしたがって，過去問を活用してください。その理由は，通常，塾のカリキュラムや家庭教師の指導計画の中に過去問学習が含まれており，どの時期から，どのように過去問を活用するのか，という具体的な方法がそれぞれの場合で異なるからです。

② **目的**　言うまでもなく，志望校の入学試験に合格することが，過去問学習の第一の目的です。そのためには，それぞれの志望校の入試問題について，どのようなレベルのどのような分野の問題が何問，出題されているのかを確認し，近年の出題傾向を探り，合格点を得るための試行錯誤をして，各校の入学試験について自分なりの感触を得ることが必要になります。過去問学習は，このための重要な過程であり，合格に向けて，新たに実力を養成していく機会なのです。

③ **開始時期**　過去問との取り組みは，通常，全分野の学習が一通り終了した時期，すなわち6年生の7月から8月にかけて始まります。しかし，各分野の基本が身についていない場合や，反対に短期間で過去問学習をこなせるだけの実力がある場合は，9月以降が過去問学習の開始時期になります。

④ **活用法**　各年度の入試問題を全問マスターしよう，と思う必要はありません。完璧を目標にすると挫折しやすいものです。できるかぎり多くの問題を解けるにこしたことはありませんが，それよりも重要なのは，現実に各志望校に合格するために，どの問題が解けなければいけないか，どの問題は解けなくてもよいか，という眼力を養うことです。

算数

どの問題を解き，どの問題は解けなくてもよいのかを見極めるには相当の実力が必要になりますし，この段階にいきなり到達するのは容易ではないので，この前段階の一般的な過去問学習法，活用法を2つの場合に分けて説明します。

☆偏差値がほぼ55以上ある場合

掲載順の通り，新しい年度から順に年度ごとに3年度分以上，解いていきます。

ポイント1…問題集に直接書き込んで解くのではなく，各問題の計算法や解き方を，明快にわかるように意識してノートに書き記す。

ポイント2…答えの正誤を点検し，解けなかった問題に印をつける。特に，解説の 基本 重要 がついている問題で解けなかった問題をよく復習する。

ポイント3…1回目にできなかった問題を解き直す。同様に，2回目，3回目，…と解けなければいけない問題を解き直す。

ポイント4…難問を解く必要はなく，基本をおろそかにしないこと。

☆偏差値が50前後かそれ以下の場合

ポイント1～4以外に，志望校の出題内容で「計算問題・一行問題」の比重が大きい場合，これらの問題をまず優先してマスターするとか，例えば，大問2までをマスターしてしまうとよいでしょう。

理科

理科は1から順番に解くことにほとんど意味はありません。理科は，性格の違う4つの分野が合わさった科目です。また，同じ分野でも単なる知識問題なのか，あるいは実験や観察の考察問題なのかによってもかかる時間がずいぶんちがいます。記述，計算，描図など，出題形式もさまざまです。ですから，解く順番の上手，下手で，10点以上の差がつくこともあります。

過去問を解き始める時も，はじめに1回分の試験問題の全体を見通して，解く順番を決めましょう。得意分野から解くのもよいでしょう。短時間で解けそうな問題を見つけて手をつけるのも効果的です。くれぐれも，難問に時間を取られすぎないように，わからない問題はスキップして，早めに全体を解き終えることを意識しましょう。

社会

社会は1から順番に解いていってかまいません。ただし，時間のかかりそうな，「地形図の読み取り」，「統計の読み取り」，「計算が必要な問題」，「字数の多い論述問題」などは後回しにするのが賢明です。また，3分野（地理・歴史・政治）の中で極端に得意，不得意がある受験生は，得意分野から手をつけるべきです。

過去問を解くときは，試験時間を有効に活用できるよう，時間は常に意識しなければなりません。ただし，時間に追われて雑にならないようにする注意が必要です。“誤っているもの”を選ぶ設問なのに“正しいもの”を選んでしまった，“すべて選びなさい”という設問なのに一つしか選ばなかったなどが致命的なミスになってしまいます。問題文の“正しいもの”，“誤っているもの”，“一つ選び”，“すべて選び”などに下線を引いて，一つ一つ確認しながら問題を解くとよいでしょう。

過去問を解き終わったら，自己採点し，受験生自身でふり返りをしましょう。できなかった問題については，なぜできなかったのかについての分析が必要です。例えば，「知識が必要な問題」ができなかったのか，「問題文や資料から判断する問題」ができなかったのかで，これから取り組むべきことも大きく異なってくるはずです。また，正解できた問題も，「勘で解いた」，「確信が持てない」といったときはふり返りが必要です。問題集の解説を読んでも納得がいかないときは，塾の先生などに質問をして，理解するようにしましょう。

国語

過去問に取り組む一番の目的は，志望校の傾向をつかみ，本番でどのように入試問題と向かい合うべきか考えることです。素材文の傾向，設問の傾向，問題数の傾向など，十分に研究していきましょう。

取り組む際は，まず解答用紙を確認しましょう。漢字や語句問題の量，記述問題の種類や量などが，解答用紙を見て，わかります。次に，ページをめくり，問題用紙全体を確認しましょう。どのような問題配列になっているのか，問題の難度はどの程度か，などを確認して，どの問題から取り組むべきかを判断するとよいでしょう。

一般的に「漢字」→「語句問題」→「読解問題」という形で取り組むと，効率よく時間を使うことができます。

また，解答用紙は，必ず，実際の大きさのものを使用しましょう。字数指定のない記述問題などは，解答欄の大きさから，書く量を考えていきましょう。

算数　出題傾向の分析と合格への対策

●出題傾向と内容

近年の出題数は，第1回Aは大問5題，小問数20題，第1回Bは大問4題，小問数15題，第2回Aは，大問4題，小問数15題である。

[1]は四則計算，[2]は各分野からの基本問題である。[3]以降も基本的なレベルの大問という構成になっているが，[3]以降は式を書く解答形式である。

第1回A・第2回Aに例年出題されている分野は，「図形」，「面積」，「体積」，「割合と比」，「場合の数」，「数の性質」などである。

したがって，計算，単位換算，割合の文章題や平面図形，立体図形の問題を優先して学習し，しっかり得点できるようにしよう。

学習のポイント

計算力は言うまでもなく，基礎をしっかり固めることが合格への最大のポイントである。徹底的に基本問題を学習しておくこと。

●2025年度の予想と対策

来年度も，出題数や問題構成に大きな変化はなく，基本問題を中心とした内容になるだろう。出題分野は割合や図形に限らず，どの分野の問題が出されても対応できるよう，基礎的な問題を中心に好ききらいなくすべての分野について反復学習を心がけよう。

日頃の学習で式を整理して書く練習をしておくことが大切である。式を書くことに慣れていないと意外に時間をとられてしまうものである。

問題数もそれほど多くなく，基本問題が中心になっているので，計算ミスなどが合否に大きく影響する。1問1問を正確に解くのはもちろんのこと，見直しの習慣もつけておこう。

▼年度別出題内容分類表

※　よく出ている順に☆，◎，○の３段階で示してあります。

出題内容			2022年		2023年		2024年	
			1A	2A	1A	2A	1A	2A
数と計算	四則計算		☆	☆	☆	☆	☆	☆
数と計算	概数・単位の換算		◎		○		○	○
数と計算	数の性質		○		○	○	○	
数と計算	演算記号							
図形	平面図形		☆	☆	☆	○	○	○
図形	立体図形		◎		☆	◎	◎	☆
図形	面積		☆	☆	☆	○	○	◎
図形	体積と容積		○		○	○		○
図形	縮図と拡大図						◎	
図形	図形や点の移動							
速さ	三公式と比							
速さ	文章題	旅人算			◎			
速さ	文章題	流水算						
速さ	文章題	通過算・時計算		○				○
割合	割合と比		◎	○	○	☆	○	☆
割合	文章題	相当算・還元算						
割合	文章題	倍数算		○				
割合	文章題	分配算						
割合	文章題	仕事算・ニュートン算						
文字と式								
2量の関係(比例・反比例)								
統計・表とグラフ								
場合の数・確からしさ			☆			☆		○
数列・規則性			○	☆	○	○	○	○
論理・推理・集合								
その他の文章題	和差・平均算						☆	
その他の文章題	つるかめ・過不足・差集め算				○			
その他の文章題	消去・年令算						○	
その他の文章題	植木・方陣算						☆	

東海大学菅生高等学校中等部

算数 ——グラフで見る最近３ヶ年の傾向——

最近３ヶ年に出題されたすべての問題を内容別に分類・集計し，全体に対して何パーセントくらいの割合になっているかを示しました。

（網かけ）……50校の平均　　　　（黒）……東海大学菅生高等学校中等部

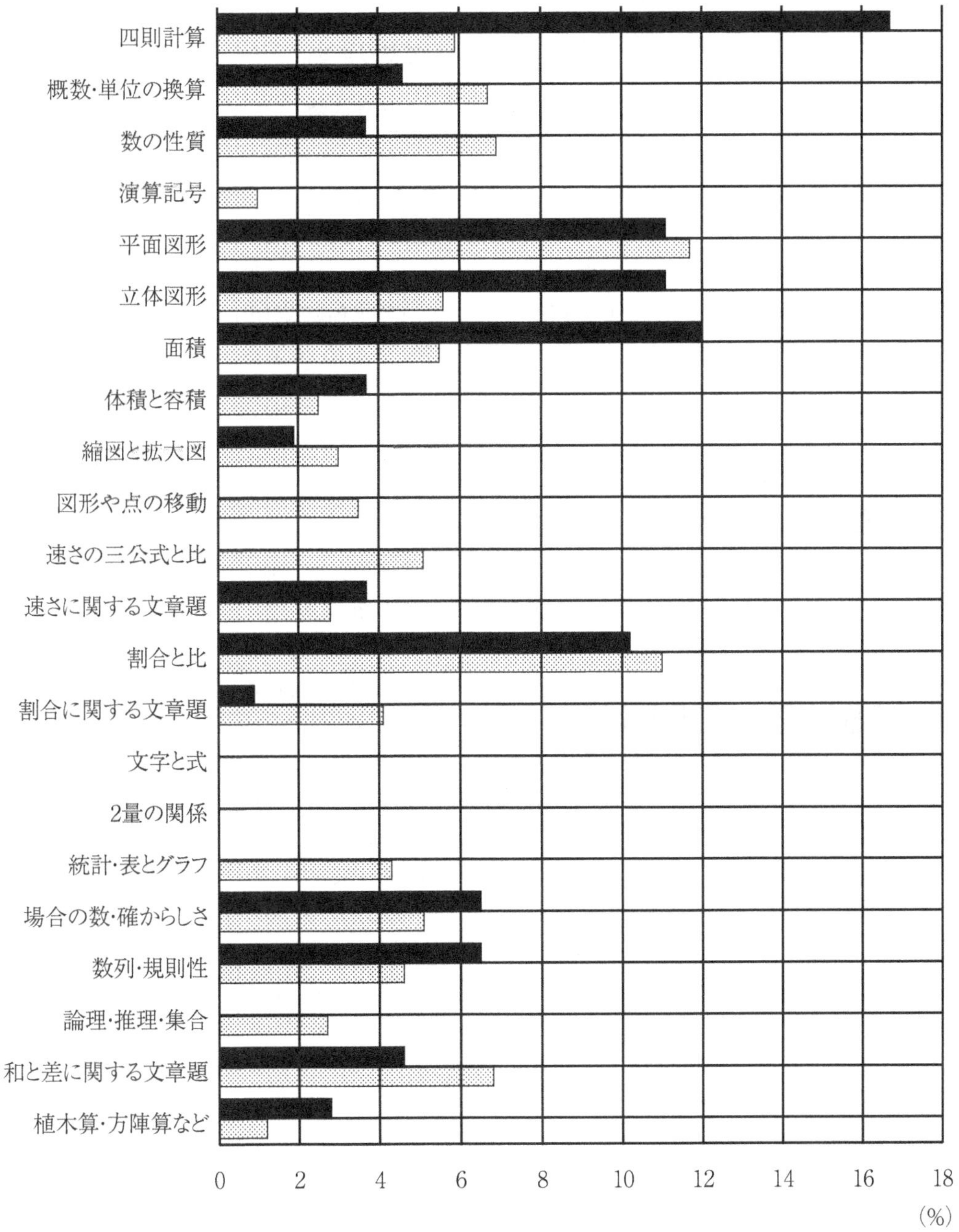

国語

出題傾向の分析と 合格への対策

●出題傾向と内容

今年度も，第1回A・第1回B・第2回Aのいずれも漢字の読み書き1題，長文読解問題2題の計3題の出題であった。読解問題は，第1回A・B，第2回Aいずれも物語と説明的文章の組み合わせであった。

漢字の読み書きは，同音異義語や同訓異字送りがななど書き間違いやすいものも出題されている。

全体に，知識よりも読解力重視の傾向にある。解答形式は，記号選択式と本文からの抜き出しの他に，15～80字の記述問題も出題されている。いずれの回も，文脈をとらえて筆者の論理を正しくとらえる問題が出題されている。

学習のポイント

文章中から該当箇所を的確に見つけよう。知識分野は幅広く勉強し，漢字も含めて確実に積み上げげて，しっかり覚えよう。

●2025年度の予想と対策

長文問題では，比較的わかりやすい文章が出ている。ジュニア向けの新書や小説などで，小見出しや章ごとの要点をつかむ学習をするとよいだろう。また，登場人物の心情や筆者の意見を，文中の言葉を使ってまとめる練習もするとよい。

知識問題は，問題集などを使って，確実な学力を身につけるようにしたい。特に漢字は，繰り返し練習すること。ことばの問題も出ることがあるので，辞書を引く習慣をつけよう。

問題量は平均的だが，読解問題が2題出ているので，問題集を利用して，時間配分を意識した学習をすることも重要である。

▼年度別出題内容分類表

※ よく出ている順に☆，◎，○の３段階で示してあります。

出題内容			2022年		2023年		2024年	
			1A	2A	1A	2A	1A	2A
内容の分類	読解	主題・表題の読み取り						
		要旨・大意の読み取り	○					
		心情・情景の読み取り	☆	☆	☆	☆	☆	☆
		論理展開・段落構成の読み取り						
		文章の細部の読み取り	☆	☆	☆	☆	☆	☆
		指示語の問題	○	◎	○	○	○	○
		接続語の問題	○	○	○	○	○	○
		空欄補充の問題	☆	☆	☆	☆	☆	
	知識	ことばの意味		◎		○	○	
		同類語・反対語						
		ことわざ・慣用句・四字熟語		○				
		漢字の読み書き	☆	☆	☆	☆	☆	☆
		筆順・画数・部首						
		文と文節						
		ことばの用法・品詞						
		かなづかい						
		表現技法						
		文学作品と作者						
		敬語						
	表現	短文作成						
		記述力・表現力	○	○	○	○	○	○
文の種類		論説文・説明文	○	○	○	○	○	○
		記録文・報告文						
		物語・小説・伝記	○	○	○		○	○
		随筆・紀行文・日記				○		
		詩（その解説も含む）						
		短歌・俳句（その解説も含む）						
		その他						

国語 ――グラフで見る最近３ヶ年の傾向――

最近３ヶ年に出題されたすべての問題を内容別に分類・集計し，全体に対して何パーセントくらいの割合になっているかを示しました。

▒…… 50校の平均　　■…… 東海大学菅生高等学校中等部

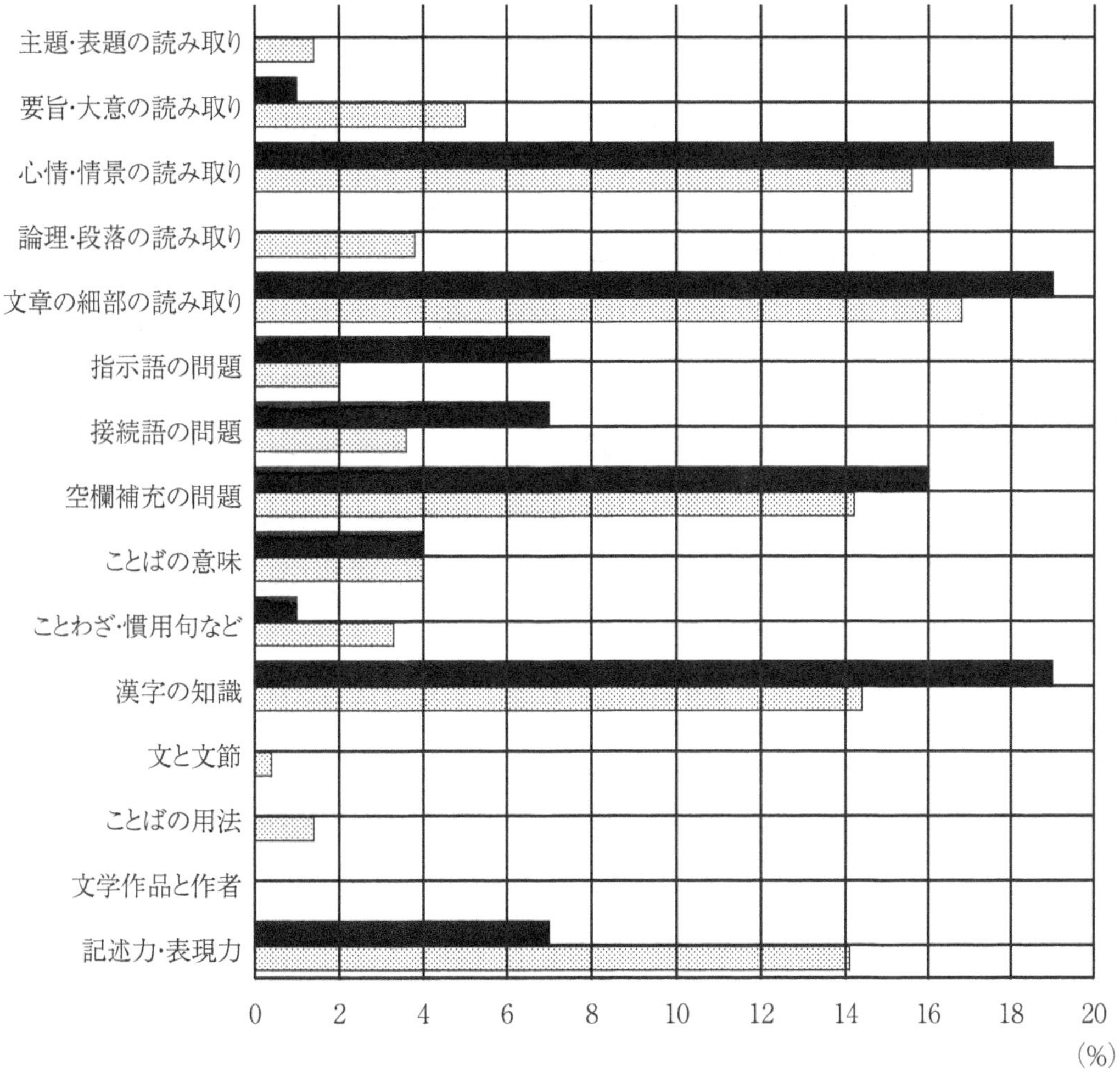

	論　説　文 説　明　文	物語·小説 伝　　　記	随筆·紀行 文・日記	詩 (その解説)	短歌·俳句 (その解説)
東海大菅生 高等学校中等部	50%	50%	0.0%	0.0%	0.0%
50校の平均	47.0%	45.0%	8.0%	0%	0%

2024年度 合否の鍵はこの問題だ!!

(第1回)A

算 数 [4]

大設問では，問題文をていねいに読み，問題文に線を引いたり，余白に書き出して情報を確認してから，設問の流れに沿って考えていくことが大切である。(1)まず，平均点を求める。平均点は合計得点を人数で割るので，得点ごとにかけ算してたし算する。間違えないよう，式をわかりやすく書くことが大切になる。(2)3問中1問のみ正解した人数が問題文に書かれているのでそれを利用する。問Aのみ正解の人は2点，問Bのみ正解の人は3点なので，それらの人数から問Cだけ正解した人の人数がわかる。(3)(2)と5点の人は問Aと問Bの2問正解の人と問Cだけ1問正解の人の和になっていることを利用して問Aと問Bの2問だけ正解した人数を求める。7点の人は問Aと問Cの2問正解，8点の人は問Bと問Cの2問正解なのでこれらを利用する。

前の小問の考え方や求めた答えを利用して次の問題に取り組むことでスムーズに答えを求めることができる。プロセスをわかりやすく書いて残すことが大切である。

国 語 [二]問十二，[三]問七

記述問題では，読み取った内容を自分なりの言葉でまとめる設問がある。[二]の問十二，[三]の問七は，解答に用いる言葉が本文中にはない。本文の内容にそって自分で解答にふさわしい言葉を選び，文にまとめなければならない。作業としてはかなり難しいものである。難度の高い記述問題に正解することが合否の鍵になる。

[二]の問十二は，「圧力」という言葉が思いつけば，それを手がかりに「権力・権威」と報道機関としてのBBCの取るべき態度という比較で解答をまとめることができる。

[三]の問七は，「嘘」と報道の関係を考える。報道は嘘をついているわけではない。しかし，現実のすべてを伝えることができないから，どのような視点で伝えるかという送り手の側の意志が反映してしまうことになる。「伝えようとする人の意志が反映される」というポイントを押さえることができれば，うまく解答をまとめることができる。

自分なりの言葉でまとめるためには，たくさんの言葉を知っていて使いこなせることが必要になる。いわゆる「語い力」をつけることが大切になる。ふだんから言葉の数を増やす努力をしよう。

2024年度
★★★★★★★★★★★★★★★★★★★★★★★★

入　試　問　題

2024年度

東海大学菅生高等学校中等部入試問題（第１回Ａ）

【算　数】（50分）　＜満点：100点＞

【注意】 定規・分度器・コンパスを使用してはいけない。

1 次の計算をしなさい。

(1) $24+76\times 11$

(2) $3.14\times 5+3.14\times 5-10\times 3.14$

(3) $\left(\frac{9}{4}+\frac{1}{6}-\frac{1}{3}\right)\times 12$

(4) $4\times 0.25\times 4\times 4\times 0.25\times 4\times 0.25$

(5) $\frac{3}{4}\times 0.5\div 3+\frac{7}{16}\div\frac{1}{2}$

(6) $\frac{1}{15}+\frac{2}{15}+\frac{4}{15}+\frac{7}{15}+\frac{8}{15}+\frac{11}{15}+\frac{13}{15}+\frac{14}{15}$

2 次の □ にあてはまる数を求めなさい。

(1) $7\,\mathrm{m}^2-3.5\,\mathrm{m}^2=$ □ cm^2

(2) 72と96の最大公約数は □ です。

(3) 5000円の品物に２割引きの値段を付けましたが，売れ残ってしまったので，そこからさらに30％引いた値段を付けました。このときの値段は □ 円です。

(4) ノート３冊とえんぴつ２本で420円です。また，ノート２冊とえんぴつ２本で300円です。このとき，えんぴつ１本の値段は □ 円です。

(5) 次のように，ある規則にしたがって数字が並んでいます。このとき，30番目の数字は □ になります。

１，４，９，16，25，…

(6) 下図の正方形において，斜線部分の周りの長さは □ cmです。ただし，円周率は3.14とします。

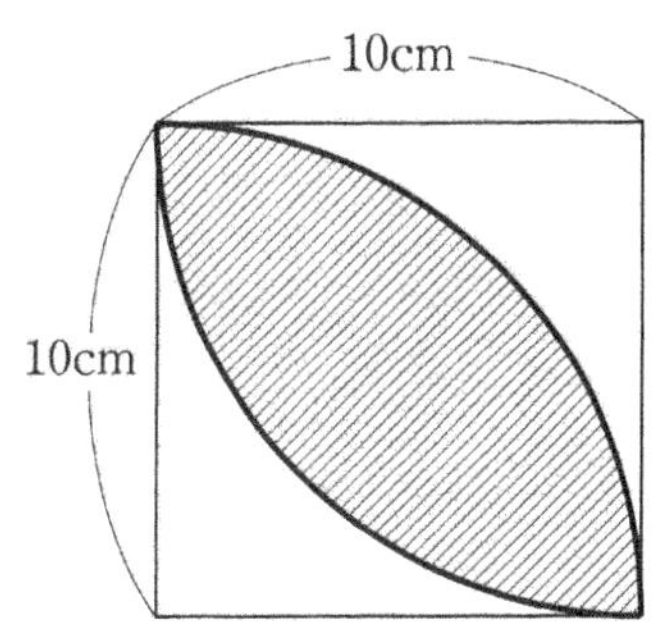

3 まっすぐにのびた道にそって，Ａ地点からＢ地点まで４ｍの間隔で木が植えてあります。木はＡ，Ｂ地点の木を含めて25本あります。今，Ａ，Ｂ地点の木はそのままにして，途中の木を６ｍの間隔に植え替えます。このとき，次の各問いに答えなさい。

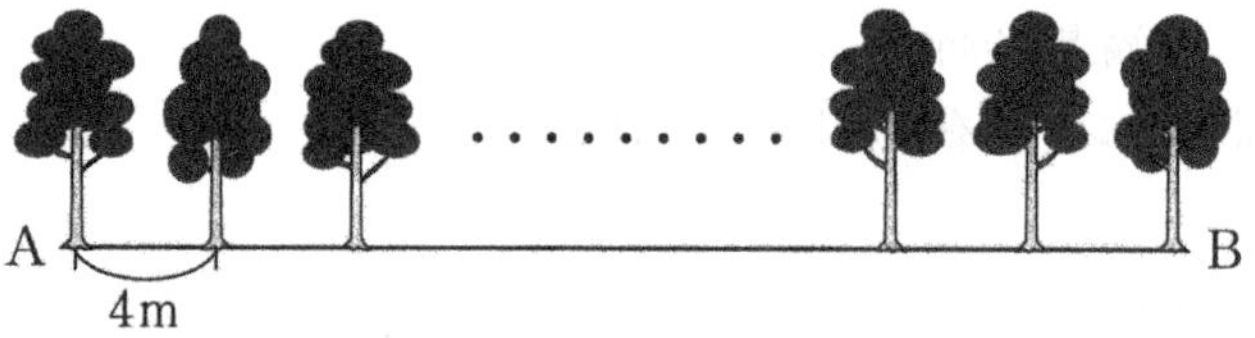

(1) Ａ地点からＢ地点までの距離を求めなさい。

(2) ６ｍの間隔に植え替えたとき，Ａ地点からＢ地点まで，木は全部で何本必要ですか。

(3) ６ｍの間隔に植え替えたとき，移動させる必要のない木（植え替える必要のない木）は，Ａ，Ｂ地点の木を含めて何本ですか。

4 あるクラスの18人の生徒が問Ａが２点，問Ｂが３点，問Ｃが５点である10点満点のテストを受けたところ，下記の表のような結果になりました。３問中１問のみ正解した生徒の人数が７人であるとき，次の各問いに答えなさい。

得点	0	2	3	5	7	8	10
人数	0	4	1	6	0	6	1

(1) このクラスの平均点は何点ですか。

(2) 問Ｃだけ正解した人の人数は何人ですか。

(3) ２問だけ正解した人数は何人ですか。

5 図のような直方体において，辺BC，FG上にI，Jをとり，AI＋IJ＋JHの長さが最小になるとき，次の各問いに答えなさい。

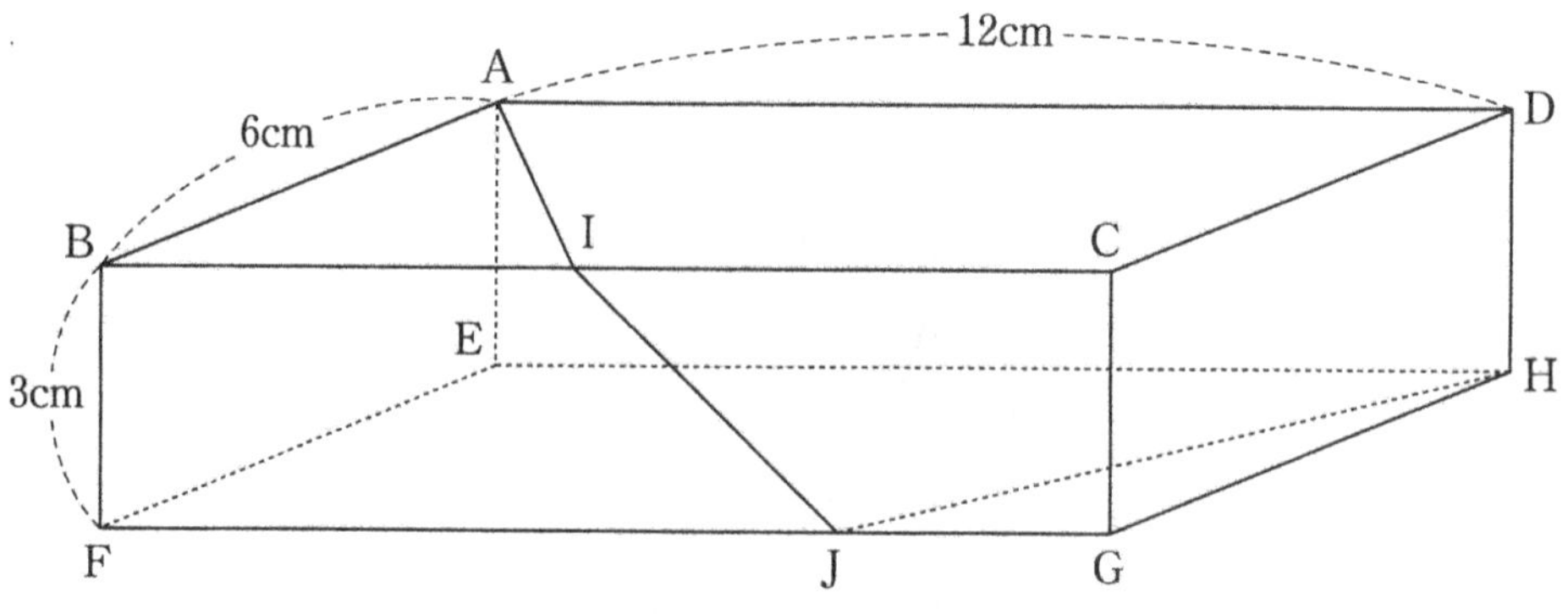

(1) BIの長さとFJの長さとEHの長さの比を最も簡単な整数で表しなさい。

(2) 三角形GHJの面積を求めなさい。

ア　さて　イ　たとえば　ウ　または
エ　でも　オ　したがって　カ　そして

問二　（②）に入る言葉を次から選び記号で答えなさい。
ア　偶然　イ　たまたま　ウ　宇宙　エ　運命

問三　（③）に入る言葉を次から選び記号で答えなさい。
ア　不服そう　イ　楽し気　ウ　怪し気　エ　微妙

問四　（④）に入る文を次から選び記号で答えなさい。
ア　脱線した話を始めた　イ　ロケットを打ち上げた
ウ　授業と関係ない内容だった　エ　朝から笑顔だった

問五　（⑤）に入る文を次から選び記号で答えなさい。
ア　レコード　イ　カセットテープ
ウ　ＵＳＢメモリ　エ　蓄音機

問六　――線部⑥「最初から『今日はこの話をしよう』と決めていたのかもしれない」とありますが、その理由を簡潔に説明しなさい。

問七　――線部⑩「インターネットで世界がつながった――　でもヘイトとかフェイクニュースも一瞬で世界中に広がる。飢えで死ぬ子どものニュース、減ってる――　でも、報道の数が減るのと実際の数が減るのとは違う、全然、まったく、まるっきり」とありますが、この内容を踏まえて、ニュースなどの報道から情報を得る際に気を付けるべきことを考えて書きなさい。

問八　（⑫）に入る科目名を次から選び、記号で答えなさい。
ア　国語　イ　体育　ウ　社会　エ　理科

問九　――線部⑬「でも――」上とありますが、「でも」のあとの「――」部に入る言葉を考えて書きなさい。

問十　――線部⑧「もしも、いま、みんなが新しい『ゴールデン・レコード』をつくるなら、どんなことを伝える？」とありますが、あなたが――線部⑨の条件（ただし日付は「二〇二四年一月」とする）を踏まえてこの課題を発表することを想定して、次の問いに答えなさい。
ⅰ　どのような形態で発表しますか。
ⅱ　どのような内容を発表しますか。簡潔に書きなさい。

経済発展している―― でも環境ボロボロ。

⑩インターネットで世界がつながった―― でもヘイトとかフェイクニュースも一瞬で世界中に広がる。飢えで死ぬ子どものニュース、減ってる―― でも、報道の数が減るのと実際の数が減るのとは違う、全然、まったく、まるっきり。

長生きできるようになった―― でも、みんなが元気でご長寿ならいいけど、そうじゃないのが問題なわけで……。

星野先生が最後に言った「嘘をついちゃいけないぞ」の一言が、じわじわと僕たちを締《し》めつける。

なにより、ウイルスのこと。世界中に猛威《もうい》をふるってから、そろそろ一年半になる。感染や重症化を防ぐワクチンはできた。どんどん接種《せっしゅ》を進めている国もある。でも、日本は、ワクチンを輸入に頼っていて、ようやく接種が本格的に始まったところだ。中学生に回ってくるまでには、あと一年以上かかるんじゃないか、とも言われている。

なんでそんなに遅いの？

科学技術はトップクラスのはずなのに、なんでワクチンがつくれないの？

偉い政治家は、なんでちゃんとした説明をしてくれないの？

ひょっとして……オレたちの国って、意外とポンコツ？

「いやいやいや、ちょっと待てよ」

クラスの男子で一番勉強のできる荻野《おぎの》くんが言った。「先生は地球人を紹介しろって言ったんだから、日本がアレでも、もっといい国があるんだったら、そっちを紹介すればいいんだよ」

（ ⑪ ）、と続ける。

「イスラエルなんて、もう国民のほとんどがワクチンを打ってるだろ」

僕はうなずいたあと、首を横に振《ふ》った。悪いけど、僕は荻野くんと勉強のライバルで、じつを言うと（ ⑫ ）の成績は僕のほうがいい。

イスラエルはいま、何十年も前から争ってばかりいるパレスチナとまた揉《も》めていて、攻撃したりされたりで、お互いにたくさんの犠牲者を出している。せっかくワクチンを打って感染症から助かったのに、憎《にく》しみ合って命を落とすのって……やっぱり、おかしいと思う。

自分の意見を打ち消された荻野くんはムッとして、「ウイルスで大変でも、経済が伸《の》びている国があるだろ」と言った。

もちろん、ある。中国とアメリカだ。

でも、中国は少数民族を弾圧《だんあつ》したり、国際的なルールを無視して好き勝手にふるまったりして、世界中から厳しく批判されている。一方、その批判の先頭に立つアメリカだって、去年からひどい人種差別問題で揺《ゆ》れているのだ。

僕の説明を聞いた荻野くんはいっそう不機嫌《ふきげん》になってしまい、「ヤマはネガティブすぎるんだよ、アラ探しばかりするなよ」と舌打ちした。

「わかってるよ、⑬でも―― 」

星野先生は「嘘をついちゃいけないぞ」と言ったのだ、とにかく。

僕も、遠い宇宙の果てで出会うかもしれない生命体に、嘘なんてつきたくない。見栄なんて張りたくない。

（重松清「星野先生の宿題」新潮社より）

《語句の説明》

※１　Ｚｏｏｍ……ウェブ会議システムおよびアプリケーション。

問一　（①）（⑦）（⑪）に入る言葉を次から選び記号で答えなさい。

十五種類の言語のあいさつ――　日本語のあいさつは「こんにちは、お元気ですか」だった。

さらに世界中の民族音楽やクラシック、ポップスの音源も収録された。バッハやモーツァルトやベートーヴェン、ロックンロールやブルース、日本からは尺八の『鶴の巣籠《すごも》り』が選ばれた。

先生は収録されたロックンロールの『ジョニー・B・グッド』の動画も用意していたから、たまたま時間に余裕ができたから脱線したのではなく、⑥最初から「今日はこの話をしよう」と決めていたのかもしれない。

（　⑦　）、ここからが本題中の本題――　。

「⑧もしも、いま、みんなが新しい『ゴールデン・レコード』をつくるなら、どんなことを伝える？」

教室は、今度はしんと静まりかえった。

えーっ、マジ？　というみんなの困った顔が、マスクに隠《かく》れていてもわかった。

男子と女子に分かれて、男子の意見と女子の意見をそれぞれクラス委員がまとめて、明日の国語の時間に発表することになった。

男子のクラス委員は、僕だ。それはつまり、こういうときに「ヤマちゃん、頼《たの》む」「山本が決めろよ、ぜんぶ賛成してやるから」と押しつけられてしまう役ということだった。

女子のクラス委員の近藤さんをちらりと見た。近藤さんも僕を見ていたので、すぐに目が合った。僕たちは同じ小学校から来て、けっこう仲良しなのだ。

近藤さんは、まいっちゃうね、と天井《てんじょう》を見上げた。女子も似たようなものなのだろう。僕もしょぼくれたポーズをつくって、こっちもまいってるよ、と応えた。マスクをしていると、気持ちを伝えるのに一手間かかる。

そんな僕たちの気も知らずに、先生は張り切って言った。

「⑨動画でも静止画でも音声でも、なんでもいいぞ。ただし、最初に言ったとおり、文章じゃだめだぞ。向こうには通じないし、言い訳っぽくなりそうだし……で、自己紹介するのは、二〇二一年五月の地球だ。いまの、地球人だ」

そして教室を見回して、付け加えた。

「⑨嘘《うそ》をついちゃいけないぞ」

マスクの奥で笑いながら――　でも、真剣な口調だった。

二〇二一年五月の地球人。

かなりサイテーだというのは、中学二年生になったばかりでもわかる。

みんなも国語の授業のあと、「マジかよー……」と困っていた。

「どこをほめればいいわけ？」

「べつにほめなくてもいいじゃん」

「そうだよ、嘘つくなって先生も言ってただろ」

「嘘じゃなくても、ほめるところ、あるでしょ」

「ないないないっ」

「えーっ？」

「じゃあ言ってみろよ、ほめるところ」

第二次世界大戦みたいな大きな戦争をしていない――　でも小さな戦争、たくさんある。

割《かつ》された※1Ｚｏｏｍの画面だった。去年の五月のことだ。

　世界中に、未知のウイルスによる感染症が広がっていた。ニッポンもそう。僕たちの街もそう。出歩くと感染する。人と人が交わると危ない。だから、学校は三月頃からずっと休みになってしまい、僕たちは卒業式をしないまま、小学校を卒業した。

　一ヵ月遅れでようやく中学校の入学式をして、新年度が始まった。でもしばらくの間は、授業はオンラインと自宅での自主学習で、行事はぜんぶ中止になり、部活も禁止されて、星野先生とも六月になるまでリアルな顔合わせはできなかったのだ。

　そんな去年のことを思うと、今年は教室で友だちと会えるだけでもまし――そういう「サイテー」と比べてしまう発想をしなくちゃいけないのが、なんか、悔《くや》しいけど。

　オンラインでもリアルでも、星野先生の宇宙への脱線は変わらない。

「時間があるから、参考までに言っておくと」「ところで、話はガラッと変わるんだけど」「それはそうとして、ちょっと別の話をすると」……。

　生徒はそれをひそかに「ロケット打ち上げ」と呼んでいる。先輩《せんぱい》から後輩《こうはい》へ、何代にもわたって受け継がれてきた呼び方だ。

　あーあ、また先生がロケット打ち上げちゃったよ、戻ってくるまで時間かかりそうだなあ、なんて。

　今日も、先生は（　④　）。

　アメリカの無人宇宙探査機ボイジャー1号と2号の話だった。

　一九七七年九月五日に打ち上げられたボイジャー1号は、木星や土星に接近して貴重な画像をたくさん撮影した。ボイジャー2号は一九七七年八月二十日に打ち上げられて、木星や土星に加え、天王星や海王星にも接近して画像のデータを地球に送った。

　そして、いま――二〇二一年五月。

　二機のボイジャーは、どちらもまだ宇宙を飛んでいる。

　教室がざわめいた。正確には、みんなマスクをしているから、もごもごもごもごもご、と騒《さわ》がしくなった。

　すごい。打ち上げからもうすぐ四十四年なのに。燃料の補給もメンテナンスもしていないのに。

　向かっているのは、太陽系の中庭あたりなのだという。

　宇宙は広い。そっちのほうがもっとすごいのかも。

　先生の話の本題は、ここから――。

　ボイジャー1号と2号は、ともに大切な荷物を積んでいる。

「手紙なんだ」

　いつかどこかで、知的な生命体と出会ったときのために、『ゴールデン・レコード』という、地球人について紹介するレコードをつくった。

「レコードから説明しなくちゃいけないかな」――あの頃の記《き》憶《おく》媒《ばい》体《たい》。いまの感覚で言えば、（　⑤　）のようなものらしい。

　その星にもパソコンやスマホはあるんですか、と誰かが質問した。

　すると、先生は苦笑して「わからないな」と言った。「でも、とにかく――」と続けた。

　レコードに記録されたものを読み取れる文明を持った星がどこかに必ずある、メッセージを理解できる知的な生命体が必ずいる、と信じて、一九七七年の地球人は自己紹介のレコードをつくってボイジャーに積んだのだ。

　百十五枚のモノクロ画像と、波や風や動物の鳴き声などの自然音、五

び、記号で答えなさい。

ア　悪いことがあった上にさらに悪いことが起きること
イ　いままで気づかなかったことが何かをきっかけにしてわかること
ウ　余計なことをしたせいで、自分に災難がふりかかること
エ　思いがけない幸運がめぐってくること

問九　（⑩）に入る言葉を次から選び、記号で答えなさい。

ア　無理な戦争　　イ　きたない戦争
ウ　空想の戦争　　エ　きれいな戦争

問十　（⑪）に入る言葉を次から選び、記号で答えなさい。

ア　激増　　イ　無視　　ウ　増減　　エ　激減

問十一　――線部⑫「戦争はメディアを育てるのです」とありますが、なぜですか。文中の言葉を使い二十字前後で書きなさい。

問十二　――線部⑮「こうでなければいけないでしょう」とありますが、報道機関は権力に対してどうあるべきだといっていますか、簡潔に説明しなさい。

三　次の文章に関する後の問いに答えなさい。

宿題が出された。

遠い遠い宇宙の果ての先の先――　太陽系の外にある、どこかの星の人たちに、自己紹介《しょうかい》も兼ねて「はじめまして」のメッセージを送ることになった。

「わたしたち地球人はこんな生命体ですよ、というのを相手に伝えるわけだ」

星野先生はそう言って、「仲良くなりたいっていうのが伝わると最高だ」と付け加えた。

「地球人」も「生命体」も、ふつうの中学二年生の教室では、めったに登場しない言葉だろう。ましてや、いまは国語の時間なのだ。

（　①　）、星野先生の授業はいつもこうだ。すぐに話が脱線して、宇宙や星の話になる。一年生のときから国語を受け持っているので、僕たちにも「地球人」や「生命体」はすっかりおなじみなのだ。

「ただし、文章で書いてもだめだぞ。向こうには地球の言葉がわからないんだから」

国語の宿題なのに文章を書かせないのって、おかしくないですか――たとえそう言われても、星野先生はちっとも気にしないだろう。

先生はとにかく宇宙や星が大好きなのだ。名前に「星」がついているのは偶然《ぐうぜん》に決まっているのに、本人は（　②　）だと言い張る。もう四十を過ぎていても、けっこうガキっぽい。

去年、初めての国語の授業で自己紹介をしたときには「ホシノと言えば、星の王子さまです。みんなも先生のことを『王子』と呼んでください」と言って、僕たちを（　③　）な空気にした。

「国語の先生なのに理系が好きなんですか?」と質問されると、「宇宙から見れば、文系とか理系とか、小さい小さい」と笑って、さらに続けた。「宇宙というのは、文系でも理系でもない。宇宙は太陽系で、銀河系だ」クラス全員、いっそう微妙《びみょう》な空気に包まれた。

もっとも、先生がスベってしまったのは、しかたないかもしれない。これが実際の教室だったら、どうだったんだろう。もうちょっとウケたかな……もっと寒くなっていたかな。

僕たちが顔合わせをしたのはモニターの中だった。教室は、二十八分《ぷん》

「愛国心に関して、あなた方から説教を受ける筋合いはない」

実に立派な態度だと思います。報道機関は、⑮こうでなければいけないでしょう。

（池上彰「世界から戦争がなくならない本当の理由」祥伝社より）

《語句の説明》

※１　湾岸戦争……一九九〇年八月二日にイラクが隣国クウェートに侵攻《しんこう》した事件をきっかけとし、侵攻後もクウェートから撤退《てったい》しないイラクに対する強制措《そ》置《ち》としてアメリカ合衆国主導の多国籍軍が結成され、その多国籍軍とイラクの間で発生した戦争である。

※２　大本営発表……日中戦争および太平洋戦争において、日本軍の最高統帥機関が行った戦況の公式発表。

※３　東側……軍事的、政治的、経済的、文化的にソビエト連邦とつながっていた、あるいはその影響下にあった東ヨーロッパ諸国のこと。

※４　左翼……より平等な社会を目指すための社会変革を支持する層を指す。

※５　抑止力……なにかをしようと思っている者にそれを行うことを思いとどまらせる力。

問一　――線部①「苦い薬」のもとになったことわざの「良薬は口に苦し」の意味を次から選びなさい。

ア　長続きせず、すぐにものごとにあきてしまう人のこと。

イ　どんなに得意なものでも時には失敗するとこがあるということ。

ウ　一度してしまったことは取り返しがつかないこと。

エ　よい忠告の言葉は聞くのがつらいが、身のためになるというたとえ。

問二　（②）に入る言葉として最も適当なものを次から選び、記号で答えなさい。

ア　反省　　イ　回想　　ウ　後悔　　エ　油断

問三　（③）（④）（⑬）（⑭）に入る言葉を次から選び、それぞれ記号で答えなさい。（同じ記号は一度しか使えません）

ア　つまり　　イ　だが　　ウ　たとえば

エ　すると　　オ　ところで　　カ　あるいは

キ　また

問四　――線部⑤「そんな報道」とはどのような報道か。文中の言葉を使い、解答欄に合うような形にして十五字から二十字以内で書きなさい。

問五　――線部⑥「その教訓」とはどんなことの教訓ですか、文中より八文字で抜き出しなさい。

問六　――線部⑦「その戦闘中、米軍はいっさい報道陣をグレナダに入れませんでした」とありますが、それはなぜですか。解答欄に合う形で文中より十三文字で抜き出しなさい。

問七　（⑧）に入る文を次から選び、記号で答えなさい。

ア　命中した映像しか公開していませんから

イ　すべて合成した映像だけですから

ウ　命中していない映像ばかりですから

エ　民間人の犠牲者は出ていませんから

問八　――線部⑨「目からウロコが落ちました」とありますが、「目からうろこが落ちる」とはどのような意味のことわざですか。次から選

実際、悲惨な写真率映像が流れなかったせいで、湾岸戦争の空爆はアメリカでも「ニンテンドー・ウォー」などと呼ばれました。コンピューターゲームのように生身の人間が傷つかない「（　⑩　）」というイメージで受け止められたのです。現実には多数の死傷者が出ているのに、これではベトナム反戦運動のような戦争への※5抑止《よくし》力が生まれません。米軍はベトナム戦争の反省から報道を規制したわけですが、その結果、人々が戦争の実態に沿って反省や総括《そうかつ》をする機会が奪《うば》われてしまったのです。

●ＣＮＮは「米軍（US army）」、ＦＯＸニュースは「わが軍（Our army）」

ＮＨＫのラジオ放送と同様、日中戦争は新聞の購読者《こうどくしゃ》数も飛躍的《ひやくてき》に増やしました。それまで新聞は一握《ひとにぎ》りの知的エリートだけが読むものでしたが、このときから一般に広く読まれるメディアになったのです。

それと似たようなことが、第二次大戦後のアメリカでも起きました。ＣＮＮの台頭です。一九八〇年にニュース専門局として開局したＣＮＮは、当初、「そんなものを誰が見るんだ」と言われる存在でした。二四時間ひたすらニュースだけを放送することに、大きな需要は見込めないと思われたのです。

ところが、一九九一年に湾岸戦争が始まると、状況は一変しました。多くの人々の関心が戦況に集中しますが、普通のテレビ局は決まった時間にならないとニュースを放送しません。そのため、いつテレビをつけてもイラクの様子を教えてくれるＣＮＮの視聴者が（　⑪　）しました。ピーター・アーネットというＣＮＮの特派員がイラクの首都バグダットからレポートする姿を覚えている人は多いでしょう。これによって、ＣＮＮの経営は軌道《きどう》に乗りました。⑫戦争はメディアを育てるのです。

しかし、十数年後には、そのＣＮＮを視聴率で追い抜くニュース専門局が登場しました。世界的な「メディア王」として知られるルパート・マードックが一九九六年に設立したＦＯＸニュースです。

もともと共和党寄りの保守的な放送局だったＦＯＸニュースは二〇〇一年の同時多発テロ以降、その姿勢を鮮明にして、愛国心を前面に押し出した報道をするようになります。表向きは「Fair and Baleneced（公平公正）」という言葉を掲げ、中立な報道をしていると主張していますが、二〇〇三年のイラク戦争報道では、画面の左上にＣＧ処理の星条旗がはためいていました。

（　⑬　）、米軍の呼び方もＣＮＮとＦＯＸニュースで違います。ＣＮＮが「ＵＳアーミー（米陸軍）」「ＵＳエアフォース（米空軍）」などと呼ぶのに対して、ＦＯＸニュースは常に「アワ・アーミー（Our army）」「アワ・エアフォース（Our air force）」。（　⑭　）「わが軍」ですから、その時点で見方が偏《かたよ》っています。中立的な客観報道とは言えません。

ちなみにイギリスでは、フォークランド紛争《ふんそう》の際、報道機関による軍の呼び方が議会で問題にされました。一九八二年、フォークランド諸島（アルゼンチン名はマルビナス諸島）の領有権《りょうゆうけん》をめぐって紛争が起きた際、イギリスのＢＢＣが「イギリス軍とアルゼンチン軍の戦い」と報じたところ、ＢＢＣの会長が議会に呼ばれ、「なぜ『わが軍』と呼ばないのか」と詰問《きつもん》されたのです。

しかし、ＢＢＣの会長は、少しも怯《ひる》むことなく、毅然《きぜん》としてこう答えました。

多かったのですが、やがて一部のジャーナリストたちが疑問を抱き、自分たちの見たままの様子を報道するようになりました。すると、圧倒的に勝っていると思っていた米軍があちこちでひどく苦戦していることがわかります。米兵が、民間人を見境なく虐殺《ぎゃくさつ》するなどの非人道的な行為をしていることも明らかになりました。

そういう現実がアメリカ人に大きなショックを与えました。戦争を推《お》し進めたいジョンソン大統領が、ジャーナリストを「祖国の裏切り者」と批判するほど、その報道内容は悲惨なものでした。

●報道規制をすれば「きれいな戦争」はいくらでも作れる。

⑤そんな報道によって、アメリカ国内ではベトナム反戦運動が巻き起こります。アメリカだけではありません。その運動は日本を含めた世界各地に広がり、米軍への風当たりが強くなりました。

戦争の実情が正しく伝わるのは私たちにとってありがたいことですが、軍にとっては都合がよくありません。このベトナム戦争報道は、米軍を大いに反省させました。⑥その教訓を活かしてやり方を変えたのは、一九八三年のグレナダ侵攻《しんこう》のときです。

グレナダはカリブ海の小さな島国ですが、冷戦下では※3東側に近い存在で、たとえばソ連のアフガニスタン侵攻を非難する国連決議にはキューバとともに反対する立場でした。キューバからは軍事援助《えんじょ》も受けていたので、アメリカにとっては目障《めざわ》りな存在です。

そのグレナダで、一九八三年一〇月に、急進的な※4左翼《さよく》がクーデターを起こしました。アメリカは、グレナダの民主主義を守ることや在留アメリカ人学生の保護などを理由に、これに介入《かいにゅう》します。米軍にとっては、ベトナム戦争以来の本格的な軍事行動でした。投入した兵力は、七〇〇〇人以上にのぼっています。

⑦その戦闘中、米軍はいっさい報道陣をグレナダに入れませんでした。取材を許可したのは、数日間の戦闘によってグレナダを制圧し、秩《ちつ》序《じょ》が回復してからです。この戦闘では双方《そうほう》を合わせて六〇名以上の戦死者が出ましたが、現場の痛々しい様子がわかる報道はまったくなされませんでした。

この手法は、一九九一年の湾岸戦争でも引き継がれました。自由な取材ができるのは、戦闘が終わってからです。したがって湾岸戦争では、イラク側だけで二万人とも三万人とも言われる戦死者があったにもかかわらず、死体の写真がひとつも世に出ていません。

その一方、テレビのニュースでは、米軍が自ら撮影した空爆《くうばく》の映像ばかりが盛んに流されました。イラクの軍事施設に爆弾が見事に命中するのを見て、「ピンポイント爆撃《ばくげき》」という言葉が生まれたのがこのときです。

私もそれを見て、最初は「すごい技術だな」と思いました。でも、ＮＨＫの緊急特番でキャスターに「米軍のミサイルは本当にピンポイントで命中するんですね」と聞かれた軍事評論家の故江畑謙介さんが、こう答えたのをいまでもよく覚えています。

「当たり前です。（　⑧　）」

これには⑨目からウロコが落ちました。実はあちこちで誤爆《ごばく》をしており、そのために民間人の犠牲者《ぎせいしゃ》も出ていたはずなのに、映像を見せなければそれがなかったことになってしまう。情報操作《そうさ》とは実におそろしいものです。

【国　語】（五〇分）〈満点：一〇〇点〉

【注意】すべての問題において、句読点やかっこ等の記号は一字と数えるものとする。

一　次の――線のカタカナを漢字に、漢字をひらがなに直し送りがなが必要なものはあわせて書きなさい。

① 武力を行使してはいけない。
② 粉末の薬。
③ 正夢になる。
④ 綿花を育てる。
⑤ 国民としてのギムをはたす。
⑥ 作品をテンジする。
⑦ 文化をデンショウする。
⑧ 予定をタシカメル。
⑨ 資料館にショゾウする。
⑩ タンジュンに考える。

二　次の文章に関する後の問いに答えなさい。

●戦争の悲惨《ひさん》さをありのまま伝えたベトナム戦争報道

ここまで、第二次世界大戦後のアメリカが戦争から何を学び、その教訓をどう活《い》かしたか（あるいは活かさなかったか）を見てきました。

ベトナム戦争やキューバ危機は、アメリカにとって「①苦い薬」となりました。そこから得た教訓によって、※1湾岸戦争では戦力の逐次《ちくじ》投入をせずに一気に決着をつけようとしたり、ソ連との間にホットラインを設置してコミュニケーションを図るようになったりしたのです。

しかし、湾岸戦争の成功が、今度はアフガニスタン戦争やイラク戦争の失敗を招きました。失敗は人間を反省させ、成功は往々にして人間を（②）させるということが、よくわかっていただけたのではないでしょうか。

（③）アメリカでは、戦争そのもののやり方だけではなく、戦争の伝え方も過去の教訓によって大きく変わりました。これは、世の中の戦争観を左右する重大な問題です。

戦場にいるわけではない一般人は、報道を通じてしか戦争の様子を知ることができません。私たちが戦争について考えるための材料を提供するという重要な役割を、メディアは担っているのです。

（④）日本でも、戦争中は新聞がいわゆる「※2大本営発表」をそのまま報道していたため、国民は自分たちの国が劣勢にあることに気づきませんでした。米軍に圧倒《あっとう》されていても、「撤退《てったい》」を「転進」と言い換えて誤魔化《ごまか》したりしていたのですから、正確な状況などわかりません。

では、アメリカの戦争報道はどのように変わったのでしょうか。

アメリカは基本的に「自由の国」ですから、言論の自由や報道の自由などを重視します。ベトナム戦争のときには、何の規制もせず自由に報道させました。規制しないどころか、新聞やテレビの記者たちを米軍の将校と同格の扱いにして、戦場取材のためにヘリコプターを提供したほどです。

その結果、目を覆《おお》いたくなるような惨状《さんじょう》が世界中に伝わりました。

当初はかつての日本のように軍部の発表をそのまま報じるメディアが

MEMO

大切なことはメモしておこうネ！

2024 年度

東海大学菅生高等学校中等部入試問題（第１回Ｂ）

【算　数】（50分）　＜満点：100点＞

【注意】 定規・分度器・コンパスを使用してはいけない。

1 次の計算をしなさい。

(1) 68.3×99.9

(2) $41\times9+82\times13+123\times5$

(3) $2021+1989+2015+1990+2009$

(4) $\left\{8\frac{1}{2}\div\left(3\frac{1}{6}-\frac{1}{2}\right)-\frac{3}{8}\right\}\div\left(1\frac{3}{8}-\frac{5}{16}\right)$

(5) $\frac{2}{3\times5}+\frac{3}{5\times8}+\frac{4}{8\times12}+\frac{5}{12\times17}$

2 次の □ にあてはまる数を求めなさい。

(1) 9時30分に時計の長針と短針がつくる小さいほうの角は □ 度です。ただし，時計は長針とあわせて短針も少しずつ動きます。

(2) ある品物を1750円で仕入れました。□ ％の利益を見込んで定価をつけましたが，売れなかったので，380円引きして売ったところ，250円の利益がありました。

(3) 下の図の斜線部分の面積は，□ cm^2 です。ただし，円周率は3.14とします。

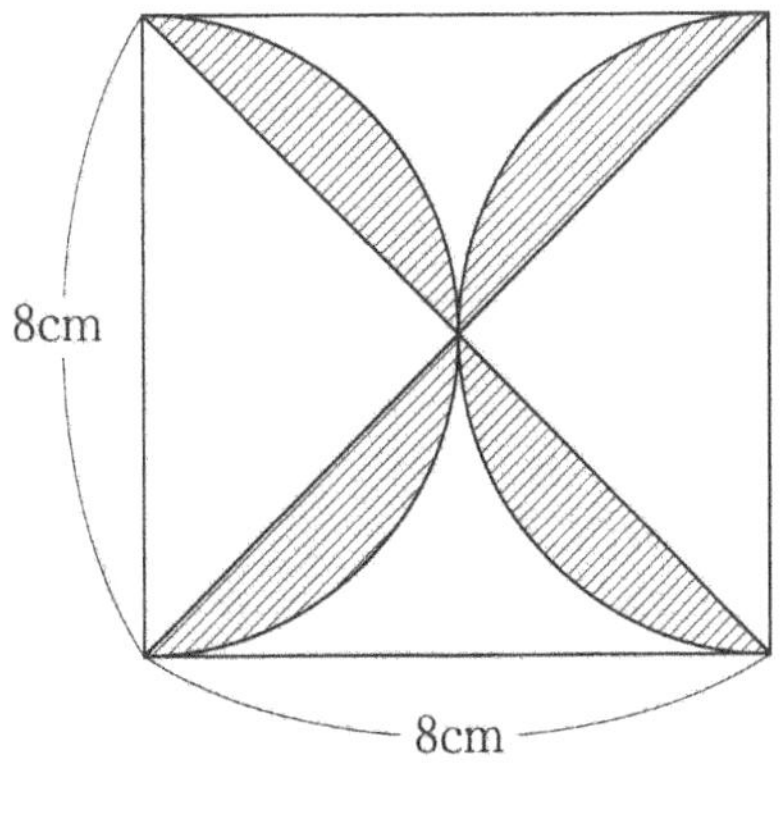

(4) 下の図のように，数がある規則で並んでいます。この数字の１番目から10番目までの数字をかけると，１の位から０が □ 個連続で続きます。

1，4，9，16，25，36，49，…

(5) 次のページの図で，三角形ABCの面積は$96cm^2$，三角形DBEの面積は$75cm^2$です。このとき，ADの長さは □ cmです。

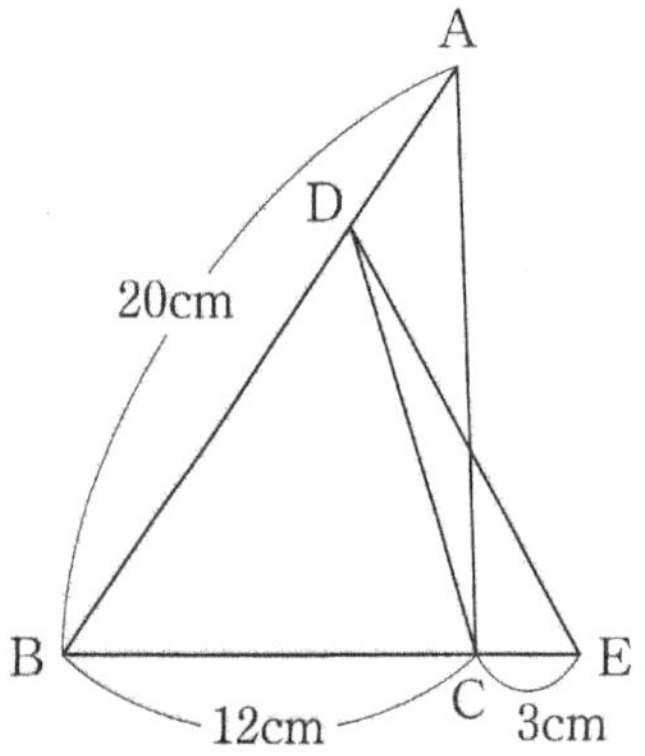

3 右の図は1辺が6㎝の立方体である。次の各問いに答えなさい。

⑴ この立方体を3点Ｂ，Ｇ，Ｄを通る平面で切るとき，その切り口の形を答えなさい。

⑵ 四面体ABCFの体積を求めなさい。

⑶ 四面体ABCFと四面体DCBGの共通部分の体積を求めなさい。

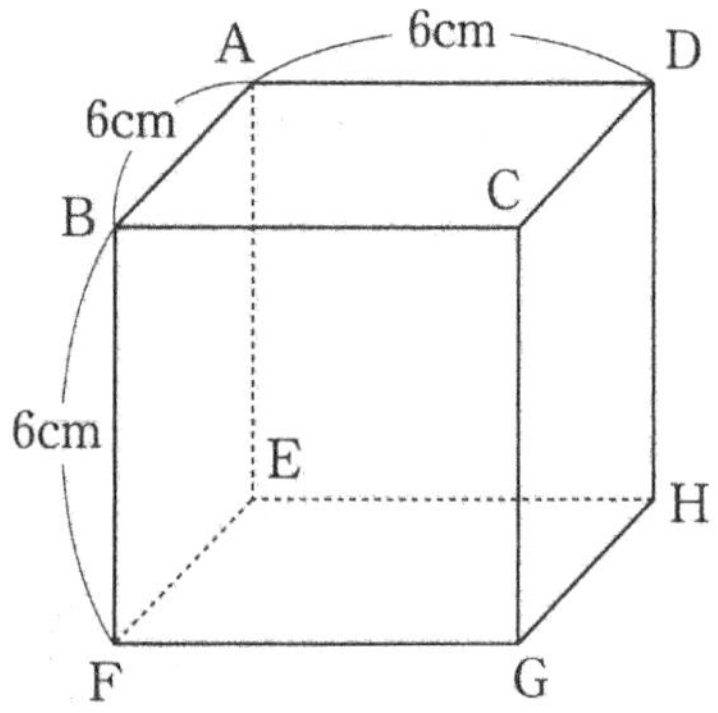

4 下の図は，半径4㎝，中心角90°のおうぎ形において，曲線部分を3等分する点Ｐ，Ｑをとったものです。点Ｐ，ＱからAOに垂直におろした線との交点をそれぞれＲ，Ｓとしたとき，次の各問いに答えなさい。ただし，円周率は3.14とします。

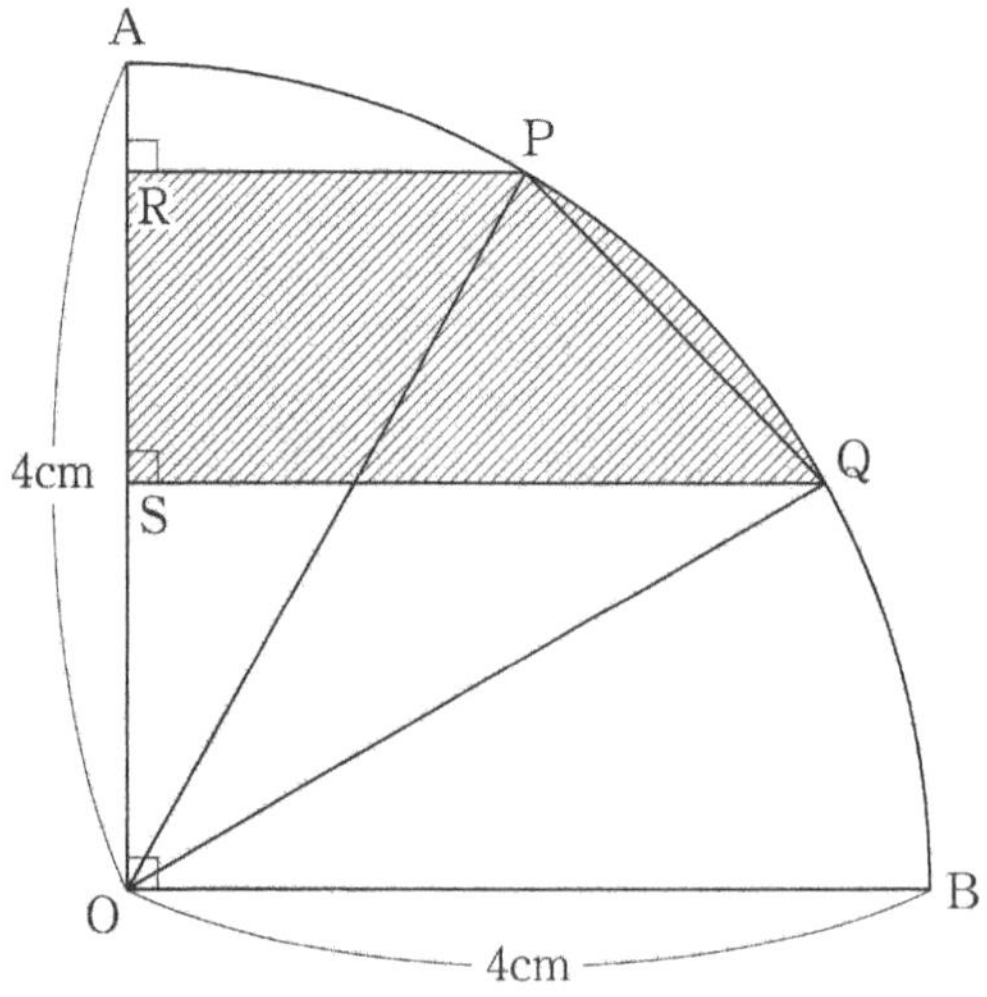

⑴ 三角形ＯＰＱの面積を求めなさい。

⑵ 斜線部分の面積とおうぎ形ＯＡＢの面積の比を求めなさい。

る力」を身につける近道と言えるのではないだろうか。

（樋口裕一　「頭のいい人は『短く』伝える」）

※１　ぶっきらぼう……態度や話し方などがそっけないようす。愛想のないさま。
※２　ミニマム……最小限であること。
※３　明快……はっきりしていて、気持ちがよいこと。
※４　昨今……このごろ。近ごろ。
※５　需要……ある商品の買い手が実際に買おうとしている量。

問一　空らんＡ～Ｃに入る言葉として最も適切なものを次より選び記号で答えなさい。

ア　しかも　　イ　しかし　　ウ　そして　　エ　だから

問二　――線①「伝えるのが上手だな」とありますが、筆者は「伝える力」を身につける近道として何を身につけることが良いと述べていますか。本文の言葉を用いて三十字以内で書きなさい。

問三　――線②「そういうとき、『この人のメールはいつも明快だ』と感じる」とありますが、どういうときに筆者は明快だと感じると述べていますか。その答えとして最も適切なものを次から選び、記号で答えなさい。

ア　何気ない話を入れながら、愛想のよい文章が送られてきたとき。
イ　丁寧に前置きが書かれて、さまざまな情報が送られてきたとき。
ウ　むだな情報がなく、必要なことがまとまった文章が送られてきたとき。
エ　エンタメな要素が盛り込まれた文章が送られてきたとき。

問四　――線③「これらのポイント」に従い次の条件を満たして文章を書きなさい。

(1)　「宿題は、家に帰ってからすぐにしたほうがいいという意見について、賛成なのか。反対なのか。」をテーマに書くこと。
(2)　二百五十字以上三百字以内で書くこと。
(3)　「なぜなら」「確かに」「しかし」を必ず入れて書くこと。

会社や家庭で起こっていること、人が頭の中で考えていることなど、世の中はとても複雑ですべてをひと言で短くまとめるのは難しい。

［A］、このような型があればどうだろう。かなりの内容を、コンパクトにまとめることができる。

その究極が次に述べる「4行」でまとめる方法だ。

「短くまとめる」コツは「4部構成」にあり

小論文を例にとって、もう少し説明しよう。

小論文を一度も書いたことがない生徒は、いきなり800字は書けない。そこでまず「4部構成」の型に沿って、これから書こうとしている内容を「4行」でまとめさせることから指導をはじめることがある。つまり、

・その課題文が言っていることについて、賛成か反対か。
・なぜそう考えるのか。
・他にはどんな考え方があるか。
・最終的に何を主張するのか。

③これらのポイントで言いたいことをまとめられている生徒は、この段階で書くべき内容がクリアになる。頭の中に全体の文章構成ができあがる。あとは、ポイントとしてまとめた短い文章に肉付けすれば、あっという間に800字の小論文が書けるようになる。そして、自分の主張を自在に展開し、読み手に伝えることができるようになる。

しかし、この要約作業がどうしてもできない生徒がいる。書くべきポイントを短い文章にまとめられないのだ。

そのような生徒には着地点が見えないまま書きはじめ、まとまりのない800字をタラタラと書いてしまう。当然、そのままでは何を主張する文章かわからないので、合格を勝ち取れる小論文にはならない。

つまり、こういうふうには考えられないだろうか。

何かを伝えるときの最小単位は「4行」なのだ。たとえば論文を書くときも、自分が何を研究テーマにしているかを明確にし、それについての仮説を述べる。次にそれを証明するための実験結果や、これまでの研究結果を比較《ひかく》して、自分の研究のほうが優れている点を書く。［B］、「だから私は○○説を否定する」と結論を結ぶ。

実は論文は、煎《せん》じつめればこのような「4行」の積み重ねで構成されているのではないだろうか。

そう考えれば、小説も同じだろう。主人公の心に何か疑問や疑念が浮かぶ。でも「ほんとうにそうだろうか」と悩《なや》む。そんなとき突然《とつぜん》、昔の知人に出くわしてヒントを得たり、普段《ふだん》起こらないようなことが起こって、主人公は何かを発見する。最後に「やっぱり自分は間違《ちが》っていなかった」と確信する。

いわゆる「起承転結」も4つの部分で構成されており、これも私が言う「4部構成」、つまり「4行」という小さな積み木をひとつひとつ積み重ねていったものがこの世の中であって、世界とは元来そういうふうにできているのではないか。

［C］、「4行」で考え、書き、話すことを身につけるのが、「伝え

「4部構成」を用いるように指導してきた。実はその型は、小論文だけでなく、ビジネス文書などあらゆる文書を書く場合にも、また話す場合においても、伝えたいことを論理的かつミニマムにまとめる技術としても使えるものだ。

「4部構成」とは次のようになっている。

第1部　問題提起　→「〜だろうか」
課題文の問題点を整理して、自分が何に対して意見を述べようとしているのかを示すための導入部。「課題文はこのように主張しているが、それは正しいのだろうか」というように「イエスかノーか」に転換《てんかん》し、問題を提起する。

第2部　意見提示　→「確かに〜しかし〜」
自分は「イエスかノーか」、どちらの立場をとるのかを明確にする。このとき、反対意見を踏《ふ》まえて、「確かに〜」と示しておいて、「しかし〜」で切り返し、自分の意見を主張する。

第3部　展開　→「その背景には」「なぜなら」
なぜ自分がそのような意見を持つのか、背景、原因、歴史的経緯《けいい》を掘《ほ》り下げていく。小論文においていちばん重要な部分。

第4部　結論　→「よって、〜である」
全体を整理して、最後にもう一度、自分か「イエスかノーか」を明示する。

小論文の場合、大学にもよるが、指定される字数は８００字から１０００字。それを4部構成で書くというわけだ。

しかし日常茶飯事に送るビジネスメールなどは、もっと短いことが多い。そうした場合も、この4部構成を当てはめて書いてみると、次のようになる。

第1部　問題提起
新商品「〇〇〇」はほんとうに9月発売でいいのだろうか。

第2部　意見提示
確かに多くの企業《きぎょう》がこれまで新商品を9月発売としてきた。しかし温暖化が進む※4昨今、消費者の※5需要《じゅよう》を考えると、もっと早い時期に設定し直したほうがいいと考えられる。

第3部　展開
なぜなら、まだ未確認だが、競合社のA社B社ともに、販売《はんばい》を早めるという噂《うわさ》はすでに業界に広まっていて、マスコミもその動向を見守っている。

第4部　結論
このような状況《じょうきょう》を踏《ふ》まえると、A社B社に先がけて前倒《だお》しの販売が望ましいと考える。

こうして4部構成でまとめた文章は論理的に展開しているので、相手を説得することもできるし、共感させることもできる。

そうか。

彼女には、わかったのだ。これが、梅乃さんの料理だということが。

嫌がらせだとか、そういったことではなく。彼女の純粋に、梅乃さんの料理に再び出会えたと――恐《おそ》らくは感動して、泣いているのだ。

（中村颯希「神様の定食屋」）

※１　漂う……あたりに感じられること。
※２　礼法……礼儀作法の略。礼儀とは相手を思いやり気遣う心、尊敬する心。これらの心を、目に見える形にして表現するのが作法。形だけの美しい所作ではなく、心をともなった美しい所作のこと。
※３　意図……何かをしようと思う気持ち。
※４　頻度……繰り返し起こる数。
※５　取り繕う……思いなどを隠すために、表面だけでごまかすこと。
※６　渾然……一つに溶け合って、区別がつかないようす。

問一　□　Ａ～Ｄに入る言葉として最も適切なものを次より選び記号で答えなさい。

ア　ふふっ　　イ　ぐん　　ウ　すっ　　エ　ほかほか

問二　――線①「意外ときちんとした子」とありますが、「意外」が付く理由を文章中の言葉を用いて三十五字以内で書きなさい。

問三　――線②「俺ははてと首を傾げた」とありますが、「俺」がそのようになった理由を説明した文として最も適当なものを次から選び、記号で答えなさい。

ア　麻里花ちゃんが箸の上げ下ろしがをきれいにしていて疑問に思ったから。
イ　麻里花ちゃんが箸を持ったまま、じっと皿を見つめていたから。
ウ　梅乃さんが「俺」の身体を乗っ取り勝手に首を傾げたから。
エ　麻里花ちゃんが動かなくなり、苦手な具でもあったかと不安になったから。

問四　――線③「左手を上にした手の重ね方」とありますが、この動作が持つ意味を文章中の言葉を用いて四十字以内で書きなさい。

問五　――線④「ぽろりと涙の粒が転がり落ちる」とありますが、「麻里花ちゃん」が泣いた理由を二十字以上三十字以内で簡潔に書きなさい。

三　次の文章に関するあとの問いに答えなさい。

身近にいる、「①伝えるのが上手だな」と感じる人を思い浮《う》かべてほしい。たいていそういう人のメールや話は簡潔だ。内容をショートカットしているから簡潔というわけではない。けっして素っ気ない印象は与《あた》えないし、※1ぶっきらぼうでもない。情報のムダが省《はぶ》かれ、必要なことが※2ミニマムにまとまっている。②そういうとき、「この人のメールはいつも※3明快だ」と感じる。

では、伝えるとは一体どういうことなのか。相手に何かを伝えたいとき、頭の中でどんな作業が行われているのだろう。

伝えたい内容を簡潔にするには、まず自分の頭の中をクリアにする必要がある。そのとき頭の中で行われているのは「要約」の作業だ。

私は長年、受験小論文の指導をしてきた。その経験から例を挙げて説明していこう。

小論文とはある課題文に対して、自分はどう考えるのかを論理的に説明する試験だ。論理的に書くために、私が編み出した「論理の型」＝

がちょっとだけ赤くなった。

——いや、違《ちが》う。

彼女の目尻《めじり》もまた、赤く染まっていた。

「——……あー……」

お椀を口の近くに掲《かか》げたまま、彼女が小さく漏《も》らす。

その両手は白くなるほど力が込められ、かすかに震《ふる》えていた。

「……も。だめ……」

こらえきれない、といった口調で呟くと、その言葉を追いかけるように、④ぽろりと涙《なみだ》の粒《つぶ》が転がり落ちる。

きれいに口紅を引いた唇を、麻里花ちゃんはぐっと噛《か》み締《し》めたが、小鼻はひくんと動き、涙は後から後から、とめどなく溢《あふ》れてきた。

「や……もー、ほんと……」

ひっく、としゃくりあげながら、震える手でお椀を下ろす。

彼女は慌ててお絞《しぼ》りを取り寄せてそれに顔を埋《う》めると、まるで子犬が泣くような声で、ひんと喉を震わせた。

その後には、俺の気のせいでなければ、

——おかあさん。

悲痛な声で、そう呟いた。

突然《とつぜん》の、なにより女性の涙。これ以上に男を慌てさせるものがあるだろうか。

ぎょっとしてなにも言えないでいると、それに気付いたらしい麻里花ちゃんが、俯《うつむ》いたままさっと片手を上げた。

「す、んません、突然。……あは、やだ……止ま、止まんない……っ」

無理やり笑みを浮かべようとするのに、しかしそれを裏切るように、涙が流れてくるらしい。

結局彼女はひっく、ひっくと肩《かた》を揺《ゆ》らすと、

「なんなんだ、今日はもー……」

弱々しくなにかに文句を言った。

無言で見守っていた梅乃さんがすっと動き、麻里花ちゃんに温かいお茶を差し出す。

彼女は、ふ、ふ、と息切れしながらそれをこくりと飲み下すと、ほんの少し落ち着きを取り戻した。

ずずっと鼻を啜り、真っ赤になった目を上げる。

「……どうも、すんませんね。今ちょっと……こう、ホルモンバランス的に、すぐ泣けちゃう状態で。あは、気にしないでください」

女性ならではの周期ということだろうか。

俺は大いに戸惑いながら、もごもごと答えた。

「……いえ、あの、……料理とか俺のせいでなければ、いいんですけど……」

「お店のせいなんかじゃ全然……！　あ、でも……そっか、ちょっと、お兄さんのせいかも」

「えっ!?」

思わずビクッと肩を上げると、麻里花ちゃんは泣き笑いのような表情を浮かべた。

「だって……この豚汁、すごい、……梅乃おかあさんの味、そのものなんだもん」

梅乃おかあさんの味。

その言葉に俺ははっとする。

「ご飯を左に、汁ものは右に。……まあ、このくらいは『常識』らしいけど、いざご飯屋さんとかに行ってみると、意外に実践《じっせん》しているとこ、少ないなあって思うし。お盆の持ち方も、お椀の置き方も、あと、その③左手を上にした手の重ね方も、立ち方も、お兄さんったら、すごく自然にやってるから。すごいなあと思って」

「そ、そうですかね……？　いや、全然無意識で……というか、そういう作法があることすら知らなかったんですけど」

なにせ、すべて梅乃さんの行動だ。

無意識に重ねていたらしい両手を慌《あわ》ててほどくと、麻里花ちゃんは、それらの作法と、その※3意図を説明してくれた。

ご飯を左に置くのは、一番持ち上げる※4頻度《ひんど》の高いお椀を取りやすいように。丸盆を置くとき、先端《せんたん》をテーブルにくっつけてから左、右、と下ろすのは、お盆で起こる風が、相手の側に行って服を乱してしまわないため。

手を重ねるとき、左手を上にするのは、剣《けん》を持つ手である右手を自ら封《ふう》じることで——礼法が確立されたのは武士の時代であるらしい——「私はあなたを傷つけませんよ」と伝えるため。

食事の作法、ちょっとした仕草、立ち姿まで。すべて、「相手を思って行動する」というのが、礼法の基本であるらしい。

「堅《かた》苦しいっちゃ堅苦しいんですけど、そういうのって……なんつーか、和の心っすよねえ」

麻里花ちゃんはなんともなしにそう言うが、そのすべてが初耳の俺にとっては、彼女こそすごい人だ。

そういえばこの子は、外見こそ派手だが、コートは埃《ほこり》が飛ばないよう玄関口《げんかんぐち》で脱《ぬ》いで畳《たた》んでいたし、無言でスマホをいじりだしたりもしない。カウンターの上にスマホを置かないことひとつを取ったって、若いお客さんにしては随分《ずいぶん》マナーが行き届いているように思えた。

「いや、麻……お客さんこそ、めちゃめちゃ作法に詳《くわ》しいじゃないですか」

「いやいやー。あたしのは全部受け売りだし」

麻里花ちゃんは明るく笑い飛ばすと、ふと黙《だま》り込《こ》んだ。

そしてじっと、懐《なつ》かしむように豚汁を見つめた。

「……あたしの義理のお母さんが、鬼厳しい人だったんすよ」

ぽつんと呟く。

梅乃さんのことだ。

俺が咄嗟《とっさ》に言葉を返せずにいると、それになにを思ったのか、

「あは、すんません、なんの話してんだろ、あたし」

麻里花ちゃんは※5取り繕《つくろ》うような笑みを浮かべ、両手で豚汁のお椀を持った。

「料理はあったかいうちに頂かなきゃね」

そうして、いただきますと再び唱えて、静かにそれを啜《すす》る。

一拍《ぱく》置いて、その長いまつ毛に縁《ふち》取られた瞳《ひとみ》を、大きく見開いた。

先ほど味見した俺にはわかる。

今、麻里花ちゃんの口には、豚《ぶた》の旨《うま》みと、とろけた野菜の甘《あま》みが、※6渾然《こんぜん》一体となって広がっていることだろう。

コクのある汁が冷え切った喉《のど》を駆《か》け抜《ぬ》けて、胃の底から温めてくれているはずだ。実際、にんにくのほのかな風味が鼻に抜けたであろう瞬《しゅん》間《かん》、麻里花ちゃんの顔色がぱっとあかるくなる。頬《ほお》が上気して、鼻の先

の子なのだろうと決めて掛《か》かっていた分、急に彼女が清楚《せいそ》な女性に見えて、俺はどぎまぎとした。

　どうも、①意外にきちんとした子のようだ。

　厨房に戻《もど》りながら、そんなことを考えていると、まるで俺の思考を読み取ったように梅乃さんが意地悪そうに笑う。

（ふん。ようやく、箸の上げ下ろしはできるようになったみたいね。できの悪い生徒だこと）

　どうやら箸の持ち方は、梅乃さんが麻里花ちゃんに教えたものであったらしい。

　素直に褒《ほ》めてやりゃあいいのに、と、ちょっと気の毒になりながら麻里花ちゃんに視線を戻し、②俺ははてと首を傾《かし》げた。

　彼女は箸を持ったまま、じっと皿を見つめていたのだ。

「……どうかしましたか？」

　やはり、いざ冷や飯を前にして、食べる気が失せてしまったのだろうか。

　心配になった俺が尋《たず》ねると、彼女ははっと顔を上げ、

「え？　あ、なんでもないでっす！」

　例の明るい笑顔を浮《う》かべた。

　だが―心なしか、その表情は、ぎこちなく見えた。

　なにか料理に不足があっただろうか。嫌《きら》いなものが入っていただろうか。

　まさか、梅乃さんたら嫌がらせに、彼女の嫌《きら》いなものを入れていたとか……？

　今更《いまさら》ながらその可能性に思い当たり、

「もしかして、苦手な具でも入ってました？」

と尋ねてみる。

　すると麻里花ちゃんは即座《そくざ》に首を振《ふ》った。

「ううん。大好物ばっかです。大根も、人参も、全部全部、好きなもの、ばっか……」

　だから、ちょっと。

　声がすぼみ、途《と》切れていく。

　なぜか少しだけ目まで潤《うる》ませているようである彼女に、俺はぎょっとした。

　と、それに気付いたのか、麻里花ちゃんは、

「あはは、すみません。あんまりにもおいしそうで、興奮しちゃった」

　明るくとりなした。

　だが、せっかく持った箸を置き、なぜかお腹をひと撫《な》ですると、

「……ねえお兄さん。もしかして※2礼法とか、習ったことあるでしょ？」

　突然、そんな話を振ってきた。

「れ、礼法？」

　もちろんそんなもの、習うどころか、聞いたのすら初めてだ。

　戸惑《まど》って首を振ると、麻里花ちゃんは当てが外れたとでもいうように、ちょっと唇を尖《とが》らせた。

「えー？　本当に？　じゃあ親に躾《しつ》けられたとか？　相当できた親御《おやご》さんっすね」

　まるで俺が礼法をマスターしているかのような口ぶりだ。首を傾げていると、彼女は「だってさ」とひとつひとつ例を挙げて説明してくれた。

【国　語】（五〇分）〈満点：一〇〇点〉

【注意】すべての問題において、句読点やかっこ等の記号は一字と数えるものとする。

一　次の――線のカタカナを漢字に、漢字をひらがなに直しなさい。

（送りがなが必要なものはあわせて書くこと）

① 実力を十分にハッキする。
② 手厚くカンビョウする。
③ 両親をソンケイする。
④ 植物をサイシュウする。
⑤ コーヒーに砂糖をマゼル。
⑥ おやつの量をヘラス。
⑦ センレンされた文章。
⑧ 台風が本土を縦断した。
⑨ 県庁所在地。
⑩ むりな要求を退ける。

二　次の文章に関する後の問いに答えなさい。

[A]と湯気を立てている豚汁《とんじる》と、土鍋《どなべ》から茶碗《ちゃわん》に移し、冷蔵庫で冷ましておいた白飯。あとは、おまけに野沢菜《のざわな》の漬《つけ》物を用意する。

それを厨房《ちゅうぼう》から直接カウンターに置こうとすると、[B]と体が引っ張られる感覚がして、梅乃《うめの》さんに体の主導権が奪《うば》われた。

（お盆《ぼん》があるのですから、お盆を使いなさい）

そんな一言が響《ひび》く。

せっかくのカウンター席なのに、とちょっと唇《くちびる》を尖《とが》らせたが、俺《おれ》は特に反論することなく――だって、ここで独り言を唱《とな》えはじめても不気味だ――お盆《ぼん》に皿を移しはじめた。

両手でお盆を持ち、席に回り込む。

麻里花《まりか》ちゃんの後ろのテーブルにそっとお盆を置き、そこから丁寧《ていねい》に皿やお椀《わん》を取り上げる自分の両手を見て、俺はちょっとだけ驚《おどろ》いた。

なんだか、きれいだ。

両手で茶碗を捧《ささ》げ持ち、置く直前に左手ですっと引いて。音を立てないよう、高台を奥から手前に傾《かたむ》けるようにしながら、最後にそっと右手を離《はな》す。そのとき、左手を右の一の腕《うで》辺りに沿えているのは、きっと、着物の袖《そで》を押《お》さえる癖《くせ》の名残《なごり》なのだろう。

ご飯は左に、汁《しる》物は右に。漬物は、二つの間の、奥《おく》の位置。

いつも志穂《しほ》から言われていることのはずなのに、きちんと等間隔《とうかんかく》に置かれた器を見ると、急に品格が※1漂《ただよ》って見えた。

「…………」

「え？」

麻里花ちゃんが、少し目を見開いて、なにごとかと小さく呟《つぶや》く。

俺が思わず聞き返すと、彼女《かのじょ》は[C]と笑って首を振《ふ》り、「いただきまーす」と唱えた。

よくよく見ると、彼女の箸《はし》の取り方も、相当きれいだ。

右手で[D]と箸を取ったかと思うと、それを一度左手で受け取り、右手を滑《すべ》らせて箸を握《にぎ》る。その指先もきちんと合わせられていて、まるでなにかの儀《ぎ》式を見ているようである。

派手な外見といい、ラフな言葉遣《づか》いといい、てっきりイケイケ系の女

2024年度

東海大学菅生高等学校中等部入試問題（第２回Ａ）

【算　数】（50分）　＜満点：100点＞

【注意】 定規・分度器・コンパスを使用してはいけない。

1 次の計算をしなさい。

(1) $272.4-155.95+117.6$

(2) $292-\{76-(56-41)\div 5\}\times 4$

(3) $\left\{6\frac{1}{3}-1.25\div\left(1\frac{2}{3}+\frac{5}{6}\right)\times 6\right\}\times 30$

(4) $0.75\times 23+\frac{1}{4}\times 17-2.5\times 7$

(5) $\frac{4}{1\times 5}+\frac{4}{5\times 9}+\frac{4}{9\times 13}+\frac{4}{13\times 17}$

2 次の □ にあてはまる数を求めなさい。

(1) 2.3kgの３割５分は □ gです。

(2) 時計が５時15分をさしています。このとき，長針と短針がつくる小さい方の角度は □ 度です。

(3) 右の図のような道のある町で，ＰからＱまで遠回りをしないで行くのに，行き方は全部で □ 通りあります。

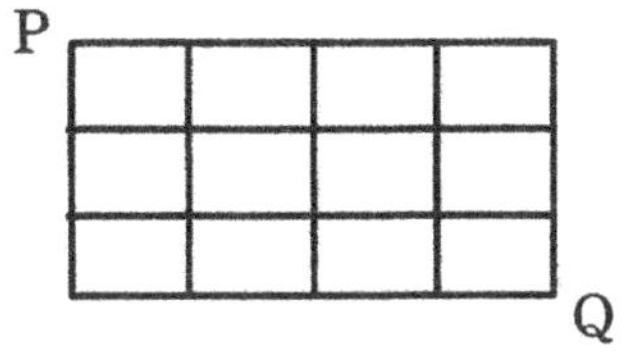

(4) 下の数はある決まりで並んでいます。このとき，40番目の数は □ です。

３，７，11，15，19　…

(5) 次の図の長方形において，斜線部分の面積は □ cm^2です。

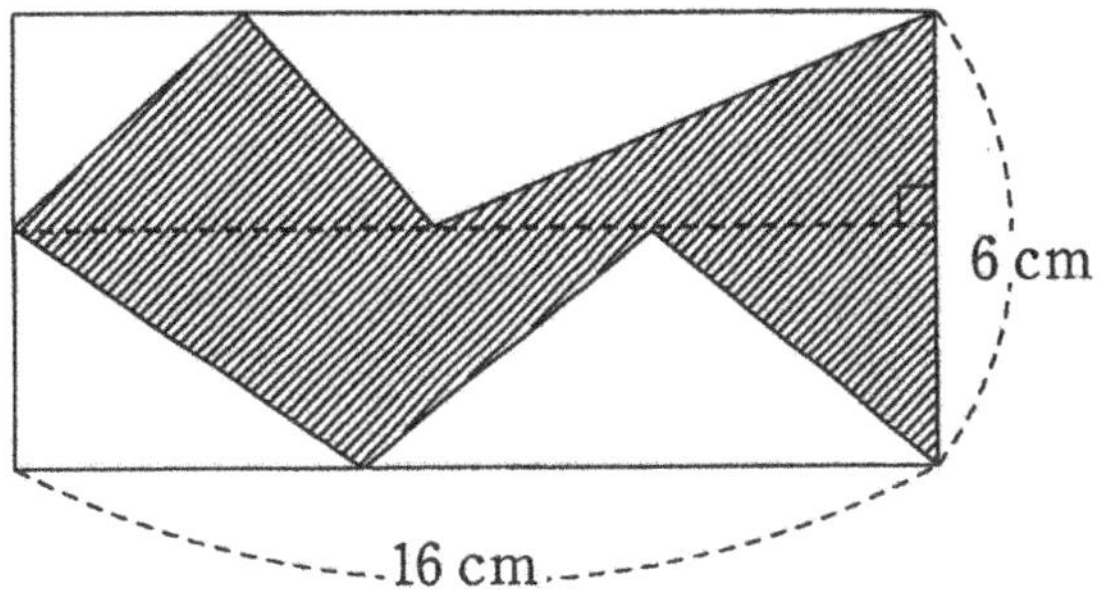

3 15％の食塩水 x ｇが入った容器Ａと，８％の食塩水350ｇが入った容器Ｂがある。容器Ｂから100ｇの食塩水を取り出して容器Ａに移したところ，容器Ａの食塩水の濃度が13％になった。

⑴ x の値を求めなさい。

⑵ さらに容器Ｂに水を y ｇ加え，よくかき混ぜたあと，50ｇを取り出して容器Ａに移したところ，容器Ａの食塩水の濃度が12％になった。y の値を求めなさい。

4 次のような三角形ABCから長方形CDEFを切りとった図形があります。直線 ℓ を軸として，この図形を１回転させて立体をつくります。このとき，次の各問いに答えなさい。ただし，円周率は3.14とします。

⑴ この立体の見取り図をかきなさい。

（ただし，点線を用いて立体の中の様子も分かるようにかくこと）

⑵ この立体の体積を求めなさい。

⑶ この立体の表面積を求めなさい。

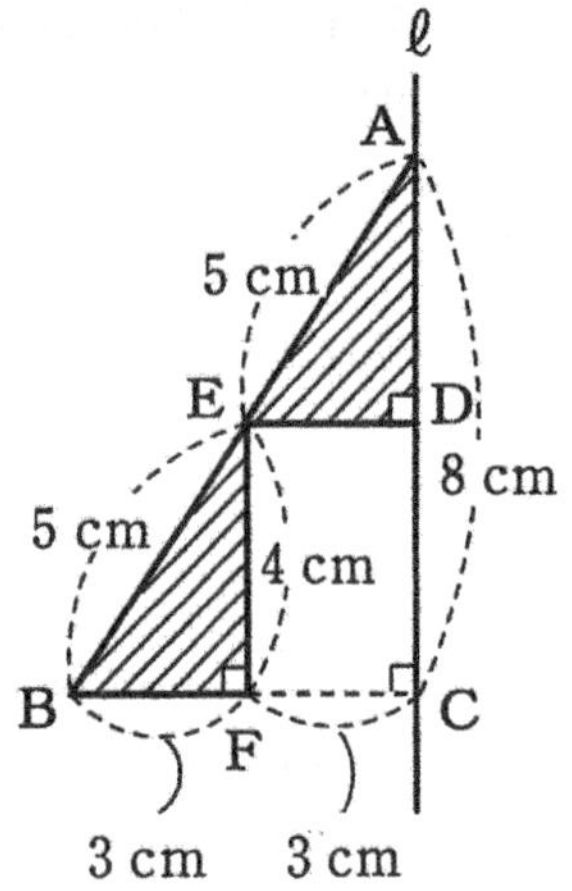

知っているのに」とおかしくて仕方がなかった。

「……」

改めて話そうとすると、息子と話せる雑談って、あまり無いものだなと百合子は妙《みょう》に感心した。

「……」

克久は克久で、何を言っても、話題が音楽か大会の方向にそれていきそうで閉口《へいこう》だった。

「これ、うまいね」

こういうことを言う時の調子は夫の久夫が百合子の機嫌を取るのに似ていた。ぼそっと言ってから、少し遅れてにやりと笑うのだ。

「西瓜《すいか》でも切ろうか」

久夫に似てきたが、よく知っている克久とは別の少年がそこにいるような気もした。

「……」

西瓜と言われれば、すぐ、うれしそうにする小さな克久はもうそこにいない。

（中沢　けい「楽隊のうさぎ」）

※１　代弁……本人に代わって意見などをのべること。
※２　唸り声……苦しそうな声。
※３　乏しい……たりない。不足している。
※４　懇切丁寧……こまかいところにも気をくばり、親切に、ていねいにするようす。
※５　悠々……ゆったりとして、いそがないようす。
※６　融資……資金を貸し出すこと。
※７　伊万里焼……佐賀県で作られた粘土などの原料で焼かれた器。
※８　比喩……似たようなものにたとえて表現する方法。
※９　ベンちゃん…「克久」の愛称《あいしょう》。

問一　――線①「今日はちゃあんと人間の話し声に聞こえる」とありますが、これはどういうことか。文章中の言葉を用いて五十字以内で書きなさい。

問二　――線②「これだから中学生は難しい」とありますが、なぜ中学生は「難しい」のか。文章中の言葉を用いて七十五文字以内で書きなさい。

問三　――線③「たちまち全てを了解した」とありますが、何を了解したのか。説明として最も適切なものを次から選び記号で答えなさい。

ア　県大会を明日に控え、緊張とそれを抑える努力ではちけそうになっている克久の気持ち。
イ　明日は大切な大会なのだから、せめて前日ぐらいは良いものを食べたいという克久の気持ち。
ウ　明日の大切な県大会に向けて、今日は一刻も早く休みたいという克久の気持ち。
エ　県大会へのプレッシャーに負けそうになりながらも何とか平静を装おうとしている克久の気持ち。
オ　県大会の前日に、トンカツなどというダジャレのような食べ物は見たくないという克久の気持ち。

問四　本文を大きく二つ分けると、後半はどこから始まるか。最初の五字を文章中より抜き出して書きなさい。

竜《りゅう》と宇宙飛行士が会話しているという。※8比喩《ひゆ》で良いのかどうか。そのくらい、時の流れの感覚が食い違っていた。②これだから中学生は難しい。百合子がうれしい時に使う古典柄《がら》の伊万里が照れくさそうに華《はな》やいでいた。この皿はうれしい時も出番だが、時には出来合いのロールキャベツを立派に見せるためにお呼びがかかることもあった。

　翌日から一年生は「やる気あるのか」と上級生に言われなくなった。帰宅は毎日九時を過ぎた。

　県大会の前日はさすがに七時前に克久も家に帰って来た。「ただいま」と戻った姿を見た百合子は③たちまち全てを了解《りょうかい》した。了解したから、トンカツなどを揚《あ》げたことを後悔《こうかい》した。大会にカツなんて、克久流に言えば「かなりサムイ」しゃれだった。

「※9ベンちゃんが今日は早く風呂に入って寝ろってさ」

「そうなんだ」

　百合子はこんな克久は見たことがなかった。なんでもなく、普通そうにしているけれども、全身に緊張があふれていた。それは風呂場で見せる不機嫌《ふきげん》な緊張感《きんちょうかん》とはまるで違った。ここに何か、一つでも余分なものを置いたら、ぷつんと糸が切れる。そういう種類の緊張感だった。

　彼は全身で、いつもの夜と同じように自然にしてほしいと語っている。「明日は大会だから、闘《たたか》いにカツで、トンカツ」なんて駄《だ》ジャレは禁物。

　もっとスマートな応対を要求していたのである。会話だって、音楽の話もダメなら、大会の話題もダメだった。

　そういうことが百合子にも解《わか》る顔をしていた。こんなに穏《おだ》やかな精神統一のできた息子の顔を見るのは初めてだ。一人前の男である。誇《ほこ》りに満ちていた。

　もちろん、彼の築き上げた誇りは輝《かがや》かしいと同時に危ういものだ。

「お風呂、どうだった」

「どうだったって？」

「だから湯加減は」

　音楽でもなければ、大会の話でもない話題を探そうとすると、何も頭に浮《う》かばない。湯加減と言われたって、家の風呂は温度調整のできるガス湯沸《わ》かし器だから、良いも悪いもないのである。

「今日、いい天気だったでしょ」

「毎日、暑くてね」

「……」

　練習も暑くて大変ねと言いかけて百合子は黙《だま》った。

「……」

　克久も何か言いかけたのだが、目をぱちくりさせて、口へトンカツを放り込んでしまった。

「あのね、仕事の帰りに駅のホームからのうちの方を見たら、夕陽が斜《なな》めに射《さ》して、きれいだった」

「そう。……」

　なんだか、ぎこちない。克久も何か言おうとするのだが、大会に関係のない話というのは探しても見つからない。それでも、その話はしたくなかった。この平穏《へいおん》な気持ちを大事に、そっと、明日の朝までしまっておきたかった。

　初めて会った恋人同士のような変な緊張感。それにしては、百合子も克久もお互《たが》いを知り過ぎていた。百合子は「こいつは生まれる前から

問三　――線②「じつに日本的というか、日本の古典芸能の極意がある」とありますが、西洋音楽と日本の音楽の違いとなる部分を文章中の言葉を用いて西洋音楽は二十五字以内、日本の音楽は五十字以内でそれぞれ書きなさい。

問四　――線③「絵についても、同じことがいえる」とありますが、この後の筆者の意見をまとめたものとして適切なものには○、そうでないものには×を書きなさい。

ア　西洋の絵は与えられた空間いっぱいを塗りつぶし完結させる。
イ　西洋や東洋、日本でも、生地や素材に特にこだわりがある。
ウ　日本の絵画は白いキャンバスに描くことで可能性を感じる。
エ　日本の絵画などの多くは余白というものを大切にしている。

問五　――線④「それ」が指す部分を文章中より四十五字で探し、初めと終わりの三字を書きなさい。

三　次の文章に関するあとの問いに答えなさい。

奥田克久《かつひさ》は花の木中学の一年生で、吹奏楽部に所属している。花の木中学吹奏楽部員は、県大会に出場できるかどうかを決める地区大会の会場で、ある中学のすごい演奏を耳にすることになった。

うんと唸《うな》った川島が、

「負けた」

といった一言ほど全員の感情を※1代弁《だいべん》している言葉は他になかった。

「完成されているけど、音の厚みには欠けるよ」

「負けた」と言う全員の感情、とりわけ一年生たちの驚《おどろ》きを代弁した川島の一言だけでは、出番を控《ひか》えていた花の木中学吹奏楽《すいそうがく》は気持ちの立て直しはできなかったかもしれない。川島の※2唸《うな》り声は全員の気持ちは代弁していたが、気持ちを向ける方向の指示は持っていなかった。

「完成されているけど、音の厚みは欠けるな」

こんなことを言うＯＢがいなかったら、自分たちの出番前だということも忘れただろう。

「やっぱり、中学生はね。技術が良くても音の量感には※3乏《とぼ》しいよ」

「うちはまあ、中学生にしては音の厚みはあるしさ」

現役の生徒の後方の席でＯＢたちはこんな批評をしていたのだ。昨日まで、鳥の鳴き声みたいに聞こえたＯＢの言葉が、①今日はちゃあんと人間の話し声に聞こえる。

これは克久にとって、驚きに値した。

克久がいちばん間抜《ぬ》けだと感じたのは百合子だった。なにしろ、地区大会を終わって家に戻《もど》って最初に行ったのは次の一言だ。

「やっぱり、強い学校は高い楽器をたくさん持っているのね」

それを言っては、みもふたもない。言ってはならない真実というものは世の中にはある。それに高価な楽器があれば演奏できるというものでもない。演奏する生徒がいて、初めて高価な楽器がものを言うのだなんてことを、克久は百合子に※4懇切丁寧《こんせつていねい》に説明する親心はなかった。

「小学校とはぜんぜん違《ちが》う」

実は百合子も少し興奮気味だったのである。克久には小学校時代は太古の昔、※5悠々《ゆうゆう》のかなただったが、百合子にはわずか六か月前にもならない。だいたい、その頃《ころ》、銀行に申し入れた※6融資《ゆうし》の審査《しんさ》がまだ結論が出ていなかった。※7伊万里《いまり》焼の皿の並んだテーブルをはさんで恐《きょう》

が逆に「間」だということになる。むしろ不連続で切っていくことで、次に何が起こるか、何が起こるか、その驚《おどろ》きと期待の緊張感を盛り上げていくことが大事だ。これが「間」を大事にすることだという。

中略

③絵についても、同じことがいえる。西洋の絵というのはタブロー、つまり四角の額ぶちに囲まれている。その額の中をことごとく油絵の具で塗《ぬ》りつぶしていく。そこに完結したリアリティがあると考えられていた。

しかし、東洋や日本の絵画、とくに水墨画《すいぼくが》など、多くは、余白というものをきわめて大切にする。

余白というと聞こえはいいが、つまりは何も描《えが》かれていないわけだ。西欧画《せいおうが》なら未完成品である。さらに書道でも、やはり書かれざる空間、余白をひじょうに重視する。いったい「余白」や「余」とは何か。これもやはり、一つの「間」であろう。

一つの演奏、一つの動作の表現が終わった後で、名残りおしい情緒《じょうちょ》が、［Ｄ］よりいっそう深まってくるということがある。そんなときに、「余」の字をあてて「余情」という。

何もない余白にこそ、書かれざる無限の想いをこめた画面がある。そのためには、生地、素材を大事にする。なぜならば、素材には、自然そのものが残されているからだ。つまり人間が加工するよりも、そのまま残しておくほうが、天然自然と相通じる無限の可能性を持っているわけである。キャンバスが白だと、どのようにでも想像力で可能性を膨《ふく》らませることができる。一度人間が描くことによってそれを埋《う》め尽《つ》くしたら、もうそれでおしまいだ。日本人の美意識は、絵や書の書かれていないところに残された、限りない可能性を予感する。

人間がやるべきことは、ほんのわずかなきっかけをつくって、それを暗示しさえすればいい。いや、人間にはそれしかできない。それが間の充実《じゅうじつ》ということになるわけである。

このように、音楽においては時間的な「間」、絵画においては空間的な「間」というものを用いるのは、ひたすら人間の力を超《こ》えたものに到《とう》達《たつ》したい、そこにこそ本当のもの、真実があるはずだという意識があるからだ。④それが、日本の文化を貫《つらぬ》いているのである。

（栗田　勇「日本文化のキーワード」）

※１　リピート……くり返すこと。
※２　世阿弥………室町時代に楽しまれていた猿楽を能として大成した人物。
※３　デリケート…細かいようす。
※４　凝集…………一か所に集まってきて、かたまること。
※５　謡曲…………能の歌詞をうたうこと。

問一　［Ａ］・［Ｂ］・［Ｃ］・［Ｄ］に入る言葉として最も適切なものを次より選び、記号で答えなさい。

ア　つまり　　イ　しかし　　ウ　さらに
エ　たとえば　　オ　では

問二　――線①「苦しい言い方」とありますが、なぜ苦しいと言っているのか。その理由を文章中の言葉を使い五十字以上八十字以内で答えなさい。

【国　語】〈五〇分〉〈満点：一〇〇点〉

【注意】すべての問題において、句読点は一字と数えるものとする。

一　次の――線のカタカナを漢字に、漢字をひらがなに直しなさい。
（送りがなの必要なものはあわせて書くこと）

① 川のリュウイキにある集落。
② 必ず成功するとダンゲンする。
③ 師の恩にムクイル。
④ 五百人をシュウヨウする。
⑤ 世界各国とボウエキする。
⑥ 彼は健康優良児だ。
⑦ 銀行に預金する。
⑧ 目を背ける。
⑨ 市の合同庁舎。
⑩ むりな要求を退ける。

二　次の文章に関する後の問いに答えなさい。

古典芸能を例にとると、わかりやすい。たとえば能である。ふつう近代風に考えると、「間」というのは、トントンというリズムだと思うのだが、そうとばかりは言えない。辞書でも、「間」について「リズミカル」であるとか「全体のリズム感」などと、なかなか①苦しい言い方をしている。

リズムというものは、規則的な※1リピートだと思う。[A] それでは「間」にならない。「間」はのびちぢみするリズムである。

[B]「間」とは何か。※2世阿弥《ぜあみ》は、能楽についての彼《かれ》の著述のなかで、これをひじょうに※3デリケートに述べている。要するに、能の芸のいちばん大事なことは、すべてのテクニック、身体の表現をただ一瞬《いっしゅん》に※4凝集《ぎょうしゅう》してゆくことだという。

[C]、内面性をひたすら持続することにある。ところがその持続を表現するために、外見的な世界を断ち切る、切って切っていくというところに、②じつに日本的というか、日本の古典芸能の極意があると言うのだ。

ふつう、西洋音楽であれば、バイオリンにしても音がずっとつながっていくことで、当然緊張《きんちょう》感もつながると思うのだが、日本の音楽はそうではない。切って、切っていく、そのことによって緊張感を盛り上げてゆくのだ。同じことが連続していたら、むしろベタっとなり、だれてしまう。

とくに能・※5謡曲《ようきょく》の場合、ある型と型がある。その間隅《かんすみ》、一つの型から一つの型に移るその瞬間が重要だ。それをベタっと一本調子で、同じリズムに乗ってやってはいけない、連続的にやってはいけないと世阿弥はいう。

ではどうするか。世阿弥はなんと「間を抜《ぬ》く」といっている。間を入れるのではない。間を抜くのである。

規則的に手拍子《ひょうし》でトントコ、トントコ打つリズムは、そのままで間がいいだろう。その間をはずす。そうすると技と技のあいだに何ができるというと、世阿弥は「せぬ暇《ひま》」だという。せぬ暇というのは、無である。暇というのは間をはずすことだ。

だから、間を抜いて技と技のあいだに「せぬ暇」をつくること。これ

MEMO

大切なことはメモしておこうネ！

第1回A

2024年度

解 答 と 解 説

《2024年度の配点は解答欄に掲載してあります。》

＜算数解答＞

1 (1) 860 (2) 0 (3) 25 (4) 4 (5) 1 (6) 4

2 (1) 35000 (2) 24 (3) 2800 (4) 30 (5) 900 (6) 31.4

3 (1) 96m (2) 17本 (3) 9本

4 (1) 5.5点 (2) 2人 (3) 10人

5 (1) 2：3：5 (2) $\frac{72}{5}$[14.4]cm^2

○推定配点○

各5点×20　　計100点

＜算数解説＞

1 (四則混合計算)

基本 (1) かけ算はたし算より先に計算する。$24+76\times11=24+836=860$

(2) $3.14\times(5+5-10)=3.14\times0=0$

重要 (3) 小カッコの中を先に計算する。分数のたし算は通分してから計算する。$\left(\frac{9}{4}+\frac{1}{6}-\frac{1}{3}\right)\times12=\left(\frac{27}{12}+\frac{2}{12}-\frac{4}{12}\right)\times12=\frac{25}{12}\times12=25$

重要 (4) $4\times0.25=1$を利用する。$4\times0.25\times4\times4\times0.25\times4\times0.25=1\times4\times1\times1=4$

(5) 小数を分数にしてから計算する。分数のわり算は逆数をかけ算する。$\frac{3}{4}\times\frac{1}{2}\div3+\frac{7}{16}\div\frac{1}{2}=\frac{3}{4}\times\frac{1}{2}\times\frac{1}{3}+\frac{7}{16}\times2=\frac{1}{8}+\frac{7}{8}=1$

(6) 分子は外側から和が15になるくふうが利用できる。$1+14=15$，$2+13=15$，$4+11=15$，$7+8=15$，$\frac{1}{15}+\frac{2}{15}+\frac{4}{15}+\frac{7}{15}+\frac{8}{15}+\frac{11}{15}+\frac{13}{15}+\frac{14}{15}=\frac{60}{15}=4$

2 (単位換算，数の性質，売買算，消去算，規則性，平面図形・周りの長さ)

重要 (1) $7m^2-3.5m^2=3.5m^2$，$1m^2=100cm\times100cm=10000cm^2$，$3.5m^2\times10000=35000cm^2$

重要 (2) 72と96の最大公約数は$8\times3=24$

```
8 ) 72  96
3 )  9  12
     3   4
```

重要 (3) 5000円の2割引きは，5000円×(1−0.2)＝4000円，さらに30%引いた値段は4000円×(1−0.3)＝2800円

(4) ノートを□，えんぴつを○とすると，□□□○○＝420円，□□○○＝300円，□＝420−300＝120，○＝(300−120×2)÷2＝30(円)

(5) 1番目1×1＝1，2番目2×2＝4，3番目3×3＝9，4番目4×4＝16，5番目5×5＝25より，30番目の数字は30×30＝900

(6) 斜線部分のまわりの長さは半径10cm中心角90度のおうぎ形の弧2個分になる。$10\times2\times3.14\times\frac{90}{360}\times2=10\times3.14=31.4$(cm)

3 (植木算)

重要 (1) 木を一直線に植えた場合，木と木の間の数は木の本数より1少なくなる。A地点からB地点までの距離は4m×(25−1)＝96m

(2) 6m間隔で木を植えると，96÷6＋1＝17(本)

(3) 4と6の最小公倍数は12，移動させる必要のない木は12mおきにあるので，96÷12＋1＝9(本)

4 (平均算の応用)

重要 (1) 平均点＝合計点÷人数で求める。(2×4＋3×1＋5×6＋8×6＋10×1)÷(4＋1＋6＋6＋1)＝(8＋3＋30＋48＋10)÷18＝99÷18＝5.5(点)

重要 (2) 3問中1問正解なのはAの場合2点，Bの場合3点，Cの場合5点より，Cだけ正解なのは，7−4−1＝2(人)

(3) 2問だけ正解なのは，AとBの場合5点，AとCの場合7点，BとCの場合8点になる。(6−2)＋0＋6＝10(人)

5 (立体図形・最短距離・相似形・面積)

(1) 直方体の展開図を書き，AI＋IJ＋JHが最短になるよう頂点Aと頂点Hを直線で結ぶ(右図参照)。BIとFJとEHの長さの比は，三角形ABIと三角形AFJと三角形AEHの相似比に等しい。6＋3＝9，6＋3＋6＝15，AB：AF：AE＝6：9：15＝2：3：5

やや難 (2) FJ：EH＝3：5＝□：12，□＝12÷5×3＝7.2，JGの長さは12−7.2＝4.8，三角形GHJの面積は，4.8×6÷2＝14.4(cm^2)

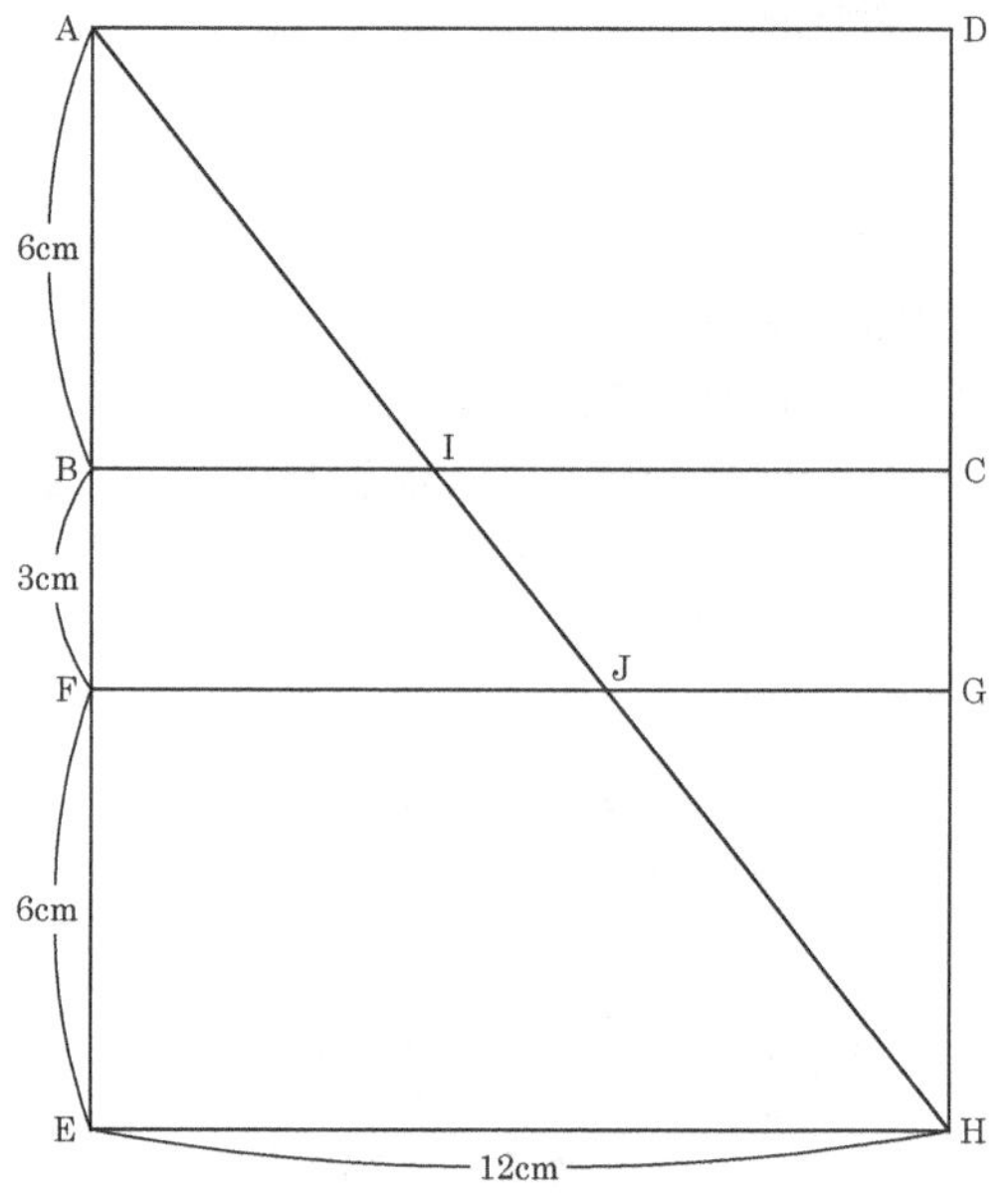

★ワンポイントアドバイス★

基礎的な問題にていねいに取り組み，式や考え方を書くことで基礎力を身につけよう。また応用的・発展的な問題も日頃から数多く解く練習をしておくとよいだろう。式や考え方を過不足なく簡潔に書くことも意識して取り組もう。

＜国語解答＞

一 ① ぶりょく ② ふんまつ ③ まさゆめ ④ めんか ⑤ 義務
⑥ 展示 ⑦ 伝承 ⑧ 確かめる ⑨ 所蔵 ⑩ 単純

二 問一 エ 問二 エ 問三 ③ オ ④ ウ ⑬ キ ⑭ ア

問四 (例) ジャーナリストたちが見たままの(報道)。　問五 ベトナム戦争報道
問六 現場の痛々しい様子がわかる(報道をさせないため)。　問七 ア　問八 イ
問九 エ　問十 ア　問十一 (例) 多くの人々の関心が戦況に集中するから。
問十二 (例) 報道機関は権威からの圧力に屈しないことが大切だから。

三 問一 ① エ　⑦ カ　⑪ イ　問二 エ　問三 エ　問四 イ　問五 ウ
問六 (例) 前もって生徒に見せる動画を用意していたから。　問七 (例) 伝えようとする人の意志が，そこには反映されているということ。　問八 ウ
問九 (例) 星野先生は「嘘をついちゃいけないぞ」と言ったから。
問十 i (例) 映像　ii (例) 地球の自然，都市部，それぞれの生活文化や動植物をまとめる。

○推定配点○

一 各2点×10
二 問一・問二・問七～問十 各2点×6　問三 各1点×4
問四～問六・問十一 各4点×4　問十二 10点
三 問一 各1点×3　問二～問五・問八 各2点×5　問六・問九・問十ii 各4点×3
問七 10点　問十i 3点　計100点

＜国語解説＞

一 (漢字の読み書き)

①「武力」は，軍事上の力。「武」には「ム」の音もある。「武者」「武術」などの熟語がある。「力」には「リキ」の音もある。「力量」「勢力」などの熟語がある。　②「粉末」は，薬品・食品などを粉状にしたもの。「粉」の訓は「こ・こな」。「小麦粉」「製粉」などの熟語がある。「末」の訓は「すえ」。形の似た「未(ミ)」と区別する。「端末」「末尾」などの熟語がある。　③「正夢」は，夢に見たことが現実に起こったときの，その夢。「正」の訓は「ただ‐しい・ただ‐す・まさ」。音は「セイ・ショウ」。「正当」「正直」などの熟語がある。「夢」の音は「ム」。「悪夢」「夢想」などの熟語がある。④「綿花」は，わたの種子をつつむ白色の繊維。「綿」の訓は「わた」。「綿糸」「綿密」などの熟語がある。　⑤「義務」は，法律上または道徳上，人が行わなければならない，また，行ってはいけない行為。「義」は，同音で形の似た「議」と区別する。「義理」「意義」などの熟語がある。「務」の訓は「つと‐める・つと‐まる」。「任務」「勤務」などの熟語がある。　⑥「展示」は，品物・作品などを並べて大勢の人に見せること。「展」には「展開」「展覧」などの熟語がある。「示」の音は「ジ・シ」。訓は「しめ‐す」。「掲示」「暗示」などの熟語がある。　⑦「伝承」は，風習・言い伝えなどを受け継いで後世へ伝えていくこと。「伝」の訓は「つた‐わる・つた‐える・つた‐う」。「伝統」「伝染」などの熟語がある。「承」の横棒は3本。訓は「うけたまわ‐る」。「了承」「承知」などの熟語がある。　⑧「確かめる」の送りがなは，もうひとつの訓の「確か」を参考にする。音は「カク」。「確認」「的確」などの熟語がある。　⑨「所蔵」は，自分のものとしてしまって持っていること。「蔵」は同音で形の似た「臓」と区別する。訓は「くら」。「貯蔵」「収蔵」などの熟語がある。　⑩「単純」は，仕組みや形がこみいっていないこと。「単順」と書く誤りが多いので注意する。「単」には「簡単」「単位」などの熟語がある。「純」には「純粋」「純真」などの熟語がある。

二 (論説文－文章の細部の読み取り，指示語の問題，接続語の問題，空欄補充の問題，ことばの意味，記述力・表現力)

基本　問一 「良薬は口に苦し」は，よく効く薬は苦くて飲みにくい，ということから，身のためになる

忠言は聞くのがつらいという意味。

問二　失敗と成功が対比されているので，反省と対比される，成功によって人間がおちいってしまうよくないことを表す言葉を選ぶ。うまくいったと安心して，気をゆるめたり注意をおこたったりすることを表すエ「油断」が入る。

やや難　問三　③「戦争そのもののやり方」から「戦争の伝え方」に話題が変わっている。話題を変えるオ「ところで」が入る。　④　前の部分で述べている「戦争について考えるための材料を提供する」メディアの役割について，あとの部分で戦争中の日本の例を挙げて説明している。例示のウ「たとえば」が入る。　⑬　CNNとFOXニュースを比べて説明している。愛国心を前面に押し出すFOXニュースの報道の仕方について，画面に星条旗を映すことに付け加えてCNNとの米軍の呼び方の違いを説明している。付け加える働きのキ「また」が入る。　⑭「アワ・アーミー(Our army)」「アワ・エアフォース(Our air force)」という英語を，日本語の「わが軍」に言い換えている。言い換えのア「つまり」が入る。

やや難　問四　直前には「その報道内容は悲惨なものでした」とあり，直後には「アメリカ国内ではベトナム反戦運動が巻き起こります」とある。反戦運動を巻き起こすような悲惨な内容の報道だったのである。「報道」を手がかりにさかのぼって読んでいくと，「一部のジャーナリストたちが疑問を抱き，自分たちの見たままの様子を報道するようになりました」とある。この部分をもとに「ジャーナリストたちが見たままの(報道。)」とまとめる。

問五　「教訓」は，教えさとすこと。また，その教えのこと。「その教訓を活かしてやり方を変えた」とあるので，どのようなことのやり方を変えたのかをつかむ。この部分は戦争の報道について説明している。「その」は前の部分にある「ベトナム戦争報道」を指している。ベトナム戦争報道の教えを活かして戦争報道のやり方を変えたのである。

問六　問四・問五と関連させて考える。報道陣をグレナダに入れないということは，報道をさせないということである。ジャーナリストたちが見たままの報道をしたベトナム戦争報道によって，ベトナム反戦運動が巻き起こった教訓を活かして，「現場の痛々しい様子がわかる」報道をさせないために報道陣をグレナダに入れなかったのである。

問七　筆者が「米軍のミサイルは本当にピンポイントで命中する」と思った理由をつかむ。「命中した映像しか公開して」いないから，筆者はすべてのミサイルはピンポイントで命中すると思い込んでしまったのである。

基本　問八　「目からウロコが落ちる」は，あることがきっかけとなって，それまでわからなかった実態や本質が急に理解できるようになる，の意味。

問九　「コンピューターゲームのような生身の人間が傷つかない」のはどのような戦争かを考える。「民間人の犠牲者も出ていたはず」の痛々しい戦争とは対照的な「きれいな戦争」である。

問十　説明のすじ道をとらえる。湾岸戦争の戦況に多くの人々の関心が集中しているのに，普通のテレビ局は決まった時間にならないとニュースを放送しないのである。「そのため，いつテレビをつけてもイラクの様子を教えてくれるCNNの視聴者が激増し」たのである。

問十一　問十と関連させて考える。直前の一文に「これによって，CNNの経営は軌道に乗りました」とある。「これ」の指す戦争に関する内容で，CNNが発展した理由にあたるものが，「メディアを育てる」ということになる。すると，多くの人々の関心が戦況に集中していることを理由としてCNNが発展したことが読み取れる。

重要　問十二　「こう」が指しているのは，イギリスの議会とBBC会長のやりとりの様子である。議会が，BBCの会長に対してイギリス軍を「わが軍」と呼ぶことを要求したのである。問三の⑬・⑭で説明したように，自分の国の軍隊を「わが軍」と呼ぶことは愛国心を強調することになる。これに対してBBCの会長は，「愛国心に関して，あなた方から説教を受ける筋合いはない」と答えたのである。これを「報道機関は権力に対してどうあるべきか」という視点でとらえると，「報道機関は権威(権力)からの圧力に屈しないことが大切」ということになる。このことを理由として，筆者は「こうでなければいけないでしょう」と述べている。

三 (小説－心情・情景の読み取り，文章の細部の読み取り，接続語の問題，空欄補充の問題，記述力・表現力)

やや難 問一 ① 前の部分では，ふつうの中学二年生の国語の時間には「地球人」も「生命体」も登場しないとあり，あとの部分では星野先生の授業では「地球人」や「生命体」がおなじみだとある。前後が反対の内容なので，エ「でも」が入る。 ⑦ 前の部分では，『ゴールデン・レコード』についての説明をして，記録されていることがらを紹介している。あとの部分では，その内容を受けて，「ここからが本題中の本題」という内容を付け加えている。付け加えることを示すカ「そして」が入る。 ⑪ 前の部分にある「もっといい国」の例として，あとの部分で「イスラエル」を挙げている。例示の「たとえば」が入る。

問二 「偶然」は，たまたま，思いがけずの意味。「偶然に決まっているのに……だと言い張る」と逆接のつながり方をしている。「運命」は，ある力によって定められているものごとのなりゆきの意味で，「偶然」とは対照的な様子を表す。

問三 先生と生徒たちの会話を読み進めていくと，先生の「宇宙というのは，文系でも理系でもない。宇宙は太陽系で，銀河系だ」というピントのずれたような会話で「先生がスベってしま」い，「クラス全員，いっそう微妙な空気に包まれた」とある。「いっそう」は，それまでより以上に程度がはげしくなる様子。さらに，一段と，ということ。③で「僕たちを微妙な空気にした」うえで，さらに「いっそう微妙な空気に包まれた」というのである。

問四 「星野先生の宇宙への脱線は変わらない」とあり，「生徒はそれをひそかに『ロケット打ち上げ』と呼んでいる」のである。「今日も，先生は」とあるので，④にも「ロケットを打ち上げた」が入る。

問五 「あの頃の記憶媒体。いまの感覚で言えば」とあるので，今の記憶媒体であるウ「USBメモリ」が入る。

問六 一文の前半には，「先生は収録された……動画も用意していたから～」とある。つまり，今日の授業で話すことを決めたうえで，前もって生徒に見せる動画を用意していたのである。

重要 問七 傍線部⑩が表しているのは，伝えられている内容は一面の現象を示すだけであり，別の見方をすることもできるということである。嘘をついているのではないが，異なる見方のできない絶対的な真実を伝えているわけでもないのである。前後の「大きな戦争をしていない―― でも，小さな戦争，たくさんある」，「経済発展している―― でも環境ボロボロ」，「長生きできるようになった―― でも，みんなが元気でご長寿ならいいけど，そうじゃないのが問題」も，物事は一面でとらえることはできないということを示している。これをニュースなどの報道から情報を得る際に気を付けるべきこと，という視点から考えると，どのような一面で物事を伝えるかというのは「伝えようとする人の，何を伝えたいかという意志が，そこには反映されているということ」で，ニュースなどの報道は絶対的な真実を伝えているわけではないということである。

問八 ここは，イスラエルという国がどういう国かを説明している場面である。問七でとらえたように，荻野くんが言う「国民のほとんどがワクチンを打ってる」というのはイスラエルのよい一面であるが，別の面では「僕」が言うように，パレスチナと揉めていてお互いにたくさんの犠牲者を出しているのである。それを知っている「僕」は，社会の成績がいいということになる。

問九 直後に「星野先生は『嘘をついちゃいけないぞ』と言ったのだ」とある。「ネガティブ」は否定的，消極的の意味。欠点を探すアラ探しばかりしているわけではないが，嘘をついちゃいけないからと考えると，否定的なアラ探しばかりになってしまうというのである。

重要 問十　i　傍線部⑨の条件とは「動画でも静止画でも音声でも，なんでもいい」「文章じゃだめ」というものである。文章以外の，絵画や写真など何かを伝える表現の方法を答えればよい。

ii　「二〇二四年一月」の時点での地球を紹介するものであればよい。解答例は「地球の自然，都市部，それぞれの生活文化や動植物」とある。たとえば，「日本の小学生の間で流行している音楽，アニメ，マンガをまとめる」でもよい。

★ワンポイントアドバイス★

論説文は，筆者の考え方を説明するために筆者がどのような例を挙げて，どういう順序をふんで説明を進めているかを読み取ろう。話題を示す●の見出しに注目する。小説は，行動や会話などの表現から場面の様子をつかもう。また，人物の内面の思いがどう表現されているかをつかもう。

第1回B

2024年度

解　答　と　解　説

《2024年度の配点は解答欄に掲載してあります。》

＜算数解答＞

1　(1)　6823.17　(2)　2050　(3)　10024　(4)　$\frac{45}{17}\left[2\frac{11}{17}\right]$　(5)　$\frac{14}{51}$

2　(1)　105　(2)　36　(3)　18.24　(4)　4　(5)　7.5

3　(1)　正三角形　(2)　36cm^3　(3)　9cm^3

4　(1)　4cm^2　(2)　1：3

○推定配点○

1　各6点×5　他　各7点×10　計100点

＜算数解説＞

1　(四則混合計算)

(1)　68.3×99.9＝68.3×(100－0.1)＝68.3×100－68.3×0.1＝6830－6.83＝6823.17

(2)　41×9＋82×13＋123×5＝41×9＋41×2×13＋41×3×5＝41×(9＋26＋15)＝41×50＝2050

基本　(3)　左から順番に計算する。2021＋1989＋2015＋1990＋2009＝4010＋2015＋1990＋2009＝6025＋1990＋2009＝8015＋2009＝10024

重要　(4)　計算の順番を考えて番号を書いてから計算する。①$3\frac{1}{6}-\frac{1}{2}=2\frac{7}{6}-\frac{3}{6}=2\frac{4}{6}=2\frac{2}{3}$，②$8\frac{1}{2}\div 2\frac{2}{3}=\frac{17}{2}\div\frac{8}{3}=\frac{17}{2}\times\frac{3}{8}=\frac{51}{16}$，③$\frac{51}{16}-\frac{3}{8}=\frac{51}{16}-\frac{6}{16}=\frac{45}{16}$，④$1\frac{3}{8}-\frac{5}{16}=\frac{22}{16}-\frac{5}{16}=\frac{17}{16}$，⑤$\frac{45}{16}\div\frac{17}{16}=\frac{45}{16}\times\frac{16}{17}=\frac{45}{17}=2\frac{11}{17}$

(5)　$\frac{2}{3\times5}=\frac{1}{3}-\frac{1}{5}$，$\frac{3}{5\times8}=\frac{1}{5}-\frac{1}{8}$，$\frac{4}{8\times12}=\frac{1}{8}-\frac{1}{12}$，$\frac{5}{12\times17}=\frac{1}{12}-\frac{1}{17}$より，$\frac{2}{3\times5}+\frac{3}{5\times8}+\frac{4}{8\times12}+\frac{5}{12\times17}=\frac{1}{3}-\frac{1}{5}+\frac{1}{5}-\frac{1}{8}+\frac{1}{8}-\frac{1}{12}+\frac{1}{12}-\frac{1}{17}=\frac{1}{3}-\frac{1}{17}=\frac{14}{51}$

2　(時計算，売買算，平面図形・面積，規則性，面積と比)

(1)　9時の長針と短針の作る角度は30×9＝270(度)，1分あたり6－0.5＝5.5(度)ずつ長針は短針に近づくので，9時30分の角度は270－5.5×30＝270－165＝105(度)

重要　(2)　値引きしていなければ，250＋380＝630(円)の利益になっていた。仕入れ値に対する利益の割合は，630÷1750＝0.36，0.36×100＝36(％)

重要　(3)　斜線部分の面積は，直径8cmの円から対角線が8cmの正方形を除いて求める。8÷2＝4，4×4×3.14－8×8÷2＝50.24－32＝18.24(cm^2)

(4)　規則を見つけるために素数の積の形にする。1番目は1×1，2番目は2×2，3番目は3×3，4番目は4×4，5番目は5×5，6番目は6×6＝2×2×3×3，7番目は7×7，□番目は□×□，10番目は10×10＝2×2×5×5素数の積のまま1番目から10番目までかけ算すると，5は4個でてくるので，1の位から0が4個続く。

(5)　三角形DBCと三角形DCEは高さが等しい三角形なので，底辺の比と面積の比は等しい。12：

3＝4：1，三角形DBCの面積は$75\times\frac{4}{4+1}=60$(cm^2)，三角形ADCの面積は$96-60=36$(cm^2)，三角形DBCと三角形ADCは高さが等しい三角形なので，60：36＝5：3＝BD：AD，$AD=20\times\frac{3}{5+3}=7.5$(cm)

3　(立体図形の切断)

重要　(1)　BD，BG，DGは1辺が6cmの正方形の対角線で長さが等しい。切り口の形は正三角形になる。

(2)　四面体は直角二等辺三角形ABCを底面と考えると高さBFの三角すいになる。体積は$6\times6\times\frac{1}{2}\times6\times\frac{1}{3}=36$(cm^3)

やや難　(3)　2つの四面体の共通部分は，四面体ABCFと相似比2：1の小さな四面体2個分になる。$3\times3\times\frac{1}{2}\times3\times\frac{1}{3}\times2=9$(cm^3)

4　(平面図形の応用)

(1)　三角形OPQはOP＝OQ＝4cm，角POQ＝30度の二等辺三角形。頂点Pから辺OQに直角になるよう補助線をひくと，長さは$4\div2=2$(cm)になる。三角形OPQの面積は$4\times2\div2=4$(cm^2)

やや難　(2)　斜線部分の面積は直角三角形ROPとおうぎ形OPQから直角三角形SOQを除いた図形。直角三角形ROPと直角三角形SOQは斜辺が4cmで角は直角と30度90度なので合同になる。したがって，斜線部分の面積は半径4cm中心角30度のおうぎ形と等しくなる。斜線部分とおうぎ形OABはどちらも半径4cmのおうぎ形なので，面積の比は中心角の比に等しくなる。30：90＝1：3

★ワンポイントアドバイス★

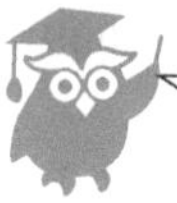

基礎的な問題にていねいに取り組み，式や考え方を書くことで基礎力を身につけよう。また立体の切断など応用的・発展的な問題も日頃から数多く解く練習をしておくとよいだろう。式や考え方を過不足なく簡潔に書くことも意識しよう。

＜国語解答＞

一　① 発揮　② 看病　③ 尊敬　④ 採集　⑤ 混ぜる　⑥ 減らす　⑦ 洗練　⑧ じゅうだん　⑨ けんちょう　⑩ しりぞ(ける)

二　問一　A エ　B イ　C ア　D ウ　問二　(例)　派手な外見で，ラフな言葉遣いなので，イケイケ系の女の子だと思ったから。　問三　イ　問四　(例)　剣を持つ手である右手を封じて，「私はあなたを傷つけませんよ」と伝えるため。

問五　(例)　梅乃さんの料理に再び会えて感動したから。

三　問一　A イ　B ウ　C エ　問二　(例)　「4行」で考え，書き，話すことを身につけること。　問三　ウ　問四　(例)　私は，宿題は家に帰ってからすぐにしたほうがいいという意見について賛成である。なぜなら，学校で学習したことの記憶が新しいうちに宿題に取りかかったほうが，まちがいが少ないからである。確かに，家に帰ってすぐに宿題にとりかかるのはあわただしい感じがする。一休みして気持ちが落ち着いてからじっくりと取り組んだほうがまちがいが少ないという考え方もあるだろう。しかし，気持ちが落ち着くということは，学校で授業に集中していた緊張感がうすらぐということでもある。私は，学習は緊張感をもって取り組むことで結果が出ると考える。学校で記憶したことや

緊張感が消えないうちに宿題に取りかかるのがよいと考える。(291字)

○推定配点○

一　各2点×10　　二　問一　各3点×4　　問二・問四・問五　各8点×3　　問三　4点

三　問一・問三　各3点×4　　問二　8点　　問四　20点　　計100点

<国語解説>

一　(漢字の読み書き)

①「発揮」は，持っている力・特性を外に表して見せること。「揮」を同音で形の似た「輝」と区別する。「揮」には「指揮」「揮発」などの熟語がある。　②「看」は「手」と「目」を組み合わせた漢字。「看護」「看板」などの熟語がある。「病」の訓は「やまい・や‐む」。「病床」「仮病(けびょう)」などの熟語がある。　③「尊」の訓は「たっと‐い・とうと‐い・たっと‐ぶ・とうと‐ぶ」。「尊重」「尊大」などの熟語がある。「敬」の訓は「うやま‐う」。「敬意」「敬老」などの熟語がある。
④「採集」は，研究・調査などの資料や標本として利用するため，取り集めること。「昆虫採集」などと使う。「採」の訓は「と‐る」。「採用」「採決」などの熟語がある。　⑤「混ぜる」は，同訓の「交ぜる」と区別する。「混ぜる」は，とけあって区別できない状態。「絵の具を混ぜる」などと使う。「交ぜる」は，別のものを入れて一つにするが，区別できる状態。「トランプを交ぜる」などと使う。　⑥「減」の音は「ゲン」。「減少」「増減」などの熟語がある。　⑦「洗練」は，詩歌・文章をよく考え練ってりっぱなものにすること。「練」の訓は「ね‐る」。「熟練」「試練」などの熟語がある。　⑧「縦断」は，たて，または南北に通り抜けること。「縦」の訓は「たて」。「縦横」「操縦」などの熟語がある。「断」の訓は「ことわ‐る」。「断絶」「独断」などの熟語がある。　⑨「県庁」は，その県を治めるための役所。「庁」には「官庁」「庁舎」などの熟語がある。　⑩「退ける」は，他からの要求や依頼などを受け付けないこと。「引退」「後退」などの熟語がある。

二　(小説－心情・情景の読み取り，文章の細部の読み取り，空欄補充の問題，記述力・表現力)

基本　問一　A「湯気を立てている」とあるので，あたたかい様子を表す，エ「ほかほか」が入る。
B「体が引っ張られる感覚」であるから，強く力を入れる様子を表す，イ「ぐん」が入る。
C「笑って」とあるので，軽く笑う様子を表す，ア「ふふっ」が入る。　D「箸を取った」とあるので，箸のような軽い物に対して動作が軽く素早く行われる様子を表す，ウ「すっ」が入る。

問二　「意外」は，思っていたことと実際とが非常にちがう様子。麻里花ちゃんを「派手な外見といい，ラフな言葉遣いといい，てっきりイケイケの女の子なのだろうと決めて掛かっていた」とある。しかし，実際は「箸の取り方も，相当きれいだ」，「指先もきちんと合させられていて，まるでなにかの儀式を見ているようである」とある。見かけや言葉遣いからの印象とはちがっていたので，「意外にきちんとした子のようだ」と思ったのである。

問三　「はて」は，疑問が出てきたり迷って考えこんだりすることを表す。「麻里花ちゃんに視線を戻し」て，「箸を持ったまま，じっと皿を見つめていた」様子を見て，どうかしたのかなと疑問を持ち考えこんだのである。

問四　読み進めていくと，「手を重ねるとき，左手を上にするのは～」という形で動作の持つ意味を説明している。――ではさまれた「礼法が確立された……時代であるらしい」の部分は動作の意味とは直接関係はないので省略する。

重要　問五　豚汁を啜った麻里花ちゃんが泣いた理由である。読み進めていくと，最後の一文に「梅乃さんの料理に再び出会えたと―恐らくは感動して，泣いているのだ」とある。

三 (論説文－文章の細部の読み取り，指示語の問題，接続語の問題，記述力・表現力)

基本 問一 A 前の文では「短くまとめるのは難しい」とあり，あとの文には「コンパクトにまとめることができる」とある。前後の内容が反対になっているので，逆接のイ「しかし」が入る。
B 前の文は「次に……点を書く」とあり，それを受けて「～と結論を結ぶ」と続いている。順序をふんで前の文に付け足しているので，ウ「そして」が入る。 C 前の文の「世界とは元来そういうふうにできている」という内容を理由として，あとの文の「近道と言える」という内容を述べている。理由を示す「だから」が入る。

問二 続く部分で「伝えるとは一体どういうことなのか」と話題を示し，説明を始めている。読み進めていくと，「4部構成」という方法を紹介している。そして，文章の最後の文で「『4行』で考え，書き，話すことを身につけるのが，「伝える力」を身につける近道と言えるのではないだろうか」と述べている。

問三 「そういう」が指しているのは，直前の一文の「情報のムダが省かれ，必要なことがミニマムにまとまっている」というメールの様子である。「ミニマム」は，最小限であることの意味なので，ウが適切。ア・イ・エの内容は述べられていない。

重要 問四 本文で，「『4行』でまとめさせる」とあり，「・その課題文が言っていることについて，賛成か反対か」，「・なぜそう考えるのか」，「・他にはどんな考え方があるか」，「・最終的に何を主張するのか」という構成で書くことをまとめるとある。そこで，この構成にそって書くことにする。まず「宿題は家に帰ってからすぐにしたほうがいいという意見について賛成」と述べ，さらに「(なぜなら)記憶が新しいうちに宿題に取りかかったほうが，まちがいが少ない」と理由を述べる。そして「(確かに)気持ちが落ち着いてからじっくりと取り組んだほうがまちがいが少ないという考え方もあるだろう」と他の考え方を示し，最後に「(しかし)学習は緊張感をもって取り組むことで結果が出ると考える」と自分の考えを主張している。

★ワンポイントアドバイス★

小説は，行動や会話などに表現されていることから人物の心情や思い，人物像をつかもう。また，人物の背景をつかもう。論説文は，どのようなことが説明されているのかをとらえて，筆者がどのように説明を進めて考えを述べているかを読み取っていこう。作文は説明を参考にまとめよう。

第2回A

2024年度

解　答　と　解　説

《2024年度の配点は解答欄に掲載してあります。》

＜算数解答＞

1 (1) 234.05　(2) 0　(3) 100　(4) 4　(5) $\frac{16}{17}$

2 (1) 805　(2) 67.5　(3) 35　(4) 159　(5) 48

3 (1) 250g　(2) 150g

4 (1) 解説参照　(2) $188.4cm^3$　(3) $376.8cm^2$

○推定配点○

1 各6点×5　他　各7点×10　計100点

＜算数解説＞

1 (四則混合計算)

基本 (1) 272.4に117.6をたし算してから155.95をひき算しても答えは変わらない。272.4＋117.6－155.95＝390－155.95＝234.05

重要 (2) 計算の順番を考えてから計算する。①56－41＝15，②15÷5＝3，③76－3＝73，④73×4＝292，⑤292－292＝0

重要 (3) 計算の順番を考えてから，帯分数のわり算は仮分数にしてから逆数をかけ算する。①$1\frac{2}{3}+\frac{5}{6}=1\frac{4}{6}+\frac{5}{6}=1\frac{9}{6}=2\frac{1}{2}$，②③$1\frac{1}{4}\div\frac{5}{2}\times6=\frac{5}{4}\times\frac{2}{5}\times6=3$，④$6\frac{1}{3}-3=3\frac{1}{3}$，$3\frac{1}{3}\times30=\frac{10}{3}\times30=100$

(4) 分配法則を利用して計算する。$0.75\times23+\frac{1}{4}\times17-2.5\times7=0.25\times3\times23+0.25\times17-0.25\times10\times7=0.25\times(69+17-70)=0.25\times16=4$

(5) $\frac{4}{1\times5}=1-\frac{1}{5}$，$\frac{4}{5\times9}=\frac{1}{5}-\frac{1}{9}$，$\frac{4}{9\times13}=\frac{1}{9}-\frac{1}{13}$，$\frac{4}{13\times17}=\frac{1}{13}-\frac{1}{17}$より，$1-\frac{1}{5}+\frac{1}{5}-\frac{1}{9}+\frac{1}{9}-\frac{1}{13}+\frac{1}{13}-\frac{1}{17}=1-\frac{1}{17}=\frac{16}{17}$

2 (割合，時計算，場合の数，等差数列，平面図形・面積)

重要 (1) 2.3kg＝2300g，2300g×0.35＝805g

(2) 5時に長針と短針が作る角度は30×5＝150(度)，1分間に長針は短針より6－0.5＝5.5(度)近づくので，15分で5.5×15＝82.5(度)近づく。150－82.5＝67.5(度)

(3) 何通りあるか書いて調べる。(右図参照)，求める答えは35である。

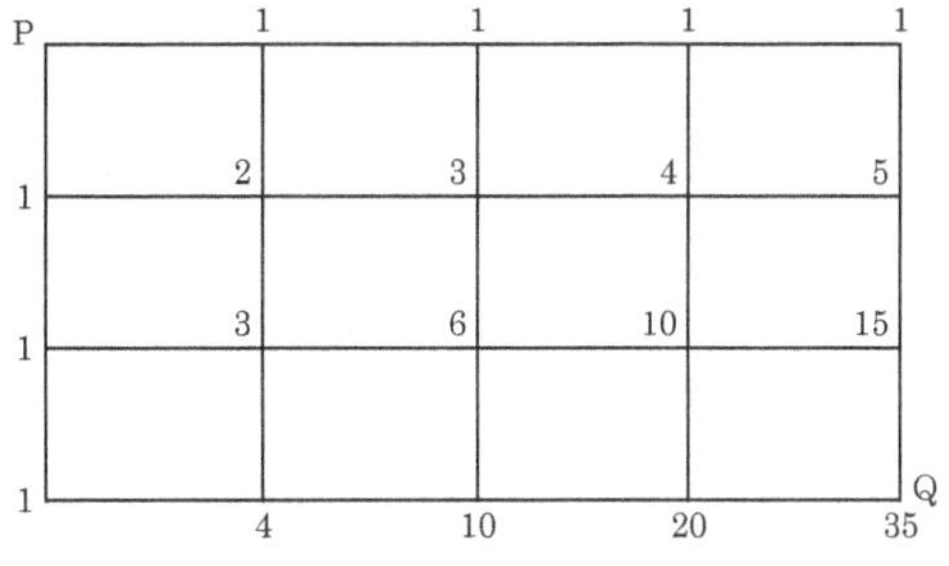

重要 (4) 最初の数が3，そこから4ずつ増えている。40番目は3＋4×(40－1)＝3＋4×39＝

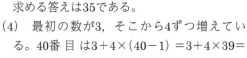

3＋156＝159

(5)　点線より上の斜線部分の面積は点線より上の長方形の面積の半分になっている。点線より下の斜線部分の面積は点線より下の長方形の面積の半分になっている。よって，斜線部分の面積の合計は長方形全体の半分になる。$16\times6\div2=48(\mathrm{cm}^2)$

やや難 3　(濃度の応用)

(1)　15％の食塩水と8％の食塩水100gを混ぜると13％の食塩水になった。8％の食塩水100gが13％になるのに必要な食塩は100×(0.13－0.08)＝5(g)，これが15％と13％の差の2％にあたる。はじめ容器Aに入っていたのは5÷(0.15－0.13)＝250(g)

(2)　13％の食塩水350gに含まれる食塩の重さは350×0.13＝45.5(g)，水を加えた容器Bから50g加えて12％になった。12％の食塩水に含まれる食塩の重さは(350＋50)×0.12＝48(g)，容器Bは水を加えて(48－45.5)÷50×100＝5(％)になった。容器Bには8％の食塩水が350－100＝250(g)あったので，そこに含まれる食塩の重さは250×0.08＝20(g)，水を加えたので5％になっても食塩の重さは変わらない。5％の食塩水の重さは20÷0.05＝400(g)，加えた水は400－250＝150(g)

4　(立体図形・見取り図・体積・表面積)

重要 (1)　半径6cm高さ8cmの円すいから半径3cm高さ4cmの円柱を除いた図形。(右図参照)内部の空間は点線で表現する。

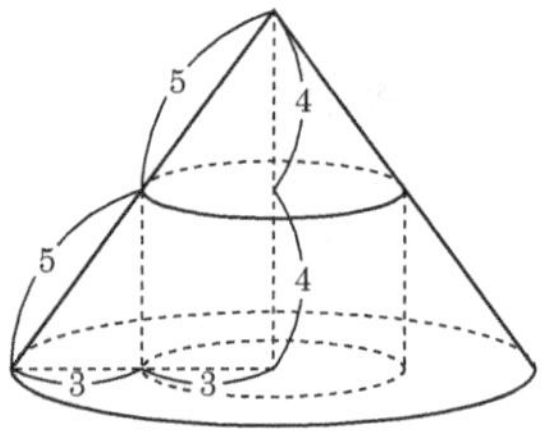

重要 (2)　$6\times6\times3.14\times8\times\frac{1}{3}-3\times3\times3.14\times4=(96-36)\times3.14=60\times3.14=188.4(\mathrm{cm}^3)$

(3)　円すいの表面積と円柱の側面積の和になる。円すいの表面積のおうぎ形と円と，円柱の側面積はすべて円周率をかけ算するので，1つの式にして分配法則を利用する。$10\times10\times3.14\times\frac{6}{10}+6\times6\times3.14+3\times2\times3.14\times4=(60+36+24)\times3.14=120\times3.14=376.8(\mathrm{cm}^2)$

★ワンポイントアドバイス★

基礎的な問題にていねいに取り組み，式や考え方を書くことで基礎力を身につけよう。また応用的・発展的な問題も日頃から数多く解く練習をしておくとよいだろう。式や考え方を過不足なく簡潔に書くことも意識して取り組もう。

＜国語解答＞

一　①　流域　②　断言　③　報いる　④　収容　⑤　貿易　⑥　ゆうりょう
⑦　よきん　⑧　そむ(ける)　⑨　ちょうしゃ　⑩　しりぞ(ける)

二　問一　A　イ　B　オ　C　ア　D　ウ　問二　(例)　辞書では，間の説明として「リズム」とでているが，リズムとは規則的なリズムである一方「間」はのびちぢみするリズムであるため，説明として不十分であるから。　問三　(西洋音楽)　(例)　音がずっとつながっていくことで，緊張感につながる。　(日本の音楽)　(例)　「間」を抜いて不連続で切っていくことで，次に何が起こるか，驚きと緊張感を盛り上げていく。
問四　ア　○　イ　×　ウ　×　エ　○　問五　ひたす～う意識

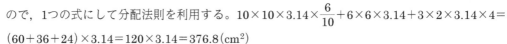

三　問一　(例)　昨日まで，鳥の鳴き声みたいに無意味な発言ばかりだったが，今日は意味のある発言であったから。　　問二　(例)　時の流れの感覚が克久には小学校時代は太古の音，悠々のかなただったが，百合子にはわずか六か月前にもならないほど食い違っていたから。　　問三　ア　　問四　翌日から一

○推定配点○

一　各2点×10

二　問一・問四・問五　各3点×9　　問二・問三(日本の音楽)　各10点×2
問三(日本の音楽)　6点

三　問一・問二　各10点×2　　問三　4点　　問四　3点　　計100点

＜国語解説＞

一　(漢字の読み書き)

①「流域」は，川の流れに沿った地域。「域」は，つくりの「口」と「一」の位置を誤らないようにする。「域」の熟語には「領域」「広域」などがある。　②「断言」は，きっぱりと言い切ること。「断」の訓は「ことわ - る・た - つ」。「判断」「断絶」などの熟語がある。「言」の音は「ゲン・ゴン」。「宣言」「伝言」などの熟語がある。　③「報いる」は，人から受けた物事に対して，それにふさわしいお返しをするの意味。「報」の音は「ホウ」。「警報」「報復」などの熟語がある。　④「収容」は，人や物などを引き取って一定の場所に入れること。「収」の訓は「おさ - める・おさ - まる」。「収蔵」「収益」などの熟語がある。「容」には「容易」「容認」などの熟語がある。　⑤「貿易」は，外国との商品の取引。「貿」は「貿易」くらいしか熟語がない。「易」の音は「エキ・イ」。訓は「やさ - しい」。「交易」「安易」などの熟語がある。　⑥「優良」は，他よりすぐれていること。「優」の訓は「やさ - しい・すぐ - れる」。「優秀」「優先」などの熟語がある。「良」の訓は「よ - い」。「良好」「改良」などの熟語がある。　⑦「預金」は，銀行などの金融機関に金銭を預けること。「貯金」は，郵便局に口座を作って金銭を預け，ためること。「預」の訓は「あず - ける・あず - かる」。　⑧「背ける」は，顔や目をそのものにまともに向けていられず，それからはずして，よそに向けるの意味。「背」の訓は，「せ・せい・そむ - く・そむ - ける」。音は「ハイ」。「背景」「背任」などの熟語がある。⑨「庁舎」は，官公庁の建物。「庁」には「官庁」「県庁」などの熟語がある。「舎」には，「宿舎」「駅舎」などの熟語がある。　⑩「退ける」は，相手の申し出や考え，意見などをこばむの意味。「退」の音は「タイ」。「進退」「辞退」などの熟語がある。

二　(論説文－文章の細部の読み取り，指示語の問題，接続語の問題，記述力・表現力)

やや難　問一　A　前の部分では，リズムは規則的なリピートだと述べ，あとの部分では，「間」はのびちぢみするリズムだと述べている。前後で異なる内容を述べているので，逆接のイ「しかし」が入る。　B　リズムから話題を変えて「『間』とは何か」と問いかけている。話題転換のオ「では」が入る。　C　前の部分の「すべてのテクニック，身体の表現をただ一瞬に凝集してゆくこと」という内容を，あとの部分で「内面性をひたすら持続すること」と言い換えている。言い換えて説明するア「つまり」が入る。　D「よりいっそう」は，もっとそれ以上に程度が激しくなる，ということ。情緒が，「さらに」もっとそれ以上に程度が激しくなる，というつながり。

重要　問二　リズムと「間」の違いを読み取り，筆者が「苦しい言い方」と表現した理由をとらえる。「苦しい」というのは，相手を十分に納得させられないからである。「それでは『間』にならない」とあるように，リズムと「間」は違うものである。リズムは規則的なリピート(＝規則的な繰り返し)で，「間」はのびちぢみするリズムだと述べている。ところが，辞書では「間」を「リズミ

カル」「全体のリズム感」と説明していて，リズムと「間」が区別されておらず，説明として不十分だというのである。

問三　この文章は「『間』とは何か」を話題にしている。さらに，直前の「切って切っていくというところ」に「日本の古典芸能の極意がある」と述べている。この2点に着目して，西洋音楽と日本の音楽の違いをとらえる。続く段落に，西洋音楽の特徴が説明されている。「音がずっとつながっていくことで，当然緊張感もつながる」とある。日本の音楽の特徴については，「間」を抜いていくことが逆に「間」だと述べている。それを，「不連続で切っていくことで，次に何が起こるか，何が起こるか，その驚きと期待の緊張感を盛り上げていく」と説明している。音が連続することで緊張感を作るのが西洋音楽，音を不連続にすることで緊張感を作るのが日本の音楽だと説明している。

問四　ア　「額の中をことごとく油絵の具で塗りつぶしていく。そこに完結したリアリティがある」とある。○　イ　東洋，日本の絵画では「生地，素材を大事にする」とあるが，西洋については説明がない。×　ウ　日本の絵画や書道は「余白をひじょうに重視する」，「絵や書の書かれていないところに残された，限りない可能性を予感する」とある。「白いキャンバス」は「余白」ではない。×　エ　日本の絵画や書道は「余白をひじょうに重視する」とある。○

基本　問五　何が「日本の文化を貫いている」のかを四十五字という字数指定をヒントにして読み取る。終わりは「が」に続く「という意識」であるから，さかのぼって字数を数えると，初めは「ひたすら人間の」であるとわかる。

三　**(随筆－心情・情景の読み取り，文章の細部の読み取り，記述力・表現力)**

問一　「人間の話し声」と比較されているのは「鳥の鳴き声」である。両者の違いは，意味があるかないかである。昨日までは鳥の鳴き声のように意味のなかったOBの発言が，今日は意味のある人間の言葉として聞こえたというのである。

重要　問二　克久と母親の百合子の会話であるが，ここで描かれているのは二人の「時の流れの感覚が食い違っていた」ということである。具体的には「克久には小学校時代は太古の昔，悠々のかなただったが，百合子にはわずか六か月前にもならない」ということになる。このような時の流れの感覚の食い違いがあるから，「中学生は難しい」というのである。

問三　続く部分に，百合子が見た克久の様子が描かれている。「なんでもなく，普通そうにしているけれども，全身に緊張があふれていた」，「ここに何か，一つでも余分なものを置いたら，ぷつんと糸が切れる。そういう種類の緊張感だった。彼は全身で，いつもの夜と同じように自然にしてほしいと語っている」とある。アの「緊張とそれを押さえる努力」をしている克久の姿を了解したのである。

基本　問四　前半は，県大会のための地区大会があった日のこと。後半は，その翌日からのことである。

★ワンポイントアドバイス★

論説文は，何を説明しているかを具体例からとらえ，文脈に注目し，筆者がどのように説明を進めて考えを述べているかを読み取ろう。小説は，会話や動作，表情などの表現から人物の心情や思いをつかもう。また，人物についての説明を正しく読み取る。場面転換にも注意する。

2023年度

★★★★★★★★★★★★★★★★★★★★★★★★★

入　試　問　題

2023年度

東海大学菅生高等学校中等部入試問題（第１回Ａ）

【算　数】（50分）　<満点：100点>

【注意】 定規・分度器・コンパスを使用してはいけない。

1 次の計算をしなさい。

(1) $1995-95\times21$

(2) $3\times16.25-6.25$

(3) $\left(3\frac{1}{2}+\frac{3}{4}+\frac{5}{8}\right)\times 8$

(4) $\frac{10}{3}\times5.4\div 6-1\frac{1}{4}\times 2$

(5) $64\times 3-32\times 4-16\times 2$

(6) $7+16+25+34+43+52+61+70$

2 次の □ に適する数を求めなさい。

(1) $34+\{(\square\div 3)\}\times\frac{1}{4}=37$

(2) 48と56の最小公倍数は □ です。

(3) 20ｇのおもりと50ｇのおもりが合計15個あります。これら全部の合計が600ｇであるとき，20ｇのおもりは全部で □ 個あります。

(4) 4500cm^2の60％は □ m^2です。

(5) 下のように数がある原則で並んでいる。このとき，12番目の数は □ です。

$\frac{1}{8}$，$\frac{1}{4}$，$\frac{1}{2}$，1，2　・・・

(6) 右図の色のついた部分のまわりの長さは □ cm です。ただし，円周率は3.14とします。

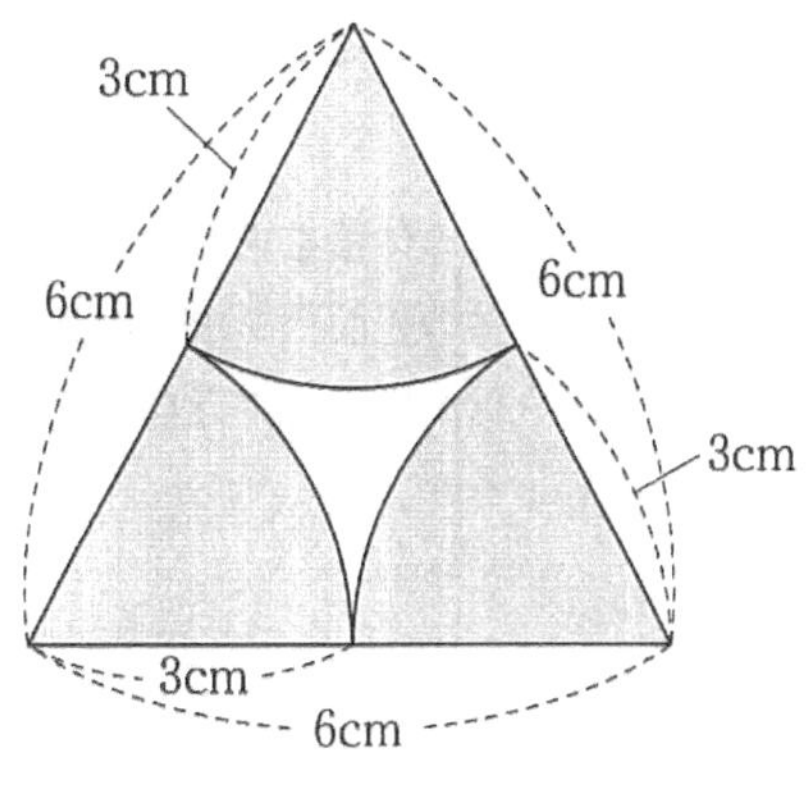

3　１周700mの池をＡさん，Ｂさんの２人が同時に同じ場所から反対方向に走ると50秒後に出会います。ＡさんはＢさんより速く，速さの差は秒速２mです。このとき，次の各問いに答えなさい。

⑴　ＡさんとＢさんの秒速をそれぞれ求めなさい。

⑵　この池を２人が同時に同じ場所から同じ方向に出発すると，ＡさんがＢさんをはじめて追いこすのは出発してから何秒後か求めなさい。

4　右図のような台形ABCDにおいて，次の各問いに答えなさい。

⑴　台形ABCDの面積を求めなさい。

⑵　黒くぬってある２つの三角形の面積が等しいとき，三角形ABEの面積を求めなさい。

⑶　三角形ABEと，黒くぬってある２つの三角形の面積の合計が等しいとき，ADを底辺としたときの三角形ADEの高さを求めなさい。

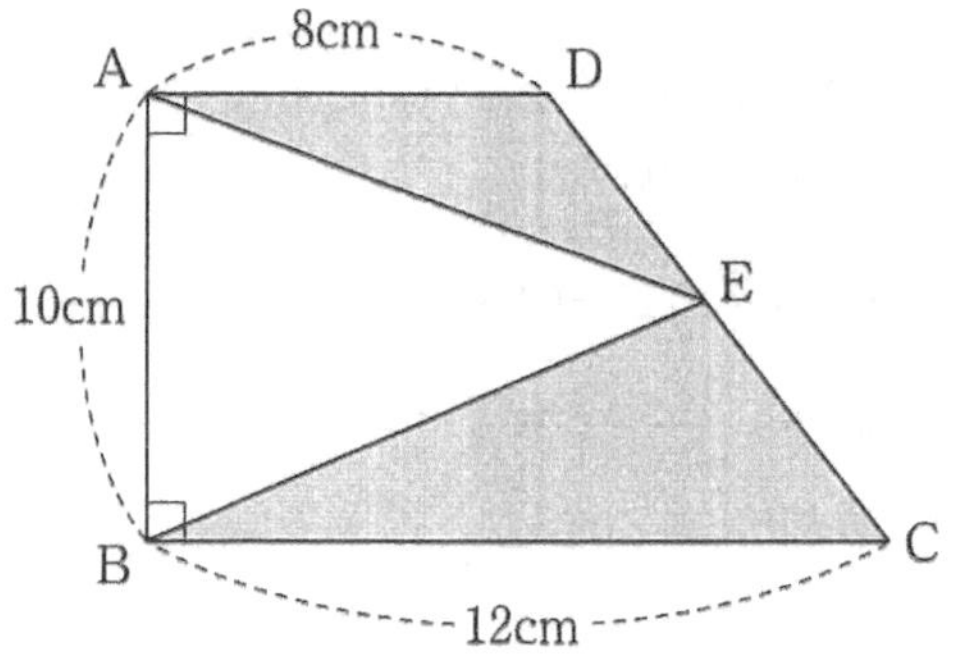

5　下図の立体は，直方体を切り取ってできたものです。この時，次の各問いに答えなさい。

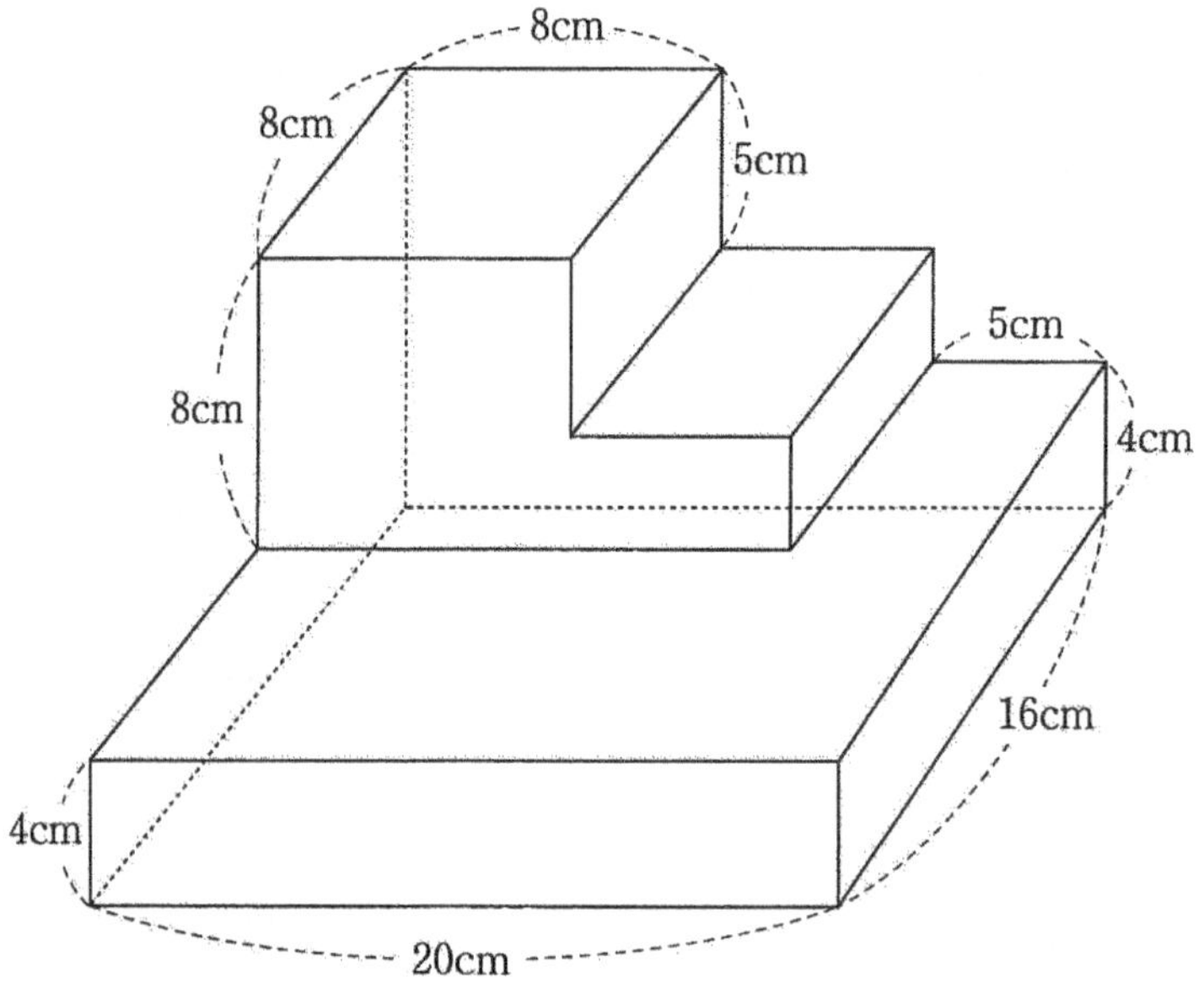

⑴　この立体の体積を求めなさい。

⑵　この立体の表面積を求めなさい。

⑶　この立体を底面に平行な平面で切って体積を２等分します。底面から何㎝のところで切ればよいでしょうか。

ぼくたちは、いま、そういう罰を受けているんだと思う。

（重松清「青い鳥」新潮社）

問一 ——線部①「罰を受ける」とあるが、終わったことなのに罰を与えられていることに、主人公はどう感じていますか、本文から二十二文字で抜き出しなさい。

問二 （②）に入る言葉を次から選び、記号で答えなさい。

ア たのし　イ うれし　ウ つまらな　エ たいへん

問三 ——線部③「そんな教室の様子」とはどのような様子ですか、文中の語を使い四十字以内で書きなさい。

問四 （④）（⑦）に入る言葉を次から選び、記号で答えなさい。

ア そして　イ たとえば　ウ したがって
エ でも　オ あるいは　カ ところで

問五 ——線部⑤「教室にざらついた沈黙が流れる」とありますが、どのような状態ですか、次から最も適当なものを一つ選び、記号で答えなさい。

ア 教室内の沈黙がやみ、全員が勝手なことをしている状態。
イ 教室内の全員が黙り、先生の言葉に耳を傾けている状態。
ウ 教室内の楽しい会話の中、落ち着いて配布を待つ状態。
エ 教室内の落ち着きが失われて、平静ではない状態。

問六 ——線部⑥「どれも火曜日の生徒総会で決まった」とありますが、何のために決められたものでしょうか、次から選び記号で答えなさい。

ア 学校を生徒が自治できるようにし、新しい学校の仕組みを作るため。
イ 生徒が自主的に学校生活を、より良くしていけるようにしたいため。
ウ お互いに他者を思いやる心を育て、いじめの再発を防止するため。
エ いじめをきっかけに学校を改革して、世間のイメージを変えるため。

問七 ——線部⑧「そもそもいじめ相談ポストを置くことじたい、賛成か反対かと訊かれたら、反対だった」とありますがなぜですか、その説明として最も適当なものを次から一つ選び、記号で答えなさい。

ア どんなことをしても、いじめはなくならないということを知っていたから。
イ いじめている方も受けている方も、自分ではいじめだとわからないから。
ウ いじめとはどういうものかを説明せずに、ポストを置いても意味がないから。
エ 自分も加わっていたため、もういじめのことを思い出したくなかったから。

問八 ——線部⑨「あの先生」とはだれですか、次から一つ選び記号で答えなさい。

ア 村内先生　イ 本間先生　ウ 高橋先生　エ 校長先生

問九 ——線部⑩「一度は片づけた野口の机と椅子を教室に戻した」とありますが、先生はなぜ戻したのですか。四十字前後で説明しなさい。

回――月曜日と木曜日に配られる。今日の『生徒会だより』は通算十一号目で、Ａ４の紙に大きく『新生・東ヶ丘中のとりくみ』と書いてある。

　登下校のあいさつ運動に、昼休みのゴミ拾い運動、ボランティア委員会の設置。

　⑥どれも火曜日の生徒総会で決まったことだった。（　⑦　）、生徒総会のときには、時間切れで採決《さいけつ》できなかった議題の結論が、〈総務委員会の三年生と先生方との協議《きょうぎ》で決めました〉と発表されていた。

〈いじめ相談ポストの名前は『青い鳥ＢＯＸ』です。「幸せとは自分たちの身近なところにある」という『青い鳥』にちなんで名付けました。本日・11月9日の昼休みから、校内の五か所（職員室前・図書室前・昇《しょう》降口《こうぐち》・保健室前・体育館前）に設置します。いじめを受けているひと、いじめを目撃《もくげき》したひと、いじめをやめたくてもグループから抜けられずに悩んでいるひと、勇気を持って『青い鳥ＢＯＸ』を利用してください。ポストは毎週月曜日の放課後、先生方と総務委員会の生徒が中を開けてチェックします。〉

　ぼくは二年一組の総務委員だった。ポストの名前を決める会議のときもいた。

　青い鳥――三年生の誰かが提案《ていあん》した名前は、ちっともいいとは思わなかった。⑧そもそもいじめ相談ポストを置くことじたい、賛成か反対かと訊《き》かれたら、反対だった。

　でも、ぼくにはなにも言えない。みんなで決めたことに反対する資格は、ぼくにはない。いじめ相談ポストを置くことも、『生徒会だより』を発行することも、東ヶ丘中学校が「新生」――新たに生まれ変わらなくてはならなくなったことも、もとをただせば、ぼくたち二年一組のせいだから。

　プリントを配り終えた村内先生は、教壇に戻ってぼくたちを見渡し、「朝のホームルーム、こっ、こここっ、これで、終わります」と言って教室を出ていった。

「ほんと、やる気がねえよなあ、あいつ。あんなの教師じゃねえよ」

　井上が聞こえよがしに言うと、まわりの友だちも、まあなあ、だよなあ、とうなずいた。

「イノうっせえよ」梅田が低い声で言う。「文句あるんなら本人の前で言えよバーカ」

　今度は梅田のまわりのみんなが、そうだよ、ひきょうだよ、と井上をにらんでうなずいた。

　教室の空気が、またもやもやとしてくる。

　十月に、あれほどたくさん作文を書いてきたのに。何度もクラスで話し合いをして、中学生にとっていちばん大事なものは友情と思いやりなんだと確かめ合ったのに。

　十一月になって村内先生が来てからだ。⑨あの先生がクラス担任になってから、ぼくたちはみんな不機嫌になり、いらいらするようになった。村内先生のせいだ。あの先生が、⑩一度は片づけた野口の机と椅子を教室に戻したせいだ。

　一限目の英語の本間先生を待ちながら、ぼくは野口の席に目をやった。

　野口はいない。もう二度と――たぶん永遠に、ぼくたちの前に姿をあらわさないだろう。でも、野口の席はこれからもずっと教室に残る。

　いないのに、いる。いるのに、いない。

でも、それだけでは足りないというのだろうか。もっと反省して、もっと後悔しろ、と言っているのだろうか。

始業のチャイムが鳴った。①罰を受ける一日が、また始まる。

職員室のある管理棟《とう》から、先生たちが渡り廊下《ろうか》を通って教室棟に来るのが見える。村内先生がいた。井上もそれに気づいて「あいつ、ほんとにムカつく」とつぶやいて教室に入った。ベランダにいたほかの友だちも、井上のように口には出さなくても同じことを思っているのだろう。（　②　）そうな足取りでぞろぞろと教室に戻《もど》る。

ぼくが最後になった。二年一組の生徒は三十三人。教室に並んでいる机は三十四――空いた二つの席のうち、一つはぼくの席で、もう一つは野口の席だ。ぼくは自分の席に着く。窓際の列の前から三番目にある野口の席は、ぽつんと空いたままだった。

教壇《きょうだん》に立った村内先生は、黙《だま》って教室を見渡し、野口の席に目をとめて小さくうなずいて、出席簿《ぼ》を開いた。

「じゅ、十一月、こっ、こっこっ九日、木曜日……だっ、だな」

村内先生は言葉がつっかえる。国語の先生なのに、「カ」行と「タ」行と濁音《だくおん》で始まる言葉はぜんぶだめだ。くすくす笑う女子がいる。まいっちゃうよなあ、とうつむいた男子もいる。井上は横を向いて、まわりの友だちに、サイテー、と息だけの声で言った。

教壇に立っていれば、③そんな教室の様子は嫌でもわかってしまうはずなのに、村内先生は気にとめない。知らん顔をして日直の生徒を確認して、出席簿に欠席者ゼロと書き入れて、顔を上げて野口の席に目をやる。

「野口くん、おはよう」

軽い声で、にっこり笑って、先生は言った。

今日も罰が始まる。

井上が教科書で机を叩《たた》いた。いらだたしげに何度も、大きな音をたてて。

先生は井上を振《ふ》り向きもせず、『生徒会だより』のプリントをみんなに配っていった。前のクラス担任だった高橋先生は最前列の生徒に一列分まとめて渡していたけど、村内先生は自分で教室を回って一枚ずつ配る。野口にも配った。先生が自分で椅子《いす》を引いて、机の引きだしに入れた。これもたぶん、ぼくたちへの罰だ。

先生がぼくの席に来る。ぼくは脚《あし》の間に両手を挟《はさ》んだまま、ちょっと頭を下げた。高橋先生なら怒る。ちゃんと手を出して両手で受け取れ、怖い顔で言って、機嫌《きげん》の悪い時は耳たぶをギュッとつねってくる。（　④　）、村内先生はなにもしないし、なにも言わない。黙って机の上に『生徒会だより』を置いて、黙って次の席に移る。

井上は教科書で机を叩きつづける。無視されて意地になっているのだろう。「うるせえよ、イノ」――ふだんから井上としっくりいっていない梅田が、低い声ですごんだ。井上は舌打ちして、とどめのようにひときわ大きく叩いてから、教科書を机に放り投げた。⑤教室にざらついた沈黙が流れる。ケンカになりそうでならない、もやもやした重苦しさが、沈黙の中に溜《た》め込《こ》まれていく。

村内先生は井上にも梅田にも声をかけない。なにごともなかったような顔でプリント配りつづけ、井上の席にも、梅田の席にも、ただ黙ってプリントを置くだけだった。

『生徒会だより』は十月に入ってからつくられるようになった。毎週二

エ　他力本願《たりきほんがん》（自分の力でなく、他人の力によって望みをかなえようとすること。）

問七　――線部⑧「オンリーワン」とありますが、筆者はどのような人が「オンリーワン」というと美しいと述べていますか、次から当てはまるものすべてを選び、記号で答えなさい。

ア　誰からも振り返られないような地道な努力を重ね誠実に生きている人
イ　自分を甘い幻想の中に置いて美化しているだけの人
ウ　社会的に成功して尊敬されることが美しい花を咲かすことだと思っている人
エ　たいして努力もせず、何かあると周りのせいにするような人
オ　努力をして誠実に生きている人を美しいと思わない人
カ　目立たない努力をコツコツ積み重ねている人

問八　（⑨）（⑩）に入る言葉を次から選び、記号で答えなさい。

ア　したがって
イ　つまり
ウ　ところで
エ　では

問九　――線部⑪「その意識を変えれば、眠っていた能力を開花する可能性は十分にある」について次の問いに答えなさい。

Ⅰ　「その意識」とはどのような意識ですか、文中の言葉を使い解答用紙にあうように二十字前後で書きなさい。
Ⅱ　「変えれば」とありますが、どのように変えればいいですか、文中の言葉を使って書きなさい。

三　次の文章に関する後の問いに答えなさい。

【あらすじ】

東が丘中学校二年一組の野口くんは一学期の途中からいじめられていた。同級生の井上をはじめとし、クラスの男子ほとんど全員がいじめに関わっていた。無茶な命令を受けて、自分のお小遣いや親の財布から抜いたお金で品物を買い、級友に渡していた。お金が無くなるとお父さんが経営する店から品物を盗み出し、学校に持ってきていた。ほどなく野口くんは自殺未遂事件を起こし、遺書に書かれていた内容から、いじめの件が発覚した。新聞にも記事が載り、全校集会、保護者会、教育委員会の事情聴取、「いじめ」と「命の尊さ」についての作文により、生徒たちは反省をさせられた。その後担任の高橋先生が休職し、担任として村内先生が着任した。

ぼくたちは、いま、罰《ばつ》を受けている。

友だちは「関係ねえよ」と笑うし、「べつにいいじゃん」と怒った顔にもなる。

「もう終わったことなんだよ、なに考えてんだよあいつ」

井上が二階のベランダからグラウンドに唾《つば》を吐《は》きながら言ったその一言が、ぼくたちの本音だった。

もう終わったことなのだ、ほんとうに。

ぼくたちはみんな、自分のやったことを反省した。後悔《こうかい》もしているし、野口に謝《あやま》りたいとも思っている。ほんとうだ。中には井上のようにどこまで本気で反省したのかわからない奴《やつ》もいるけど、ほとんどの男子は――そしてぼくは絶対に、心から、反省している。

もんでいいや。まあ生活していける給料がもらえて飯がなんとか食えていけばそれでかまわない」と開き直ったりしています。

けれども、そんな人たちをつぶさに※7観察すれば、ここをこういうふうに変える工夫をすればよくなるのにという部分が見えたりします。

本人がそれを自覚して一生懸命仕事をすれば、中間の6割、あるいは上位の2割に入る可能性だって十分ありえます。

自己評価が元々低く、自ら自分の限界を決めてしまっているようなタイプが下位の2割には多いのですが、⑪その意識を変えれば、眠っていた能力を開花する可能性は十分にあるのです。

（丹羽宇一郎「人間の本性」幻冬舎）

※1　真空管……内部を真空とし、電極を封入した中空の管のこと。

※2　億劫……めんどうで気が進まないさま。

※3　傍……対象のすぐ近くにあること。

※4　耽溺……一つのことに夢中になって、他を思いやらないこと。

※5　天賦の才……天から授かった才能、あるいは生まれながらに持っている才能。

※6　レッテルを貼られる……ある人物などに対して一方的・断定的に評価をつけること。

※7　つぶさに……細かくて、詳《くわ》しいさまのこと。

問一　――線部①「社会や人の暮らしが向いている先には、『便利さ』というものが一つの大きな目標としてあるから」とありますが、どのようなことが理由ですか。解答用紙にあうように十三文字でぬき出しなさい。

問二　（②）（③）に入る言葉をそれぞれ次から一つ選び、記号で答えなさい。

ア　だから　イ　あるいは　ウ　たとえば　エ　ところが

問三　（④）には四字熟語が入ります。前後の文章にあうように一つ選びなさい。

ア　電光石火《でんこうせっか》（いなづまの光や、石を打ったときに出る火のように動きが非常に素早いたとえ。）

イ　青息吐息《あおいきといき》（この上なく苦しい時に発するため息。または、ため息がでるほど苦しい状況のこと。）

ウ　弱肉強食《じゃくにくきょうしょく》（弱い者が強い者のえじきになること。強い者が弱い者を思うままに滅ぼして、繁栄すること。）

エ　好機到来《こうきとうらい》（またとない、よい機会がめぐってくること。絶好の機会に恵まれること。）

問四　（⑤）に入る言葉を次から選び記号で答えなさい。

ア　逆転　イ　暗転　ウ　好転　エ　動転

問五　――線部⑥「そんなこと」とはどういうことですか、三十字以内で書きなさい。

問六　（⑦）には四字熟語が入ります。前後の文章にあうように一つ選びなさい。

ア　因果応報《いんがおうほう》（人はよい行いをすればよい報いがあり、悪い行いをすれば悪い報いがあるということ。）

イ　一期一会《いちごいちえ》（一生に一度だけの機会。一生に一回しかないと考えて、そのことに専念するということ。）

ウ　臥薪嘗胆《がしんしょうたん》（まきの上に寝て苦いきもをなめることから、将来の成功を期して苦労に耐《た》えること。）

ンリーワン」という言葉が盛んにいわれるようになったのは、そのころからだったと思います。

ありのままの自分でいい。他人と競争をすることなんかない。置かれた場所でただ一つの美しい花として咲いていればいい。あなたは他の誰も代わることのできない世界で唯一の花というメッセージを、オンリーワンという言葉から感じとる人も少なくないのでしょう。

言葉としては美しいけれど、果たしてそうなのか。力の限り努力をしている人がその自負を持って、私はオンリーワンだというならまだしも、たいして努力もせず、何かあると周りのせいにするような人が勘違《かんちが》いして「自分はオンリーワンな存在なんだ」と思っていても、ちっとも美しくありません。

「世界に一つだけの花」なんて自分で勝手に納得しているだけのことではないでしょうか。結局、自分を甘い幻想のなかに置いて美化しているだけではないか。そう感じてしまいます。

本人がオンリーワンと思っていても、※3傍《はた》から見れば、同じような花はたくさんあります。オンリーワン幻想に※4耽溺《たんでき》していると、そこから進歩は生まれません。大事なのはやはり、土の手入れをして、水をきちんとやって、きれいな花を咲かせる努力をすることです。

きれいな花というと誤解されやすいのですが、それは世間の目を引くような華やかな美しさという意味ではありません。誰からも振り返られないような地道な努力を重ねている人であっても、一生懸命、誠実に生きていれば、その人は美しい花を咲かせることができるのです。

それを見て美しいと思わない人もいるかもしれません。社会的に成功して尊敬されることが美しい花を咲かすことだと思っている人にとってはまさにそう感じるでしょう。

でも、このような目立たない努力をコツコツ積み重ねている人は、間違いなく美しい花を咲かせることができるのです。

人の能力というのは科学的にも、それほど大きな個人差があるわけではありません。もちろん分野によってはずば抜けた※5天賦《てんぷ》の才を持って生れてくる人もいますが、それは例外です。先に会社などの集団では、組織を引っ張る優秀な人が2割、ほどほどに働く並の人が6割、仕事をちゃんとしない人が2割という「2：6：2の法則」があるという話をしました。

上位2割の優秀な人と、6割の普通の人との差は、どこからくるのでしょうか。長年会社にいて自社、他社の膨大《ぼうだい》な数の社員に接して感じたことは、努力の差以外にないということです。（　⑨　）、努力をする情熱と気力の差といい換《か》えてもいい。

上位2割の人たちは、情熱と気力を持って仕事に打ち込むので能力がどんどん磨《みが》かれ、伸《の》びるスピードも速くなります。

それに比べて中間の6割は、情熱と気力において明らかに努力が足りない。しかし、気持ちを入れ替《か》え、もっといい仕事をしよう、納得のいく仕事をしようと思って本気を出せば、上位2割に入る可能性はいくらでもあります。

（　⑩　）下位の2割は上にいける可能性があるのか。彼らは会社のなかで「こいつらはダメな社員だ」という※6レッテルを貼られています。自分でもそんな周囲の評価を肌で感じていて、仕事の上では「俺はこんな

ヒット商品の売り上げだけに依存《いぞん》していられたら楽です。しかし、ヒット商品はそのうち必ず売り上げが落ち、いつか終焉《しゅうえん》を迎《むか》えます。

もしヒット商品に大きく依存した経営を続けていれば、会社もどこかでダメになってしまいます。ですから、経営者はヒット商品のバリエーションを次々と開発してその息を長くしたり、増強された資金を元に新しい商品を開発していったりする必要があります。会社が存続《そんぞく》し、より発展していくにはおのずと厳しい道を選ばざるを得ないわけです。

第二次世界大戦終結間もない１９５０年～60年代、世界に48工場も持つオランダのフィリップス社は、収益の大黒柱である真空管※1の売れ行きが好調で経営は万全でした。一方、日本ではソニーの前身である東京通信工業の経営が（ ④ ）。同じ商品ではまったく勝ち目がないため厳しいとはいえ、未経験の新しい分野であるデジタル電気商品に挑戦せざるを得ませんでした。そして20年もたたないうちに、フィリップス社とソニーの地位は（ ⑤ ）。経済の歴史を見れば、世界ナンバーワンの商品を持つ会社が50年以上続いたことはなく、私も忘れてはならない事例として記憶に残っています。

楽をするとよくない結果になるものには、身近なところでは健康があります。

年を取ると体を動かすのが億劫《おっくう》※2になりますが、外出して歩かなくなると足腰が弱って、それが体調不良や病気のきっかけになったりします。

ですから、多少面倒でも体をなるべく動かしていると健康が保たれ、辛《つら》い思いをしなくてすんだりします。

若い人でも、部屋にこもってばかりいて体を動かさず、好きなものを好きなだけ食べるといった生活を何十年と続けていたら、中高年になってからそのひずみが必ず出てくるはずです。

現在のわれわれの生活のように便利なものに囲まれた環境で暮らしていると、面倒なこと、手間のかかることは億劫に感じられます。

しかし、便利なものに慣れすぎて楽をしていると体の健康に必ず跳《は》ね返ってきますから、あえて便利さや楽なことを避《さ》けて、面倒《めんどう》であっても我慢《がまん》が必要なことをやるようにすることも必要です。

このように仕事でも勉強でも生活でも、楽な状態を長く続けると、いつか必ずしっぺ返しがくると思ったほうがいいでしょう。

楽なほうを選んだ対価《たいか》として厳しさが待ち受け、厳しいほうを選んだ対価として楽な道が開ける。もっとも、厳しいほうを選んだ結果、楽な状態になったとしても、そこに安住していたら、また厳しいほうへ傾きます。

人間が生きていくということは、⑥そんなことの繰《く》り返しではないでしょうか。

休息は必要ですが、あまりにも楽な状態が続いているときは、その反動がどういう形で将来やってくるか、（ ⑦ ）的な気持ちを多少なりとも持つことは必要かもしれません。

●あきらめたら、そこでおわり

十数年前に「世界に一つだけの花」という歌が大ヒットしました。「⑧オ

【国　語】（五〇分）〈満点：一〇〇点〉

【注意】すべての問題において、句読点やかっこ等の記号は一字と数えるものとする。

一　次の――線のカタカナを漢字に、漢字をひらがなに直しなさい。
（送りがなが必要なものはあわせて書くこと）

① 強い口調で言ってしまう。
② 本棚に残す本を取捨選択する。
③ 運動中に手を負傷する。
④ 仁愛の心をもって友人と付き合う。
⑤ ヨウサン農家の仕事をレポートにまとめる。
⑥ 冬用の洋服をシュウノウする。
⑦ 夏休みの作品をテンジする。
⑧ ショウメイショを係員に見せる。
⑨ 友人の考え方がオサナイ。
⑩ 都心の製薬会社にツトメル。

二　次の文章に関する後の問いに答えなさい。

●楽なほうを選ぶな

楽に進める道と、見るからに険《けわ》しい道。もし目の前にこの2つの道があった場合、たいていの人は楽な方を選ぶと思います。

楽をしたい、楽に生きたいと考えるのは何もその人が怠《なま》け者だからというわけではなく、人間の本性のようなものです。楽なほうへ流れてしまうのは自然なことです。

そのことは、社会の流れを見てもよくわかります。①社会や人の暮らしが向いている先には、「便利さ」というものが一つの大きな目標としてあるからです。

科学技術は人間の労力を少しでもカットできるように、進歩してきました。火を起こさなくてすむ電気を発明し、足を使わなくてすむ車や飛行機をつくり、いまではAIを開発して労働しなくても生きていける未来を夢見ている人たちが大勢います。

このように便利さを求めて科学技術が発展してきたことは、人間が楽を好む生き物であることの証《あか》しだといえます。

（　②　）、いつも楽なほうを選んでいると、楽でなくなる状況になったりします。ハアハアと息を切らしてしまうような状況に陥《おちい》ったり、前に進むのすらおぼつかない事態になったりと、楽なほうを選んだがゆえにそうなってしまう。楽なほうを選ぶと、結果的には後で困難な目に遭《あ》うことが多いのです。

反対に、先に厳しいほうを選んでおくと、後で楽になりやすいともいえます。

「苦労が多くて……」などと嘆《なげ》いている人は、常に安易な道を選んでいることもあると思います。

目に見える形で楽な道と厳しい道があるとして、現実には知らず知らずのうちに厳しいほうを選択せざるを得ない立場に直面することも少なくありません。

（　③　）、ヒット商品を出して大儲《おおもう》けしている会社の経営者であれば、

2023年度

東海大学菅生高等学校中等部入試問題（第１回Ｂ）

【算　数】（50分）　＜満点：100点＞

【注意】 定規・分度器・コンパスを使用してはいけない。

1　次の計算をしなさい。

⑴　$267.9-175.75+232.1$

⑵　$634-\{99-(56-23)\div 3\}$

⑶　$\left\{6\frac{1}{3}-1.75\div\left(\frac{1}{3}+\frac{1}{4}\right)\times 2\right\}\times 33$

⑷　$1.25\times 16-2.5\times 5+\frac{1}{4}\times 10$

⑸　$\frac{3}{1\times 4}+\frac{3}{4\times 7}+\frac{3}{7\times 10}+\frac{3}{10\times 13}+\frac{3}{13\times 16}$

2　次の □ にあてはまる数を求めなさい。

⑴　2.6㎏の35％は □ ｇです。

⑵　原価2000円の品物に３割の利益を見込んで定価をつけました。年末年始の特別価格として，定価の１割引きの値段をつけて売ることにしました。このとき，利益は □ 円です。

⑶　100から200までの整数の中で，２または５で割り切れる整数は □ 個あります。

⑷　下の数はある決まりで並んでいます。このとき30番目の数は □ となります。

$1\frac{1}{3}$，$1\frac{1}{8}$，$1\frac{1}{15}$，$1\frac{1}{24}$，　・・・

⑸　下の図のようにAB＝６㎝，BC＝４㎝，∠Ｃ＝90°の△ABCがある。Ｂを回転の中心として△ABCを360°回転するとき，線分ACが通過した部分の面積は □ $㎠$となります。ただし，円周率は3.14とします。

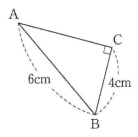

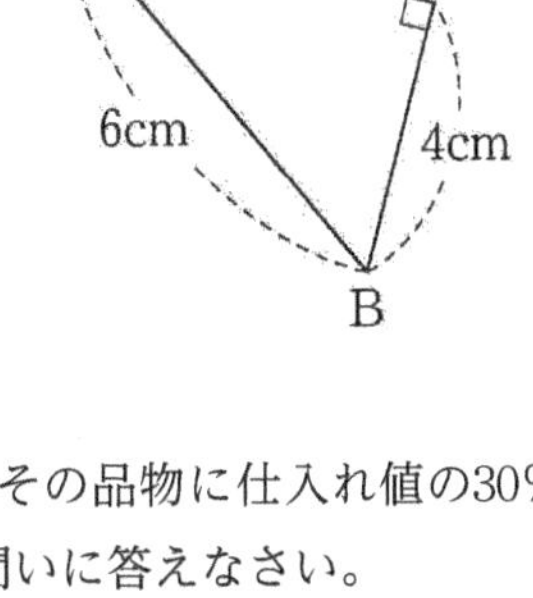

3　ある品物を10個仕入れました。その品物に仕入れ値の30％の利益を加えて定価をつけ，８個を売りました。このとき，あとの各問いに答えなさい。

⑴　残り２個を定価より150円安くして売ったところ，利益が1500円になりました。このとき，この

品物１個の仕入れ値を答えなさい。

⑵　残り２個を仕入れ値より150円安くして売ったところ，こちらも利益が1500円になりました。このとき，この品物１個の仕入れ値を答えなさい。

4　次の図は，１辺の長さが12cmの立方体を切り取ったときの見取り図です。このとき，次の各問いに答えなさい。

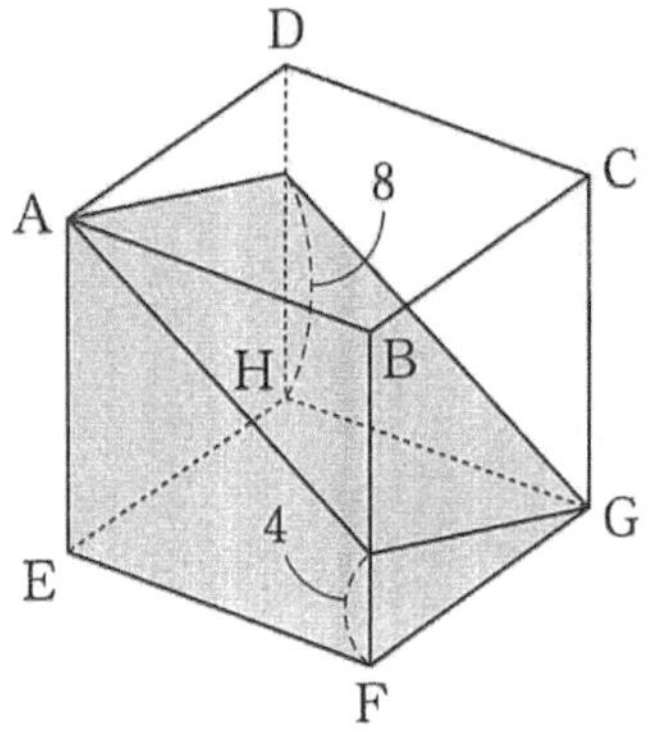

⑴　この立体の体積を求めなさい。

⑵　下の図のように立体を展開したとき，切り口がわかるように展開図に線を引きなさい。

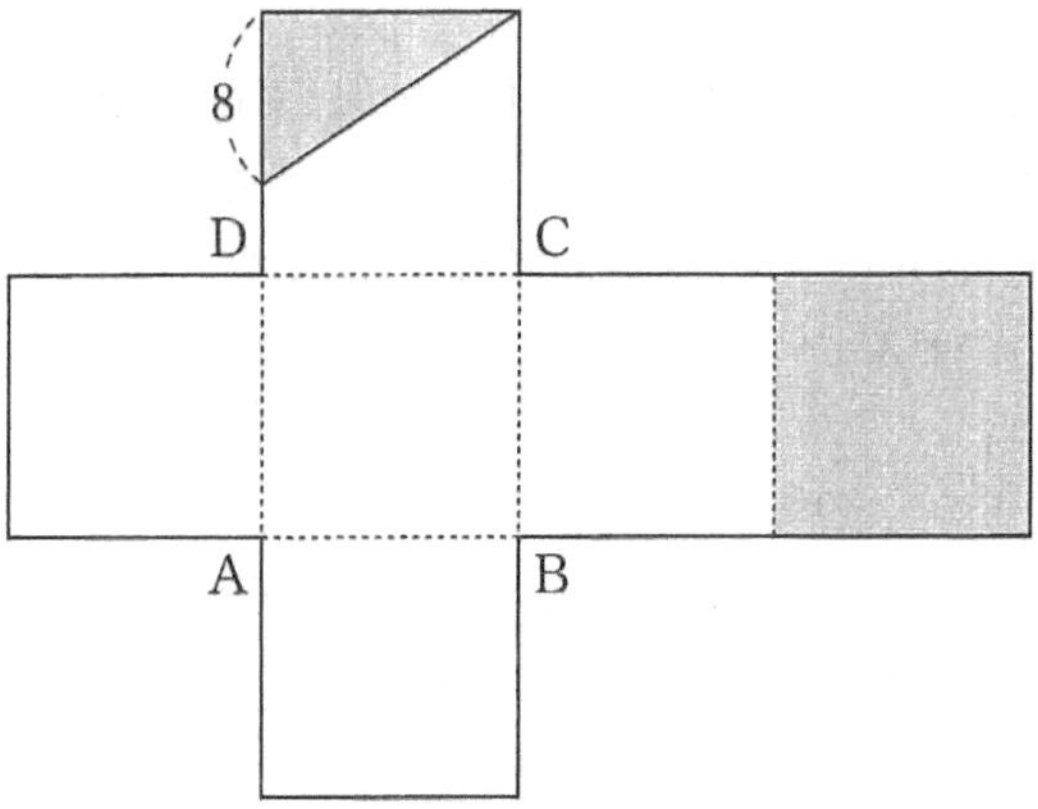

けをもたらしてくれるのではないでしょうか。

（横手尚子・横山カズ『世界に通じるマナーとコミュニケーション』〈岩波書店〉所収）

※１　社会秩序……社会生活が混乱ない状態。また、そのために必要な仕組み。

※２　慎み……控えめにふるまうこと。

※３　規範……一定の行為を命令または禁止するルール。

※４　潤滑油……二つの物体がせっしょくするときのていこうを減少させるもの。

問一　――線①「これ」が指す一文を探し、初めの五字を書き抜きなさい。

問二　［Ａ］［Ｂ］に入る言葉として適切なものを次よりそれぞれ選び、記号で答えなさい。

ア　また　　イ　けれども　　ウ　つまり　　エ　もし

問三　――線②「人間関係がスムーズに流れるようになる」とありますが、これを言い換えたものが書かれている一文を探し、初めと終わりの五字を書き抜きなさい。

問四　――線③「相手に思いを伝える」とありますが、そのために必要なことの説明としててきせつではないものを次より一つ選び記号で答えなさい。

ア　相手を思いやり、言葉にして伝えること。

イ　相手を思いやり、物にして伝えること。

ウ　相手を思いやり、行動にして伝えること。

エ　相手を思いやり、心で考えていること。

問五　――線④「マナー」とありますが、マナーの根底にあるものとは何だと主張していますか。文章中より二十七字で探し、初めと終わりの三字を書き抜きなさい。

問六　――線⑤「その場の雰囲気を悪化させてしまう」とありますが、その原因は何ですか。文章中の言葉を使い、五十字以上六十字以内で書きなさい。ただし、「感情」「マナー」を必ず入れること。

④マナーとはいえませんし、いずれはそれが見抜《ぬ》かれてしまうものです。

中学生や高校生、大学生のみなさんのなかには、マナーなんていうのは、社会人になってから学べばいい、と思っている人もいるかもしれません。もちろん、社会に出てから社会人として身につけるべきマナーもありますが、それだけでなく、いま、学校や家などふだんの生活でも友達や家族の人と接する時に知っておくととても役に立つマナーもあるのです。

2章以降で紹介《しょうかい》する、具体的な身だしなみや敬語、立ち居《い》振《ふ》る舞《ま》いなども、相手を大切にする気持ちや周囲に対する思いやり（気配り）が根底にあるのだということをお伝えしておきたいと思います。

これらは、学校でも、仕事でも、お友達や家族の間でも必要なことで、あらゆる人間関係を円滑《えんかつ》にするために、とても大切なことだと思います。

「やってみると、なんだか楽しくなってる」、そんなマナーを追いかけていきましょう！　心のかよったマナーの先には笑顔が必ず待っています。

日本では一般《いっぱん》的にマナー（ビジネスマナーやテーブルマナー）は社会人になってから学ぶものと思われることが多いですが、本当のマナーはそのずっと前から自分で磨《みが》きをかけておくことができるのです。

みなさんのなかには、アルバイトをする時や就職活動で面接を受ける時になって初めて、慌《あわ》ててマナーのマニュアル本と向かいあうこともあることでしょう。

短期間で学んだものはどうしても「演技」の側面が強くなり、自分の心の動きの表現としては出にくいものです。短期間であるとはいえ、必死で覚えたマナーが「心を伴わない上辺だけのもの」や「形やテクニックだけのマナー」だと思われてしまっては、こちらも悲しくなってしまいますよね。

ぎこちない敬語や感情の伴わない（丸暗記したことがありありとわかるような）言葉を並べたり、ひきつった笑顔は⑤その「場」の雰囲気《ふんいき》を悪化させてしまうことさえあります。

自分がしたことで相手が喜んでくれたり、「ありがとう」という感謝の言葉をかけられた時、人はうれしくなるものです。私は、この「思いやりの気持ちを相手に伝えること」は人が生きていくうえでもっとも大切なことの一つではないかと思っています。

マナーはこれらの「心から思う気持ち」をよりよく相手に伝えるために覚えておくものです。それ以上でもそれ以下でもありません。ゆえに本当のマナーには、自分のも相手にも幸せな気持ちをもたらし、人間関係を円滑にする力がそなわっています。これは社会人になってから身につけるものではありません。できるだけ早いうちから、家族や友達と接する時に身につけておきたいものです。

マナーを守って、身近な人、目の前の人を大切にすると、その快適な雰囲気は人から人へと伝染して、良い「空気」を作り出してくれるものです。

自分の話し言葉や立ち居振る舞いがそのままこちらの気持ちを相手に伝えることになったら、どんなに素晴らしいことでしょうか。なにより、自信を持って人と話し、友達を作り、新たな世界に踏《ふ》み込《こ》むきっか

る。ややしばらく［B］声で怒《おこ》ったあと、低く、湿《しめ》った声に変え、「そんなことをしたら、お母さんが悲しむ」と朝日がいちばんこたえる言葉を言うのだった。

（朝倉かすみ『ぼくは朝日』〈潮出版社〉所収）

※１　拍子……機会。タイミング。
※２　会得……物事の意味を理解して自分のものにすること。
※３　辛辣……言うことや他に与える意見のきわめて手きびしいさま。
※４　かぶりを振る……頭を左右に振って否定すること。
※５　肝焼ける……心をいらだたせる。

問一　――線①「思いきり放り投げる」とありますが、朝日がランドセルを投げる理由を四十字以上五十字以内で答えなさい。

問二　――線②「島田さんのお土産」とありますが、お土産の特徴としてどんなところが挙げられていますか。文章中から十九字で探し初めと終わりの言葉を三字で抜き出しなさい。

問三　――線③「ちょっと無理した感じで苦笑い」とありますが、なぜお父さんはこのような表情になったのですか。説明として最も適切なものを次から一つ選び記号で答えなさい。

ア　自分の友達に対して娘が冷たい扱いをしたから。
イ　自分の友達に対して息子が冷たい扱いをしたから。
ウ　自分が娘に辛辣なことを言われたから。
エ　自分の友達に対して娘と同じことを思っていたから。

問四　――線④「自分が言うのとお姉ちゃんに言われるのでは話がちがうようだった」とありますが、「自分」と「お姉ちゃん」の違いを文章中の言葉を用いて九十字以上百字以内で説明しなさい。ただし、「パッとしない」「成績」という言葉を必ず入れること。

問五　――線⑤「（お姉ちゃんはなー）」とありますが、ここではお姉ちゃんを何にたとえていますか。たとえられているものを文章中から十二字で探し、抜き出しなさい。

問六　［A］・［B］に入る言葉をそれぞれ次より選び、記号で答えなさい。

ア　パン　　イ　キーキー　　ウ　ワーワー　　エ　トン

三　次の文章に関するあとの問いに答えなさい。

マナーを国語辞典で調べると、「行儀《ぎょうぎ》」「礼儀《れいぎ》」「作法」「人間生活や※１社会秩序《ちつじょ》を維持《いじ》するために人が守るべき行動様式」「対人関係での気配りや敬意、※２慎《つつし》みの気持ちに基づく行動の※３規範《きはん》」などと書いてあります。

①これをもっとわかりやすくいうと「相手の立場に立って物事を考え、相手が欲しているものや、こうしたら喜んでくれるだろうと思えることを形や行動で表すこと」だと思っています。［A］、「相手を大切にする気持ち（思いやり）を相手にプレゼントすること」といってもよいかもしれません。

［B］、人から思いやりの気持ちをプレゼントされたら、うれしくてお返しをしたくなりますよね？「思いやりのあげっこ」をすることで、②人間関係がスムーズに流れるようになる。つまり、マナーは人間関係における※４潤滑油《じゅんかつゆ》のような役割を果たしてくれるのです。

いくら心のなかで相手を思いやっても、それだけでは意味をなしません。③相手に思いを伝えるには、言葉や物、あるいは行動で表さなければならないからです。逆にどんなに感じのよい笑顔や素敵な身のこなしをし、きれいな言葉を並べたてたとしても、心が伴《とも》わなければ、本当の

グルノーブルで買ったハンカチ」だった。

②島田さんのお土産は、その年に行った外国のものではないところに特徴《とくちょう》があった。たぶん、島田さんの家には、あちこちの外国で買ったお土産がたくさんあり、そのなかから、適当に選んで持ってくるのだろう、というのがお姉ちゃんの意見だった。

買ったばかりの新しいお土産を持ってこないのは、「なんとなくいたましい（もったいない）」からで、「そういうケチくさいところがあるから、スキーもパッとしないんでない？」と島田さんが帰ったあと、ビールジョッキを洗いながらつづけた。

「※3辛辣《しんらつ》だなあ」

お父さんが※4かぶりを振《ふ》ったら、お姉ちゃんは、

「なーんか焦《じ》れ焦れすんだよね、あのひと見てると」

とそっけなく応じた。

「『あのひと』っておまえ」

お父さんは③ちょっと無理した感じで苦笑いをし、

「おれの友だちなんだから、気ぃ使えや」

と、わりと本気な声で言った。島田さんは国際大会で華々《はなばな》しく活躍《かつやく》したことがなく、かといって国内でも無敵というわけではない選手だった。それをお父さんはいつも、なにかというとからかいの種にするのだが、④自分が言うのとお姉ちゃんに言われるのでは話がちがうようだった。

それは朝日も感じた。お父さんが島田さんに言う「パッとしない」には長年の友だちならではの親しみと、成績こそふるわなかったが国際大会に出られたのだからたいしたものだという尊敬と賞賛が込《こ》められているが、お姉ちゃんの口にした「パッとしない」には、「パッとしない」よりほかの意味がなさそうだった。

でも、きっと、島田さんは、お姉ちゃんにそう言われても、お父さんに言われたときのように「いやー」と短い横分けの頭を掻《か》いて、日に灼《や》けた四角い顔をほころばせるんだろうな、と思った。眉毛《まゆげ》も目尻《めじり》も下げて、分厚い肩をすくめ、衿《えり》が片方なかに入ったポロシャツの胸元を上下させて、「は、は、は」と笑うんだろうな、と。

「あれでもいいとこはあるんだしよ」

お父さんが言いかけたら、お姉ちゃんは、濡《ぬ》れた手をタオルで拭《ふ》いてから、ポニーテールのシッポの部分をふたつに分けてきゅっと引っ張り、結び目のゆるみを直して、

「気は使ってます。まさか面と向かって言うわけないじゃないの」

ただなんか※5肝《きも》焼けるだけ、とシンクのふちを手のひらで［A］と叩《たた》いた。

⑤（お姉ちゃんはなー）

朝日は胸のうちでつぶやいた。一年生の背負うランドセルみたいだ、というようなことをつづけて思った。総じて女子のランドセルは男子よりきれいだが、もしお姉ちゃんをランドセルにたとえたら、六年生になっても交通安全の黄色い布がよく似合う新品みたいな状態ではないか。革が硬くて、縫い目もほつれてないやつ。よほど丁寧《ていねい》に扱《あつか》わないとそうはならない。

だからなのかもしれないが、お姉ちゃんは朝日がランドセルを手荒《てあら》に扱うのが我慢《がまん》できないようすだ。朝日の放り投げや踏んづけ行為《こうい》を見つけると、「なんてことするの！」とただでさえ大きな目をひんむいて怒鳴《どな》

【国　語】（五〇分）〈満点：一〇〇点〉

【注意】すべての問題において、句読点やかっこ等の記号は一字と数えるものとする。

一　次の――線のカタカナを漢字に、漢字をひらがなに直しなさい。（送りがなが必要なものはあわせて書くこと）

① シュウダンで登下校する。
② 生徒数がゲンショウする。
③ 会長としてのギムを果たす。
④ 自分でシュシャ選択をする。
⑤ ウラニワに花を植える。
⑥ 収入を得る。
⑦ 同窓会に先生夫妻を招く。
⑧ 熟練した技術。
⑨ 不足した分を補う。
⑩ 手紙を郵送する。

二　次の文章に関する後の問いに答えなさい。

学校から家に帰ると、朝日は素早くランドセルを下ろし、肩《かた》ベルトを持って階段の下まで行って、腕《うで》を後ろに引いたのち、①思いきり放り投げる。

いくらどんなにがんばっても階段のいちばん上には届かない。朝日の家の階段は途中《とちゅう》で右に曲がってる。でもいつか届く日がくるのではないかと朝日は思っていた。ある日、なにかの※1拍子《ひょうし》に大きく右に曲がるランドセルの投げ方を※2会得《えとく》するかもしれないと期待しているからなのだった。

朝日の「期待」にはもうひとつあった。こうやって毎日放り投げていれば、ランドセルが早く傷む。ランドセルは、古びていればいるほどかっこいい。ところどころの縫《ぬ》い目がほころび、いくつか傷がつき、ふちがめくれ上がったかぶせのかっこよさは、一年生が背負うカブトムシみたいに硬《かた》くてつやつや光るそれの比ではない。

朝日のランドセルは着実にその状態に近づいていた。ことに、かぶせに付いている、二本の時計バンドのようなもののくたびれ方などは相当いい線をいっているとひそかに自慢《じまん》しているのだが、六年生のランドセルを見かけたら、まだまだだと思わざるをえなく、早くあの域に達したく、毎日の放り投げはもちろん、必要以上の回数と乱雑さを以《もっ》てランドセルを開閉していた。たまに踏《ふ》んづけてみたりもした。

それから朝日は水を飲む。使うコップは、ノルウェーの国旗のもようの入ったマグカップだ。

おととい、島田さんにもらったお土産である。島田さんはお父さんの友だちで、普段《ふだん》は会社員をしているが、実はスキーの「距離《きょり》」の選手で、国内はもとより外国の大会にも出場している。二年前のオリンピックにも出たし、再来年の札幌《さっぽろ》オリンピックにも出るかもしれないほどの選手なのだが、朝日の家では単に「お父さんの友だち」として扱《あつか》われていた。

島田さんは、年に数度やってきては、お父さんと無駄《むだ》話をして帰る。かならず外国のお土産を持参し、「これはどこそこで買ったもの」と地名を言い、朝日とお姉ちゃんにわたす。おととい持ってきたのは「ノルウェーのオスロで買ったマグカップ」で、お姉ちゃんには「フランスの

MEMO

大切なことはメモしておこうネ！

2023年度

東海大学菅生高等学校中等部入試問題（第２回Ａ）

【算　数】（50分）　＜満点：100点＞

【注意】 定規・分度器・コンパスを使用してはいけない。

1　次の計算をしなさい。

⑴　$[5+\{(4+3)\times 2-4\}\div 5-9\div 3]\times 5$

⑵　$\left(0.875-\frac{5}{8}\right)\div 7.8\div\left(1.25\div 1\frac{5}{8}\right)$

⑶　$\left(\frac{3}{8}+\frac{5}{9}-0.25\right)\times 3\frac{1}{5}$

⑷　$2023\times 8.76-1895\times 8.76+128\times 1.24$

⑸　$\frac{1}{3\times 4}-\left(\frac{1}{3}-\frac{1}{4}\right)+\frac{2}{3\times 5}+\frac{3}{5\times 8}+\frac{4}{8\times 12}+\frac{5}{12\times 17}$

2　次の □ にあてはまる数を求めなさい。

⑴　５で割ると３余り，４で割ると１余る整数を小さいものから順にならべたとき，小さい方から３番目の整数は □ になります。

⑵　$3\times 3\times 3\times 3\times 3\times 3\times 3\times 3\times 3\times 3$ を４で割ると余りは □ になります。

⑶　水が氷になると体積が全体の $\frac{1}{10}$ 増えます。氷が水になると体積は全体の □ 減ります。

⑷　ある品物に仕入れ値の５割増しの定価をつけ，さらに25％引きで売ったところ，利益は540円になりました。この品物の仕入れ値は □ 円になります。

⑸　下図は三角形ABCを７等分した図です。CDの長さが４㎝であるとき，BEの値は □ ㎝になります。

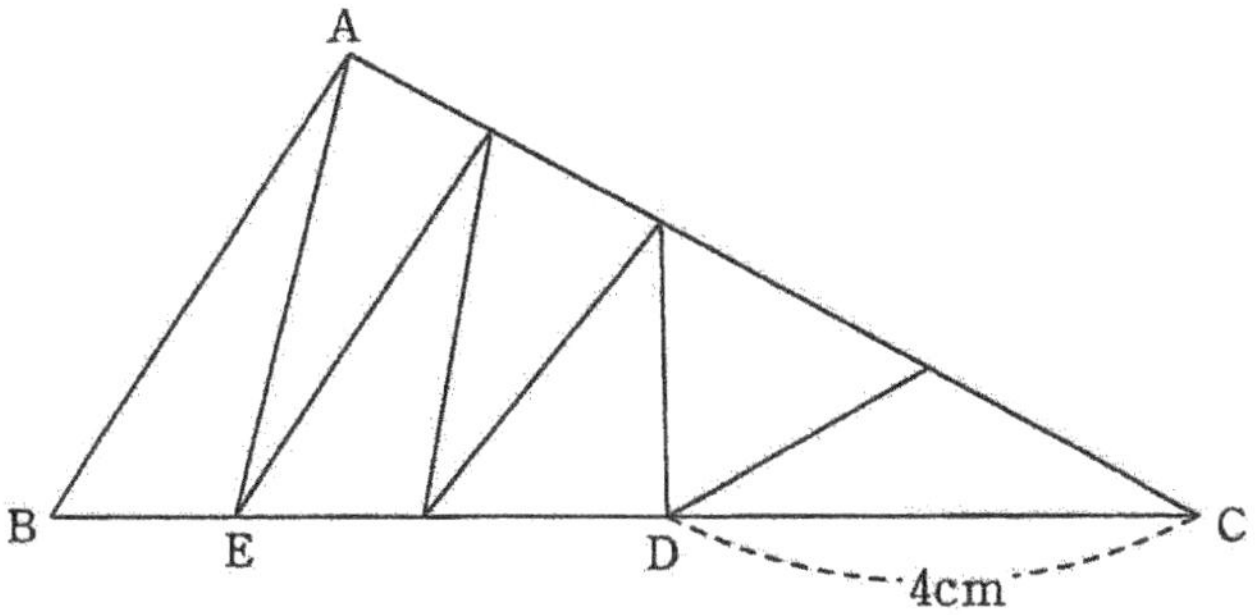

3　次のページの図は，ある立体を真正面から見た図と，真上から見た図です。このとき，次の各問いに答えなさい。ただし，斜線部分は空洞であり，円周率は3.14とします。

⑴　この立体の体積を求めなさい。

⑵　この立体の表面積を求めなさい。

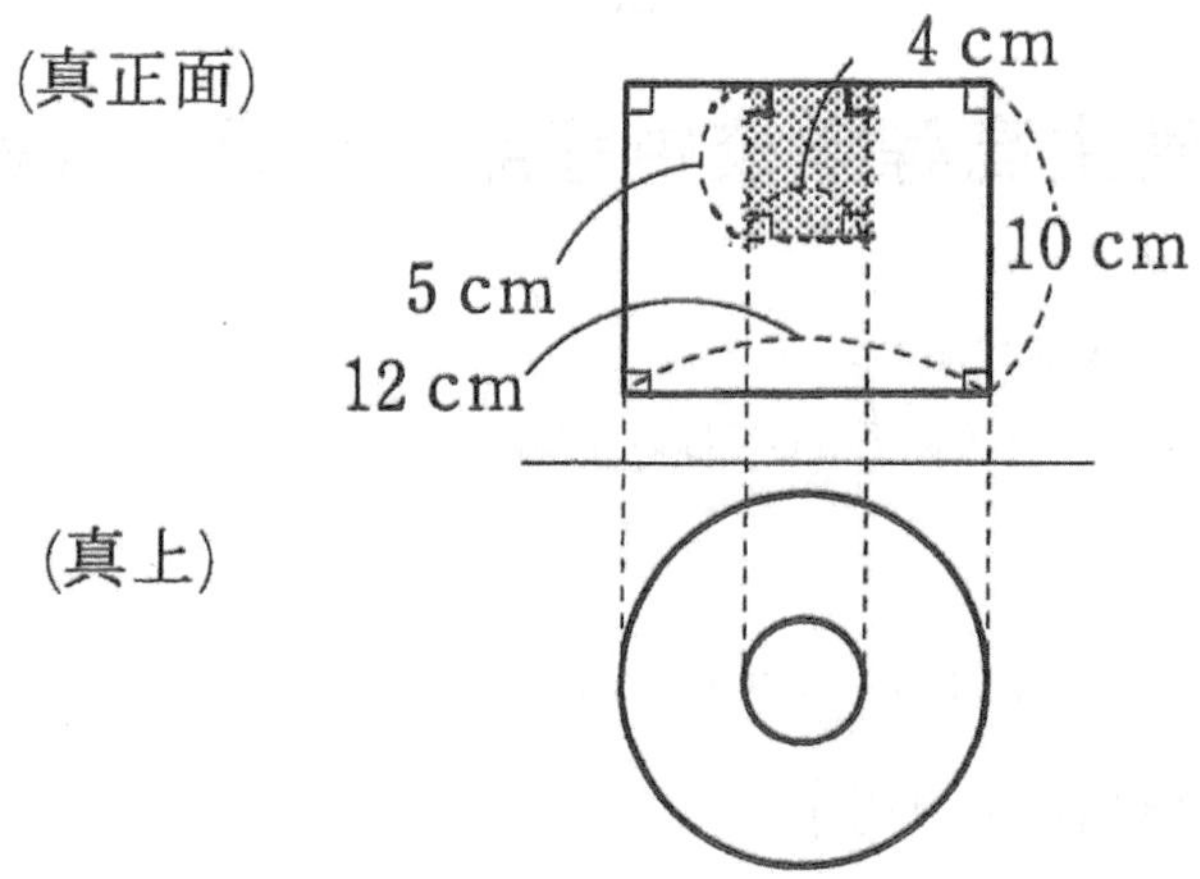

4　５個の数字0，１，２，３，４を１個ずつ使って，３けたの数を作ります。このとき，次の各問いに答えなさい。

⑴　何通りの３けたの数がつくれるか，答えなさい。

⑵　作った数が奇数になるのは何通りか，答えなさい。

⑶　４けたの数を作るとき，この数が偶数になるのは何通りか，答えなさい。

はどこで聞かないと言っていますか、文中より抜き出しなさい。

問六　――線部⑥「流行というのは何と偉大なものかと感動した」とありますが、どのようなことに感動したのですか。五十字以内で書きなさい。

問七　――線部⑦「気にしいしい」、⑧「やきもき」について、意味として最も適当なものを、それぞれ後から選び記号で答えなさい。

⑦「気にしいしい」

ア　気が興奮して　イ　気にしながら

ウ　気持ち悪くて　エ　気をたしかに

⑧「やきもき」

ア　あれこれと想像しひどく疲れているさま。

イ　あれこれと言われ気持ちが沈んでいるさま。

ウ　あれこれと気をもんでいらいらするさま。

エ　あれこれと考えてひどく興奮しているさま。

やはりテレビで、松田聖子[※10]やタノキン[※10]の連中が、味噌カツの歌でも歌ってくれないと駄目なのだろうか。

現代は、歌とファッション、テレビの人気者、ＣＭがくっつかないと、流行にならないらしい。

仕方がない。私はひとりで味噌カツをつくり、ひとりで食べてみた。

岐阜羽島駅の食堂で、新幹線の時間を⑦気にしいしい食べた味とは少し違うような気がしたが、まあまあ似たようなものが出来た。

せめて私の廻《まわ》りだけでも流行らせたい、ＰＲのために味噌カツ・パーティを催《もよお》したいと思ったが、この半年ばかり、我が家は散らかし放題で、特に居間は、未整理の手紙、スクラップすべき週刊誌や本の山で足の踏《ふ》み場もない有様である。

仕事が一段落して、大片付け大掃除をしないことには、とても他人様をお招きすることも出来ない。この分ではせっかくの味噌カツも、あたら[※11]岐阜地方だけに埋もれるのではないかと気がもめる。

夫婦揃っての銅像は流行らなくてもいいから、というのは多分に嫁きおくれのひがみも入ってのことだが、おいしい地方の料理は、食いしん坊に知らせてあげたい。そう思って⑧やきもきしている。

（向田邦子「霊長類ヒト科動物図鑑」文藝春秋）

※１　岐阜羽島駅…岐阜県羽島市福寿町平方にある、東海道新幹線の駅。
※２　令夫人…他人の妻に対する敬称。
※３　寡分…見聞が狭く浅いこと。
※４　冠たる…その中で最も優れているさま。
※５　劃期的…今までになかったことをして新しい時代を開くさま。画期的。
※６　席巻…広い範囲にわたって勢力を拡大すること。
※７　フラフープ、ダッコちゃん、ルービック・キューブ…一九五〇年代から一九八〇年代に日本中で流行したおもちゃ。
※８　バンコック…タイ王国の首都。正式名称クルンテープマハーナコーン。
※９　ムームー…ハワイで女性の正装とされるゆったりとしたドレス。
※10　松田聖子・タノキン…一九八〇年代のテレビアイドル。
※11　あたら…おしくも。もったいないことに。

問一　――線部①「びっくりしてしまった」とありますが、どんなことにびっくりしたのですか、二十字以内で書きなさい。

問二　――線部②「『停めて頂戴』と言いそうになった」とありますが、筆者はなぜ車を停めてもらおうとしたのですか、解答欄に合う部分を、句読点を含む二十七字で抜き出して最初と最後の五文字を書きなさい。

問三　――線部③「おいしく頂きながら」とありますが、何をおいしく頂いたのですか、次から一つ選び、記号で答えなさい。

ア　味噌カツ　　イ　新幹線食堂車のランチ
ウ　餡パン　　エ　岐阜名物の食事

問四　――線部④「生唾を飲みながら」とありますが、ここではどのような状態ですか、次から一つ選び記号で答えなさい。

ア　おいしいご馳走を食べて満腹な状態。
イ　目の前の欲しいものをがまんしている状態。
ウ　喫茶店で食べたものがおいしかった状態。
エ　他人が食べている様子だけで満足している状態。

問五　――線部⑤「一向に味噌カツの名前を聞かない」とあるが、筆者

そういいながら走る間にも、一、二軒の味噌カツの看板が目に飛び込む。

私は、もうすこしのところで、

②「停めて頂戴《ちょうだい》」

と言いそうになった。

停めてもらって、味噌カツというのをたべてみたいと思ったのだ。新幹線の食堂で、あまりおいしくない昼食を済ました直後だが、ひと口でもいいから食べたい。

だが、雑誌の取材の仕事で行っているので、先方の旅館で岐阜名物の食事の用意があるらしい。

我慢をして走り過ぎ、あとは決められたスケジュールにしたがって、名物料理の鮎などを頂いたわけだが、③おいしく頂きながら目の前にチラつくのは「味噌カツ」の四文字なのである。

食事前のひととき、喫茶店で休むと、バスの運転手さんらしき人が、味噌カツ定食を食べておいでになる。

なるほど、カツに黒い味噌のタレがかかっていて、油と味噌の一緒になった香ばしい匂いがプーンとしてくる。

「ああ食べたい」

④生唾《なまつば》を飲みながらお預けをくらい、私がやっと味噌カツにありついたのは、二日間の日程を終え、新幹線にのる直前の岐阜羽島駅内の食堂であった。

おいしかった。

八丁味噌にミリンと砂糖を加え煮立たせたものを、揚げたてのカツにかけただけだが、油のしつこさを味噌が殺して、ご飯ともよく合う。

これぞ餡《あん》パンに匹敵する日本式大発明、いまに日本中を※6席巻《せっけん》するぞと期待しながら東京へ帰ってきた。

ちょうど去年の今頃のことである。

あれから一年たった。

気をつけているのだが、⑤一向に味噌カツの名前を聞かない。

どうも、流行《はや》っているのは、岐阜一帯で、それより西へも東へも伸びていないらしい。

※7フラフープや※7ダッコちゃん、※7ルービック・キューブのように、アッという間に日本中に流行るものもある。

いいなあ、面白いなあ、というものでも、さほどひろがらないものもある。

どこに違いがあるのだろうか。

随分前のことだが、※8バンコックに行ったときは、カラータイツが大流行していた。

夏の盛りだというのに、若い女はみなカラータイツをはいていた。日中は三十五度から四十度になるというのに、涼しい顔をして、足首までキッチリとおおったタイツ姿で往来を歩いている。こっちは※9ムームー姿でぐったりとしているというのに、⑥流行というのは何と偉大なものかと感動したが、次の年に行った人に聞いたところ、「やはりあれはスタレたようですなあ」ということだったから、涼しい顔はおもて向きでやはり汗疹《あせも》など出来たのかも知れない。

バンコックでカラータイツがはやって、どうして東京で味噌カツがはやらないのだろう。

えなさい。

ア　⑨かりかり　⑩しとしと
イ　⑨こつんこつん　⑩さらさら
ウ　⑨ざあざあ　⑩ひりひり
エ　⑨びちょびちょ　⑩ざわざわ

問八　――線部⑪「２台のビデオカメラで雨粒の画像を直接撮影する装置」とありますが、どのようなことができますか、二十五字以上三十字以内で答えなさい。

三　次の文章に関するあとの問いに答えなさい。

●味噌《みそ》カツ

東海道新幹線で岐阜羽島駅※1をおりると、嫌でも駅前広場の某政治家夫妻の銅像が目に入ってくる。

私は夫妻ということに①びっくりしてしまった。

某政治家が、選挙区である羽島に新幹線を停《と》めるのに力があったことは聞いていたが、銅像が建つところをみると、夫人のほうも貢献《こうけん》しているらしい。

※2令夫人も一緒というのは、文化勲章《くんしょう》などを受けたときの宮中参内《さんだい》や園遊会《えんゆうかい》のときぐらいかと思っていたが、夫妻揃《そろ》って銅像になるという例もあるのだ。

それにしても、あちこちの銅像を考えてみても、夫妻一緒というのは※3寡聞《かぶん》にして知らない。楠木正成《くすのきまさなり》も太田道灌《おおたどうかん》も一人で建ってるし、外国の例を考えてみても、スエズ運河をひらいたレセップスにしても、運河のほうに忙しくて独身だったのか、やはり単身である。

お供がくっついているのは、サンチョ・パンサを連れたドン・キホーテと、犬を連れた西郷サンだけである。

そう考えると、岐阜羽島駅の夫妻の銅像は、男女同権そのものとして世界に※4冠《かん》たる※5劃期的《かっきてき》なものかも知れないと感心した。

駅前でタクシーをひろい、岐阜市へ向って走ると、もうひとつ目につくものがある。

「味噌カツ」

という看板である。

「味噌カツ」

「味噌カツ定食」

一軒や二軒ではないのである。次々に通り過ぎるスナックや食堂のほとんどにこの看板が出ている。

「味噌カツってなんなの」

運転手さんに聞いてみた。

「お客さん、味噌カツ、知らないの」

運転手さんは二十三、四の若い人だったが、物を知らないねえ、という風な笑い方をした。

「簡単なもんだよ。カツの上に味噌のたれがのっかってるだけだよ」

「おいしそうね」

「うまいよ。第一、匂いがいいしさ、カツだけよか飯は倍いくよ」

お客さん、どこから来たの、と聞き、

「そうか。東京の人は味噌カツ知らないのか。そういやあ、よその人間、みんな知らないなあ。この辺だけのもんかなあ」

フォンと似たようなものです。落ちてきた雨粒が当たる圧力を電気信号に変えるもので、雨粒の大きさごとにその圧力が違うわけですから、信号処理により容易に、しかも速やかに雨粒の粒径分布を知ることができます。ただこの方法には、雨粒の形が測定できない点、大きな雨粒が降っている時には小さな雨粒の音が消されやすいという点、同じ大きさの雨粒でも風の影響でマイクロフォンに当たる強さが変わってしまうという弱点があります。傘《かさ》をさしていると、雨がふっているのか、（ ⑨ ）とあられが降っているのか、あるいは（ ⑩ ）と雪が降っているのか、傘を叩く音で何が降ってるのか皆さんも何となく分かるのではないでしょうか？私も、若い頃、マイクロフォン方式の雨粒粒径分布計を考案していた時、このような区別も可能なのではないかと考え、いろいろと工夫してみました。結果はうまくいきませんでしたし、今でもそのような機器ができたという話は聞きません。

　ごく最近になって、⑪2台のビデオカメラで雨粒の画像を直接撮影する装置が開発されました。この装置では、１０センチ四方の測定範囲の中に入った個々の雨粒（雪粒も）の落下速度と形が同時に測定でき、大きさによって雨粒の形が変わる様子をリアルタイムに観ることができます。今のところはまだ安価なものではありませんが、レーダーと地上雨量計のほかに、このような機器を観測領域に多数配置できれば、レーダーの観測データをより正しく補正できると共に、これらの観測データを総合的にうまく利用することにより、雨や雪の科学について興味深いことがいろいろと分かることが期待できそうです。

（武田喬男『雨の科学』講談社）

※1メチレンブルー…染料の一種。深青色結晶で水溶性。
※2前述…前に述べたこと。
※3尾鷲市大台ケ原…奈良県と三重県の県境にあり、吉野熊野国立公園のひとつ。
※4エレクトロニクス…電子工学。
※5マイクロフォン…音を電気信号に変換する音響機器。略称マイク。

問一　（①）（⑥）にそれぞれはいるものを、次の中から一つずつ選び、記号で答えなさい。

ア　だから　イ　しかし　ウ　つまり　エ　さて

問二　（②）（③）にはいる語句を以下より選び、記号で答えなさい。

ア　高く　イ　低く　ウ　高い　エ　低い

問三　――線部④「雨にうたれると寒くなるのは当たり前」とありますが、その理由を書きなさい。

問四　――線部⑤「大学院学生時代に初めて出した研究論文」とありますが、その論文の目的はなんですか、文中から四十八文字で抜き出し、最初と最後の五文字を書きなさい。

問五　――線部⑦「私もそうでした」とありますが、どんなことを研究したといっていますか、次から一つ選び、記号で答えなさい。

ア　雨粒の粒径分布を考えるきっかけの出来事
イ　雨粒の粒径分布を少なくする人工降雨機
ウ　雨粒の粒径分布を変化させる機械の仕組み
エ　雨粒の粒径分布を測定する方法の開発

問六　――線部⑧「それらを利用した方法」とありますが、「それら」とはなんですか、文中の言葉を使い十字から十五字で書きなさい。

問七　（⑨）（⑩）に入る言葉の組み合わせを次から一つ選び、記号で答

は、人工降雨で雲から雨を降らした時、雲の下の蒸発により雨はどの位少なくなるかを数値計算により知ることでした。その計算では、落ちてくる個々の雨粒の温度が上記のような過程で決まってくることを正確に知ることが大切なのですが、この計算は大変複雑なもので、その頃の最大のコンピュータを使っても正確にはなかなか計算できませんでした。自然の雨粒の全てがミクロな物理過程の結果としてそれぞれが本来もつべき温度を示しているのに、いざそれを計算してみようと思うと、それは至難《しなん》のわざなのです。

ここでは蒸発する雨粒の温度のことを述べましたが、雨が降る前に雲の中で雲粒が成長していく過程、雪結晶が大きくなっていく過程、そして雪が融《と》けていく過程でも、雲粒、雪結晶、雪の温度は大変重要な役割を持っています。（　⑥　）、それらを正しく計算してみようとすると、それは大変複雑で膨大《ぼうだい》な計算になってしまいます。

●雨粒《あまつぶ》の粒径分布《りゅうけいぶんぷ》の測定

雨粒の粒径分布は、上空で雨粒がどのような過程を経てつくられたのかについて有用な情報を与えてくれるものですので、昔から多くの研究者がその測定法の開発に挑戦してきました。⑦私もそうでしたし私の学生もそうでしたが、雨の研究を志す人達は、雨粒の粒径分布を簡単にしかもできれば自動的に測定できる方法を開発してみたいと一度は思うものでした。今でもその開発が進められています。良い測定法の最大のポイントは、弱い雨でも強い雨でも一つの方法で測れることです。

初期の頃に用いられていた面白い方法は、メリケン粉などの粉の上に雨粒を落とすことにより小さい団子を作り、目の大きさの違うふるいを用いて分けて、大きさ別に数えるものです。その後、長く使われた方法はろ紙法と呼ばれるもので、私もしばしば用いた簡単な良い方法です。※1メチレンブルー（あるいはウォーターブルー）と呼ばれる化学物質をすりつぶしてベンゼンに溶《と》かし、それにろ紙を浸《ひた》し、乾《かわ》かします。このろ紙の上に水滴《すいてき》が落ちると、白いろ紙に水滴のしみた痕跡《こんせき》が真っ青に浮きでるわけです。孔《あな》の大きさの違ういくつかの注射針などを使って、あらかじめ大きさのわかった水滴をろ紙に落とし、水滴の大きさに対応した青い痕跡の大きさを測っておけば、落ちてきた雨粒の粒径分布を容易に測定できるわけです。勿論《もちろん》、ろ紙によって痕跡の大きさが違わないように、ろ紙の質がよいことが大切です。

ろ紙の大変すぐれているところは、弱い雨の時は雨の中にろ紙を長めに露出《ろしゅつ》し、強い雨の時はごく短い時間だけ露出したり、風に吹かれて雨が斜めに降ってくる時はその方向にろ紙の面を向けるなど、観測者の判断で適宜《てきぎ》ろ紙のさらし方を変えることができることです。※2前述《じゅつ》の※3尾鷲《おわせ》市《し》、大台ヶ原《おおだいがはら》での雨の観測は、5分ごとにこのようなろ紙を雨にさらすことを48時間続けたものです。この方法は簡便で、誰でも利用できるものです。ただし、このメチレンブルーという化学物質は、耳かき数杯程度で数百枚のろ紙をつくれるほどの強烈《れつ》な効果を持っています。ろ紙をつくる作業をする時は、マスクをし、実験衣などをしっかり上に着ておかないと、後で鼻の穴も衣類も真っ青になってしまいます。

※4エレクトロニクスが進歩してくると、⑧それらを利用した方法が開発されるようになりました。その代表的なものの一つは、光路を横切る雨粒がつくる影の大きさを電気的に測る機器ですが、今ではあまり見かけなくなりました。現在、もっとも広く用いられている方法は、※5マイクロ

【国　語】（五〇分）〈満点：一〇〇点〉

【注意】すべての問題において、句読点やかっこなどの記号は一字と数えるものとする。

一　次の――線のカタカナを漢字に、漢字をひらがなに直しなさい。
（送りがなの必要なものはあわせて書くこと）

① 著作権を保護する。
② 作品の批評。
③ 画一的な方法。
④ 忠誠を誓う。
⑤ ドウソウカイを開く。
⑥ ヒテイ的な意見。
⑦ ホウフな品数。
⑧ 期限をノバス。
⑨ タンジュンな形。
⑩ センモン家の話。

二　次の文章に関する後の問いに答えなさい。

●雨粒《あまつぶ》の温度

個々の雨粒が持つ性質として温度があります。そのことにも触《ふ》れておきましょう。これまでに何度か雨粒の温度は何度くらいなのですか、あるいは雨粒の温度はどのようにして決まるのですかと聞かれたことがあります。皆さんも雨に濡《ぬ》れて妙《みょう》に寒くなる経験をしたことがあるでしょう。一般に、気温は上空にいくほど低くなります。雨粒は上空から、（　①　）気温の低いところから落ちてくるのですから、冷たいのは当たり前のように考えられるかも知れません。しかし、地上近くの暖かい空気の中も通って落ちてくるのですから、その空気の温度になじんで温まってくるはずです。実際には、雨粒の温度はもう少し複雑な決まり方をしています。

今でも、学校、家庭で乾湿計という温度計が使われています。これは、根元がむき出しのままの乾球温度計と根元を水に濡らしたガーゼなどで覆《おお》った湿球温度計からなり、気温のみでなく湿度も測定することができます。湿度が低いほど湿球温度は乾球温度より低くなりますので、この差を利用して湿度を知ることができるわけです。夏に庭に水をまくと涼《すず》しくなるように、水が蒸発するためには多量の熱が必要なため（空気から熱を奪《うば》う）、蒸発する水の温度は下がり、その周りの空気の温度も下がります。乾湿計の湿球は、水が蒸発することで冷やされた分だけ乾球よりも温度が低くなるので、湿度が（　②　）ほど湿球の温度がより低く下がるわけです。雨粒の温度はこの湿球の温度とほぼ同じ原理で決まっています。おおざっぱに言うと、雨粒の温度は地上近くの空気に対応する湿球の温度と大体同じであり、湿度が低いほどより（　③　）なるということができます。雨粒は次々と違《ちが》う温度と湿度の空気を通ってきますし、大きい雨粒ほどその場所の空気の湿球温度からのずれが大きくなりますが、いずれにしても、雨粒の温度は地上の気温よりかなり低くなるわけです。雨に濡れた身体からはさらに水が蒸発するのですから、④雨にうたれると寒くなるのは当たり前ですね。

私が⑤大学院学生時代に初めて出した研究論文は、雲から落ちてくる雨粒は集団としてどの位蒸発するのか、というものでした。その目的

MEMO

大切なことはメモしておこうネ！

第1回A

2023年度

解答と解説

《2023年度の配点は解答欄に掲載してあります。》

＜算数解答＞

1 (1) 0 (2) 42.5 (3) 39 (4) $\frac{1}{2}$ (5) 32 (6) 308

2 (1) 36 (2) 336 (3) 5 (4) 0.27 (5) 256 (6) 27.42

3 (1) A 秒速8m B 秒速6m (2) 350秒後

4 (1) 100cm^2 (2) 52cm^2 (3) 5cm

5 (1) 1960cm^3 (2) 1226m^2 (3) $\frac{49}{16}$cm

○推定配点○

各5点×20 計100点

＜算数解説＞

1 (四則混合計算)

基本 (1) かけ算はひき算より先に計算する。$1995-95\times21=1995-1995=0$

基本 (2) かけ算はひき算より先に計算する。$3\times16.25-6.25=48.75-6.25=42.5$

重要 (3) 小カッコの中を先に計算する。分数のたし算は通分してから計算する。$\left(3\frac{1}{2}+\frac{3}{4}+\frac{5}{8}\right)\times8=\left(3\frac{4}{8}+\frac{6}{8}+\frac{5}{8}\right)\times8=3\frac{15}{8}\times8=\frac{39}{8}\times8=39$

重要 (4) かけ算・わり算はひき算より先に，小数は分数にしてから計算する。分数のわり算は逆数をかけ算する。分数のかけ算は約分してから計算する。$\frac{10}{3}\times5.4\div6-1\frac{1}{4}\times2=\frac{10}{3}\times\frac{27}{5}\times\frac{1}{6}-\frac{5}{4}\times2=3-\frac{5}{2}=\frac{6}{2}-\frac{5}{2}=\frac{1}{2}$

(5) 数をかけ算の形に分解して，計算の工夫をする。$64\times3-32\times4-16\times2=16\times4\times3-16\times2\times4-16\times2=16\times(12-8-2)=16\times2=32$

(6) 9ずつ大きくなる整数8個の和は，等差数列の和の求め方を利用できる。$(7+70)\times8\div2=308$

【別解】外側から順に2個の和が77になることを利用して，$77\times4=308$で求めることもできる。

2 (四則混合逆算，数の性質，つるかめ算，単位換算，割合，規則性，平面図形)

(1) 計算の順番を書いて逆にたどる。分数のわり算は逆数をかけ算する。③$37-34=3$，②$3\div\frac{1}{4}=3\times4=12$，$12\times3=36$

重要 (2) 48と56の最大公約数は8，最小公倍数は$8\times6\times7=336$

8) 48 56
　　 6 7

重要 (3) 15個のおもりが全部50gだとすると，$50\times15=750$(g)，実際は600g，その差は20gのおもりがあるから。$750-600=150$，$150\div(50-20)=5$(個)

重要 (4) $60\%=0.6$，$4500\times0.6=2700(cm^2)$，$1m^2=10000cm^2$より，$2700\div10000=0.27(m^2)$

(5)　$\frac{1}{8}\times2=\frac{1}{4}$，$\frac{1}{4}\times2=\frac{1}{2}$，$\frac{1}{2}\times2=1$，$1\times2=2$，$2\times2=4$，$4\times2=8$，$8\times2=16$，$16\times2=32$，$32\times2=64$，$64\times2=128$，$128\times2=256$

(6)　色のついた部分のまわりの長さは半径3cm・中心角60度のおうぎ形の弧3個分と半径6個分である。$3\times2\times3.14\times\frac{60}{360}\times3+3\times6=3\times3.14\times18=9.42+18=27.42$(cm)

3　(速さ・旅人算)

重要　(1)　AさんとBさんの2人は1周700mの池のまわりを同時に同じ場所から反対方向に走ると50秒後に出会う。2人の速さの和は$700\div50=14$(m/秒)，Aさんの方がBさんより秒速2m速いからAさんの秒速は$(14+2)\div2=8$(m)，Bさんの秒速は$(14-2)\div2=6$(m)

(2)　Aさんの方が速く走るので，AさんがBさんより1周多く走った時に追いこす。よって求める答えは$700\div2=350$(秒)後である。

4　(平面図形・面積)

基本　(1)　台形の面積＝(上底＋下底)×高さ÷2で求める。$(8+12)\times10\div2=100$(cm^2)

重要　(2)　面積が等しい三角形の底辺の比と高さの比は逆比になる。AD：BC＝8：12＝2：3，高さの比は3：2，$10\div(3+2)\times3=6$(cm)，$8\times6\div2=24$(cm^2)，$100-24\times2=52$(cm^2)

(3)　三角形ABEと黒くぬってある2つの三角形の面積の合計が等しいので，三角形ABEの面積は台形の半分の$100\div2=50$(cm^2)である。10×高さ÷2＝50より，高さは$50\times2\div10=10$，この長さはADの長さとBCの長さの平均になっている。よってEはDCのちょうど真ん中の点である。三角形ADEの高さは台形の高さの半分の$10\div2=5$(cm)

5　(立体図形・体積，表面積，切断)

(1)　立体図形の体積＝底面積×高さ，立体を底面に平行な面で切断し3個の直方体にして体積を求める。$20\times16\times4=1280$，$(20-5)\times8\times(8-5)=360$，$8\times8\times5=320$，$1280+360+320=1960$($cm^3$)

(2)　表面積は上下から見た図，前後から見た図，左右から見た図を書いて考える。上下から見た図は16cmと20cmの長方形，$16\times20\times2=640$，前後から見た図は3種類の長方形の和，$(4\times20+3\times15+5\times8)\times2=330$，左右から見た図は2種類の長方形の和，$(4\times16+8\times8)\times2=256$，$640+330+256=1226$($cm^2$)

やや難　(3)　体積を2等分すると，体積は$1960\div2=980$，高さは$980\div320=\frac{980}{320}=\frac{49}{16}$(cm)

★ワンポイントアドバイス★

基礎的な問題をていねいに取り組み，式や考え方を書くことで基礎力を身につけよう。また応用的・発展的な問題も日頃から数多く解く練習をしておくとよいだろう。式や考え方を過不足なく簡潔に書くことも意識して取り組もう。

＜国語解答＞

一　①　くちょう　②　しゅしゃ　③　ふしょう　④　じんあい　⑤　養蚕
⑥　収納　⑦　展示　⑧　証明書　⑨　幼い　⑩　勤める

二　問一　人間が楽を好む生き物である　問二　②　エ　③　ウ　問三　イ　問四　ア

問五　(例)　楽な状態に安住していると厳しいほうへ傾くということ。　問六　ア
問七　ア・カ　問八　⑨　イ　⑩　エ　問九　Ⅰ　(例)　元々自己評価が低く，自分には限界がある(という意識)。　Ⅱ　(例)　低い評価に開き直らず，変える工夫をして，一生懸命に仕事をするように変わる。

三　問一　もっと反省して，もっと後悔しろ，と言っている　問二　ウ　問三　(例)　言葉をつっかえる先生に対し，笑ったりばかにしたりするような態度をとっている様子。
問四　④　エ　⑦　ア　問五　エ　問六　ウ　問七　エ　問八　ア
問九　(例)　いじめは絶対にあってはいけないことで，クラスのみんなに反省と後悔を忘れさせないため。

○推定配点○
一　各2点×10
二　問一・問五・問九　各5点×4　他　各3点×8(問七完答)
三　問一・問三・問九　各5点×3　他　各3点×7　計100点

＜国語解説＞

一　(漢字の読み書き)

①「口調」は，言葉に出したときの調子。「口」を「ク」と読む熟語には，「異口同音(＝多くの人が口をそろえて同じことを言うこと)」「口伝(＝秘伝を口だけで教え続けること)」などがある。
②「取捨選択」は，良いものや必要なものを取り，悪いものや不要なものを捨てる選択をすること。「取」の熟語には「取得」「取材」などがある。「捨」の熟語で一般的なのは「取捨」くらいなので,「取捨選択」の四字熟語として覚えておこう。　③「負傷」は，傷を負うこと。「負」の「お－う」の訓読みは問われやすいので覚えておこう。「背負う」「負い目」などの言葉がある。「傷」の熟語には「重傷」「中傷」などがある。　④「仁愛」は，思いやりや情けをもって人を愛すること。「仁」の熟語には「仁義」「仁術」などがある。　⑤「養蚕」は，まゆなどを生産する目的で蚕を飼育すること。「養」の訓は「やしな－う」。「養育」「養護」などの熟語がある。　⑥「収納」は，物をしまいこむこと。「収」を「集」と区別する。「収」の訓は「おさ－める・おさ－まる」。「収蔵」「回収」などの熟語がある。「納」の訓は「おさ－める・おさ－まる」。「格納」「納税」などの熟語がある。　⑦「展示」は，品物・作品などを並べて大勢の人に見せること。「展」には，「展開」「展覧会」などの熟語がある。「示」の訓は「しめ－す」。「指示」「暗示」などの熟語がある。　⑧「証明書」は，正しいことを明らかにする書類。「証」の熟語には「証言」「保証」などがある。「明」には「ミョウ」の音もある。「明朝」「光明」などの熟語がある。　⑨「幼い」は，未熟，幼稚，子どもっぽいということ。送りがなを「幼ない」とする誤りが多いので注意する。音は「ヨウ」。「幼児」「幼虫」などの熟語がある。　⑩「勤める」は，会社などに通って仕事に従事すること。同訓の「務める(＝与えられた役目や任務にあたる)」「努める(＝努力する)」と区別する。「勤務」「勤勉」などの熟語がある。

二　(論説文－文章の細部の読み取り，指示語の問題，接続語の問題，空欄補充の問題，記述力・表現力)

問一　まず，直前の文の「そのこと」が指しているのは,「(人間が)楽な方へ流れてしまうのは自然なことです」という内容である。つまり，人間が楽な方へながれてしまうのは自然なことだから,「『便利さ』というものが一つの大きな目標としてある」というのである。しかし,「(人間が)楽な方へ流れてしまうのは自然なことです」という部分は十三文字で上手くぬき出せない。読み進めていくと,「このように便利さを求めて……人間が楽を好む生き物であることの証し」とある。

「(人間が)楽な方へ流れてしまうのは自然なこと」と「人間が楽を好む生き物であること」は同じ内容であるから，「人間が楽を好む生き物である(13文字)」をぬき出す。

やや難 問二 ② 空欄の前では，人間が楽を求めることを肯定しているが，後では「楽でなくなる状況になる」と否定的にとらえている。逆接の「ところが」が入る。 ③ 空欄の前の内容は，現実には厳しいほうを選択せざるを得ないという筆者の考え。後では，そう考える根拠を「ヒット商品を出している大儲けしている会社の経営者」を例にして説明している。例示の「たとえば」が入る。

基本 問三 経営に関して対比していることに着目する。フィリップス社は「好調で経営は万全」とある。「一方，日本ではソニーの前身である東京通信工業の経営が(④)」とある。直前の段落では「会社が存続し，より発展していくにはおのずと厳しい道を選ばざるを得ないわけです」とあることから，東京通信工業の経営は厳しい状況にあったと判断できる。「苦しい状況」を表す「青息吐息」が入る。

問四 直後に「世界ナンバーワンの商品を持つ会社が50年以上続いたことはなく」とある。問三と関連させて考えると，フィリップス社の地位が下がり，ソニーの地位が上がったと判断できる。地位が「逆転」したのである。

問五 直前の段落で述べているのは，楽なほうを選ぶと厳しくなり，厳しいほうを選ぶと楽になるが，厳しいほうを選んで楽な状態になっても，安住していると，また厳しいほうへ傾くということ。人間が生きていくというのは，どんなことの繰り返しになるのかと考える。すると，解答例のように，「楽な状態に安住していると厳しいほうへ傾くということ」が繰り返されるとわかる。つまり，楽な状態と厳しい状態が繰り返されるというのである。

基本 問六 「反動」は，ある動き・傾向に対して生ずる，それと逆の動き・傾向のこと。楽な状態の反動として厳しい状態がやってくるということ。そのような「因果応報」的な気持ちを持つことが必要だと述べている。

問七 筆者は「オンリーワン」を「置かれた場所でただ一つの美しい花として咲いていればいい」と理解している。この理解にそって読んでいくと，「誰からも振り返られないような地道な努力を重ねている人であっても，一生懸命，誠実に生きていれば，その人は美しい花を咲かせることができるのです」とある。また，「目立たない努力をコツコツ積み重ねている人は，間違いなく美しい花を咲かせることができるのです」とある。イは「美化しているだけ」なので，本当の美しさではない。ウは筆者の言う美しさを美しいと思わない人なので当てはまらない。エは「ちっとも美しくありません」と述べている。オはア・カと反対の内容なので当てはまらない。

やや難 問八 ⑨ 空欄の前の「努力の差以外にない」という内容を，後では「努力をする情熱と気力の差といい換えてもいい」としている。言い換え・要約の「つまり」が入る。 ⑩ 中間の6割から，下位の2割に話題を変えている。転換の「では」が入る。

重要 問九 Ⅰ「眠っていた能力を開花する」ために変えるべき意識である。直前の「自己評価が元々低く，自ら自分の限界を決めてしまっている」という意識を変えるのである。 Ⅱ「下位の2割」の特徴は，ダメな社員だという評価を感じて，こんなもんでいいやと開き直っているというものである。しかし，「ここをこういうふうに変える工夫をすればよくなるのにという部分が見えたりします」と筆者は述べている。そして，「本人がそれ(＝変える工夫をすればよくなる)を自覚して一生懸命仕事をすれば，中間の6割，あるいは上位の2割に入る可能性だって十分ありえます」と述べている。この内容をまとめる。一生懸命に仕事をするように変わることをすすめているのである。

三 (小説－心情・情景の読み取り，文章の細部の読み取り，指示語の問題，接続語の問題，空欄補充の問題，記述力・表現力)

問一 「終わったこと」とは，野口くんのいじめに関して「自分のやったことを反省した。後悔もしているし，野口に謝りたいとも思っている」とあるように，一通り反省し，後悔したことを指している。それなのに「罰を受ける」のは，学校側は「もっと反省して，もっと後悔しろ，と言っている」ように感じているのである。

問二 井上は「あいつ，ほんとにムカつく」と言っていて，ほかの友だちも同じことを思っているのだから，足取りはつまらなそうなものになる。

問三 「村内先生は気にとめない」とあり，村内先生に関わる教室の様子であると判断できる。直前の段落に描かれているのは，「村内先生は言葉がつっかえる」「くすくす笑う女子がいる」「まいっちゃうよなあ，とうつむいた男子」「井上は……サイテー，と息だけの声で言った」という様子である。これらの内容をまとめる。男子や井上の様子は先生を見下したような態度なので「ばかにする」と表現すればよい。

やや難 問四 ④ 怒る高橋先生に対して，なにもしないし，なにも言わない村内先生という対比なので，前後が反対の関係になる「でも」が入る。 ⑦ 生徒総会できまったこと，さらに，生徒総会のときには採決できなかった議題の結論が発表されていたのである。付け加える意味の「そして」が入る。

問五 直後に「ケンカになりそうでならない，もやもやした重苦しさ」とある。「ざらつく」は，なめらかでない様子。落ち着きがなく，平静ではないのである。

問六 決まった内容は「登下校のあいさつ運動に，昼休みのゴミ拾い運動，ボランティア委員会の設置」である。これらの内容と選択肢を見比べると，ウが適切と判断できる。また，文章の最後に「何度もクラスで話し合いをして，中学生にとっていちばん大事なものは友情と思いやりなんだと確かめ合ったのに」とあるのも手がかりになる。エは紛らわしいが，「世間のイメージ」については文章中には描かれていない。

問七 【あらすじ】や文章の初めに，この文章の語り手である「ぼく」がいじめに関わり，その後に反省し，後悔もして野口に謝りたいとも思っていることが描かれている。いじめの件についてはもう終わったこととらえていて，思い出したくないのである。

基本 問八 「あの先生がクラス担任になってから」とある。【あらすじ】に「担任の高橋先生が休職し，担任として村内先生が着任した」とある。

重要 問九 問一と関連させて考える。文章の初めに，「ぼくたちは，いま，罰を受けている」とあって，罰の内容とは，いじめについて「もっと反省して，もっと後悔しろ」ということであることが描かれている。野口の机と椅子を教室に戻したことで，「ぼくたちは，いま，そういう罰を受けているんだと思う」と文章の最後にある。つまり，「もっと反省して，もっと後悔しろ」という罰を受けているのである。そして，それは「いじめは絶対にあってはいけない」ということを理解させるためであり，「反省と後悔を忘れさせないため」である。

★ワンポイントアドバイス★

論説文は，筆者の考え方を説明するために筆者がどのような例を挙げて，どういう順序をふんで説明を進めているかを読み取っていこう。四字熟語の使い方にも着目しよう。小説は，行動や会話などの表現から人物の心情をつかもう。また，人物の内面の思いがどう表現されているかをつかもう。

第1回B

2023年度

解　答　と　解　説

《2023年度の配点は解答欄に掲載してあります。》

＜算数解答＞

1 (1) 324.25　(2) 546　(3) 11　(4) 10　(5) $\frac{15}{16}$

2 (1) 910　(2) 340　(3) 61　(4) $1\frac{1}{960}$　(5) 62.8

3 (1) 600円　(2) 750円

4 (1) 864cm^3　(2) 解説参照

○推定配点○

1 各8点×5　2 各8点×5　3 各5点×2　4 各5点×2　計100点

＜算数解説＞

1 (四則混合計算)

基本 (1) 工夫を考え計算する。267.9－175.75＋232.1＝267.9＋232.1－175.75＝500－175.75＝324.25

重要 (2) 計算の順番を考えてから計算する。①56－23＝33，②33÷3＝11，③99－11＝88，④634－88＝546

重要 (3) 計算の順番を書いてから計算する。分数のわり算は逆数をかけ算する。①$\frac{1}{3}+\frac{1}{4}=\frac{4}{12}+\frac{3}{12}=\frac{7}{12}$，②$1\frac{3}{4}\div\frac{7}{12}\times2=\frac{7}{4}\times\frac{12}{7}\times2=6$，③$6\frac{1}{3}-6=\frac{1}{3}$，④$\frac{1}{3}\times33=11$

(4) 問題の式を書き直して工夫して計算する。$1.25\times16-2.5\times5+\frac{1}{4}\times10=0.25\times5\times16-0.25\times10\times5+\frac{1}{4}\times10=\frac{1}{4}\times(80-50+10)=\frac{1}{4}\times40=10$

(5) 工夫して計算する。$\frac{3}{1\times4}=1-\frac{1}{4}$より，$\frac{3}{1\times4}+\frac{3}{4\times7}+\frac{3}{7\times10}+\frac{3}{10\times13}+\frac{3}{13\times16}=1-\frac{1}{4}+\frac{1}{4}-\frac{1}{7}+\frac{1}{7}-\frac{1}{10}+\frac{1}{10}-\frac{1}{13}+\frac{1}{13}-\frac{1}{16}=1-\frac{1}{16}=\frac{15}{16}$

2 (単位換算，割合，売買算，倍数の個数，規則性，面積)

(1) 2.6(kg)×1000＝2600(g)，2600×0.35＝910(g)

重要 (2) 原価2000円に3割の利益を見込んだ定価は2000×(1＋0.3)＝2600(円)，定価の1割引きの売値は2600×(1－0.1)＝2340(円)，このときの利益は2340－2000＝340(円)

重要 (3) 1から200までの整数の中で2で割り切れる整数，すなわち2の倍数は200÷2＝100(個)，5で割り切れる整数，すなわち5の倍数は200÷5＝40(個)，2でも5でも割り切れる整数，すなわち10の倍数は200÷10＝20(個)，1から99までの整数の中で2の倍数は99÷2＝49余り1，5の倍数は99÷5＝19余り4，10の倍数は99÷10=9余り9，100から200までの整数のうち2の倍数は100－49＝51，5の倍数は40－19＝21，10の倍数は20－9＝11，2または5で割り切れる整数は(51＋21－11)＝61(個)

(4)　仮分数にすると，1番目は$\frac{4}{3}$，2番目は$\frac{9}{8}$，3番目は$\frac{16}{15}$，4番目は$\frac{25}{24}$，□番目の分子は(□＋1)×(□＋1)，分母は(□＋1)×(□＋1)－1，30番目の分子は31×31＝961，分母は961－1＝960，よって求める答えは$1\frac{1}{960}$である。

(5)　△ABCを点Bを回転の中心として360°回転させるとき，線分ACが通過した部分の面積は，ABを半径とする円からBCを半径とする円を除いた図形になる。6×6×3.14－4×4×3.14＝(36－16)×3.14＝20×3.14＝62.8(cm^2)

3　**(売買算)**

(1)　残り2個を安くしていなかったら，10個分の利益は1500＋150×2＝1800(円)になっていた。1個の利益は1800÷10＝180(円)，これが仕入れ値の30％にあたる。よって仕入れ値は180÷0.3＝600(円)

(2)　残り2個を仕入れ値より150円安く売ったということは，1500＋150×2＝1800(円)は8個分の利益にあたる。1個分の利益は1800÷8＝225(円)，よって仕入れ値は225÷0.3＝750(円)

やや難 **4**　**(立体図形の切断)**

(1)　影の立体図形と白い立体図形をあわせて1辺12cmの立方体になっている。DHの影の部分の長さは8，白い部分の長さは4，BFの影の部分の長さは4，白い部分の長さは8，ちょうど逆になっていることから，影の立体図形と白い立体図形は合同であることがわかる。よって体積は半分。12×12×12÷2＝864(cm^3)

(2)　問題用紙には頂点を書き入れて切り口を考える。
右図参照。

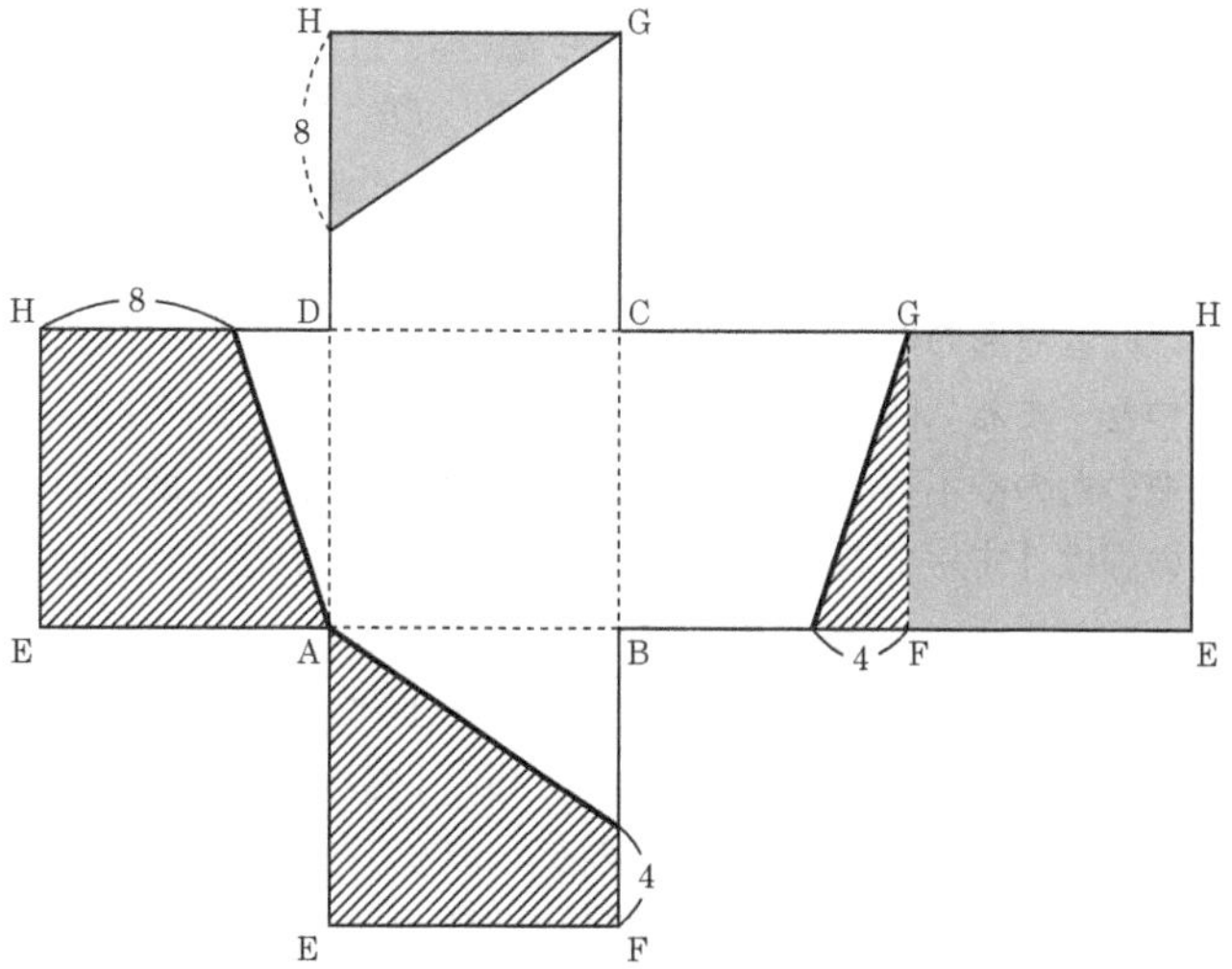

★ワンポイントアドバイス★

基礎的な問題をていねいに取り組み，式や考え方を書くことで基礎力を身につけよう。また応用的・発展的な問題も日頃から数多く解く練習をしておくとよいだろう。式や考え方を過不足なく簡潔に書くことも意識して取り組もう。

＜国語解答＞

一 ① 集団　② 減少　③ 義務　④ 取捨　⑤ 裏庭　⑥ え(る)
⑦ ふさい　⑧ じゅくれん　⑨ おぎな(う)　⑩ ゆうそう

二 問一 (例) 自宅の大きく右に曲がる階段のいちばん上に届く投げ方を会得することを期待しているから。　問二 その年～ところ　問三 ア　問四 (例) お父さんが言う「パッとしない」には長年の友達ならではの親しみと成績こそ良くなかったが，国際大会に出られたことへの尊敬と称賛が込められているが，お姉ちゃんには他の意味が込められていない違い。　問五 一年生の背負うランドセル　問六 A ア　B イ

三 問一 マナーを国　問二 A ウ　B エ　問三 つまり，マ～るのです。
問四 エ　問五 相手を～配り)　問六 (例) ぎこちない敬語や感情の伴わない言葉やひきつった笑顔で，形やテクニックなど上辺だけのマナーだと思われてしまうから。

○推定配点○

一 各2点×10
二 問一 9点　問二・問五 各6点×2　問三・問六 各3点×3　問四 13点
三 問一・問三・問五 各6点×3　問二・問四 各3点×3　問六 10点　計100点

＜国語解説＞

一 (漢字の読み書き)

① 「団」を同音の「段」と誤らないように注意する。「集」の熟語には「集結」「収集」，「団」の熟語には「団結」「団体」などがある。　② 「少」を同音の「小」と誤らないように注意する。「減」の訓は「へ－る・へ－らす」。「増減」「半減」などの熟語がある。「少」の熟語には「幼少」「少量」などがある。　③ 「義務」は，人が行わなければならない，また，行ってはならない行為。「義」は同音で形の似た「議」と区別する。「義理」「意義」などの熟語がある。「務」の訓は「つと－める・つと－まる」。「勤務」「任務」などの熟語がある。　④ 「取捨選択」は，良いものや必要なものを取り，悪いものや不要なものを捨てる選択をすること。「取」の熟語には「取得」「取材」などがある。「捨」の訓は「す－てる」。熟語で一般的なのは「取捨」くらいなので，「取捨選択」の四字熟語として覚えておこう。　⑤ 「裏」は「衣」＋「里」で，「衣」に「里」がはさまっている形である。音は「リ」。「裏面」「表裏」などの熟語がある。「庭」は，形の似た「延(エン)」と区別する。音は「テイ」。「庭園」「家庭」などの熟語がある。　⑥ 「得る」は，自分のものにするの意味。「得」の音は「トク」。「取得」「得失」などの熟語がある。　⑦ 「夫妻」は夫と妻で，「夫婦」よりも改まった言い方。
⑧ 「熟練」は，ある仕事や技術などに慣れていてじょうずなこと。「熟」の訓は「う－れる」。「習熟」「未熟」などの熟語がある。「練」の訓は「ね－る」。「洗練」「試練」などの熟語がある。　⑨ 「補う」は，足りないところを満たすのいみ。送りがなを「補なう」と誤らないように注意する。音は「ホ」。「補足」「補助」などの熟語がある。　⑩ 「郵送」は，郵便で送ること。「郵」の熟語で一般的なのは「郵送」「郵便」くらいなので覚えておこう。

二 (小説－心情・情景の読み取り，文章の細部の読み取り，空欄補充の問題，記述力・表現力)

やや難　問一 続く段落の終わりが「～期待しているからなのだった」と理由を説明する言い方になっていることに着目する。「大きく右に曲がるランドセルの投げ方を会得するかもしれないと期待しているからなのだった」とあるので，この部分を使う。「大きく右に曲がる」とあるのは，「階段のいちばん上には届かない。朝日の家の階段は途中で右に曲がってる。でもいつか届く日がくるの

ではないかと朝日は思っていた」とあるのを受けている。解答は，この二つの内容を盛り込んでまとめる。

問二　直後に「その年に行った外国のものではないところに特徴があった」とある。

問三　「苦笑い」は，苦々しく感じながらも，それをまぎらすためにむりに笑うこと。直後に「おれの友だちなんだから，気ぃ使えや」とある。自分の娘(＝お姉ちゃん)が，自分の友達である「島田さん」に対して，「ケチくさい」「スキーもパッとしない」「あのひと」など冷たい言い方をしたことをしかるのではなく，苦笑いをしている。エがまぎらわしいが，同じことを思っていたから苦笑いをしたのではない。娘の言い方に対して苦笑いをしている。

重要　問四　――線④のことを朝日も感じたとあって，直後に違いが説明されている。設問文の指示の「パッとしない」と「成績」が使われている部分を見ると「お父さんが島田さんに言う『パッとしない』には長年の友だちならではの親しみと，成績こそふるわなかったが国際大会に出られたのだからたいしたものだという尊敬と称賛が込められているが」とある。この部分を解答の中心として使う。「お姉ちゃん」との違いは，「お姉ちゃんの口にした『パッとしない』には『パッとしない』よりほかの意味がなさそうだった」ということである。この内容を付け加えてまとめる。「たいしたものだという」は「尊敬と称賛」と同じことを表しているので省略する。さらに，「『パッとしない』には『パッとしない』よりほかの意味がなさそうだった」の部分は，「パッとしない」がくり返されているので，「他の意味がこめられていない」と簡潔にまとめる。

問五　「みたい」は，たとえるときに使う言い方なので，お姉ちゃんを「一年生の背負うランドセル」にたとえている。

問六　A　「肝焼ける」は，「心をいらだたせる」という注がある。お姉ちゃんはいらいらしているのであるから，強い調子で「シンクのふちを手のひらで『パン』と叩いた」のである。　B　直後に「怒った」とあるので，怒ったときの声の調子を表す「キーキー」が入る。「ワーワー」は騒ぐ様子を表す表現。

三　(論説文－文章の細部の読み取り，指示語の問題，接続語の問題，記述力・表現力)

基本　問一　「一文」とあるのに注目する。「一文」とは，書き始めから「。」までを言う。すると，第一段落は，一文で一段落になっているので「マナーを国」から「あります。」までが一文である。

やや難　問二　A　一文の終わりが「～といってもよいかもしれません」となっているので，前の内容を言い換えていることがわかる。言い換えや要約をするときの「つまり」が入る。　B　続く部分に「～されたら」という仮定の言い方がある。仮定であることを示す「もし」が入る。

問三　直後に「つまり」という言いかえや要約をするときの語がある。一文の初めと終わりの五字を書き抜くのだから，「つまり，マナ」～「るのです。」を書き抜く。

問四　続く部分に，「言葉や物，あるいは行動で表さなければならないからです」とある。心で考えているだけでは伝わらないのである。

問五　二つあとの段落に，「相手を大切にする気持ちや周囲に対する思いやり(気配り)が根底にある」とある。

重要　問六　何が，「その『場』の雰囲気を悪化させてしまう」のかは，直前に「ぎこちない敬語や感情の伴わない(丸暗記したことがありありとわかるような)言葉を並べたり，ひきつった笑顔」と説明がある。入れるように指示された「マナー」が含まれている部分を読むと，「必死で覚えたマナーが『心を伴わない上辺だけのもの』や『形やテクニックだけのマナー』だと思われてしまっては」とある。この二つの内容の関係を「その『場』の雰囲気を悪化させてしまう」原因という視点で考えると，解答例のように「ぎこちない敬語や感情の伴わない言葉やひきつった笑顔」というものが，相手からは「『心を伴わない上辺だけのもの』や『形やテクニックだけのマナー』だと思われてしまうから」である。

★ワンポイントアドバイス★

小説は，行動や会話などに表現されていることから人物の心情や思いをつかもう。また，人物の考えをつかむようにしよう。論説文は，どのようなことが説明されているのかをとらえて，筆者がどのように説明を進めて考えを述べているかを読み取っていこう。指示語や接続語にも注意しよう。

第2回A

2023年度

解　答　と　解　説

《2023年度の配点は解答欄に掲載してあります。》

＜算数解答＞

1　(1)　20　(2)　$\frac{1}{24}$　(3)　$\frac{98}{45}$　(4)　1280　(5)　$\frac{14}{51}$

2　(1)　53　(2)　1　(3)　$\frac{1}{11}$　(4)　4320　(5)　1.25

3　(1)　1067.6cm^3　(2)　665.68cm^2

4　(1)　48　(2)　18　(3)　60

○推定配点○

1　各6点×5　2　各6点×5　3　各8点×2　4　各8点×3　計100点

＜算数解説＞

1　(四則混合計算)

基本　(1)　計算の順番を考えてから計算する。①4＋3＝7，②7×2＝14，③14－4＝10，④10÷5＝2，⑤9÷3＝3，⑥5＋2＝7，⑦7－3＝4，⑧4×5＝20

重要　(2)　計算の順番を考えてから計算する。小数は分数にしてから計算する。分数のわり算は逆数をかけ算する。①$\frac{7}{8}-\frac{5}{8}=\frac{1}{4}$，②$\frac{5}{4}\div\frac{13}{8}=\frac{5}{4}\times\frac{8}{13}=\frac{10}{13}$，③$\frac{1}{4}\div\frac{39}{5}\div\frac{10}{13}=\frac{1}{4}\times\frac{5}{39}\times\frac{13}{10}=\frac{1}{24}$

重要　(3)　計算の順番を考えてから計算する。帯分数のかけ算は仮分数にしてから計算する。①$\frac{3}{8}+\frac{5}{9}=\frac{27}{72}+\frac{40}{72}=\frac{67}{72}$，②$\frac{67}{72}-\frac{1}{4}=\frac{67}{72}-\frac{18}{72}=\frac{49}{72}$，③$\frac{49}{72}\times3\frac{1}{5}=\frac{49}{72}\times\frac{16}{5}=\frac{98}{45}$

(4)　同じ数を使うかけ算がある場合は分配法則を利用して計算する。2023×8.76－1895×8.76＋128×1.24＝(2023－1895)×8.76＋128×1.24＝128×8.76＋128×1.24＝128×(8.76＋1.24)＝128×10＝1280

(5)　工夫して計算する。$\frac{1}{3\times4}=\frac{1}{3}-\frac{1}{4}$より，$\frac{1}{3\times4}-\frac{1}{3\times4}+\frac{1}{3}-\frac{1}{5}+\frac{1}{5}-\frac{1}{8}+\frac{1}{8}-\frac{1}{12}+\frac{1}{12}-\frac{1}{17}=\frac{1}{3}-\frac{1}{17}=\frac{17}{51}-\frac{3}{51}=\frac{14}{51}$

2　(数の性質，周期，割合，売買算，平面図形・長さ)

(1)　5で割ると3余る数は，3，8，13，…　4で割ると1余る数は，1，5，9，13，…，小さい方から1番目の整数は13，2番目は13よりも5と4の最小公倍数20だけ大きい33，3番目は33＋20＝53

(2)　かける3の個数と4で割ったときの余りの関係を表にしてみる。

3の個数	1	2	3	4	5
余　り	3	1	3	1	3

3，1の周期になっている。よって，3が10個の場合は1になる。

(3)　水が氷になると体積は$\frac{1}{10}$増えて$\frac{11}{10}$倍になる。氷が水になる場合は$\frac{10}{11}$倍になる。よって，減

るのは全体の$1-\frac{10}{11}=\frac{1}{11}$

(4) 仕入れ値を□円とすると，定価は$□\times(1+0.5)$，さらに25％引きで売ったで，$□\times1.5\times(1-0.25)=□+540$，$1.5\times0.75=\frac{3}{2}\times\frac{3}{4}=\frac{9}{8}$，540円は仕入れ値の$\frac{9}{8}-1=\frac{1}{8}$にあたる。$540\div\frac{1}{8}=540\times8=4320$(円)

(5) EとDの間の点をFとし，AとCの間の点を左からG，H，Eとする。高さが等しい三角形の面積の比と底辺の比は等しいことを利用する。三角形HFDとHDCの面積の比は1：2，よって，$FD=4\div2=2$，三角形GEFと三角形GFCの面積の比は1：4，$EF=(2+4)\div4=1.5$，三角形ABEと三角形AECの面積の比は1：6，$BE=(1.5+6)\div6=1.25$(cm)

3 (立体図形・体積・表面積)

重要 (1) 体積は底面の直径12cm・高さ10cmの円柱から底面の直径4cm・高さ5cmの円柱を除いた図形。$12\div2=6$，$4\div2=2$，$6\times6\times3.14\times10-2\times2\times3.14\times5=(360-20)\times3.14=340\times3.14=1067.6$($cm^3$)

やや難 (2) 表面積は直径12cmの円2個分と，直径12cmの円の円周を横とし，たて10cmの長方形の側面と，直径4cmの円の円周を横とし，たて5cmの長方形の側面の和になる。$6\times6\times3.14\times2+12\times3.14\times10+4\times3.14\times5=(72+120+20)\times3.14=212\times3.14=665.68$($cm^2$)

4 (場合の数)

基本 (1) 百の位は1，2，3，4のどれかを使うので4通り，十の位は残りの4個のどれでも使えるから4通り，一の位は残り3個の中からどれかを使うので3通り。よって$4\times4\times3=48$(通り)

【別解】百の位が1の場合を書き出すと，102，103，104，120，123，124，130，132，134，140，142，143の12通り。百の位に使えるのは1，2，3，4の4通りある。全部で$12\times4=48$(通り)

重要 (2) 奇数になるのは一の位に1か3を使う場合。百の位と十の位が何通りあるか調べる。一の位が1のとき，百の位に使えるのは0，2，3，4のうち2，3，4の3通り。十の位は残り3個のうち1個使うので3通り。一の位が3のときも同様だから，全部で$3\times3\times2=18$(通り)

(3) 偶数になるのは一の位が0，2，4の場合。一の位が0の場合，千の位に使えるのは，1，2，3，4の4通り，百の位に使えるのは残り3個のうち1個なので3通り，十の位に使えるのは残り2個のうち1個なので2通り，全部で$4\times3\times2=24$(通り) 一の位に2か4を使う場合は，千の位に使えるのは0以外の3通り，百の位に使えるのは残り3個のうちの1個なので3通り，十の位に使えるのは残り2個のうち1個なので2通り，全部で$3\times3\times2\times2=36$(通り)，よって求める答えは$24+36=60$(通り)

★ワンポイントアドバイス★

基礎的な問題をていねいに取り組み，式や考え方を書くことで基礎力を身につけよう。また応用的・発展的な問題も日頃から数多く解く練習をしておくとよいだろう。式や考え方を過不足なく簡潔に書くことも意識して取り組もう。

＜国語解答＞

一　①　ちょさくけん　②　ひひょう　③　かくいつ　④　ちゅうせい　⑤　同窓会
⑥　否定　⑦　豊富　⑧　延ばす　⑨　単純　⑩　専門

二　問一　①　ウ　⑥　イ　問二　②　エ　③　イ　問三　(例)　雨粒の温度は地上の気温よりかなり低く，また水が蒸発するためには多量の熱を体より奪うから。
問四　人工降雨で～り知ること　問五　エ　問六　(例)　進歩したエレクトロニクス
問七　イ　問八　(例)　落下物の速度や形，その変化を測定範囲で観ることができる。

三　問一　(例)　駅前にある銅像が夫婦一緒だったこと。　問二　停めてもら～いと思った(から)。　問三　エ　問四　イ　問五　東京　問六　(例)　バンコックでは日中暑いのに，女性は流行だからといってカラータイツをはいて涼しい顔をしていたこと。
問七　⑦　イ　⑧　ウ

○推定配点○

一　各2点×10
二　問一・問二・問五・問七　各3点×6　問三・問八　各8点×2　問四・問六　各5点×2
三　問一・問二　各5点×2　問三・問四・問七　各3点×4　問五　4点　問六　10点
計100点

＜国語解説＞

一　(漢字の読み書き)

①「著作権」は，本やマンガなどの著作物をその著作者が，経済上自分だけで利用できる権利。「著」の訓は「あらわ‐す・いちじる‐しい」。「著者」「著名」などの熟語がある。　②「批評」は，物事の良い点・悪い点などをあれこれ評価すること。「批」の熟語には「批判」,「評」の熟語には「評価」「評論」などがある。　③「画一的」は，何もかも同じような形や性質に統一されている様子。「画」の音は「ガ・カク」。「参画」「区画」などの熟語がある。「一」を「イツ」と読む熟語には「統一」「均一」などがある。　④「忠誠」は，真心をつくして裏切らないこと。「忠」の熟語には「忠実」「忠義」などがある。「誠」には「まこと」という訓がある。「誠実」「誠意」などの熟語がある。　⑤「同窓」は，同じ学校を卒業していること。「窓」の熟語には「車窓」「窓辺(まどべ)」などがある。　⑥「否定」は，そうではないとすること。対義語は「肯定(コウテイ)」。「否」と「非」を区別する。「否」の熟語には「否決」「安否」などがある。　⑦「豊富」は，たくさん豊かにあること。「豊」の熟語には「豊満」「豊作」などがある。「富」の訓は「と‐む・とみ」。「貧富」「富裕」などの熟語がある。⑧「延」は，右の部分を「壬」と書かないように注意する。音は「エン」。「延長」「延期」などの熟語がある。　⑨「単純」は，仕組みや形がこみいっていないこと。「単」には「単独」「簡単」などの熟語がある。「純」には「純情」「純真」などの熟語がある。　⑩「専門」は「門」を「問」と書くまちがいが多いので注意する。また「専」の右上に「,」を書くまちがいも多い。「専」の熟語には「専属」「専念」,「門」の熟語には「入門」「門前」などがある。

二　(論説文－文章の細部の読み取り，指示語の問題，接続語の問題，空欄補充の問題，記述力・表現力)

やや難　問一　①「気温は上空にいくほど低くなります」と説明して，「上空」を「気温の低いところ」と言い換えている。言い換えの「つまり」が入る。　⑥「雪の温度は重要な役割を持っています」と述べて，正しく計算するのは大変だと続けている。前後の内容がすんなりと続かないので，逆接の「しかし」が入る。

問二　②　空欄の前の部分で,「湿度が低いほど湿球温度は乾球温度より低くなります」と説明している。これを言い換えれば,「湿度が(低い)ほど湿球の温度がより低く下がる」となる。

③　空欄の前の部分で,「雨粒の温度はこの湿球の温度とほぼ同じ原理で決まっています」と説明している。これを言い換えれば,「雨粒の温度は地上近くの空気に対応する湿球の温度と大体同じであり,湿度が低いほどより(低く)なる」となる。

問三　直前に「～ですから」とあるので,理由は直前に書かれている。「寒くなる」のであるから温度の低さに注目すると,「雨粒の温度は地上の気温よりかなり低くなる」とある。さらに,「天に濡れた身体からはさらに水が蒸発するのですから」とあり,蒸発については「水が蒸発するためには多量の熱が必要なため(空気から熱を奪う)」と説明されている。この二つの内容を解答例のようにまとめる。

問四　続く文に「その目的は～」とある。「人工降雨で～」から四十八文字を数えると,「(計算によ)り知ること」までである。

基本　問五　「そう」の指す内容を読み取る。すると,直前の文には「その測定法の開発に挑戦してきました」とある。さらに「その」の指す内容を読み取ると「雨粒の粒径分布」であるとわかる。エの「雨粒の粒径分布を測定する方法の開発」である。

問六　直前には「エレクトロニクスが進歩してくると」とある。この内容を「～を」に続くように言い換えると,「進歩したエレクトロニクス(を利用した方法)」となる。

問七　⑨には,あられが降っている様子を表す言葉が入るので,固い物が当たる様子を表す「こつんこつん」が入る。⑩には,雪が降っている様子を表す言葉が入るので,水分が少なく軽い物の様子を表す「さらさら」が入る。

重要　問八　続く文に,「この装置では……観ることができます」とある。要点をまとめると,「測定範囲の中に入った個々の雨粒(雪粒も)の落下速度と形が同時に測定でき」さらに「大きさによって雨粒の形が変わる様子をリアルタイムに観ることができます」と述べている。指定字数に合うようにまとめると,「観ることができる」のは「測定範囲の中に入った」雨粒や雪粒のような「落下物」で,「速度や形の変化」である。この内容をまとめると解答例のようになる。

三　(随筆－心情・情景の読み取り,文章の細部の読み取り,ことばの意味,記述力・表現力)

やや難　問一　「駅前広場の某政治家夫妻の銅像が」「夫妻ということにびっくりしてしまった」とあって,びっくりした理由が説明されている。銅像は普通は単身なのに,「夫婦揃って銅像になるという例」にびっくりしたのである。

問二　直後に「停めてもらって,味噌カツというのを食べてみたいと思ったのだ」と理由を説明している。

問三　直前に「名物料理の鮎などを頂いたわけだが」と食べたものを説明している。

基本　問四　「生唾を飲む」は,目の前にあるものが欲しくてたまらない様子。「お預けをくらい」とあるのだから,「欲しいものをがまんしている状態」である。

問五　タクシー運転手との会話の場面に,「お客さん,どこから来たの,と聞き,『そうか。東京の人は味噌カツ知らないのか』」とある。筆者は東京に住んでいるので,東京では「一向に味噌カツの名を聞かない」というのである。

重要　問六　ここでの「流行」とは,「バンコックに行ったときは,カラータイツが大流行していた」ことを指している。具体的には,「日中は三十五度から四十度になるというのに,涼しい顔をして,足首までキッチリとおおったタイツ姿で往来を歩いている」という様子である。字数に合わせるために「日中暑いのに」とし,単に「カラータイツをはいて涼しい顔をしていた」とまとめる。

問七　⑦「しいしい」は，二つの動作が同時に行われることを表す言い方。「新幹線の時間を気にしながら(味噌カツを)食べた」ということ。　⑧「やきもき」は，気をもんでいらいらする様子。おいしい味噌カツが岐阜地方だけに埋もれて，日本中に広まらないことが気になっていらいらするというのである。

★ワンポイントアドバイス★

論説文は，何を説明しているかを具体例からとらえ，文脈に注目し，筆者がどのように説明を進めて考えを述べているかを読み取ろう。随筆は，会話や動作などの表現から人物の心情や思いをつかもう。また，人物についての説明を正しく読み取る。論説も随筆も語句の意味をおさえよう。

MEMO

大切なことはメモしておこうネ！

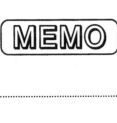

2022年度

★★★★★★★★★★★★★★★★★★★★★★★★

入　試　問　題

2022年度

東海大菅生高等学校中等部入試問題（第１回Ａ）

【算　数】（50分）　＜満点：100点＞

【注意】 定規・分度器・コンパスを使用してはいけない。

1 次の計算をしなさい。

(1) $2022+78\times 11$

(2) $3.14\times 5+3.14\times 25$

(3) $\left(\frac{7}{4}+\frac{1}{8}-\frac{1}{3}\right)\times 24$

(4) $0.5\times 8\times 0.5\times 0.5$

(5) $\left(\frac{6}{5}-\frac{3}{7}\right)\times 2\frac{1}{3}+\left(0.5\times\frac{4}{5}-0.2\right)$

(6) $11+14+17+20+23+26+29$

2 次の □ にあてはまる数を求めなさい。

(1) 12時間36分÷36分の値は □ です。

(2) １から300までの整数のうち，９でも12でも割り切れる整数は全部で □ 個あります。

(3) ６m^2の40％は □ cm^2です。

(4) ２つの容器Ａ，Ｂがあり，Ａの容積の$\frac{4}{5}$とＢの容積の$\frac{2}{3}$がちょうど同じになります。このとき，ＡとＢの容積の比は □ ：５になります。

(5) 下のように，分数が規則的に並んでいます。この時，12番目の分数は □ です。

$\frac{1}{1}$，$\frac{4}{3}$，$\frac{9}{5}$，$\frac{16}{7}$，$\frac{25}{9}$，……

(6) 下の図は，直角三角形ＡＢＣを点Ｂを中心に120度回転させたものです。このとき，斜線の面積は □ cm^2になります。ただし，円周率は3.14とします。

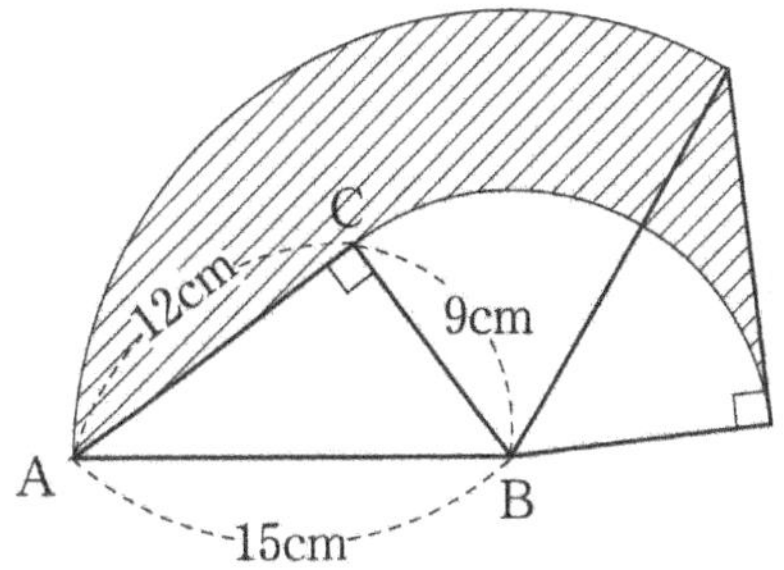

3 半径10㎝の円をそれぞれ，図１，図２のように並べたとき，次の各問いに答えなさい。ただし，図中の点・は，円の中心を示し，円周率は3.14とする。

図１

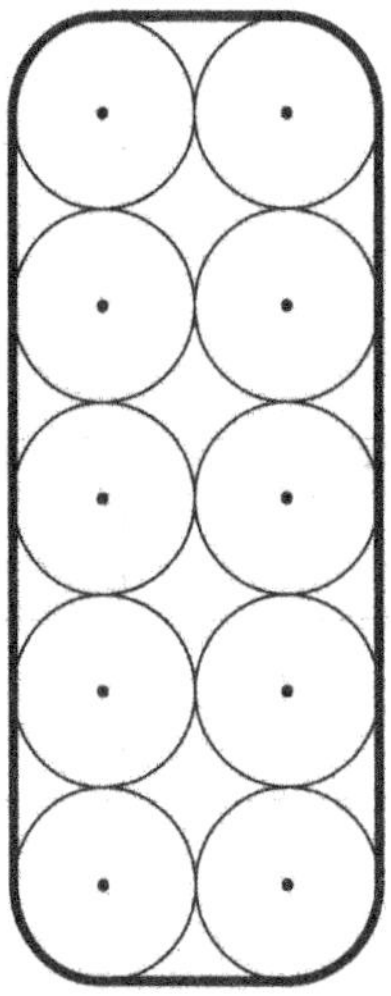

図２

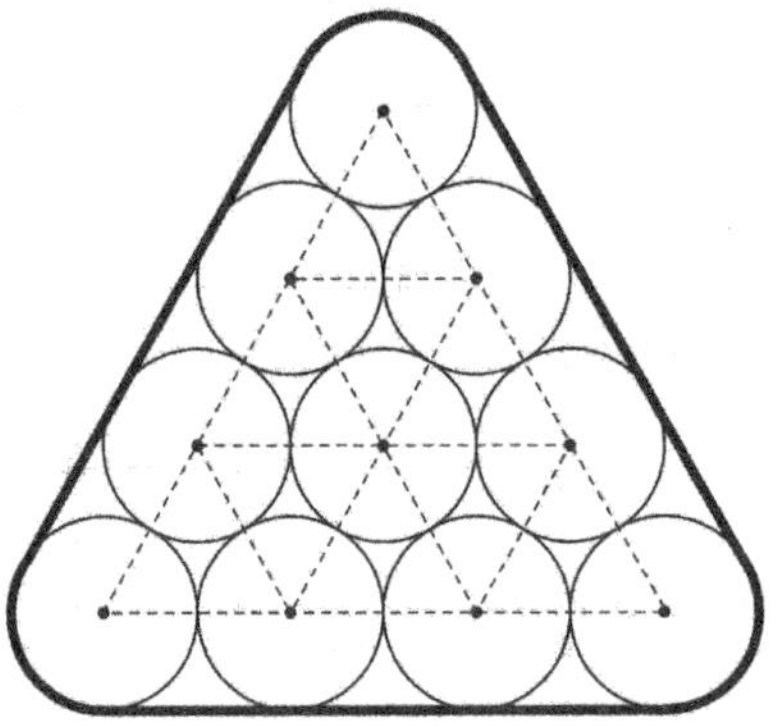

(1) 図１で，太線で囲まれた部分の面積を求めなさい。

(2) 図１で，円を囲む太線の長さを求めなさい。

(3) 図２で，円を囲む太線の長さを求めなさい。

4 図のような，直角に交わっている道路があります。花子さんが，家から学校まで行くのに最短の道順を考えます。このとき，次の各問いに答えなさい。ただし，図に表された道以外は，通ることができません。

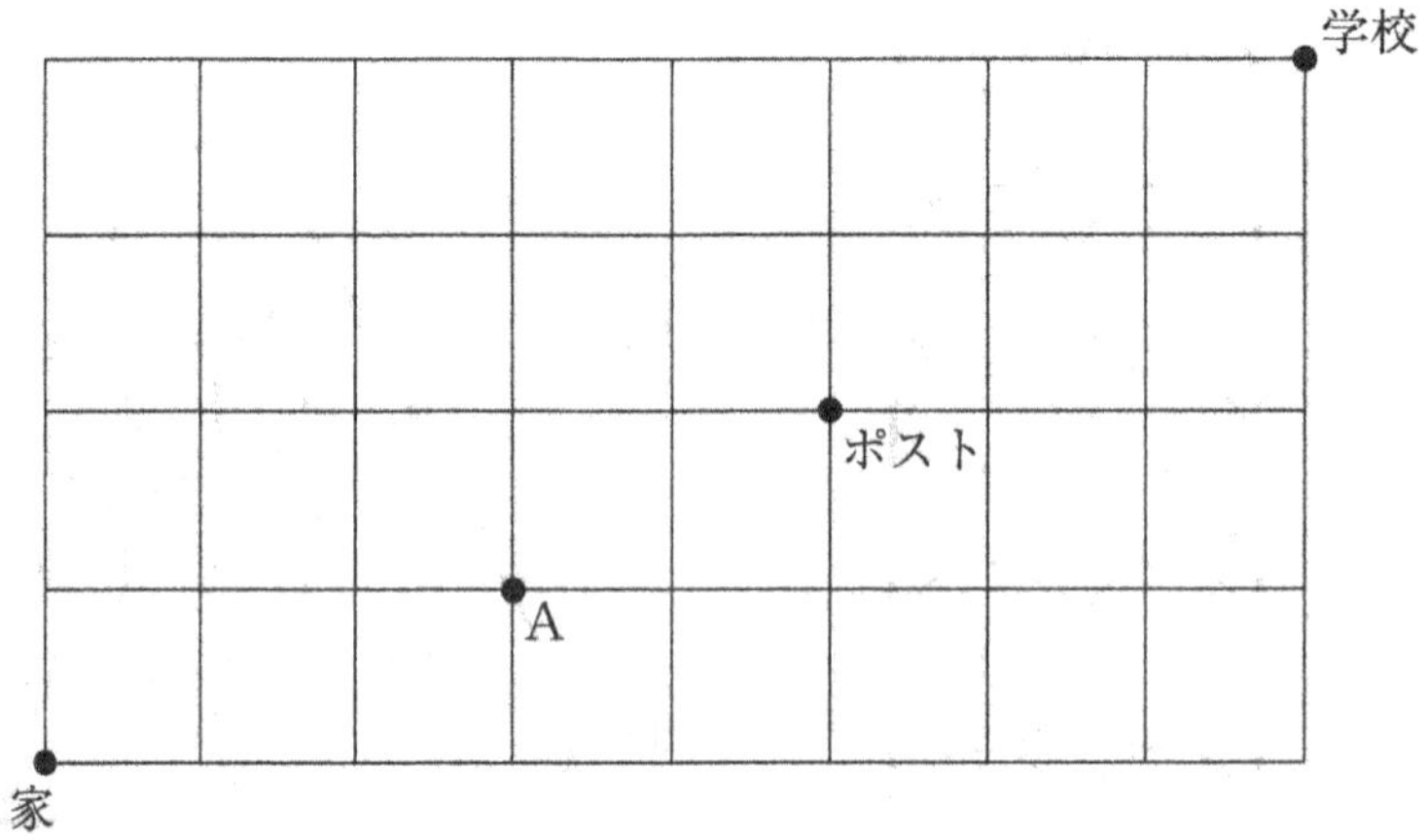

(1) 家からＡ地点までの行き方は，何通りありますか。

(2) 家からＡ地点を必ず通過して，ポストまで行く行き方は，何通りありますか。

(3) 家からポストを必ず通過して，学校まで行く行き方は，何通りありますか。

5　図のような直方体において，辺BC，FG上にＩ，Ｊをとり，AI＋IJ＋JHの長さが最小になるとき，次の各問いに答えなさい。

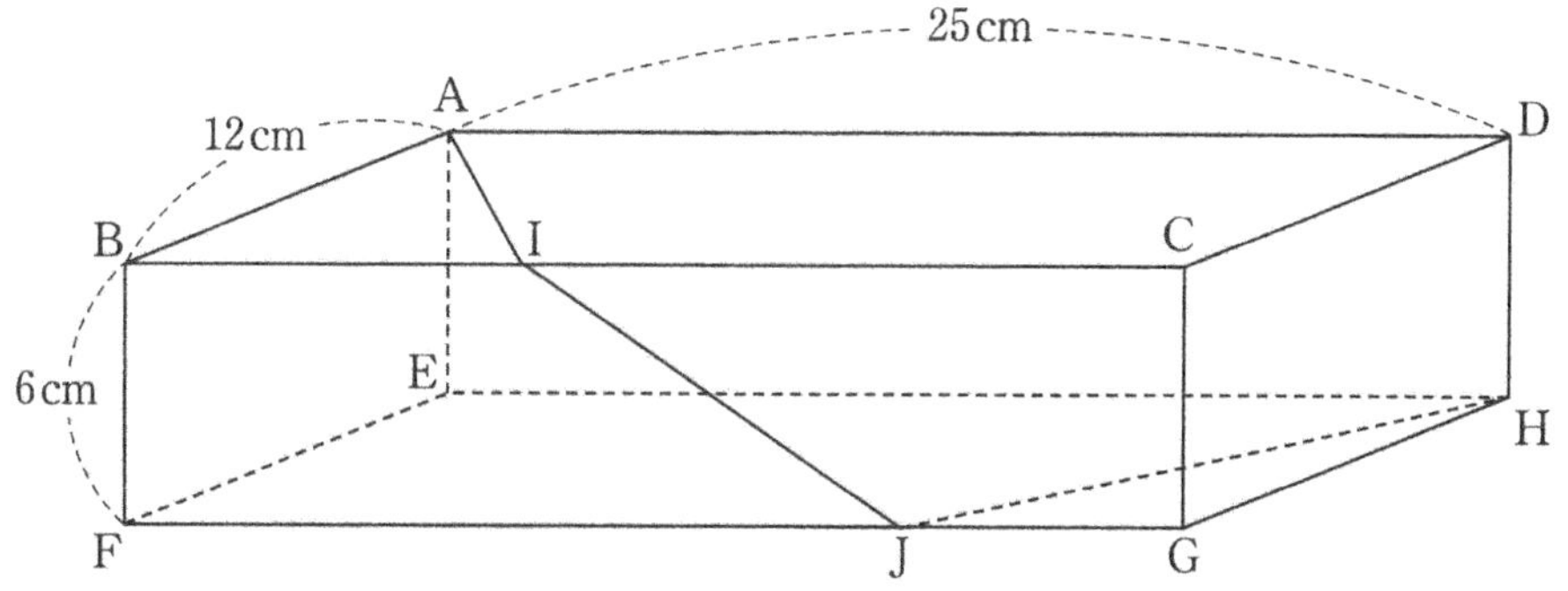

(1)　この直方体の体積を求めなさい。

(2)　三角形GHJの面積を求めなさい。

することがなぜ問題なのですか、文中の言葉を使い、四十字以内で書きなさい。

問七　――線部⑧「ムヒカ氏のような考え方」とはどのような考え方ですか、文中の言葉を使い書きなさい。

イブンとは、税率がゼロか極端に低い地域のことで、「租税回避地」とも訳され、世界中に60カ所存在するといわれています。

　タックスヘイブンに本社を移したり、ペーパーカンパニーをつくってそこに利益が送られるようにしたりしておけば、そこでは税金を納める必要がないのです。タックスヘイブンとして有名なケイマン諸島の小さなビルには、５０００社の私書箱がずらりと並んでいます。

　企業が利用するのはともかく、一国の指導者は国民に対して「脱税はいけない。きちんと税を納めなさい」と言う立場です。その指導者らが自ら税金逃れと思われるようなことをしているのなら、国民の信用を失い、支持率の低下や辞任に追い込まれても仕方がありません。実際に、アイスランドの首相は辞任に追い込まれました。

　タックスヘイブンを利用すること自体は、違法ではありません。しかし、税金をきちんと払《はら》っている国民から見れば明らかに不公正であり、格差を広げる行為です。

　ムヒカ氏は、来日の際、パナマ文書についても言及し、「自分の資産を増やすために行動するのは、バカげたことだ」と批判《ひはん》しました。さらに「格差の解消は政治主導で行わなければならない。人の幸せは政治家がつくるものである」とも。

　残念ながら、⑧ムヒカ氏のような考え方の政治家は少数派です。ムヒカ氏のいうように「目の前にある危機は地球環境の危機ではなく、わたしたちの生き方の危機」なのかもしれません。

（池上彰『知らないと恥をかく世界の大問題』角川新書より）

※１　テロ……何らかの政治的な目的を達成するために暴力やおどしを用いること。

※２　高度成長……経済成長率が高いこと。

※３　国際会議……六月。ブラジルのリオデジャネイロで開催された「国連持続可能な開発会議」（「リオ＋20」）のこと。次の世代が住みやすい世界を残すために、環境や貧困、災害など多くのテーマについて話し合った。

※４　疲弊……疲れて弱ってしまうこと。経済状態などの悪化により活力が無くなってしまうこと。

※５　ジョン・ロールズ……（John Bordley Rawls、一九二一年〜二〇〇二年）は、アメリカ合衆国の哲学者。主に倫理学、政治哲学の分野で功績を残し、リベラリズムと社会契約の再興に大きな影響を与えた。

※６　奉呈……つつしんで相手に差し上げること。

問一　（①）に入る言葉を、文中より二文字で抜き出しなさい。

問二　（②）（⑥）に入る言葉を次から選び、記号で答えなさい。

ア　だから　　イ　しかし　　ウ　また　　エ　あるいは
オ　つまり　　カ　たとえば　　キ　ところで

問三　――線部③「日本に求められている」とありますが、求められていることを具体的に書いている「〜こと。」に続く部分を二十字で抜き出し、最初と最後の五字を書きなさい。

問四　――線部④「一戸建ての無償支給」とありますが、その三つの条件はどんなことですか。文中の言葉を使い、それぞれ十五から二十五字で書きなさい。

問五　――線部⑤「本当の豊かさ」とはどうあることか、文中の言葉を使い十字以内で書きなさい。

問六　――線部⑦「世界各国の首脳や富裕層がタックスヘイブンを利用」

●「世界一貧しい大統領」に学ぶ

貧困を考えるうえで、ぜひ知っておいてほしい人がいます。ウルグアイのホセ・ムヒカ前大統領です。２０１６年4月に来日され、私も対談をしました。

幼くして父親を亡くしたムヒカ氏は、子どものころから道端で花を売り、家計を支えたといいます。大統領時代はなんと給料の9割を寄付。残り1割の約10万円(ウルグアイ人の平均収入)で生活していたとか。「大統領は華美《かび》な暮らしをしてはいけない。庶民と同じような暮らしをしなければ、国民の気持ちがわからない」という理由からです。

彼は大統領時代、格差をなくすことに力を注ぎました。その政策のひとつが、貧困層への④一戸建ての無償《むしょう》支給です。しかし、単なるバラマキではありません。週に20時間は職人といっしょに家をつくることが条件。子どもをきちんと学校へ通わせ、歯磨きの習慣を身に着けさせるのも条件です。

「貧困層から抜け出すには、やはり教育が欠かせない」とムヒカ氏。10年前に30％だったウルグアイの貧困層は、いまや10％近くまで下がっているそうです。

彼を有名にしたのは２０１２年、ブラジルのリオデジャネイロの※3国際会議でのスピーチでした。ゆるぎない信念を発信したスピーチは、世界に感動を与えました。

「貧困とは少ししか持っていないことではなく、無限に欲があり、もっともっともっと欲しがることである」。この言葉に「⑤本当の豊かさとは何か」ということをあらためて考えさせられます。この発想は、仏教思想にも通じるものがありますね。無欲こそが豊かさに通じるのです。

このスピーチは、絵本にもなっています。ぜひ親子で読んでいただきたい本です。(『世界でいちばん貧しい大統領のスピーチ』［くさばよしみ・編／中川学・絵／汐文社］。ほかにも角川文庫『ホセ・ムヒカ　世界でいちばん貧しい大統領』［アンドレス・ダンサ　エルネスト・トゥルボヴィッツ著／大橋美帆・翻訳］)。

ソ連など、社会主義の挫折《ざせつ》からも明らかなように、人間の自由を制限すれば人々は意欲を失い、社会を※4疲弊《ひへい》してしまいます。

『正義論』で有名なアメリカの哲学者※5ジョン・ロールズは平等・公正な再分配の倫理《りんり》について次のように解説しています。

「人々の自由な活動は、社会的弱者の利益になるという条件の下においてのみ、その存立《そんりつ》を許容《きょよう》される」

（　⑥　）、競争社会において、大きな能力によって大きな成果をあげた者は、個人であろうと国家であろうと、貧しいために成果をあげ得なかった弱者に、その富を※6奉呈《ほうてい》しなければならない。「能力は個人のものではなく、社会の共有財産である」というのです。

私たちはどのような社会を構築《こうちく》しなければならないのか。現代は人より豊かになるために、情け容赦《ようしゃ》ない競争を繰《く》り広げる強欲《ごうよく》資本主義の社会です。

いま、中米パナマにある法律事務所「モサック・フォンセカ」から流出した「パナマ文書」が世界を揺《ゆ》るがしています。南ドイツ新聞に情報が寄せられ、世界中の報道機関が一斉《いっせい》に資料の分析を始めました。これが、大きな問題に発展しつつあります。

パナマ文書が明らかにしたのは、⑦世界各国の首脳や富裕層がタックスヘイブンを利用して蓄財や金融取引をしていた実態です。タックスヘ

つ選び、記号で答えなさい。

ア　二人のグループなので、話を盛り上げないと相手に悪い気がしていたから。

イ　もともと天体に興味は全くないので、他のことに楽しさを求めているから。

ウ　「女の子」と誕生日が一緒であるという偶然は、友達に自まんできるから。

エ　「女の子」との出会いが、運命的なものであってほしいと思っているから。

問五　――線部⑤「少年はがっかりして、頭をはたらかせる余裕もなく、とっさに浮かんだ日付と時刻を口にした」とありますが、なぜ「がっかり」したのですか、最も適当なものを次から一つ選び記号で答えなさい。

ア　せっかく苦労して合わせた星座盤を、「女の子」があっさりと動かしてしまったから。

イ　次に見る日付けや時間も決めていないのに、「女の子」が勝手に星座盤を動かしたから。

ウ　「女の子」は自分ほど、誕生日が一緒だったことを運命的に思ってくれていなかったから。

エ　自分が生まれた日の星座をまだ見ていたかったが、「女の子」は見てくれなかったから。

問六　――線部⑥「こういうこと」とはどういうことですか、三十五字以内で書きなさい。

三　次の文章に関するあとの問いに答えなさい。

●世界からテロをなくすには？

温暖化とともに地球規模での脅威《きょうい》となり、取り組まなければならない課題はテロ※1との戦いでしょう。

フランスが高度成長※2しようという1950年代、大勢の労働者が必要となりました。モロッコ、チュニジア、アルジェリア、レバノン……、安い人件費で働いてもらえるため、多くの移民を受け入れました。

移民一世は教育の大切さを知らないままやってきます。日本人なら、親が苦しい思いをしてでも子どもに教育を、と思いますが、そもそも自分たちが（　①　）を受けていないと、貧しい中、子どもたちを学校に通わせようという発想がありません。

フランスでテロ事件を起こしたテロリストが潜《ひそ》んでいたのは、ブリュッセルの中東系移民が多い町です。住民の6割がイスラム教徒といわれ、若者の失業率は50％を超えていました。テロをなくすには、紛争《ふんそう》や対立の芽となりうる「貧困」や「格差」の問題を解消していく以外にありません。

残念ながら、いますぐテロをなくす方法はありません。いまは軍事力などで無理やりテロをおさえつけるより方法がないのかもしれません。（　②　）テロを力で封じ込めるのではなく、貧富の差に関係なく平等の教育を広げていくことが、10年後、20年後のテロを防ぐことにつながるのではないでしょうか。

テロを生まない国づくりに貢献《こうけん》することこそが③日本に求められているのではないかと思うのです。

ぐ始まるね」とささやいた。少年も「うん……」と小さく応えた。会議室で隣り合っていたときよりも距離が近い。肘《ひじ》掛《か》けに載せた腕《うで》が、女の子の腕と触《ふ》れそうだった。

音楽とともに、星空が天井いっぱいに広がった。

「今年の※1旧暦《きゅうれき》による七夕は、八月十一日です。皆さんもご存じのように、織姫と彦星が年に一度だけ天の川を渡って出会える、という日です。織姫はこと座のベガ、彦星はわし座のアルタイルという名前の星で……」

ナレーションに従って、ベガとアルタイルがひときわ明るく瞬《またた》き、はくちょう座のデネブを合わせて、『夏の大三角形』が描き出された。

少年は女の子の様子をそっとうかがった。顔を向けることはできない。声もかけられない。気配だけを感じ取る。

来年の夏休みにも『子ども天文教室』は開かれる。六年生のクラスは、バスで天文台まで出かけて、一泊二日で天体望遠鏡を使った星空観察をするという。

来年も参加したら、また会えるだろうか。いまのうちに「来年も行く?」と訊いて、「俺は行くけど」と伝えて、約束とまではいかなくても、とにかく来年の話をして……そうすれば、ほんとうに、また会えるだろうか……。

片思いの子はいる。同じクラスのタナベさん。比べたらタナベさんのほうがずっとかわいいし、口喧嘩《くちげんか》ばかりしていても、けっこう気が合うところもあるし、だいいちタナベさんとは毎日同じ教室で会えるのに。

浮気って、⑥こういうこと?

俺って、オンナたらしの、ヘンタイ?

急に恥《は》ずかしくなった。頬《ほお》や耳たぶが熱くなった。

まいったな、まいっちゃったな、と椅子に座ったまま腰をもぞもぞさせていたら、肘《ひじ》が、女の子の肘に触《ふ》れた。思わずびくっとして、肘掛けから腕を下ろして、肩をきつくすぼめた。

女の子は体を動かさなかった。星空に夢中になっているのが気配でわかった。そっと横顔を盗み見ると、天井の星明かりを映し込んだ女の子の目は、涙を浮かべたようにきらきら光っていた。

（重松清『小学五年生』文春文庫より）

※1 旧暦……昔、用いられていた暦《こよみ》。

問一 ――線部①「クラスの子と変わらないのに、なにかが違う。全然、違う」とありますが、違うものとはなんですか、次から最も適当なものを一つ選び、記号で答えなさい。

ア 身長の高い「女の子」に対する少年のコンプレックス。
イ 「女の子」の髪が長すぎることに対して持った反発心。
ウ 少年が「女の子」に対して持ちはじめている恋心。
エ グループに入れなかった「女の子」に対する同情。

問二 空欄②にはいる語句を次から一つ選び、記号で答えなさい。

ア だから　イ でも　ウ そして　エ たとえば

問三 空欄③にはいる語句を次から選び、記号で答えなさい。

ア ちらり　イ ぎろっ　ウ じろり　エ どろり

問四 ――線部④「『わたしたち』が、いい。同じ日に同じ街で生まれて、ずっと出会うことなく同じ日にちを生きてきた『わたしたち』がいま巡り会えた、というのが、すごく、いい」とありますが、主人公の少年は、なぜ「いい」「すごくいい」と思っているのですか、次から一

番南になった。夏には見えなかったうお座が空の真ん中にある。アンドロメダ座やカシオペア座も、だいぶ南に下がっていた。

「……うわっ」

さっきはなにも感じなかったのに、いまは、宇宙や星のことを素直にすごいと思った。女の子も、星座盤をじっと見つめて、「わたしたちの誕生日って、こういう空だったんだね」と言った。

④「わたしたち」が、いい。同じ日に同じ街で生まれて、ずっと出会うことなく同じ日にちを生きてきた「わたしたち」がいま巡《めぐ》り会えた、というのが、すごく、いい。

胸の高鳴りが、微妙《びみょう》に変わった。最初はただ驚いていただけだったが、いまは違う。女の子の名前を訊きたかった。自分の名前も知ってほしかった。胸の高鳴りが大きすぎる。息が苦しい。やっとの思いで声を絞《しぼ》り出した。

「……学校、どこ？」

「港小。そっちは？」

「俺……つつじヶ丘」

「つつじヶ丘って、どこだっけ。駅のこっち側？」

「ううん、逆、駅の西口から山のほうに行ったところ」

「あ、じゃあ、市民会館の近く？」

「ちょっと遠いけど、図書館なら近所」

「図書館とか行ったりするの？」

「たまに。本は借りないけど、外で遊んでる」

「どんな遊びが流行ってるの？」

「ロクムシとか……でも、女子はよくわかんないけど」

そんなこと、どうでもいいのに。

女の子は、それ以上学校のことは訊いてこなかった。「じゃあ、今度はそっちが決めて。日にちとか時間とか」と言って、誕生日に合わせた星座盤を動かして星座の形を変えてしまった。

⑤少年はがっかりして、頭をはたらかせる余裕もなく、とっさに浮かんだ日付と時刻を口にした。

一月一日午前〇時……。

「やだぁ、テキトー」と女の子がおかしそうに笑って、人差し指で盤を回した。

星座盤の操作をしばらく練習したあと、宇宙のはじまりや星の生まれる仕組みを解説したビデオを観て、みんなでプラネタリウムに移動した。

プラネタリウムの席は決められていなかったが、みんな自然とさっきのグループごとに集まって座った。

少年も——先に座った女の子の隣の席に、どきどきしながら腰かけた。もしも嫌がられたり別の席に移られたりしたらどうしよう、死んじゃうかもしれない、死んだほうがいい、もう死んじゃおう、と本気で心配していたが、女の子は平気な顔をして、投影《とうえい》の始まる前のドーム型の天井を見つめたまま、言った。

「わたし……プラネタリウムが一番楽しみだったの。だから一人でも申し込んだの」

少年は小さな声で、聞こえなくても——聞こえないほうがいいとも思って、「俺も」と言った。

ブザーが鳴って、天井が暗くなった。首を動かさなくても天井を眺《なが》められるように、椅子《いす》がゆっくりと後ろに傾《かたむ》いていく。女の子は「もうす

ですから、一四〇の目盛りに合わせてください」――上の盤にあいた楕《だ》円形《えんけい》の穴から、星座がいくつも覗《のぞ》く。それが、この街から見上げる星空ということになる。

「試しに、今日の星空を見てみましょう。八月五日の午後八時……やってみて」

　日付と時刻を合わせて、経度を調整した。

　星座が見えた。北の空に、こぐま座とカシオペア座がある。こぐま座のてっぺんに光っているのが北極星だ。

「実際には、街の明かりがあったり空気が汚れていたりして、星座盤にある星をぜんぶ見ることはできません。（　②　）、ほんとうは、今夜の夜八時の空には、これだけたくさんの星が光っているんです。すごいでしょう？」

　ふうん、と少年は盤を指で押さえたままうなずいた。

　すごいのかどうか、よくわからない。夜に外出することはめったにないし、そのときはたいがいお父さんの車に乗って出かけるので、夜空を見上げる機会はない。それに理科は苦手だし、星や宇宙に興味はないし……。

　先生が言う日付と時刻に合わせて星座盤を回すのを、何度か繰《く》り返した。

「はい、だいぶ動かし方にも慣れたと思いますので、今度はグループの中で順番に日付と時刻を指定して、星座を探してください」

　静かだった会議室は、またにぎやかになった。

　少年は、（　③　）と隣を見た。女の子も少年に遠慮《えんりょ》がちに目をやって、「どっちから言う？」と訊いてきた。想像していたより細くて、高くて、優しそうな声だった。

「……そっちからでいいよ」

　少年の声は緊張《きんちょう》でうわずってしまった。

　女の子は「あ、そう」と軽く応《こた》え、すぐに、まるで最初から決めていたように日付と時刻を口にした。

「十二月十九日の夜七時」

　胸が、どきん、とした。

「なんで？」――思わず訊くと、女の子は逆にきょとんとした顔で少年を見て、それからクスッと笑った。

「誕生日。ちょうど七時くらいだったって、お母さんが言ってたから」

　胸がさらに、どきん、どきん、とつづけて高鳴った。

「あの……俺も……そうなの」

「なにが？」

「十二月十九日……って、俺も誕生日」

「ほんと？」

「ほんとほんとほんと、嘘《うそ》じゃないって」

　生まれた時刻はわからない。両親に聞いたことも、あるような、ないような。夜だった――と、思う。夜の七時頃だった――ことにした。

「すごーい。偶然《ぐうぜん》だね」

　女の子はうれしそうに言った。

　少年も「うん、びっくりした、俺も」と笑った。

　二人そろって、それぞれの星座盤を回した。夏の夜空とはまったく違う空があらわれた。夏には南北に延《の》びていた天の川が、冬には東西に横たわっている。こぐま座も、くるっと逆立ちをしたように、北極星が一

【国　語】〈五〇分〉〈満点：一〇〇点〉

【注意】すべての問題において、句読点やかっこ等の記号は一字と数えるものとする。

一　次の——線のカタカナを漢字に、漢字をひらがなに直しなさい。
（送りがなが必要なものはあわせて書くこと）

① 少年野球のチームをヒキイル。
② 虫たちのココロヨイ音色に耳をすます。
③ 買い物をするとショウヒゼイがかかる。
④ 研究室で人工エイセイを設計する。
⑤ 会社がフリエキを受ける。
⑥ 実験中は真面目な顔をする。
⑦ 百科事典の細かい字を虫眼鏡でのぞく。
⑧ 植物の成長の過程をノートに書く。
⑨ 書店で大判の本を買う。
⑩ 交通量の統計資料を見る。

二　次の文章に関する後の問いに答えなさい。

《ここまでのあらすじ》

主人公の少年は友人にさそわれて、夏休みに市の教育センターが開催した「子ども天文教室」の五年生クラスに参加した。しかし、さそってくれた友人は寝坊してしまい、少年は一人で参加することになってしまう。自己紹介もうまくいかずに自分を責めているうちに、先生からグループに分かれる等の指示が出される。周囲はどんどんグループを作るが、少年はどこのグループにも入れない。そのときもう一人、どこのグループにも入れない女の子がいた。先生は二人でグループを作るように言う。

女の子は、おとなしそうな雰囲気《ふんいき》だった。隣《となり》の席に少年が座ると、どうも、というふうに頭を小さく下げた。少年も黙って、あ、どうも、とおじぎをして、うつむいたまま椅子《いす》を入れて、机に向かった。自己紹介《しょうかい》のときのことはなにも覚えていない。名前ぐらい訊《き》いておきたかったが、話しかけるきっかけがつかめず、向こうも黙《だま》ったままだった。

隣り合って座ると、離れて立っていたときよりも背丈《せたけ》の違いがはっきりとわかる。

少年はクラスの男子の中でも背が低いほうだった。女子はみんな、四年生の終わり頃からどんどん体が大きくなって、気がついたら少年より小柄《こがら》な子はほとんどいなくなっていた。

この子も——そう。六年生じゃないかと思うほど背が高い。長い髪がおとなのひとみたいで、Ｔシャツにキュロットスカートという服装《ふくそう》は①クラスの子と変わらないのに、なにかが違う。全然、違う。よくわからない。うまく説明できない。ただ、とにかく、すごく恥《は》ずかしくて、すごく照れくさいのに、クラスの女子の隣に座らされたときよりも、ちょっとだけ胸がわくわくした。

先生は星座盤の使い方を説明した。

初めて使う星座盤は、「こんなので宇宙のことがわかるの？」と訊きたくなるほど簡単な仕組みだった。

まず、割ピンで留めた二重の盤の、上のほうを回して、月日と時刻を決める。それから経度を調整する。「このあたりは東経一四〇度ぐらい

MEMO

大切なことはメモしておこうネ！

2022年度

東海大菅生高等学校中等部入試問題（第１回Ｂ）

【算　数】（50分）　＜満点：100点＞

【注意】 定規・分度器・コンパスを使用してはいけない。

1 次の計算をしなさい。

(1) $20+95+995+9995+99995$

(2) $\frac{1}{4}\times14+\frac{3}{4}\times30-0.5\times22$

(3) $0.7\div\left\{\left(1\frac{5}{6}-\frac{13}{9}\right)\times36\right\}$

(4) $\frac{1}{1\times2}+\frac{1}{2\times3}+\frac{1}{3\times4}+\frac{1}{4\times5}+\frac{1}{5\times6}+\frac{1}{6\times7}+\frac{1}{7\times8}+\frac{1}{8\times9}+\frac{1}{9\times10}$

(5) $1-\left(\frac{1}{2}+\frac{1}{4}+\frac{1}{8}+\frac{1}{16}+\frac{1}{32}+\frac{1}{64}+\frac{1}{128}+\frac{1}{256}+\frac{1}{512}\right)$

2 次の □ にあてはまる数を求めなさい。

(1) $\left(\frac{5}{7}\times\square-\frac{1}{6}\right)\times\frac{3}{4}=\frac{5}{8}$

(2) 正十二角形の１つの角から引ける対角線の本数は □ 本です。

(3) ３つのＡ，Ｂ，Ｃの和が173で，ＡはＢより36大きくＢはＣより11小さい。このとき，Ｂの数は □ です。

(4) Ａ君は，持っていたお金の$\frac{1}{3}$でお菓子を買い，残りのお金の$\frac{3}{5}$でりんごを買ったら800円残りました。初めに持っていたお金は □ 円です。

(5) 下図の色のついた部分の周りの長さは □ cmです。ただし，円周率は3.14とします。

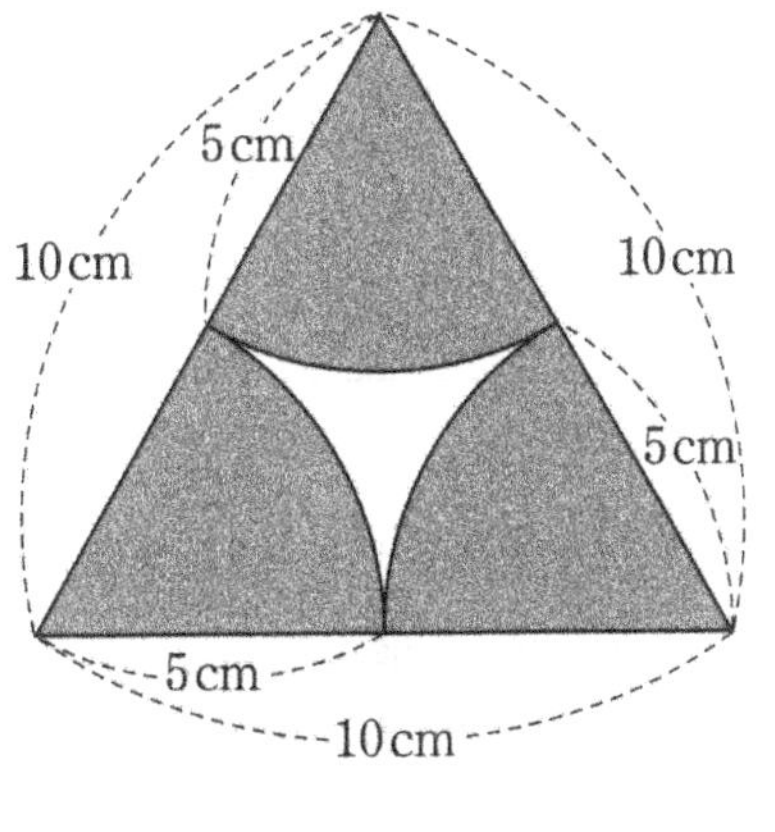

3 下図で，四角形ABCDは長方形です。点Ｅは辺ＡＤの延長線上の点で，ＢとＥを結び辺DCと交わった点をＦとします。このとき，次の各問いに答えなさい。

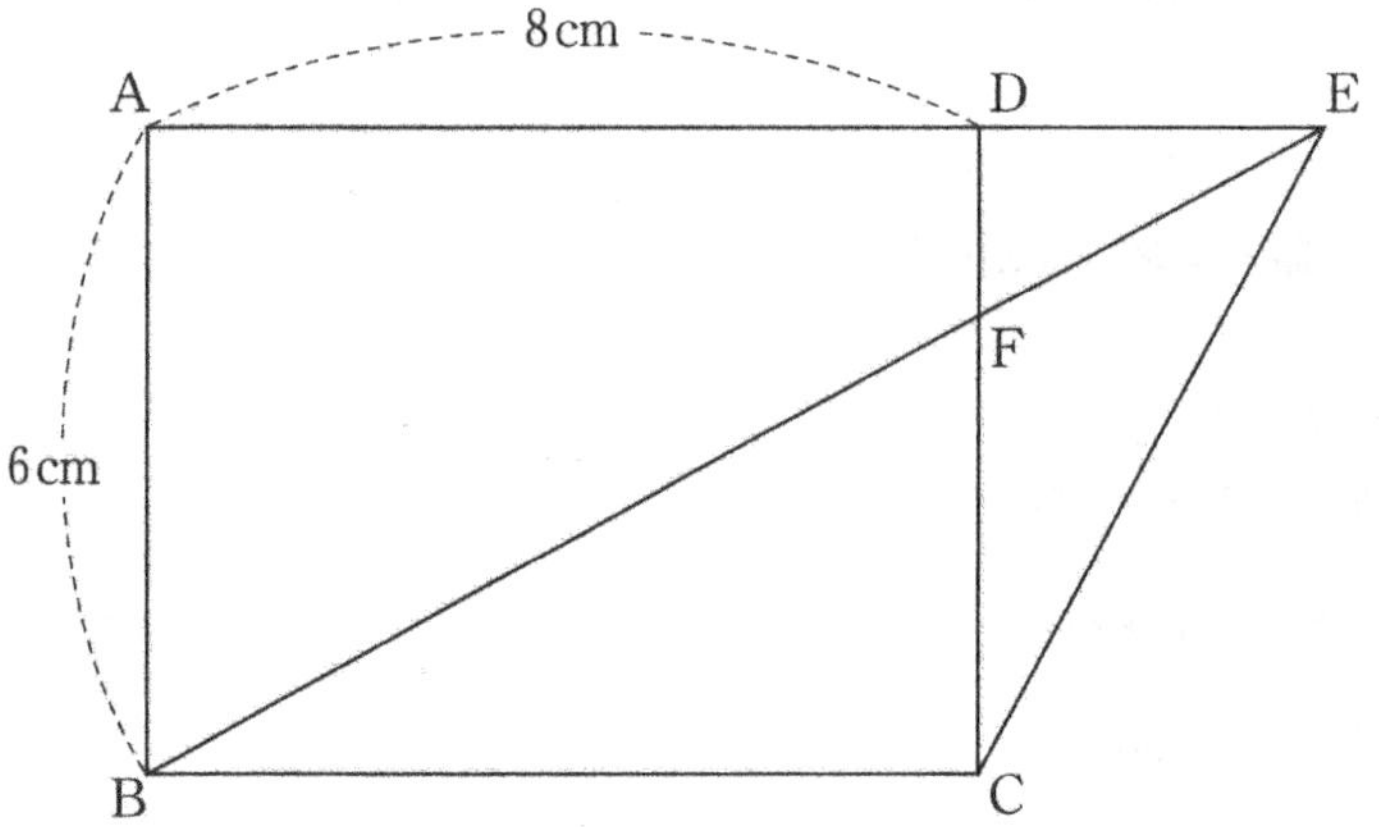

(1) CFの長さが４㎝のとき，三角形EFCの面積を求めなさい。

(2) DEの長さが２㎝のとき，四角形ABCEの面積は三角形DEFの面積の何倍ですか。

4 下図は１辺が４㎝の立方体です。辺AB，辺ADの真ん中の点をそれぞれＩ，Ｊ，辺FG，辺GHの真ん中の点をそれぞれK，Ｌとします。このとき，次の各問いに答えなさい。

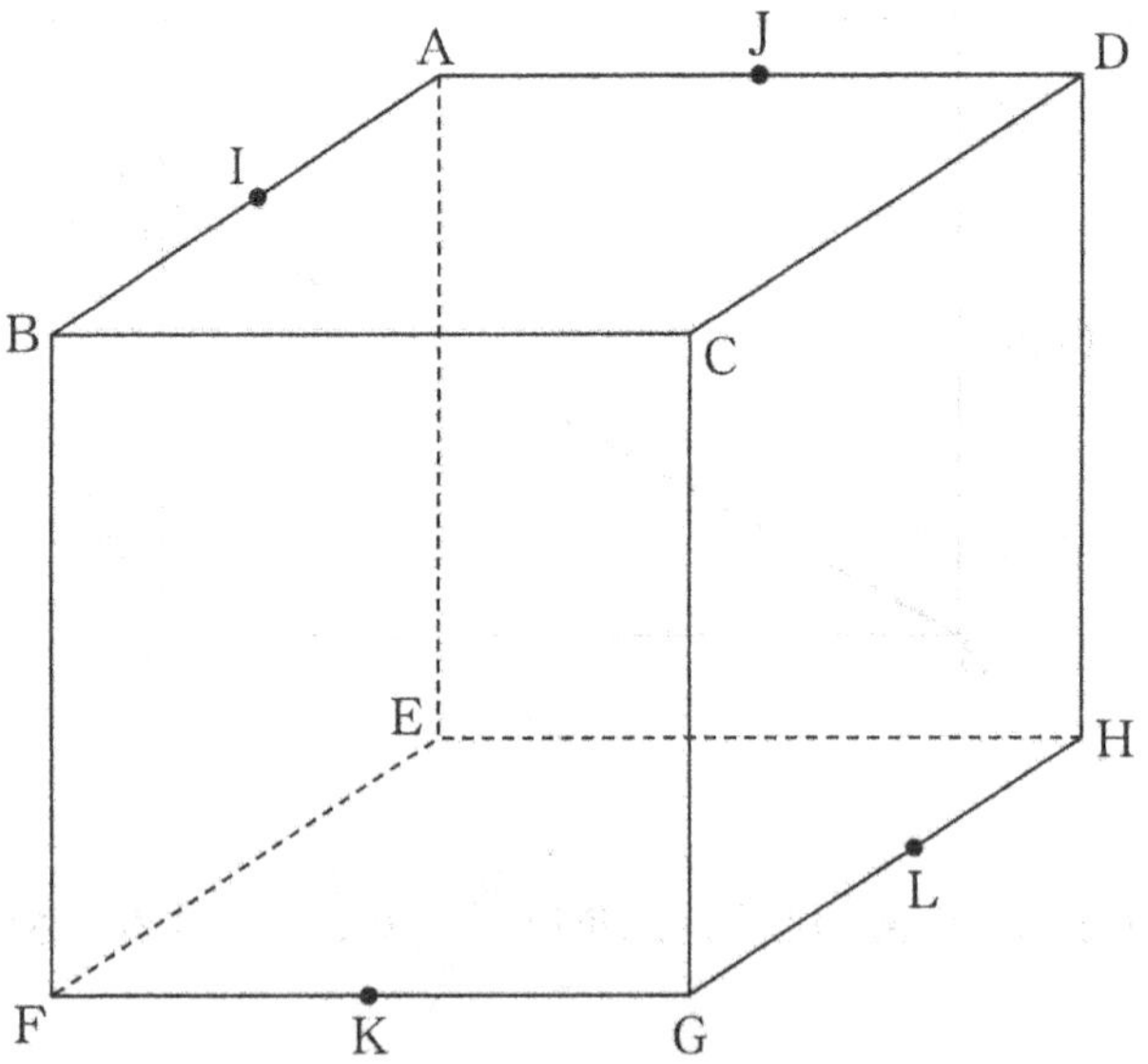

(1) Ｉ，Ｊ，Ｇを通る平面でこの立体を切断したとき，切断面の図形は何ですか。

(2) Ｉ，Ｊ，Ｋ，Ｌを通る平面でこの立体を切断したとき，切断面の図形は何ですか。

(3) (2)と同様に切断したとき，Ａをふくむ立体の体積を求めなさい。

【理　科】（社会と合わせて50分）　　＜満点：50点＞
【注意】　定規・分度器・コンパスを使用してはいけない。

1　図のように，なめらかなレール上のある高さからボールを静かにはなして，平らなレールに置かれた箱にあてた。ボールのはなす高さと箱の移動したきょりをはかった結果は表のようになった。

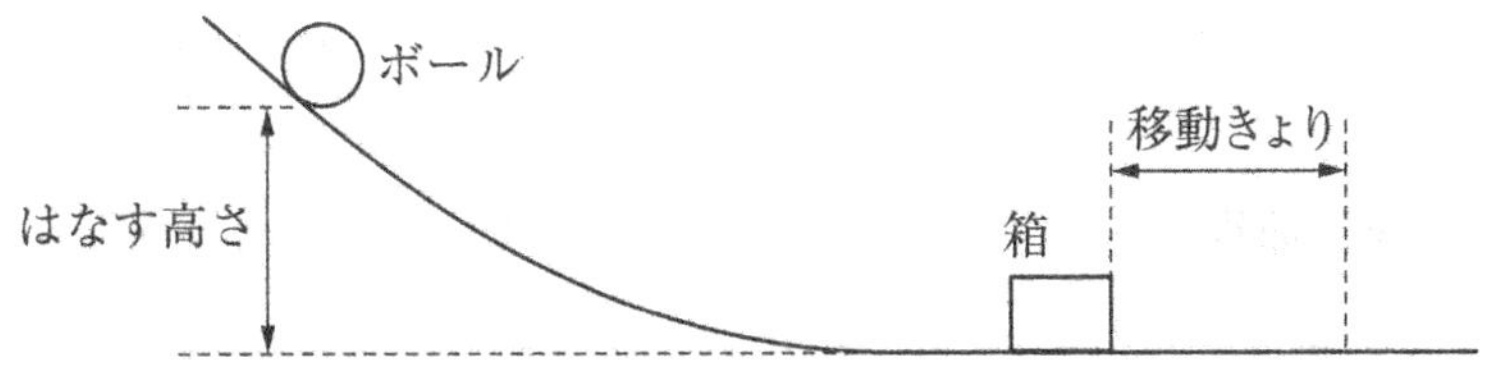

はなす高さ [cm]	0	5	10	B	20	25	D	35
箱の移動きょり [cm]	0	1.5	A	4.5	C	7.5	9.0	10.5

問１　表のＡ・Ｂ・Ｃ・Ｄにあてはまる数値を答えなさい。
問２　表より，ボールをはなす高さと箱の移動きょりの間にはどのような関係があるといえるか。
問３　同じ大きさで重いボールを用いたとき，箱の移動きょりはどのようになるか。適切なものを次のア～ウから選び，記号で答えなさい。
ア　変わらない　　イ　長くなる　　ウ　短くなる
問４　同じ大きさで軽い箱を用いたとき，箱の移動きょりはどのようになるか。適切なものを次のア～ウから選び，記号で答えなさい。
ア　変わらない　　イ　長くなる　　ウ　短くなる
問５　ボールの重さに関する記述のうち，正しいものを次のア～オから選び記号で答えなさい。
ア　ボールを重くすると，箱にあたる直前の速さははやくなる。
イ　ボールを重くすると，箱にあたる直前の速さはおそくなる。
ウ　ボールを軽くすると，箱にあたる直前の速さははやくなる。
エ　ボールを軽くすると，箱にあたる直前の速さはおそくなる。
オ　ボールの重さに関係なく，箱にあたる直前の速さは変わらない。
問６　ボールと箱が衝突した後，ボールが左に動くことがあるのはどのような場合か。次のア～ウから選び記号で答えなさい。ただし，ボールが左に動くことが絶対にないと思う場合は，解答欄に×を記入しなさい。
ア　ボールと箱が同じ重さのとき
イ　ボールが箱より重いとき
ウ　箱がボールより重いとき

2　同じ体積で同じ濃さのうすい塩酸をいくつか用意し，そこにアルミニウムの粉末を加えた。アルミニウムの粉末と発生した気体の体積との関係は，次のページのグラフのようになった。

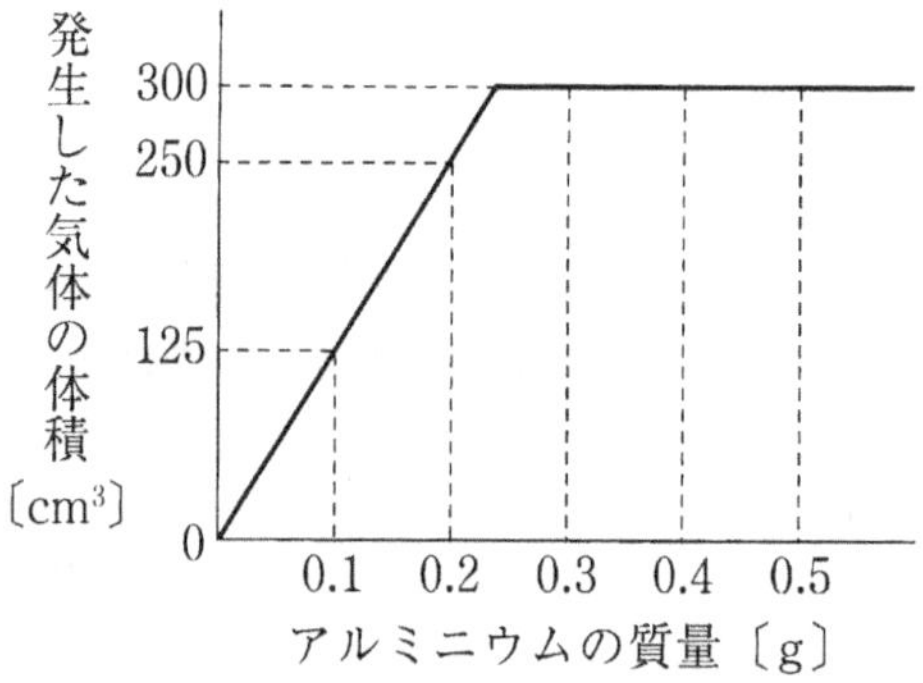

問１　発生した気体を次のア～エから選び記号で答えなさい。

　ア　水素　　イ　酸素　　ウ　二酸化炭素　　エ　ちっ素

問２　このうすい塩酸でとけるアルミニウムは最大何ｇか。

問３　アルミニウムが0.15ｇのとき，発生した気体の体積は何cm^3か。

問４　アルミニウムが0.3ｇのとき，何ｇのアルミニウムがとけずに残っているか。

問５　問４で残ったアルミニウムにさらにうすい塩酸をじゅうぶん加えると何cm^3の気体が発生するか。

問６　このうすい塩酸と同じ体積で濃さを２倍にした塩酸にアルミニウムを0.2ｇ加えると何cm^3の気体が発生するか。

3　植物の葉にとう明なポリエチレンのふくろをかぶせてしばらく置いておくと，ふくろの内側が白くくもる。これは，根からとり入れた水が葉から出ていくために起こる現象である。この現象についておもに葉の表と裏のどちらから出ていく量が多いのかを確かめるため以下の実験を行った。

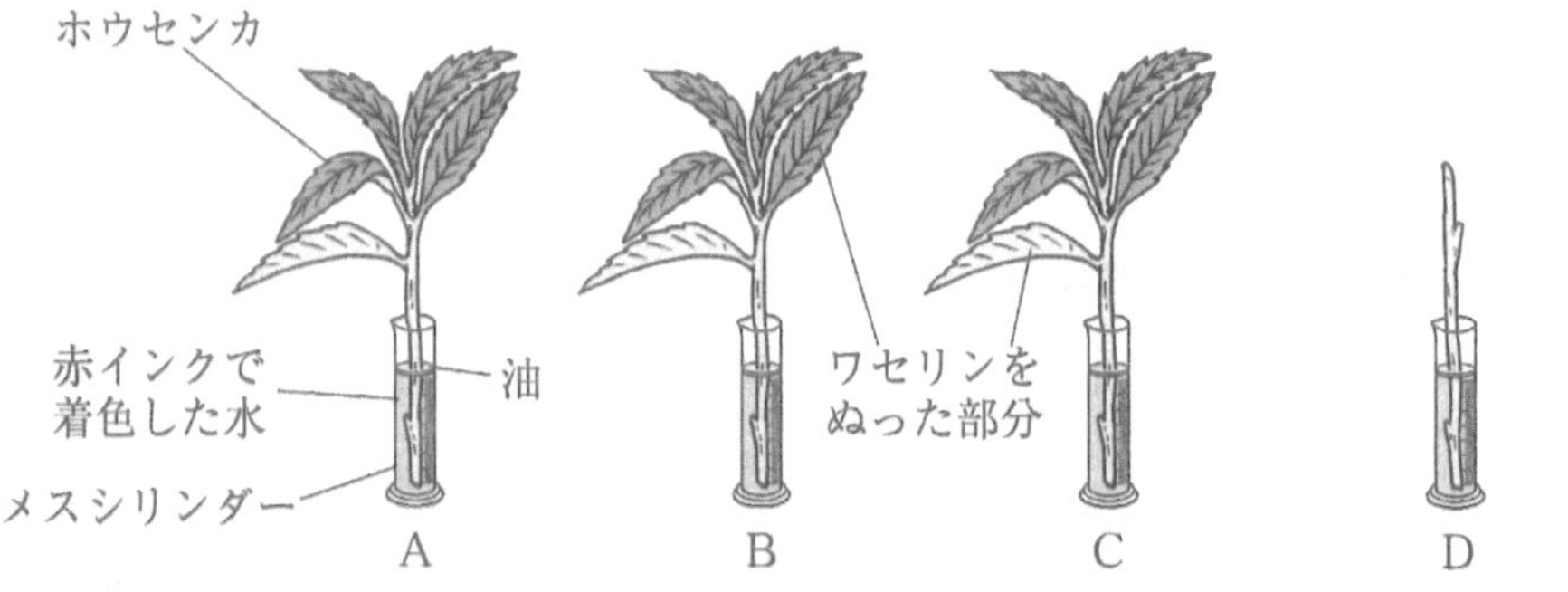

	A	B	C	D
減った水の体積〔cm³〕	16.6	15.6	6.2	5.2

［実験］　葉の枚数や大きさがそろっている４本のホウセンカＡ～Ｄを用意し，次のようにした。

　Ａ　何も処理しない

　Ｂ　すべての葉の表側にワセリンをぬる

　Ｃ　すべての葉の裏側にワセリンをぬる

　Ｄ　すべての葉をとり，くきだけにする

（ただし，ワセリンはねばりけのある油で，水を通さず，ぬった部分から水が出ていくことを防ぐ）
Ａ～Ｄのホウセンカを水を入れたメスシリンダーに入れ，一定時間明るい場所に置いておくとそれぞれのメスシリンダーに入れた水の体積が減った。なお実験の結果は前のページの表にまとめた。

問１　メスシリンダーに入れた水に油をうかせているのはなぜか。次から選び記号で答えなさい。

ア　植物が水だけでなく油もとり入れているかを調べるため
イ　メスシリンダーの水にホコリが入るのを防ぐため
ウ　水が自然に蒸発してしまうことを防ぐため
エ　水と油の境界をはっきりさせ，水の体積をはかりやすくするため

問２　実験の結果から，植物は葉だけではなくいろいろな部分から水を出していることがわかる。ホウセンカＡ・Ｂ・Ｃ・Ｄはそれぞれどの部分から水を出したと考えられるか。次のア～カからそれぞれ選び記号で答えなさい。

ア　葉の表のみ　　イ　葉の裏のみ　　ウ　くきのみ
エ　葉の表とくき　　オ　葉の裏とくき　　カ　葉の表と葉の裏とくき

問３　葉の表のみ，葉の裏のみ，くきのみから出た水の体積はそれぞれ何cm^3か。

４　日本のまわりには４つの気団があり，それぞれの気団が季節ごとに強くなることで，日本の天気に影響を及ぼす。図１は，日本のまわりに現れる４つの気団を示したものである。図２は，ある季節にみられる特徴的な天気図である。これについて，次の問いに答えなさい。

図１

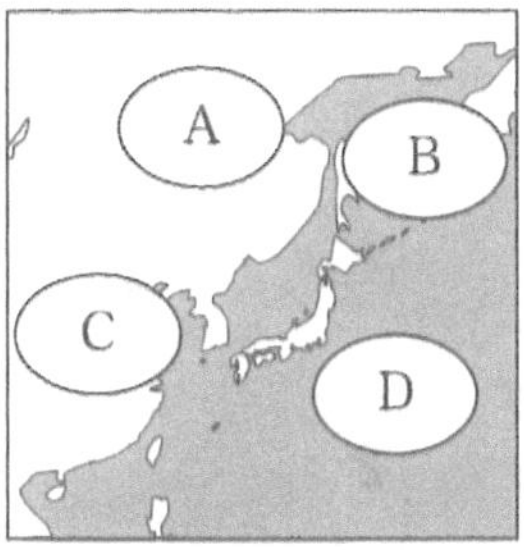

図２

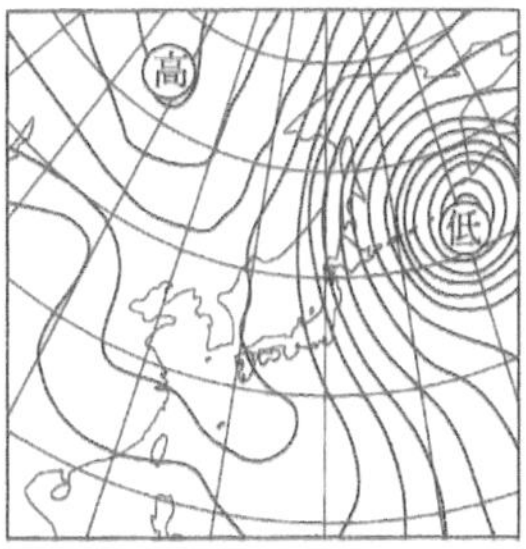

問１　図１のＡ～Ｄのそれぞれの気団を何とよぶか。適当なものを次のア～エから１つずつ選び，記号で答えなさい。

ア　小笠原気団　　イ　揚子江気団　　ウ　シベリア気団　　エ　オホーツク海気団

問２　図１のＡ～Ｄのそれぞれの気団の特徴としてあてはまるものを次のア～エから１つずつ選び，記号で答えなさい。

ア　あたたかい・乾燥している　　イ　つめたい・乾燥している
ウ　あたたかい・湿っている　　エ　つめたい・湿っている

問３　図２のような気圧配置が多くみられるのは，春，夏，秋，冬のどの季節か。また，この季節に日本の天気に影響を与える気団はどの気団か。適当なものを図１のＡ～Ｄから選び記号で答えなさい。

問４　図２のような気圧配置は『（ａ）高（ｂ）低』とよばれる。（ａ），（ｂ）にあてはまる方角を東・西・南・北からそれぞれ１つずつ選びなさい。

【社　会】（理科と合わせて50分）　＜満点：50点＞
【注意】 定規・分度器・コンパスを使用してはいけない。

1　次の各文を読んで，以下の問いに答えなさい。

Ⅰ　山形県の**北西部に位置する平野**には，最上川などの大きな川があります。これらの川には，高い山々から栄養分をふくんだ水がたくさん流れてきます。

Ⅱ　宮崎県は，あたたかい気候のため，牛のえさがよく育つことや，農業などと比べても台風の影響をあまり受けないことなどから，**肉牛の生産**を進めてきました。

Ⅲ　高知県は，野菜の生産がさかんです。高知平野では，**冬でもあたたかい気候を利用**して，なすやピーマンなどの夏が旬《しゅん》の野菜を冬に生産していました。

Ⅳ　福岡県や佐賀県などの４つの県にまたがる有明海には，**長方形のようにもみえる，「のり」の漁場**が広がっています。

Ⅴ　群馬県の西部に位置する嬬恋《つまごい》村は，夏はすずしく，昼と夜の気温の差が大きい気候です。**浅間山のすそ野を中心に，キャベツ畑**が広がっています。

問１　Ⅰ～Ⅴの各文の**太文字の内容**と関係の深い語句をそれぞれ選び，記号で答えなさい。

ア　関東平野　　イ　沖合漁業　　ウ　高原野菜　　エ　庄内平野　　オ　畜産業
カ　養しょく　　キ　冷害　　ク　ビニールハウス　　ケ　大陸だな　　コ　赤潮《あかしお》

問２　Ⅰ～Ⅴの各文の内容と関係の深い場所を地図中よりそれぞれ選び，記号で答えなさい。

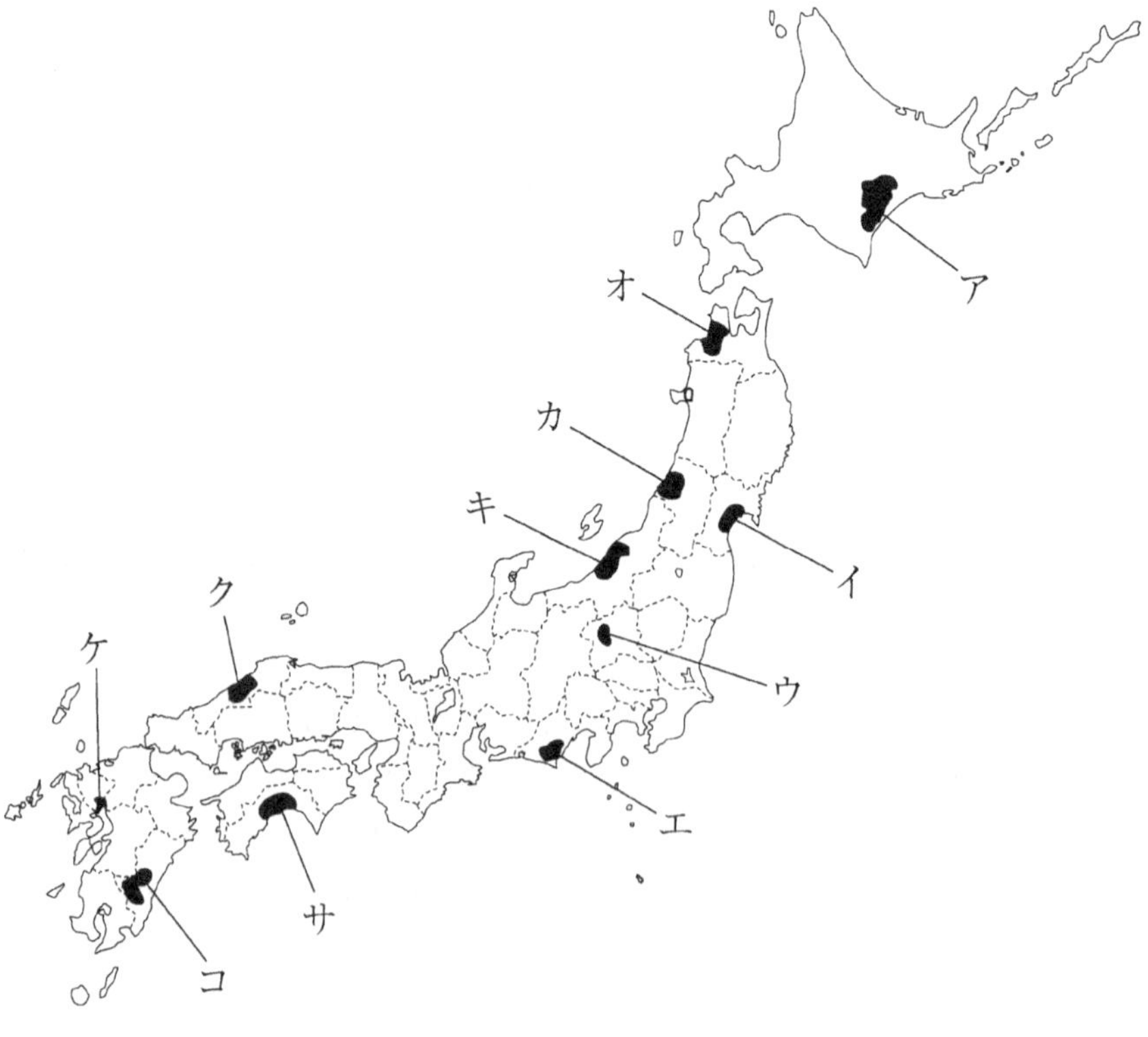

2 次の各文を読んで，（　）にあてはまる語句を語ぐんより選び，記号で答えなさい。

〈Ⅰ〉

日本は資源が少なく，ほとんどの（　1　）や資源エネルギーをねだんの安い外国から（　2　）しています。これらは，おもに貨物船やタンカーで，さまざまな国から運ばれてきます。このように，国と国のあいだで行われる商品の売買を（　3　）といいます。

最近の（3）では，以前に比べて機械類や衣料などの（　4　）の（2）が増えています。これは，（　5　）などのアジアの国々で工業が発展してきたことや，日本の会社が外国に工場をつくり，そこで（　6　）した（4）を（2）することが進んだためと考えられます。

ア　金属	イ　輸入	ウ　輸出	エ　イギリス	オ　生産
カ　貿易	キ　工業製品	ク　農業製品	ケ　加工	コ　輸送
サ　原料	シ　アメリカ合衆国	ス　化学	セ　中国	ソ　パイプライン

〈Ⅱ〉

日本の国土には，多くの（　1　）や山脈が見られます。特に（　2　）の中央部には，高さ（　3　）mぐらいのけわしい山々がそびえて「日本の屋根」とよばれています。日本の国土の４分の３は（1）で，４分の１の平地に多くの人が住んでいます。また，（1）が海岸までせまっているため，川の水は（1）から海へいっきに流れてしまいます。そのため，外国の川とくらべると，日本の川は，（　4　）で，流れがたいへん（　5　）です。

また日本には，各地にたくさんの（　6　）があることも地形の特色の一つとなっています。そして（6）は，わたしたちのくらしや産業に大きな影響をあたえることもあります。

ア　高原	イ　山地	ウ　火山	エ　台地	オ　関東
カ　本州	キ　1000	ク　2000	ケ　3000	コ　短く
サ　高い	シ　長く	ス　ゆるやか	セ　急	ソ　盆地

3 次の各文章を読んで，あとの問いに答えなさい。

① 長州藩（山口県）の農家に生まれ，幕府をたおす運動に参加しました。新政府の中心となってからは国会の開設にそなえてヨーロッパにわたり，ドイツなどの憲法を調べました。帰国後は，内閣の制度をつくり，自ら初代内閣総理大臣となりました。

② 将軍は御家人に対して，先祖代々の領地の支配を認めたり，戦いで手がらを立てた御家人には新しく領地を与えたりしました。これをご恩といいます。そして御家人は戦いがおこれば，将軍のために一族を率いて命がけで働きました。これを奉公といいます。

③ ８世紀の中ごろ，人々は伝染病に苦しみ，貴族の反乱がおこるなど，世の中が乱れました。こうした中，仏教の力で社会の不安をしずめ国を治めるねらいで，全国に国分寺と国分尼寺が建てられました。また，都では東大寺をつくり，大仏づくりも始められました。

④ 松阪（三重県）の商人の家に生まれました。奈良時代にまとめられた「古事記」の研究を進め，35年にわたる苦心のすえ，44巻にのぼる「古事記伝」を書きあげました。また紫式部によって書かれた「源氏物語」などの研究もしました。

⑤ 刀狩によって，百姓が持つ刀や鉄砲などを取り上げ，農業などに専念《せんねん》させるようにしました。

また百姓が田畑を捨てて武士や町人になることも禁止しました。武士と百姓・町人の身分のちがいをはっきりさせて，武士が支配する社会のしくみを作り直していきました。

問１　①～⑤の各文章の内容に関係の深い人物を次の中から１つずつ選び，記号で答えなさい。

(あ)　徳川家康　(い)　聖武天皇　(う)　本居宣長　(え)　源頼朝

(お)　伊藤博文　(か)　板垣退助　(き)　豊臣秀吉　(く)　藤原道長

問２　①～⑤の各文章は何時代のできごとか，次の中から１つずつ選び，記号で答えなさい。（文章の内容が２つの時代に続く場合には，その人物が最も活躍した時代を答えなさい。）

ア　縄文時代　イ　弥生時代　ウ　古墳時代　エ　飛鳥時代　オ　奈良時代

カ　平安時代　キ　鎌倉時代　ク　室町時代　ケ　安土桃山時代　コ　江戸時代

サ　明治時代　シ　大正時代　ス　昭和時代

4　次の年表を見て，以下の問いに答えなさい。

年　号	で　き　ご　と	
１６０３年	徳川家康が江戸に幕府を開く	
１６３５年	参勤交代が制度化される	⇒　①
１６４１年	オランダ人を（　　）に移す	⇒　②
１７７４年	杉田玄白らが（　　）を出版する	⇒　③
	百姓一揆や打ちこわしが多くなる	
	寺子屋が広まる	
１８５３年	ペリーが（　　）に来る	⇒　④
１８５４年	日米和親条約を結ぶ	
１８６６年	薩摩と長州が幕府を倒すために手を結ぶ	⇒　⑤
１８６７年	（　　）が政権を朝廷に返す	⇒　⑥
１８６８年	五か条のご誓文が出される	
１８７１年	藩を廃止して県を置く	
１８７７年	西南戦争がおきる	⇒　⑦
１８８９年	大日本帝国憲法が発布される	
１９００年	足尾鉱毒事件がおきる	⇒　⑧
１９０１年	八幡製鉄所が仕事をはじめる	⇒　⑨

問１　年表の①のできごとに関係の深い人物を次の中から選び，記号で答えなさい。

(あ)　足利尊氏　(い)　徳川家光　(う)　足利義満　(え)　徳川慶喜

問２　年表の②の（　）にあてはまる語句を次の中から選び，記号で答えなさい。

(あ)　浦賀　(い)　兵庫　(う)　出島　(え)　博多

問３　前のページの年表の③の（　）にあてはまる語句を次の中から選び，記号で答えなさい。

㈠　枕草子　㈡　解体新書　㈢　東海道五十三次　㈣　学問のすゝめ

問４　年表の④の（　）にあてはまる語句を次の中から選び，記号で答えなさい。

㈠　浦賀　㈡　兵庫　㈢　出島　㈣　博多

問５　年表の⑤のできごとに関係の深い人物を次の中から選び，記号で答えなさい。

㈠　大隈重信　㈡　福沢諭吉　㈢　田中正造　㈣　坂本龍馬

問６　年表の⑥の（　）にあてはまる人物を次の中から選び，記号で答えなさい。

㈠　足利尊氏　㈡　徳川家光　㈢　足利義満　㈣　徳川慶喜

問７　年表の⑦のできごとに関係の深い人物を次の中から選び，記号で答えなさい。

㈠　大隈重信　㈡　西郷隆盛　㈢　陸奥宗光　㈣　坂本龍馬

問８　年表の⑧のできごとに関係の深い人物を次の中から選び，記号で答えなさい。

㈠　大塩平八郎　㈡　与謝野晶子　㈢　野口英世　㈣　田中正造

問９　年表の⑨のできごとに関係の深い都道府県を次の中から選び，記号で答えなさい。

㈠　群馬県　㈡　北海道　㈢　福岡県　㈣　広島県

問四　――線③「こうした状況」とありますが、どのような状況ですか。その説明として「～状況」に続くように本文中より六十三字で探し、初めと終わりの五字を書き抜きなさい。

問五　――線④「結果」とありますが、その内容を説明した文として最も適切なものを次から選び、記号で答えなさい。

ア　危険な状態で運ばれてきた患者さんが高確率で社会復帰したこと。

イ　スタッフの誰一人としてマイナスな発言をしなくなったこと。

ウ　スタッフ全員がグチを言いながらストレス発散ができたこと。

エ　危険な状態で運ばれてきた患者さん全員に完璧な処置ができたこと。

間の悪口を言ったり、いじわるをしないこと」といったもので、※6厳格なルールを事細かに決めたりはしませんでしたから、最初はみな、「怖《こわ》い先生でなくてよかった」とでもいうような、ほっとした表情を浮《う》かべていました。

しかし、実際の救命救急医療《いりょう》の現場は非常に過酷《かこく》です。※7徹夜《てつや》で手術をした直後に、緊急《きんきゅう》の患者《かんじゃ》さんが運ばれてくることなど※8ザラで、食事も睡《すい》眠《みん》も取れないまま、患者さんの処置に追われるのが日常でした。

［Ｃ］、すでに※9瞳孔《どうこう》が開いていたり、心肺停止の状態だったりと、通常ならとても助けるのは無理だろうと思われるような方がたくさん運ばれてくるのです。③こうした状況ですから、スタッフがつい「疲れた」「無理だ」「難しい」といった言葉を口にしてしまうのも無理はありません。慣れるまでは、お互《たが》いに「いま、疲れたって言ったよ」などと指摘《してき》し合ったものです。

極限状態にあっても人の命を救うのが、救命救急の仕事です。私はスタッフ全員に、「瞳孔が開き、呼吸が停止した患者さんであっても、ケタ違《ちが》いの医療をほどこして、社会復帰させる」という※10無謀《むぼう》とも思われる目標を掲《かか》げていました。それを実現するには、スタッフ一人ひとりが最大限に脳のパフォーマンスを上げる必要があったのです。

このように厳しい現場にあってもなお、私が否定的な言葉を使わないことを徹底したのは、脳医学の観点から、それが脳に与《あた》える影響の大きさをよく知っていたからです。

私たちの目標は、医療の世界にいれば、誰もが「無理だ」というレベルのものであったと思います。しかし在職中、瞳孔が開いた状態で運ばれてきた患者さんに、約４割という非常に高い確率で社会復帰していただくことができました。これは、私が脳のしくみにもとづき、自分とチームを高めようと常に心がけていたことがもたらした④結果であると思っています。

（林成之『脳に悪い７つの習慣』〈幻冬舎新書〉より）

※１　Ａ10神経群……感情をまとめる中心で五感から入った情報に感情の仕分けをする部分。
※２　レッテル……自身の考えだけで評価すること。
※３　側坐核……脳の感情や意欲の維持に関係する神経の核。
※４　救命救急センター……複数の治療が必要で重度な患者に対し、高度な医療を提供する機関。
※５　検査技師……医師の指示に従い、さまざまな検査を行う医療技術者。
※６　厳格……きびしくて、決められたとおりにきちんとおこなうこと。
※７　徹夜……ひと晩寝ずに過ごすこと。
※８　ザラ……めずらしくないようす。
※９　瞳孔……眼球の中心を通って光線を取り入れ、ものを見る、小さな穴。
※10　無謀……結果などを考えずに行動すること。

問一　空らんＡ～Ｃに入る言葉として最も適切なものを次から選び記号で答えなさい。

ア　しかも　　イ　しかし　　ウ　では　　エ　だから

問二　――線①「苦手なものは簡単に好きになれない」とありますが、この時大切なこととして筆者が述べていることを本文中より三十五字で探し、初めと終わりの五字を書き抜きなさい。

問三　――線②「グチを言うことのデメリット」とありますが、デメリットの内容を本文中の言葉を用いて五十字以上六十五字以内で書きなさい。

このようなときは、自分で「この条件において」という前提を置いてみることが有効です。

たとえば、「私は事務員だから、たいしたことはできない」と言っているスタッフがいるとします。そんなときは、この条件下では誰《だれ》にも負けない日本一の事務員になろう、と考えて、前向きに取り組んでほしい、などと伝えるのです。そうすると、興味をもったり、好きになったりする範囲《はんい》が広がり、「できそうだ」と思えるようなレベルに近づけるわけです。

　仕事でトラブルが起きた時も同様です。「嫌だな」「面倒《めんどう》だな」とうんざりしても何もいいことはありません。

「このトラブルにおいて、自分が最高の解決策を出すんだ」と考え、トラブルの解決に楽しみを見出そうとしてみましょう。

自分の置かれた状況《じょうきょう》を好きになるには、工夫も必要です。こうした工夫もせずに「嫌いだ」と言い続けて、何も変えようとしない態度は、自分の脳をダメにし、結局、勉強でも仕事でもいい結果を出すことはできません。

もちろん人生において、自分が最初から好きなことばかりに取り組めるとは限りません。マイナス要素を抱えながらも、どうすれば少しでも好きになれるのかを考えながら、前向きにとらえるべきです。

興味をもってチャレンジすることが難しい場合は、まず条件を置いて範囲を狭《せば》めたなかでやってみること。こうした日々の前向きな取り組みが、みなさんの脳を活かす力となるのです。

中略

夜遅《おそ》くまで働いて、それでも次の日は朝早く出勤。仕事はいつも山積み……。こんな状況の時、つい「今日は働きたくないな」「疲れた」「もうこれ以上できない」「無理だ」などと口にすることはありませんか？　そう深刻な状況でなくても、日常的に「疲れた」と言うのが口癖《くちぐせ》になっている人もいるかもしれません。

こうした言葉を発するのも、実は「自己保存」と言う脳のクセの表れなのです。それに気づいていないために、「グチを言った方がストレス発散になるんだ」と誤解している人もいるでしょう。

ところが、こうした否定的な言葉は、自分が言っても、周囲が言うのを聞いても、脳にとっては悪い影響《えいきょう》しかないのです。というのも、目の前にやるべきことがあっても、Ａ10神経群が否定的な言葉に反応し、マイナスのレッテルをはってしまうからです。

何気なく口にする、そのちょっとした言葉がみなさんの脳のパフォーマンスを落としているわけで、しかもグチから何か新しい発想が生まれることはまずありません。とくに、仕事や勉強に取り掛《か》かる前にグチを言うのは避《さ》けるべきです。

脳のしくみを知れば、②グチを言うことのデメリットはよく理解できるでしょう。

Ｂ、「グチを言わない」というのは、実はそう簡単ではありません。振《ふ》り返ってみると、仕事などで「無理だろう」「難しい」といった否定的な言葉を使うことはよくあるはずです。

私が日本大学医学部板橋病院で救命救急センター※4を立ち上げた際に、医師、看護師、検査技師※5、事務担当などのすべてのスタッフに課したことがあります。それは、「否定的な言葉をいっさい、使わない」ということ。私がほかに求めたのは「明るく前向きでいること」「チームの仲

美帆はもう一度、たくさんの小型犬の写真を見つめる。

今の自分にできること。

（原田ひ香『三千円の使い方』〈中公文庫〉より）

※１　予兆……何かが起こるしるしを感じること。

※２　賃料……借りる人がはらう料金。

問一　――線①「ピー」の名前の由来を例える表現を使い説明してる部分を二十六字で探し、初めと終わりの三字を書き抜きなさい。

問二　――線②「じっと悲しそうな目」とありますが、なぜ悲しいのかを説明した文として最も適当なものを次から選び、記号で答えなさい。

ア　「私」がいきなり怒鳴り出し、自分が怒られていると思ったから。

イ　「私」が中学生になり忙しくなっても世話をし続けてくれたから。

ウ　「私」が部屋の片隅にいる自分に見向きもしてくれなかったから。

エ　「私」が「親」と自分のことでケンカになっていると思ったから。

問三　――線③「その」が指す内容を本文中より二十六字で探し、初めと終わりの五字を書き抜きなさい。

問四　――線④「団体の強い愛情を感じた」とありますが、それはなぜですか。理由を本文中の言葉を用いて、「～ため……から」の形になるように三十五字以上四十五字以内で書きなさい。ただし、「条件」「安定」という言葉を必ず入れること。

問五　――線⑤「自分のも必要であること」とありますが、ここで必要なこととして挙げられているものをそれぞれ二字以内で三つ答えなさい。

問六　――線⑥「人生の安定材料」とありますが、「私」がそう思っていたのはなぜですか。本文中の言葉を用いて十五字以上二十字以内で答えなさい。

三　次の文章に関するあとの問いに答えなさい。

試験に向けて勉強するとき、仕事に取り組むとき、スポーツをするときなどに、最初から「おもしろくない」「好きになれない」と思ってしまうことはありませんか？

一度、A10神経群※1で「嫌《きら》い」というレッテル※2がはられてしまうと、脳はその情報に関して積極的に働かなくなります。脳の理解力や思考力、記憶《きおく》力を高めるには、まず「おもしろい」「好きだ」というレッテルをはらなければなりません。「好きになる力」を養うことは、そのまま「頭をよくすること」であるともいえるのです。

「そうはいっても、①苦手なものは簡単に好きにはなれない」――おそらく、多くの人はこう考えるでしょう。確かに、球技が苦手、英語が苦手、人と話すのが苦手など、人間はそれぞれ、どうしても前向きになれないことがあるのです。

しかし、ここで大切なのは、苦手なことを避《さ》けるのではなく、まずは興味をもってチャレンジしてみることなのです。

気持ちを前向きにするよう努力して実際にやってみると、興味が生まれ、おもしろさを発見し、ハードルを越《こ》えることで好きになるという場合もあります。そうなれば、しめたもの。さまざまなことにチャレンジし続けることは、興味・関心や好き嫌いをつかさどる※3側坐核《そくざかく》を鍛《きた》えます。物事を好きになり、それについて考える力を伸《の》ばすのです。

A 、「チャレンジしたが、やはり苦手だ」というケースではどうすれば良いのでしょうか。

たとえば、「いまの仕事が好きになれない」「こんなトラブルには対処できない」という場合はどう対処すべきなのでしょうか。

家に帰って、ボランティアのホームページをよく見た。

驚《おどろ》くほどたくさんの犬たちの写真がずらりと並んでいる。さっき見たばかりのチワワの写真もあった。他にも小型犬は何匹もいる。

かわいい犬、より若い犬に目が行ってしまう自分に気がつき、浅ましく思った。ホームページを閉じてしまいそうになる。

しかし、考えてみれば、長年飼うのだから、やはりかわいいと思う犬、自分と相性のいい犬の方がいいに決まっている。そう、心で言い訳しながら、ページを見続けた。

そう言えば、さっきの人が「条件がある」と言っていたな、と思い出し、「保護を考えておられる方へ」というページをクリックした。

そこにはさまざまな条件が書いてあった。

まずは、犬猫に予防接種を受けさせること、避妊《ひにん》手術を受けさせること、その費用は全額里親が負担すること。第二にすべての犬猫は室内で飼育すること、またそれが可能な家があること、確認のため、ボランティアが里親の家に犬猫を直接届けること。第三に、里親が飼えなくなった時（病気や死亡など）に必ず引き取ってくれる保証人のサインが必要なこと。

他にもろもろ小さな決まりがあったが、一番大きいものはその三つだった。

なかなか厳しいと思った。しかし、それだけに、④団体の強い「愛情」を感じた。

美帆はすぐに自宅近くの「ペット可」のマンションを調べた。

予想できていたことだが、数が少なく、びっくりするほど高い。ほとんどが、今払《はら》っている賃料※2の倍以上だ。

美帆の給料ではとても借りられないとわかった。もしも、無理をして借りたとしても、自分一人ならともかく、それでは犬に申し訳ない。安定した保護とは言えない。

ふっと、気がつく。ここに書かれていることは、保護犬だけじゃなく、⑤自分にも必要であることに。飼育できるような「家」、健康な「身体」、そしてもちろん「お金」。全て、保護犬を飼おうと飼うまいと必要なことだ。

実家は「終の住処」でないかもしれないことに気がついてしまった。結《けっ》婚《こん》の予定は今すぐにはない。そして。

少し前まで、会社が美帆のよりどころで、⑥人生の安心材料だった。信頼《しんらい》していた。けれど、街絵さんが退職してから、自分が安定した場所にいるわけではないことを知った。二十代の間はよくても、ほんの少し歳を取れば、ぽいと放り出されるかもしれない場所にいる。

これから、どう生きていったらいいのだろう。

小さな犬たちの写真は無言のうちに、美帆にその「生き方」を問いかけてきている気がした。

今から、もっと安定した仕事に就くことってできるんだろうか。できたら、安定していてお給料のいいところ。

そのための資格を取るには、大学時代からしっかり勉強をしないとむずかしいということはわかる。例えば、医者とか看護師とか、弁護士とか。さすがに、ちょっと現実的ではないと思う。自分がしたい仕事でもない。

結局、小さな「安心」を少しずつ積み重ねていくほかないということか。

【国　語】（五〇分）〈満点：一〇〇点〉

【注意】 すべての問題において、句読点やかっこ等の記号は一字と数えるものとする。

一　次の――線のカタカナを漢字に、漢字をひらがなに直しなさい。
（送りがなが必要なものはあわせて書くこと）

①　旅行のジュンビをする。
②　神社にサンパイする。
③　キンゾクを加工する。
④　ジョウキ機関車の写真をとる。
⑤　話し合いで司会者をツトメル。
⑥　思い出が脳裏によぎる。
⑦　今年もお米は豊作だ。
⑧　特別な能力を身につける。
⑨　五月の節句に武者人形を飾る。
⑩　創立三十周年の式典。

二　次の文章に関する後の問いに答えなさい。

あの保護犬たちと出会ってから、美帆《みほ》は彼らのことばかり考えている。

美帆も子供の頃《ころ》、ミニチュアダックスを飼っていた。名前はピーナッツの①ピー。子犬の頃。まるで小さなピーナッツのような色と形状をしていたからだ。

犬を飼いたくて、飼いたくて、何度も何度もねだって買ってもらった、宝物のような犬だった。けれど、美帆が中学生になり、ピーが十歳《さい》を超《こ》えた頃、行方不明になってしまった。

その少し前から予兆※1のようなものはあった。年老いてボケた……というか、ぼんやりしていることが多くなった。そして、雨の日になぜか家を出て行って、そのまま行方がわからなくなってしまった。

美帆は泣いた。

一生大切にします、世話は全部します、と誓《ちか》って飼った犬のはずなのに、中学生になってから部活や勉強、友達との付き合いが忙《いそが》しくなり、世話は親に任せきりだった。

時々それを怒《おこ》られると、「しょうがないでしょ！　あたしも忙しいんだから！」と怒鳴《どな》り返し、ケンカになった。

そんな時、ピーは部屋の片隅《かたすみ》から、②じっと悲しそうな目でこちらを見ていた。頭のいい犬だったし、自分のことでケンカをしているのが分かってつらかったのか、嫌《きら》われていると思ったのか。

今でもあの目を思い出すと、胸が締《し》め付けられる。

一生懸命《けんめい》探したが見つからなかった。あとで、保健所に保護されたらしい、と聞いた。そして、そこでしばらくの間飼い主を待った後、殺処分されるという残酷《ざんこく》な現実も知った。

保健所に探しに行くことを当時まったく思いつかなかった自分を責めた。

ずっと、ピーのことが心残りだった。

③その後悔《こうかい》も、保護犬を引き取ったら、少しは晴れるかもしれない。あの時のピーのような存在を助けることができたら。それは美帆の新しい生きがい、生きる目標になるような気がした。

MEMO

大切なことはメモしておこうネ！

2022年度

東海大菅生高等学校中等部入試問題（第２回Ａ）

【算　数】（50分）　＜満点：100点＞

【注意】 定規・分度器・コンパスを使用してはいけない。

1　次の計算をしなさい。

(1)　27＋91＋991＋9991

(2)　12.5×64×12.5×12.5

(3)　0.25×15＋0.75×24－0.125×18

(4)　$\frac{13}{12}\div\left\{\left(\frac{3}{4}+\frac{5}{6}\right)\times 2\frac{6}{19}-\frac{7}{9}\right\}\div 2\frac{1}{4}$

(5)　$\frac{1}{2}+\frac{1}{4}+\frac{1}{8}+\frac{1}{16}+\frac{1}{32}+\frac{1}{64}+\frac{1}{128}+\frac{1}{256}+\frac{1}{512}+\frac{1}{1024}$

2　次の □ にあてはまる数を求めなさい。

(1)　５時20分に時計の長針と短針がつくる小さいほうの角は □ 度です。

(2)　ＡくんとＢくんにおはじきを分けたところ，個数の比は７：５になりました。さらにＡくんからＢくんへ76個のおはじきを渡したところ，個数の比は11：９になりました。２人のおはじきはあわせて □ 個あります。

(3)　５で割わると４余り，６で割ると５余る整数のうち，200に一番近い整数は □ です。

(4)　下の数はある決まりで並んでいます。このとき20番目の数は □ です。

$\frac{2}{2}$，$\frac{1}{2}$，$\frac{3}{3}$，$\frac{2}{3}$，$\frac{1}{3}$，$\frac{4}{4}$，$\frac{3}{4}$，$\frac{2}{4}$，……

(5)　下図のように，直角三角形ＡＢＣに半径８㎝，半径６㎝，半径10㎝の半円が組み合わさっています。このとき，斜線部分の面積は □ ㎠です。ただし，円周率は3.14とします。

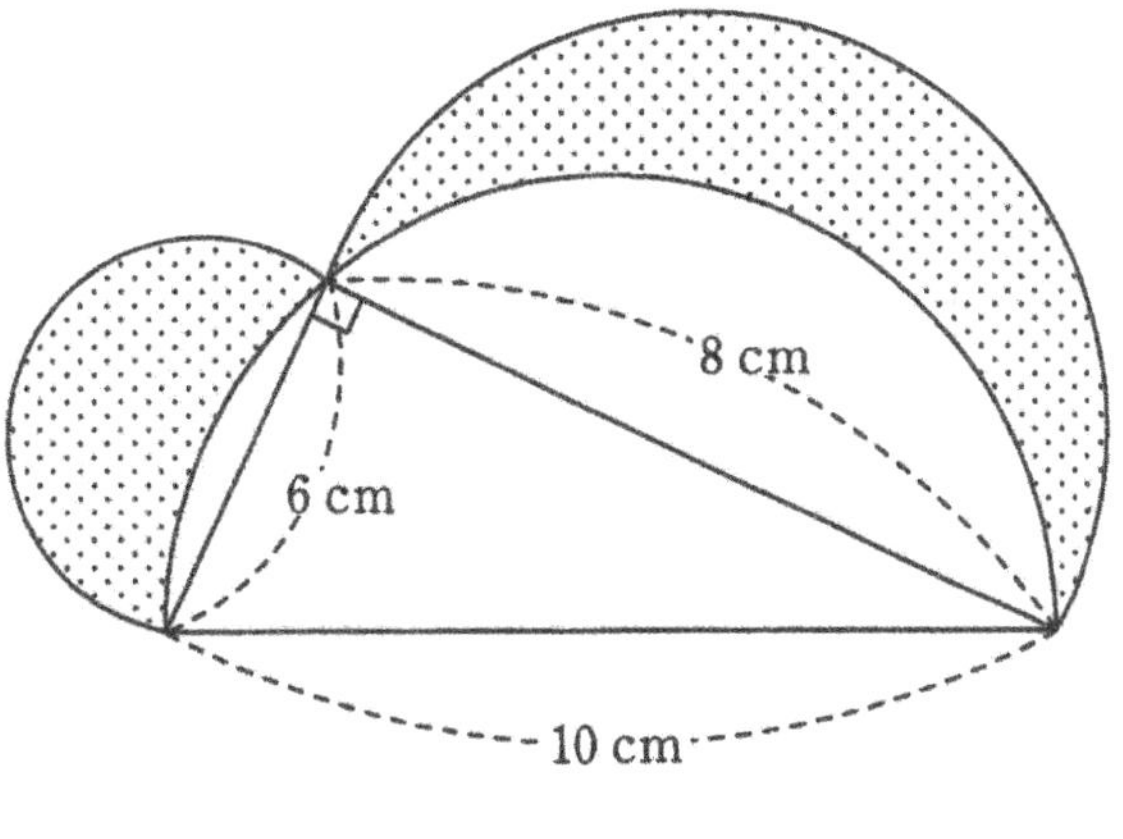

３　次の①，②の規則に従って，数字を次々と並べていきます。

　① 偶数の数の次は，その数の半分の数字を書く。

　② 奇数の数の次は，その数に１を加えた数を書く。

下の例は最初の数字が12のときのものである。

　（例）　12，６，３，４　２，……

このとき，次の各問いに答えなさい。

(1)　最初の数字が36のとき，８番目の数字はいくつになりますか。

(2)　最初の数字が144のとき，2022番目の数字はいくつになりますか。

(3)　４番目の数が１であるとき，最初の数字として考えられるものを全て求めなさい。

４　下図は，半径10㎝，中心角90°のおうぎ形において，曲線部分を３等分する点Ｐ，Ｑをとったものです。点ＱからＯＢに垂直におろした線との交点をＳとするとき，次の各問いに答えなさい。ただし，円周率は3.14とします。

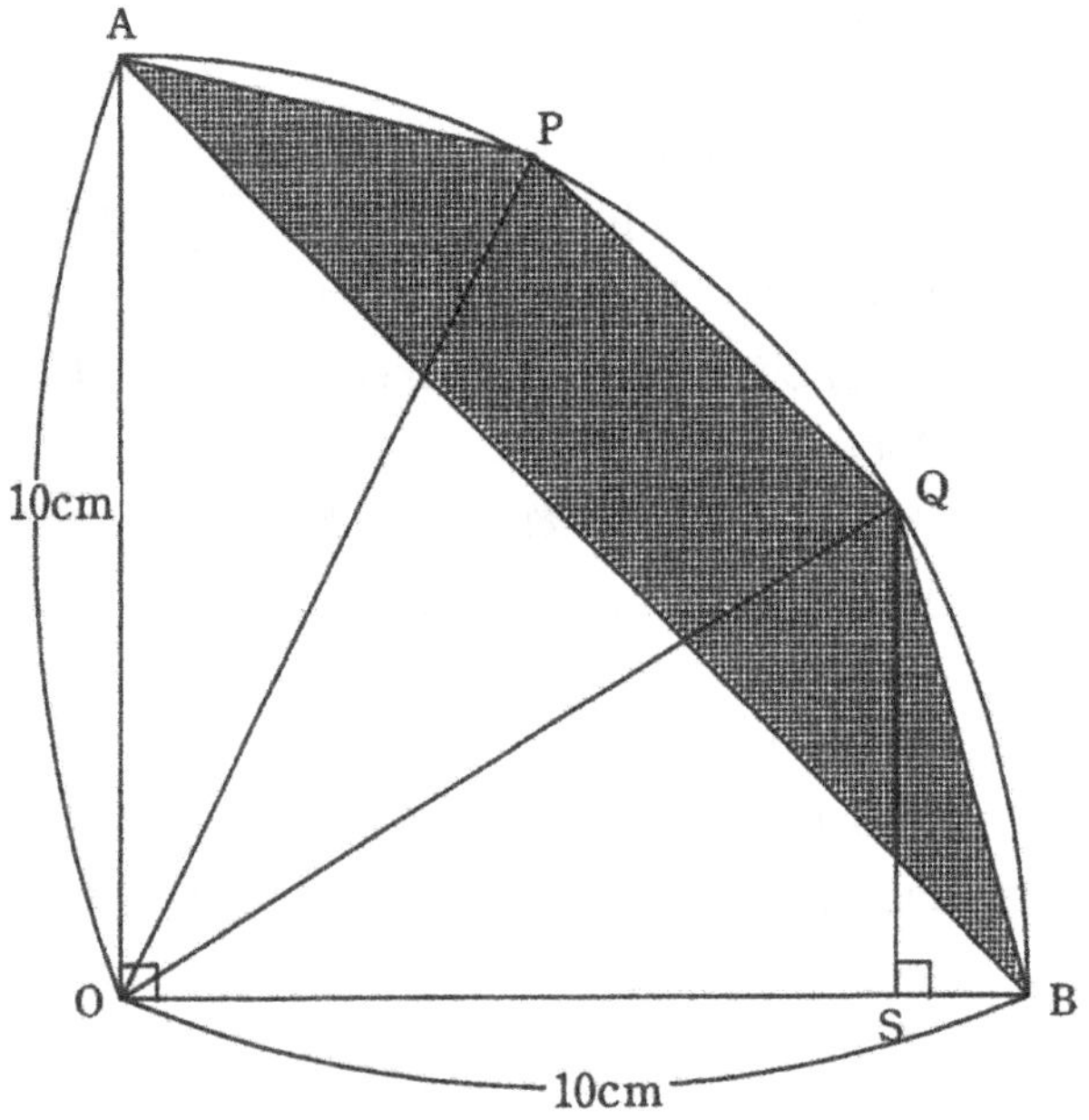

(1)　おうぎ形ＯＡＢの面積を求めなさい。

(2)　ＱＳの長さが５㎝であるとき，斜線部分の面積を求めなさい。

イ　はずかしさをかくしているような顔。
ウ　悲しくていまにも泣き出しそうな顔。
エ　まゆの周辺にしわを寄せたきげんの悪そうな顔。

問三　――線部③「名前の下には、横棒一本きり。」とありますが、どういうことですか。二十五字以内で説明しなさい。

問四　――線部④「クラスでいちばんのお調子者でもある」の「お調子者」とはどのような意味ですか。次から最も適当なものを一つ選び、記号で答えなさい

ア　周囲の意見を調整する役の人。
イ　調子にすぐのる軽はずみな人。
ウ　だれにでも注意をしたがる人。
エ　全体のバランスを確認する人。

問五　――線部⑤「わかってる、それくらい」の「それ」とはどのようなことを指していますか、三十字以内で説明しなさい。

問六　――線部⑥「紐でもなんでも、たるんでいるうちはキレないんですけど」とありますが、土谷先生は「なんでも」にどのようなものを当てはめて生徒に伝えようとしましたか、次から最も適当なものを一つ選び、記号で答えなさい。

ア　クラスの代表が話をしている時の、生徒の姿勢。
イ　先生が話をしている時の、クラスの雰囲気。
ウ　中学二年生、二学期の生徒の気持ち。
エ　委員の選挙で、開票する時の生徒の態度。

問七　――線部⑦「そういうのがやたらと好きな性格なのだ」とありますが、「そういうの」とはどういうことですか、次から最も適当なものを一つ選び、記号で答えなさい。

ア　人々に楽しみを提供《ていきょう》できるような出来事。
イ　人々を恐怖におとしいれるような出来事。
ウ　人々の生活に損害を与えるような出来事。
エ　人々が盛り上がる普段はないような出来事。

問八　――線部⑧「来月の席替えに期待をつないでいる」とありますが、その理由を二十五字以内で書きなさい。なお、人物名は省略しないこと。

問九　――線部⑨「土谷先生は黒板をあらためて眺め渡し、『まあ、順当な結果かな』とうなずいた」とありますが、土谷先生がうなずいた理由として最も適当なものを次から一つ選び、記号で答えなさい。

ア　クラスの委員として選挙で選ばれた生徒のほとんどが、土谷先生の思っていた通りだったから。
イ　土谷先生が思っていたのと差はあったが、選ばれたのは一学期とまったく同じ生徒たちだったから。
ウ　選挙で選ぶこと自体に反対なので、土谷先生は選ばれなかった生徒になにを話そうか考えている。
エ　選ばれた生徒がすべて土谷先生の思ったとおりであり、授業を安心して任せられると思っている。

だった。

あくびをひとつ。眠くて、だるい。二学期が始まって三日目だけど、まだ体は夏休みモードのままだ。

中学二年生の二学期――中学生活の、ちょうど真ん中。始業式の日のホームルームで土谷先生は「中だるみの時期ですから、各自しっかり目標を立てて、がんばるように」と言い、「まあ、⑥紐《ひも》でもなんでも、たるんでいるうちはキレないんですけど」と付け加えた。本気なのかシャレなのかよくわからなかったけど、それを聞いたとき、だよね、と思った。

「おっ、エイジ、二位になったぜ」とツカちゃんが言う。しつこい。選挙とか運動会とか台風とか地震とか、⑦そういうのがやたらと好きな性格なのだ。委員になりたがっている奴《やつ》なんて一人もいない選挙も、ツカちゃんに盛り上げてもらって本望《ほんもう》だろう。

「ツカちゃんはどうよ」とぼくは空を眺めたまま訊《き》く。

「オレ?まだ一票だよ、オンリー・ワンだよ、文句あんのかよ」

「ねえよ」

黒板をちらりと見て、女子の票をチェックした。相沢志穂《あいざわしほ》は現在九票。当落のボーダーラインだ。たしか一学期は六位で落選したはずだ。

視線を横に滑《すべ》らせる。相沢はぼくの席から三つ右の列の、いちばん前に座っている。月に一度の席替えで、今月は、このポジション。かなり遠い。⑧来月の席替えに期待をつないでいる。

ぼくは相沢が好きだ。

好きになりたてのホヤホヤだ。

二学期の始業式の朝、それまで肩まで伸ばしていた髪を思いきりショートカットにした相沢を見た、その瞬間から、だから今日で三日目の片思いということになる。

相沢は小柄で、ちょっと太めで、よくダイエットの話をしている。でも、テニス部では最強のボレーのパワーはその体つきから生まれるんだし、ぼくはアイドルでもアニメのキャラでも丸顔のショートヘアのコが大好きなのだ。

選挙を仕切った日直のタカやんが、上位五人の名前を読み上げた。ぼくは一学期と同じく、タモツくんに次いで二位。得票数《とくひょうすう》は二十一だった。四つの「正」と横棒が一本。相沢志穂も五位で当選していたけど、「エイジ、バンザイ三唱《さんしょう》してやろうか」と笑うツカちゃんは、けっきょく一票のままだった。

教壇《きょうだん》に戻った⑨土谷先生は黒板をあらためて眺《なが》め渡し、「まあ、順当な結果かな」とうなずいた。黒板には、「正」の字や「正」の字のできそこないがぎっしり並んでいる。なんだか、みんなして「正しい」「正しい」「正しい」……と繰り返しているみたいだ。　（重松清『エイジ』新潮社より）

※ブリッジ矯正……ブリッジという装置を使って弱い力をかけることで歯を動かし、歯並びを整えていく治療のこと。

※乱杭……ここではひどくふぞろいに生えている歯のこと。

※ムース……ここでは泡状の整髪料のこと。

※凡退……まったく良いところなくひきさがること。

問一　――線部①「そんなこと」とはどんなことですか、文中の言葉を使い、二十五字以内で説明しなさい。

問二　――線部②「しかめつら」とはどのような表情ですか、次から最も適当なものを一つ選び、記号で答えなさい。

ア　いいことがあってきげんの良さそうな顔。

三　次の文章に関する後の問いに答えなさい。（※印のついている言葉は文章の終わりに説明があります）

十票入った。黒板に「正」の字が二つ、縦《たて》に並ぶ。

「決まりだな」

隣の席からツカちゃんが小声で言った。ガキの頃※ブリッジ矯正《きょうせい》がうまくいかなかったという※乱杭《らんぐい》の前歯を覗《のぞ》かせて、にやにや笑う。

「①そんなことないって」とぼくは②しかめつらで返した。まだ開票はつづいている。逆転の可能性がないわけじゃない。

「人気者じゃん、エイジ」

「うっさいなあ」

「あきらめろって、決まりだよ、もうぜったい」

ツカちゃんは腰を浮かせ、「だよな、五位以内に入ってるよな」とつぶやきながら、黒板に記された開票の途中経過を目と指で確認していった。クラスの人数は男女合わせて三十五人。一人につき男女二名ずつの、たしか連記投票っていうんだっけ、その方式でぼくは十票……いま、十一票になった。

「やった、エイジ、おまえ四位」

「いいじゃんよ、うっさいよマジ」

「おっ、照れてます照れてます。ダルマねえのか？早く出せよ」

「いいから座れっつーの」

教室の後ろにいたクラス担任の土谷先生が「こら、塚本、おまえなにやってんだ」と言った。ほらみろ。ぼくは正面を向いて座り直し、背中を少し縮めた。でも、ツカちゃんは中腰のまま先生を振り返り、※ムースで固めて立てた前髪を手で流しながら言った。

「いやあ、オレ何票入ったかなっつーて数えてたんすよ。したら、一瞬で終わっちゃったけど」

教室がどっと湧《わ》いた。ツカちゃんの名前は黒板の端《はし》にあった。③名前の下には、横棒一本きり。「自分で自分に入れてどーするんだよ」とぼくが言うと、教室はさらに湧いた。土谷先生も、しょうがねえなあ、というふうに笑った。クラスでいちばんの不良顔のツカちゃんは、④クラスでいちばんのお調子者でもある。そして、それを支えるのが、ぼくのツッコミなのだ。

みんなにウケたので満足して席についたツカちゃんは、じつはちょっとだけプライドが傷ついていたのか、「言っとくけど、オレ、マジ自分で入れてねえからな」と軽くぼくをにらんだ。

⑤わかってる、それくらい。ツカちゃんに投票したのは、ぼくだ。男子二名のうち、一人はクラスでいちばん秀才のタモツくん、もう一人は一番のお調子者のツカちゃんを書いた。クラス委員なんて、そんなふうにして決めちゃえばいいんだと思う。

でも、現実は違う。ツカちゃんに気を取られているうちに、黒板の真ん中あたりに記された僕の名前――高橋の下には、三つめの「正」が完成していた。十九人いる男子のなかで、いま、三位。あと何人ぶんの票が残っているかしらないけど、上位五人に入るのは間違いないだろう。

机に突っ伏して顎《あご》を腕に載せ、ぼんやりと窓の外を見た。いい天気だ。ゆうべの雨が埃《ほこり》を洗い流してくれたのか、空も街も、色や輪郭《りんかく》がくっきりとしている。八月に入っても梅雨が明けなかった今年の夏は、終わるのも早かった。試合の途中にピンチヒッターで出てきて※凡退《ぼんたい》し、次のイニングには守備固めの選手と交代する、そんな感じのあっけなさ

い芸人が人気があることと、気持ちが沈みがちな人が多いということとは、⑪コインの表裏の関係にあるともいえます。

「笑いの効用」をもっと認識し、笑いを自分で作り出す。笑いのセンスを磨《みが》くことが、今の日本人にとっては意外と重要なテーマなのかもしれません。

（丹羽宇一郎『人間の本性』幻冬舎より）

※吉本……会社名。マネジメント、プロモーター、テレビ・ラジオ番組製作、演芸の興行などを行う企業グループ。

※ウィット……（wit）英語で機知、機転などを意味する言葉。

※俎上に載せる……物事の問題や意見などを取り上げ、議論や批判を行うことを意味する言葉。

※鬱……気持ちがふさぐ・ふさがる、はればれしない状態。

※ＴＰＯ……time（時）・place（場所）・occasion（場合）の頭文字を取った和製英語。「時と場所によって服装や言葉を使い分ける」という意味で使われる。

※免疫細胞……体外から侵入した異物や病原体、体内の悪性新生物などを認識して攻撃する免疫反応をおもに担当する細胞の総称。

※博し……自分のものとする。獲得《かくとく》する。

※アングル……物を見る視点や観点のこと。

※敏捷性……動作の素早さに関する能力のこと。

問一　――線部①「笑いを自家発電する」とありますが、それはどのような意味ですか。二十五字以内で説明しなさい。

問二　（②）に入る最も適した言葉を次から選び、記号で答えなさい。

ア　ところが　イ　ですから　ウ　あるいは　エ　ところで

問三　（③）に入る最も適した四字熟語を次から一つ選び、記号で答えなさい。

ア　一朝一夕（いっちょういっせき）

イ　自給自足（じきゅうじそく）

ウ　枝葉末節（しようまっせつ）

エ　喜怒哀楽（きどあいらく）

問四　――線部④「感情は人間にとって、実はとても大事なもの」とありますが、それはなぜですか。その説明として最も適当なものを次から一つ選び、記号で答えなさい。

ア　感情は幼さにつながるものとして、理性より低く見られるから。

イ　感情が人間にあるからこそ、人生を豊かにすることができるから。

ウ　感情を我慢することで、ユーモアのセンスが成長していくから。

エ　感情に流されない訓練を積むことで、誰もが笑顔になれるから。

問五　――線部⑤「感情の中でも喜楽の表現につながる笑いは大切」と筆者は述べていますが、その理由が書かれた「～から。」につづく部分を文中より二十字で抜き出しなさい。

問六　（⑥）に入る言葉を文中から四字で、（⑦）に入る言葉を文中から五字で、それぞれ抜き出しなさい。

問七　――線部⑧「その」が指している部分を抜き出しなさい。

問八　（⑨）に入る漢字二字の言葉を文中より抜き出しなさい。

問九　（⑩）に入ることわざを次から一つ選び、記号で答えなさい。

ア　笑う門には福来る　イ　石橋をたたいて渡る

ウ　かっぱの川流れ　エ　急がば回れ

問十　――線部⑪「コインの表裏の関係」とはどのようなことをたとえていますか。三十字以内で説明しなさい。

きは怒り、悲しむべきときは悲しむようにしています。どちらかといえば、感情は無理に抑えないようにしています。

人は心を持つ生き物ですから、心の動きそのものといえる感情表現は、その幅が広いほど人生も豊かになるのではないでしょうか。

⑤感情のなかでも喜楽の表現につながる笑いは大切なものですが、いつも笑ってばかりいて、怒りや悲しみがないのはちょっと変だし、反対にしょっちゅう怒っていて笑いがまったくないというのも不幸です。笑いが多いなかに、ときたま怒りや悲しみがあるという加減がちょうどいいのかもしれません。

笑うと※免疫細胞《めんえきさいぼう》が活性化《かっせいか》するといわれ、がんの患者に笑い療法を施《ほどこ》す医師もいるほどです。そのくらい笑いには生命を根本から元気にする力があるわけです。

日本人には（　⑥　）のようなユーモアの精神や、（　⑦　）のようなジョークを喋《しゃべ》るセンスに欠けていると先ほどお話ししましたが、よく考えれば日本には川柳《せんりゅう》もあれば、落語もありますし、最近はお笑いが人気を※博《はく》しています。

日本人の多くは、日本人ならではの笑いやユーモアのセンスがあって、それが自分のなかにも潜在《せんざい》していることに気づいていないだけなのかもしれません。

川柳などを見れば、笑いの素材は身近なところにいくらでも転がっていることがわかります。ふだんと※アングルを少し変えて、感覚を澄《す》ませば、笑う機会はたくさんあるということです。

●笑いの効用《こうよう》を知る

笑いは瞬間的にでも自分を解放し、自由にしてくれます。笑いの効用はわれわれが考える以上にたくさんあると思います。

２０１９年の春の選抜高校野球に鳥取代表で出場した米子《よなご》東高校は、県内でも有数の進学校で監督《かんとく》のユニークな指導法が注目されました。企業などが人材育成のために活用する自己管理法を導入し、選手自身が自分の課題と向き合い、納得して決めたことを行動に移しているのです。

⑧その一貫として選手たちは上達のための研究テーマを自分たちで考え、検証し、よければ実行するということをやっており、それがプレーにも成果となって表れているそうです。

ある選手は「笑顔でプレーするとパフォーマンスが上がる」ということをメンタルトレーニングの講話で知り、「本当なのか？」と興味を抱いて早速実験をしたといいます。そこで笑顔（ポジティブ）、ネガティブ、怒りの３種類の言動をとった後の筋力や※敏捷性《びんしょうせい》などを測定したところ、（　⑨　）がもっとも高い数値になったといいます。

研究成果はすぐに実行に移され、試合前は輪になって笑顔を１０秒間キープ。普段も互いの顔を見合って、笑顔をつくる練習をしてきたそうです。

精神論でなく科学的なアプローチで、笑いの効用を実践《じっせん》しているところが素晴らしいと思います。がんの笑い療法もそうですが、「（　⑩　）」というのはおそらくちゃんと科学的な根拠もあるということなのでしょう。

テレビをつければお笑い系の芸人たちの賑々《にぎにぎ》しいお喋りがいくらでも目に入ってきますが、それとは裏腹に街を歩いたり、電車に乗ったりすると元気のない暗い顔をした人が多いなと感じることがあります。お笑

【国　語】（五〇分）〈満点：一〇〇点〉

【注意】すべての問題において、句読点やかっこ等の記号は一字と数えるものとする。

一　次の――線のカタカナを漢字に、漢字をひらがなに直しなさい。
（送りがなの必要なものはあわせて書くこと）

① もらった手紙の序文を読む。
② 弟とのけんかの原因を考える。
③ 学校のまわりにある広い雑木林。
④ 道路が帰省ラッシュで混雑する。
⑤ 山の中腹に大きな家を構える。
⑤ オーストラリアからリュウガクセイがくる。
⑦ 委員会の話の内容をカンケツに伝える。
⑧ 台風でこわれた家をシュウフクする。
⑨ 仲間に冷たいタイドをとられる。
⑩ 図工の時間に友人のニガオエをかく。

二　次の文章に関する後の問いに答えなさい。（※印のついている言葉は文章の終わりに説明があります）

●日本人には笑いが足りない

以前、人から誘《さそ》われて吉本※のお笑いを見に行きました。久しぶりに大いに笑って楽しみました。ふだん私はテレビなどでもお笑いを見ることはないのですが、自分の生活に「笑い」が足りないなという気持ちもあって、誘われたときちょうどいい機会だと思ったのです。

日本人はイギリス人のようにウィット※に富んだユーモアもなければ、アメリカ人のようにシンプルなジョークをしょっちゅう仲間内でいい合って笑うという習慣もありません。①私もそんな典型的な日本人で、笑いを自家発電するのがあまり得意とはいえません。

（②）、いわゆる英国紳士のようなユーモアのセンスに接《せつ》すると、自分にもこういうものがもう少しあればと、ちょっと羨《うらや》ましい気持ちになります。

ユーモアの素晴らしさは、自分も含めて笑いの対象にする点です。自分の失敗や欠点を俎上《そじょう》※に載《の》せて、笑いの話術として吐き出す。ユーモアというのはたんに笑いに限定されるものではなく、生き方の姿勢そのものといってもいいものだと思います。

そんなユーモアの精神を皆がお互いに持っていれば、仕事においても、もっと心豊かで和やかな雰囲気が生まれることもあるだろうなと思います。

現代人は、感情より理性を重んじがちです。感情は幼さにつながるものとして、理性より低く見られる傾向があります。そんなこともあって、大人になるにつれて（③）といった感情は抑《おさ》えられていきます。

④しかしながら感情は人間にとって、実はとても大事なものです。感情がなければ、それはＡＩと同じで、人間とはいえません。

感情というのは、水のように流れていることが大事です。あまり抑えすぎると流れが悪くなって、元気がなくなったり、場合によっては鬱《うつ》※っぽくなったりもするものです。ですから感情はあまり滞《とどこお》らせたりせず、常に流れるようにしておく必要があります。

私はもちろんＴＰＯ※は使い分けていますが、笑うときは笑い、怒ると

第1回A

2022年度

解答と解説

《2022年度の配点は解答欄に掲載してあります。》

＜算数解答＞

1 (1) 2880 (2) 94.2 (3) 37 (4) 1 (5) 2 (6) 140

2 (1) 21 (2) 8 (3) 24000 (4) $\frac{25}{6}$ (5) $\frac{144}{23}$ (6) 150.72

3 (1) 3914cm^2 (2) 262.8cm (3) 242.8cm

4 (1) 4通り (2) 12通り (3) 210通り

5 (1) 1800cm^3 (2) 60cm^2

○配点○

1 各5点×6 2 各5点×6 3 各5点×3 4 各5点×3

5 各5点×2 計100点

＜算数解説＞

1 (四則混合逆算)

基本 (1) かけ算はたし算より先に計算する。$2022+78\times11=2022+858=2880$

重要 (2) 工夫して計算する。$3.14\times5+3.14\times25=3.14\times(5+25)=3.14\times30=94.2$

重要 (3) 小カッコの中を先に計算する。たし算とひき算だけの場合は左から計算する。①$\frac{7}{4}+\frac{1}{8}=\frac{14}{8}+\frac{1}{8}=\frac{15}{8}$，②$\frac{15}{8}-\frac{1}{3}=\frac{45}{24}-\frac{8}{24}=\frac{37}{24}$，③$\frac{37}{24}\times24=\frac{37}{24}\times\frac{24}{1}=37$

重要 (4) $0.5\times8\times0.5\times0.5=4\times0.5\times0.5=2\times0.5=1$，小数を分数にしてから計算することもできる。$\frac{1}{2}\times8\times\frac{1}{2}\times\frac{1}{2}=1$

(5) 計算の順番を考えてから取り組む。小カッコの中は先に計算する。かけ算はたし算・ひき算より先に計算する。①$\frac{6}{5}-\frac{3}{7}=\frac{42}{35}-\frac{15}{35}=\frac{27}{35}$，②$0.5\times\frac{4}{5}=\frac{1}{2}\times\frac{4}{5}=\frac{2}{5}$，③$\frac{2}{5}-0.2=\frac{2}{5}-\frac{1}{5}=\frac{1}{5}$，④$\frac{27}{35}\times2\frac{1}{3}=\frac{27}{35}\times\frac{7}{3}=\frac{9}{5}$，⑤$\frac{9}{5}+\frac{1}{5}=\frac{10}{5}=2$

(6) 3ずつ大きくなる整数7個の和は，まん中の20の7倍になる。$20\times7=140$，
【別解】外側から順に2個の和が40になることを利用して，$40\times3+20=140$で求めることもできる。

重要 2 (単位換算，数の性質，割合，比，規則性，平面図形・面積)

(1) 12時間36分は$60\times12+36=756$(分)，756(分)÷36(分)=21

(2) 9でも12でも割り切れる整数は9と12の最小公倍数36の倍数，その個数は$300\div36=8$余り12，よって求める答えは8個である。

(3) 1m^2は1辺1mの正方形の面積，つまり1辺100cmの正方形の面積，$100\times100=10000(\text{cm}^2)$，$6\text{m}^2=60000\text{cm}^2$，$60000\times0.4=24000(\text{cm}^2)$

(4)　$A\times\frac{4}{5}=B\times\frac{2}{3}$が成り立つ。$A:B=\frac{5}{4}:\frac{3}{2}=5:6=□:5$，等しい比では外項の比と内項の比が等しい，$□\times6=5\times5$，よって$□=25\div6=\frac{25}{6}$

(5)　分母は奇数，分子は□番目の平方数になっている。12番目の奇数は$12\times2-1=23$，平方数は$12\times12=144$，よって求める答えは$\frac{144}{23}$である。

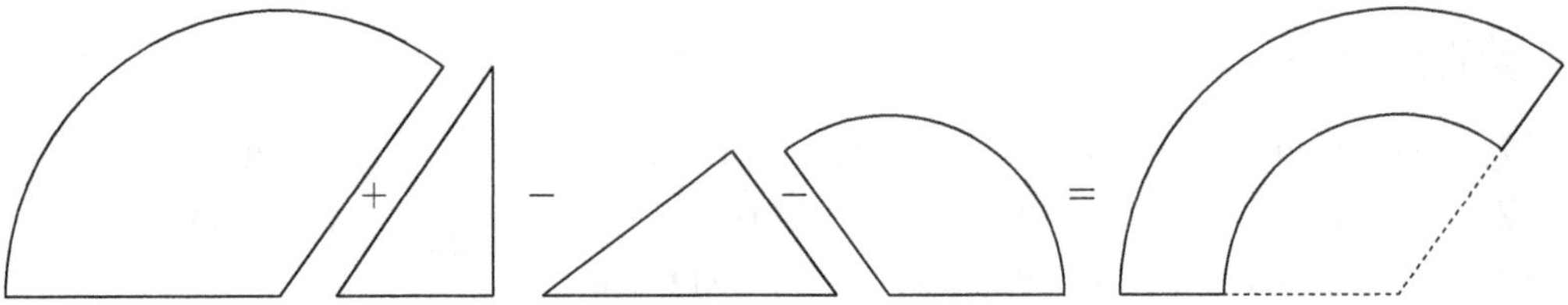

(6)　斜線の部分は半径15cm・中心角120度のおうぎ形と9cm・12cm・15cmの直角三角形の和から半径9cm・中心角120度のおうぎ形と9cm・12cm・15cmの直角三角形の和を除いた図形。つまり半径15cm・中心角120度のおうぎ形から半径9cm・中心角120度のおうぎ形を除いた図形になる。$15\times15\times3.14\times\frac{120}{360}-9\times9\times3.14\times\frac{120}{360}=(225-81)\times3.14\times\frac{1}{3}=48\times3.14=150.72(cm^2)$

3　(平面図形・面積，長さ)

図1

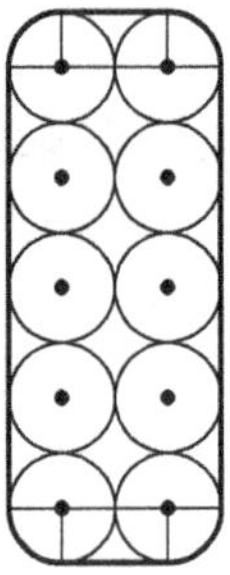

(1)　図の内部を円の中心の点をもとに切り分けて考える。太線で囲まれた部分はたて80cm・横40cmの長方形と，たて10cm・横20cmの長方形2個分と半径10cm・中心角90度のおうぎ形4個分の面積の和。$80\times40+10\times20\times2+10\times10\times3.14\times\frac{90}{360}\times4=3200+400+314=3914(cm^2)$

(2)　直線部分が80cmが2本分と20cmが2本分，曲線部分が半径10cmの円の円周。$80\times2+20\times2+10\times2\times3.14=200+62.8=262.8(cm)$

(3)　直線部分は60cmが3本分，曲線部分は半径10cmの円の円周。$60\times3+10\times2\times3.14=180+62.8=242.8(cm)$

図2

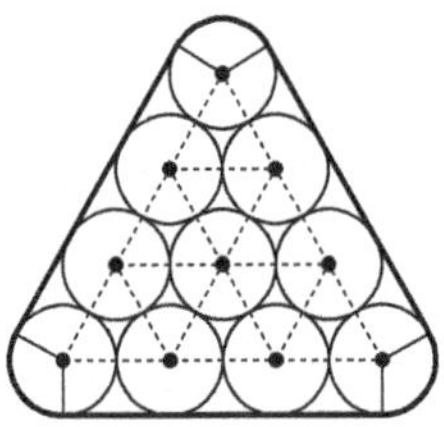

4　(場合の数・道順)

重要　(1)　道順が何通りあるか書いて調べる。右図参照。4通り

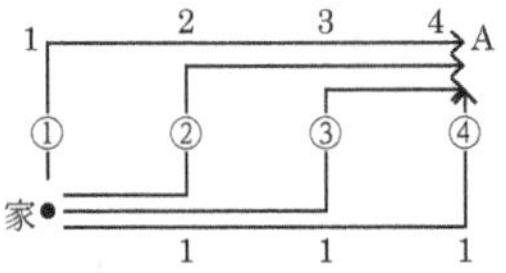

(2)　(1)より，家からAまでが4通り，Aからポストまで3通り，書いて調べる。$4\times3=12$(通り)

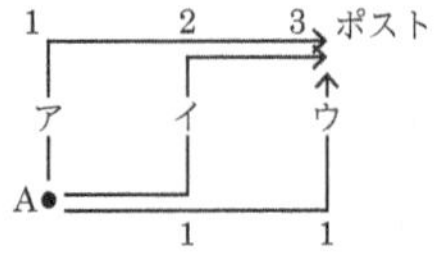

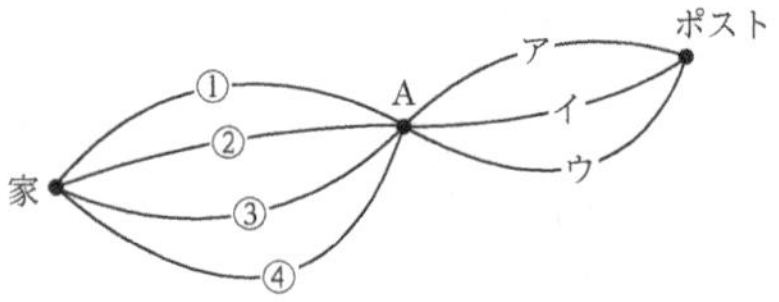

やや難　(3)　書いて調べる，次ページの図参照。家からポストまでが21通り，ポストから学校まで10通り，$21\times10=210$(通り)

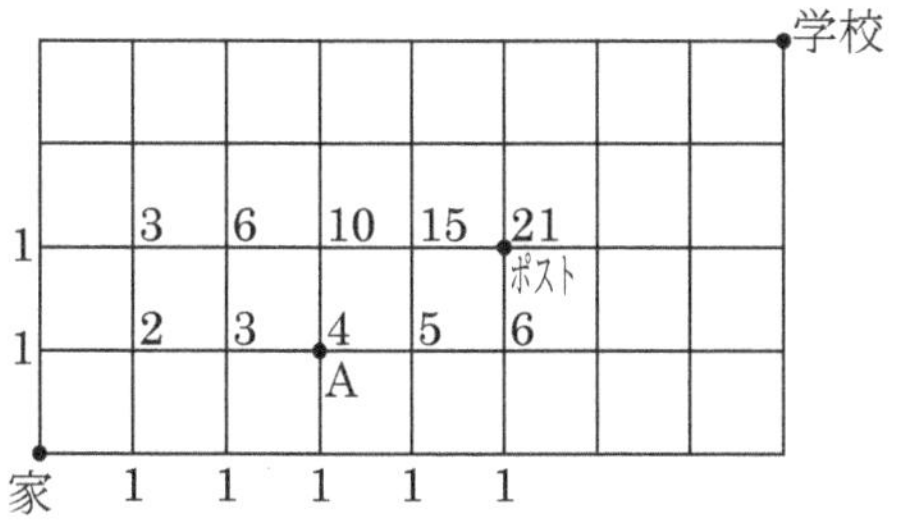

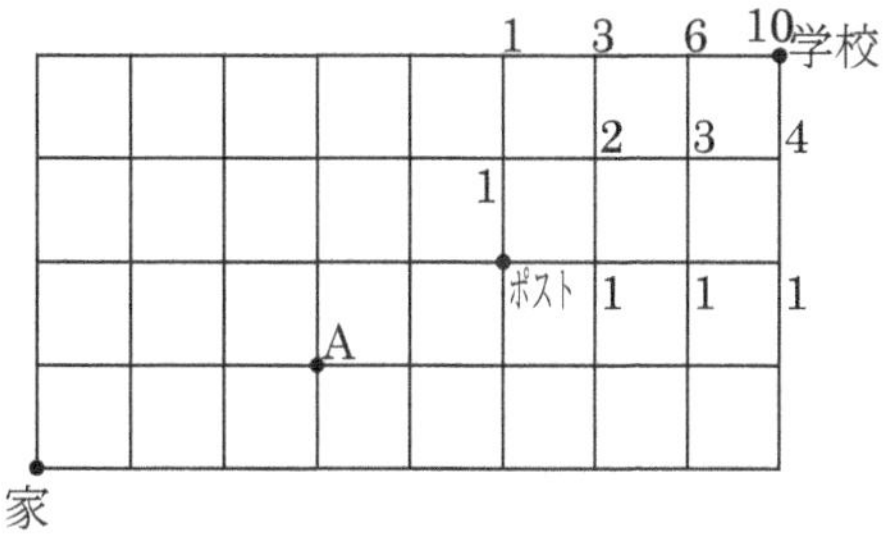

5 **(立体図形・体積，面積)**

基本 (1) 直方体の体積＝底面積×高さ，$12\times25\times6=1800$(cm^3)

やや難 (2) 展開図にAHを書いてJGの長さを求める，右図参照。三角形JHGと三角形AHDは相似形で，相似比はHG：HD＝12：30＝2：5＝JG：AD＝□：25，外項と内項の積は等しいので，5×□＝2×25，□＝2×25÷5＝10，三角形GHJの面積は12×10÷2＝60(cm^2)

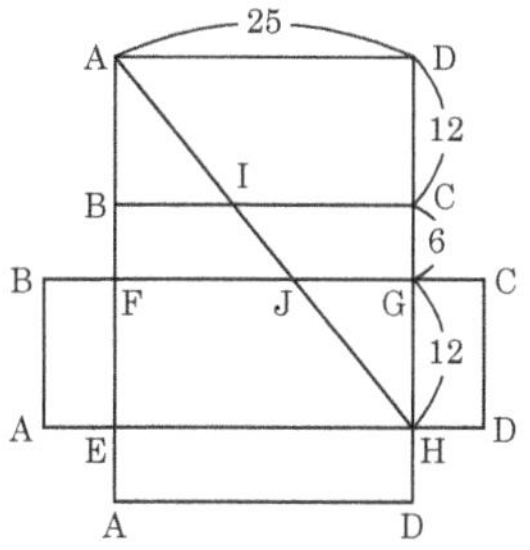

★ワンポイントアドバイス★

基礎的な問を丁寧に取り組み，式や考え方を書くことで基礎力を身につけよう。また応用的・発展的な問題も日頃から数多く解く練習をしておくと良いだろう。式や考え方を過不足なく簡潔に書くことも意識して取り組もう。

<国語解答>

一 ① 率いる ② 快い ③ 消費税 ④ 衛星 ⑤ 不利益 ⑥ まじめ ⑦ めがね ⑧ かてい ⑨ おおばん ⑩ とうけい

二 問一 ウ 問二 イ 問三 ア 問四 エ 問五 ウ 問六 (例) 好きな相手がいるのにも関わらず，他の人を好きになってしまうこと。

三 問一 教育 問二 ② イ ⑥ オ 問三 貧富の差に～広げていく
問四 (例) 週に20時間は職人といっしょに家をつくること。 子どもをきちんと学校に通わせること。 歯磨きの習慣を身につけさせること。 問五 (例) 欲を持たないこと。
問六 (例) 税金をきちんと払っている国民から見ればあきらかに不正行為で格差を広げる行為だから。 問七 (例) 資産を増やすための行動はばかげており，格差の解消は政治主導で行い，人の幸せは政治家が作るものであるという考えかた。

○配点○

一 各2点×10

二 問一・問四・問五 各5点×3 問二 3点 問三 4点 問六 8点

三 問一・問二 各3点×3 問三 4点 問四 各5点×3 問五・問六 各6点×2
問七 10点 計100点

＜国語解説＞

一 (漢字の読み書き)

① 「率いる」は，長として組織・機関を指揮するの意味。形の似た「卒(ソツ)」と区別する。「率」の音は「リツ・ソツ」。「能率」「引率」などの熟語がある。　② 「快い」は，「心良い」「快よい」とする誤りが多い。「快」の音は「カイ」。「快適」「軽快」などの熟語がある。　③ 「税」は，形の似た「祝(シュク)」と区別する。「税」の熟語には「脱税」「課税」などがある。　④ 同音異義語の「衛生」と区別する。「衛」の熟語には「護衛」「防衛」などがある。　⑤ 「不」は，打ち消しの接頭語。「利益」を打ち消している。「益」は，上半分の形に気をつける。「益」には「ヤク」の音もある。「御利益」という熟語がある。　⑥ 「真面目」は，熟字訓。この形で読み方を覚える。　⑦ 「眼鏡」を「めがね」と読むのは熟字訓。「ガンキョウ」という読み方もあるが,「虫眼鏡」は「むしめがね」と読む。「色眼鏡」「黒眼鏡」などの熟語もある。　⑧ 「過程」は，ある物事が変化発展して一つの結末に至るまでのみちすじ。同音異義語に，修得するために割り当てられた一定の学業・作業，その指導順序の意味を表す「課程」があるので注意する。　⑨ 「大判」は「訓＋音」の「湯桶読み」をする。また「判」は「バン」とにごって読むことに注意する。　⑩ 「統計」は，同じ種類の事柄を，多くの場合について調べ，その結果を数字によって表すこと。「統」の熟語には「統制」「統率」などがある。

二 (小説ー心情・情景の読み取り，文章の細部の読み取り，指示語の問題，空欄補充の問題)

問一　少年の心情は，「すごく恥ずかしくて，すごく照れくさいのに，クラスの女子の隣に座らされたときよりも，ちょっとだけ胸がわくわくした」と描写されている。クラスの女の子に感じる心情と違うものを感じているのである。恥ずかしさ，照れくささ，わくわくする心情とは，恋心である。

基本　問二　「ぜんぶ見ることはできません」けれども「ほんとうは……たくさんの星がひかっているんです」というつながり。前後が逆の内容になる逆接なので，「でも」がはいる。

やや難　問三　「女の子も少年に遠慮がちに目をやって」とある。少年も「遠慮がちに」隣の少女を見たのである。「遠慮がちに」に合うのは「ちらり」である。

問四　「同じ日に同じ街で生まれて，ずっと出会うことなく同じ日にちを生きてきた『わたしたち』がいま巡り会えた」という状態が「運命的」なのである。

問五　問四と関連させて考える。誕生日が一緒だったことに運命的なものを感じている少年は，そのことを目に見える形で表している星座盤の十二月十九日の星座の形をまだ見ていたかったのに，女の子は「誕生日に合わせた星座盤を動かして星座の形をかえてしまった」のである。「『女の子』は自分ほど，誕生日が一緒だったことを運命的に思ってくれていなかった」のである。

重要　問六　問一と関連させて考える。少年は女の子に恋心を持ち始めている。しかし，少年には「片思いの子はいる」のである。このような状況を「浮気」と表現している。一般的に説明するなら,「好きな相手がいるのにも関わらず，他の人を好きになってしまうこと」である。

三 (論説文ー要旨・大意の読み取り，文章の細部の読み取り，接続語の問題，空欄補充の問題，記述力・表現力)

やや難　問一　(　①　)を含む段落では「教育の大切さ」について説明している。「自分たち」とは「移民一世」を指している。移民一世は自分たちが教育を受けていないために，教育の大切さを知らないのである。

基本　問二　②　空欄の前では「軍事力で無理やりテロをおさえつけるより方法がない」と述べ，あとでは「テロを力で封じ込めるのではなく」と反対の内容を述べている。逆接の「しかし」が入る。

⑥　空欄の前の内容は，自由な活動は社会的弱者の利益にならなければならないということ。あとの内容は，大きな成果を上げた者は利益を弱者に差し上げなければならないということ。前とあとは，同じ内容を言葉を変えて説明している。「つまり」は「すなわち」「要するに」などの意味で，言いかえたり要約して説明するときに使う

問三　日本に求められているのは，「テロを生まない国づくりに貢献すること」である。その具体的な方法は「貧富の差に関係なく平等の教育を広げていく」ことである。そのことが「10年後，20年後のテロを防ぐことにつながる」＝「テロを生まない国づくりに貢献すること」という文のつながりになっている。

問四　「条件」という言葉に着目する。すると，「週に20時間は職人といっしょに家をつくること(が条件)」，「こどもをきちんと学校へ通わせ」，「歯磨きの習慣を身に着けさせる(のも条件)」とあるのが見つかる。

問五　続く部分に「無欲こそが豊かさに通じるのです」とある。「無欲」は，欲張る心がないこと，欲を持たないこと。

問六　タックスヘイブンを利用することについて筆者は，「タックスヘイブンを利用すること自体は，違法ではありません。しかし，税金をきちんと払っている国民から見れば明らかに不公正であり，格差を広げる行為です」と述べている。「しかし」のあとで述べている内容が問題だというのである。

重要　問七　「ムヒカ氏のような考え方」は，直前にムヒカ氏の言葉として述べられている。「　　」がついたムヒカ氏の言葉をまとめればよい。

★ワンポイントアドバイス★

小説は，行動や会話，表情などの表現から人物の心情をつかもう。また，人物の内面の思いがどう表現されているかをつかもう。論説文は，筆者の考え方を説明するために筆者がどのような例を挙げて，どう説明を進めているかを読み取っていこう。漢字は，画数や形に注意しよう。

第1回B

2022年度

解 答 と 解 説

《2022年度の配点は解答欄に掲載してあります。》

＜算数解答＞

1 (1) 111100 (2) 15 (3) $\frac{1}{20}$ (4) $\frac{9}{10}$ (5) $\frac{1}{512}$

2 (1) $\frac{7}{5}$ (2) 9 (3) 42 (4) 3000 (5) 45.7

3 (1) $8cm^2$ (2) 45倍

4 (1) 五角形 (2) 正六角形 (3) $32cm^3$

○配点○

1 各6点×5 2 各6点×5 3 各8点×2 4 各8点×3 計100点

＜算数解説＞

1 (四則混合逆算，仕事算，差集め算，平均の速さ，面積)

基本 (1) 工夫を考え計算する。$20+95+995+9995+99995=5\times4+95+995+9995+99995=(5+95)+(5+995)+(5+9995)+(5+99995)=100+1000+10000+100000=111100$

重要 (2) $\frac{1}{4}\times14+\frac{3}{4}\times30-\frac{1}{2}\times22=\frac{7}{2}+\frac{45}{2}-\frac{22}{2}=\frac{30}{2}=15$

重要 (3) 計算の順番を書いてから計算する。分数のわり算は逆数をかけ算する。①$\frac{11}{6}-\frac{13}{9}=\frac{33}{18}-\frac{26}{18}=\frac{7}{18}$，②$\frac{7}{18}\times36=14$，③$0.7\div14=\frac{7}{10}\div14=\frac{7}{10}\times\frac{1}{14}=\frac{1}{20}$

(4) $\frac{1}{1\times2}=1-\frac{1}{2}$より，問題の式を書き直して工夫して計算する。$1-\frac{1}{2}+\frac{1}{2}-\frac{1}{3}+\frac{1}{3}-\frac{1}{4}+\frac{1}{4}-\frac{1}{5}+\frac{1}{5}-\frac{1}{6}+\frac{1}{6}-\frac{1}{7}+\frac{1}{7}-\frac{1}{8}+\frac{1}{8}-\frac{1}{9}+\frac{1}{9}-\frac{1}{10}=1-\frac{1}{10}=\frac{9}{10}$

(5) 図を書いて考える。右図参照。和は1から$\frac{1}{512}$を除いたもの。よって求める答えは$1-\frac{511}{512}=\frac{1}{512}$である。

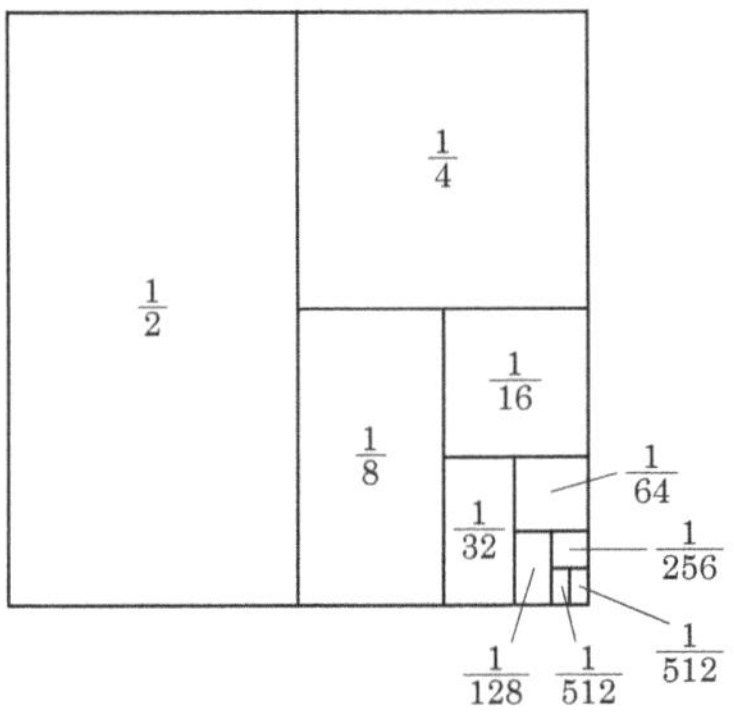

2 (四則混合逆算，対角線の本数，分配算，相当算，面積)

(1) 計算の順番を考えてから逆にたどる。③$\frac{5}{8}\div\frac{3}{4}=\frac{5}{8}\times\frac{4}{3}=\frac{5}{6}$，②$\frac{5}{6}+\frac{1}{6}=1$，①$1\div\frac{5}{7}=1\times\frac{7}{5}=\frac{7}{5}$

重要 (2) その頂点と隣の頂点に対角線はひけないから，1つの角から引ける対角線は12−3=9(本)

重要 (3) 線分図を書いて関係をわかりやすく整理する。一番小さいBは(173−36−11)÷3=126÷3=42

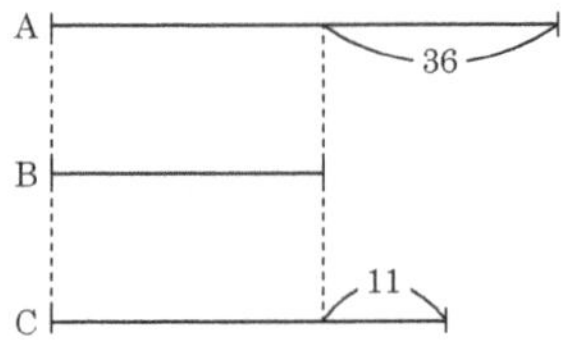

(4)　線分図を書いて考える。お菓子を買った残りの$1-\frac{3}{5}=\frac{2}{5}$が800円なので，$800\div\frac{2}{5}=800\times\frac{5}{2}=2000$(円)←これがお菓子を買った残り。初めに持っていたお金は，$2000\div\left(1-\frac{1}{3}\right)=2000\div\frac{2}{3}=2000\times\frac{3}{2}=3000$(円)

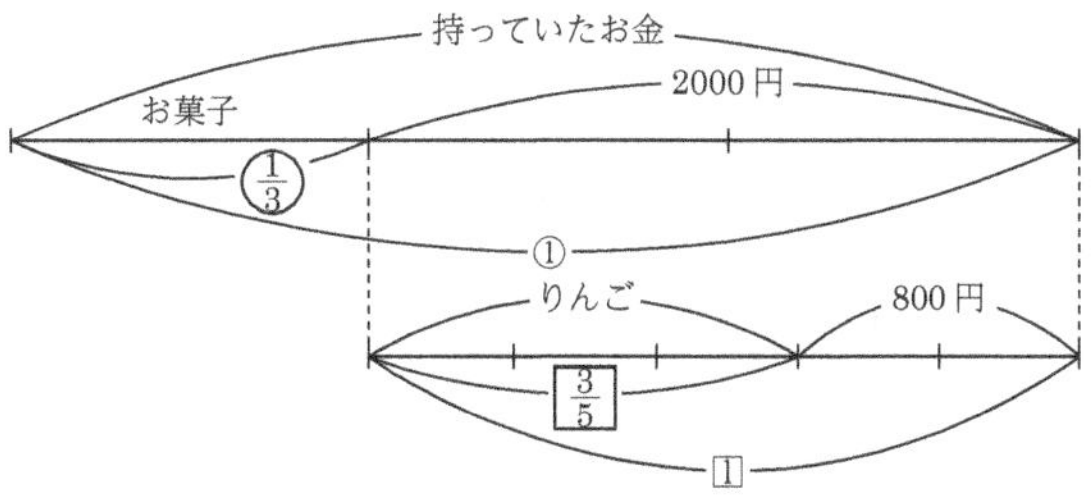

(5)　三角形は3つの辺がすべて10cmなので正三角形であり，1つの角の大きさは60度である。色のついた部分は半径5cm・中心角60度のおうぎ形3つ分。周りの長さは，直線部分$10\times3=30$と曲線部分$5\times2\times3.14\times\frac{60}{360}\times3=10\times3.14\times\frac{1}{2}=15.7$の和になる。$30+15.7=45.7$(cm)

3　(平面図形・相似形利用)

(1)　FDは$6-4=2$，三角形FBCと三角形FEDは相似形である。相似比$4:2=2:1=BC:ED=8:\square$，$\square=1\times8\div2=4$，三角形EFCの面積は$4\times4\div2=8$(cm^2)

(2)　三角形FBCと三角形FEDは相似形で相似比は$BC:DE=8:2=4:1=CF:DF$，比例配分すると$DF=6\div(4+1)=1.2$，三角形DEFの面積は$2\times1.2\div2=1.2$，四角形ABCEの面積は$(8+2+8)\times6\div2=54$，$54\div1.2=45$(倍)

やや難　4　(立体図形の切断)

(1)　同じ面上の点を結び，平行な面に平行な線が現れるよう作図する。右図参照。よって求める答えは五角形である。

(2)　辺AB，辺AD，辺FG，辺GHの真ん中の点I，J，K，Lを通る平面で立体を切断すると，辺BF，辺DHの真ん中の点を通り切断面は正六角形になる。

(3)　(2)の面で切断すると，AG，BH，CE，DFの交点を通るので同じ体積の図形2つに分かれる。$4\times4\times4\div2=32$(cm^3)

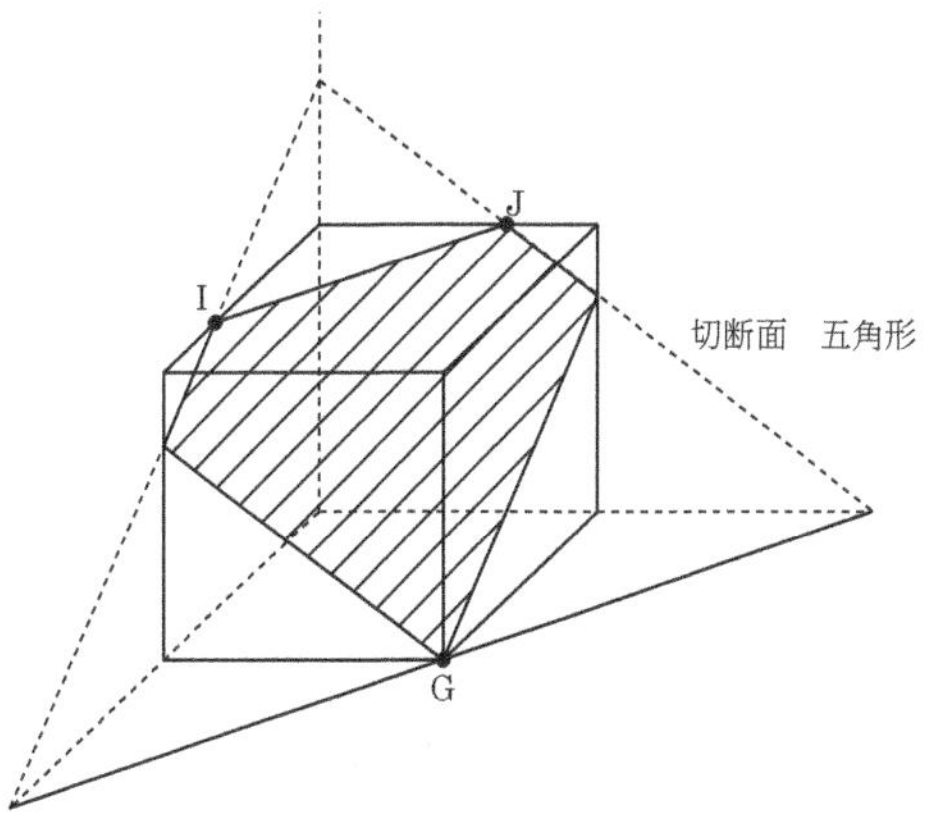

★ワンポイントアドバイス★

基礎的な問題を丁寧に取り組み，式や考え方を書くことで基礎力を身につけよう。また応用的・発展的な問題も日頃から数多く解く練習をしておくと良いだろう。式や考え方を過不足なく簡潔に書くことも意識して取り組もう。

＜理科解答＞

1　問1　A　3.0　B　15　C　6.0　D　30　問2　比例　問3　イ　問4　イ
問5　オ　問6　ウ

2　問1　ア　問2　0.24g　問3　187.5cm^3　問4　0.06g　問5　75cm^3
問6　250cm^3

3　問1　ウ　問2　A　カ　B　オ　C　エ　D　ウ
問3　葉の表　1.0cm^3　葉の裏　10.4cm^3　くき　5.2cm^3

4　問1　A　ウ　B　エ　C　イ　D　ア
問2　A　イ　B　エ　C　ア　D　ウ　問3　季節　冬　気団　A
問4　(a)　西　(b)　東

○配点○

1　問1　各1点×4　他　各2点×5　2　各2点×6
3　問2　各1点×4　他　各2点×4　4　各1点×12　計50点

＜理科解説＞

1　(力のはたらき－物体の運動)

重要　問1　表よりはなす高さが5cmのとき，箱の移動きょりは1.5cm，25cmのとき7.5cm，35cmのとき10.5cmとなっていることより『はなす高さ×0.3＝箱の移動きょり』となっている。このことよりA＝10×0.3＝3.0，B×0.3＝4.5よりB＝4.5÷0.3＝15，C＝20×0.3＝6.0，D×0.3＝9.0よりD＝9.0÷0.3＝30となる。

基本　問2　はなす高さが2倍，3倍・・・となると，箱の移動きょりも2倍，3倍・・・となるので比例の関係があるといえる。

問3　ボールの重さが重くなると運動するボールのエネルギーが大きくなるので，箱の移動きょりは大きくなる。

問4　箱の重さが軽くなると運動するボールのエネルギーが同じでも箱の移動きょりは長くなる。

問5　ボールが箱にあたる直前の速さはボールをはなす高さが同じ場合は，ボールの重さに関係なく変わらない。

問6　箱がボールより重い場合はボールは箱にはね返されるように左に動く。

2　(物質と変化－ものの溶け方)

基本　問1　塩酸はアルミニウムや鉄などをとかし，水素を発生する。

問2　グラフで折れ曲がっている部分がこの塩酸でとけるアルミニウムの最大量で300cm^{3}の気体が発生している。0.1gのアルミニウムから発生する気体は125cm^{3}であることとアルミニウムの質量と発生する気体の体積は比例することからアルミニウムがとける最大量をxgとすると，xg：0.1g＝300cm^3：125cm^{3}よりx＝0.24となり，0.24gである。

問3　問2と同様に発生する気体の体積を$x$cm^{3}とすると0.1g：0.15g＝125cm^3：$x$cm^{3}より，x＝187.5cm^{3}となる。

問4　問2よりこの塩酸でとけるアルミニウムは0.24gだから0.3－0.24＝0.06gがとけずに残る。

問5　問2と同様に発生する気体の体積を$x$cm^{3}とすると0.1g：0.06g＝125cm^3：$x$cm^{3}より，x＝75cm^{3}となる。

問6　同じ体積で濃さを2倍にすると2倍の質量のアルミニウムがとけ，2倍の体積の気体が発生するが，同じ質量のアルミニウムから発生する気体の体積は変わらない。アルミニウム0.2gから発生する気体の体積はグラフより250cm^{3}である。

3 （生物－植物）

基本 問1　水が表面から蒸発することによって減ることを防ぐために油を浮かせる。

重要 問2　ホウセンカA・B・C・Dが水を出している部分は以下の表のようになる。

	葉の表	葉の裏	くき	減った水の体積（cm^3）
A	○	○	○	16.6
B	×	○	○	15.6
C	○	×	○	6.2
D	×	×	○	5.2

問3　上の表より葉の表＝A－B＝16.6－15.6＝1.0cm^3

葉の裏＝A－C=16.6－6.2＝10.4cm^3

くき＝D=5.2cm^{3}となる。

4 （天体・気象・地形－気象）

基本 問1　Aはシベリア気団，Bはオホーツク気団，Cは揚子江気団，Dは小笠原気団である。

問2　南の気団は暖かく，北の気団は冷たい。また，大陸の気団は乾燥していて，海洋の気団は湿っている。そのため，右の図のようになる。

問3　図2のように等圧線がタテになっていて，北西の季節風により日本海側に雪を降らす冬の気圧配置のときには,シベリア気団が日本の天気に影響を与える。

重要 問4　図2は西高東低の冬の気圧配置である。

★ワンポイントアドバイス★

基本的な知識はしっかりまとめておこう。2のようにグラフから，過不足なく反応する水溶液・金属・発生する気体の3つの物質の質量や体積を読み取り，それをもとに比例式を作り，計算する出題を練習しておこう。

＜社会解答＞

1 問1　Ⅰ　エ　Ⅱ　オ　Ⅲ　ク　Ⅳ　カ　Ⅴ　ウ

問2　Ⅰ　カ　Ⅱ　コ　Ⅲ　サ　Ⅳ　ケ　Ⅴ　ウ

2 〈Ⅰ〉（1）　サ　（2）　イ　（3）　カ　（4）　キ　（5）　セ　（6）　オ

〈Ⅱ〉（1）　イ　（2）　カ　（3）　ケ　（4）　コ　（5）　セ　（6）　ウ

3　問1　①　お　②　え　③　い　④　う　⑤　き
問2　①　サ　②　キ　③　オ　④　コ　⑤　ケ

4　問1　い　問2　う　問3　い　問4　あ　問5　え　問6　え　問7　い
問8　え　問9　う

○配点○
1　各1点×10　2　各1点×12　3　各1点×10
4　各2点×9　計50点

＜社会解説＞

1　(日本の地理－日本の各地の気候と農業に関する問題)

基本　問1　Ⅰ　山形県の北西部に位置する平野は最上川の河口部にある庄内平野。　Ⅱ　肉牛の生産を行うのは畜産業。　Ⅲ　冬でも暖かい気候を利用して夏野菜を栽培するために，ビニールハウスなどの施設を使い促成栽培がおこなわれる。　Ⅳ　比較的波の穏やかな海で「のり」を生産するのがのりの養しょく。　Ⅴ　浅間山のすそ野に広がるキャベツ畑は夏の涼しい気候を利用しておこなう高原野菜の栽培地。

問2　Ⅰ　庄内平野はカ。最上川沿いに米沢盆地，山形盆地，新庄盆地があり，河口に庄内平野がある。　Ⅱ　宮崎県の南部の内陸部は，火山灰地が広がり，水田をつくるのは難しい場所で，畜産が盛んに行われている。　Ⅲ　高知平野はサの場所で，温暖な気候を生かした促成栽培の盛んなところとして有名。　Ⅳ　ケの有明海北部では古くからのりの養しょくがさかん。
Ⅴ　ウの嬬恋村は群馬県の北西部にあり，浅間山の北側に広がる。

2　(日本の地理－日本の工業と地形に関する問題)

重要　〈Ⅰ〉　1　サ　日本は工業で使われる原料のほとんどを輸入に依存している。　2　イ　資源や工業原料の輸入先は，その国々との関係ももちろん重要だが，その原料などの価格が安いところを求めて，変化もしている。　3　かつての日本は原材料を輸入し，それらに手を加えた工業製品を輸出する加工貿易でなりたっていたが，現在は工業製品を輸入することも増えている。
4　かつては日本の人件費がさほど高くなく，日本で製造したものが海外に輸出されることが多かった。　5　1990年代の頃から中国に世界の国々が進出し，中国でモノを作ることが増えてきた。　6　現在の日本では日本の企業が，製造品の国際競争力を高めるために，販売価格が高くなりすぎないようにすることが必要で，そのためには人件費の安い国々で，日本の企業のものをつくることが不可欠なものになってきている。

やや難　〈Ⅱ〉　1　山地は平野や台地に対する言葉で，起伏のある土地が連なっているところで，山脈は山地の中でも，その高い場所をつなぐ稜線が連なっているもの。　2　本州では東北地方から，中部地方では南北方向に連なる山地，山脈が多くあり，近畿地方ではその向きが複雑になっており中国地方では東西方向に山脈が伸びている。　3　日本の中で3000mを超える山はいわゆる日本アルプスに集中しており，それ以外だと富士山。　4　日本の河川は水源地から河口までの距離はさほど長くはないものがほとんど。　5　高いところにある水源から短い距離で河口まで下ってくるので，流れは急になる。　6　日本列島には北海道から九州まで，火山が多く分布している。

3　(日本の歴史－日本の歴史上の人物なに関連する問題)

重要　問1　①　伊藤博文は長州藩の出身で，大久保利通が殺された後の明治政府の中心的な存在となる。　②　源頼朝は父親の源義朝とともに平治の乱で平清盛と対立し，敗れ，伊豆に流された。

1180年の以仁王の令旨をうけて挙兵し，東国の武士の支持を集め，平氏滅亡後，奥州藤原氏を倒し，武士の頂点に立つ。　③　聖武天皇は文武天皇の皇子で，724年に即位し，749年娘の孝謙天皇に位を譲る。　④　本居宣長は伊勢松坂の出身で本来は医者であったが賀茂真淵に国学を学び，古典研究を通じて復古神道を唱える。「古事記伝」が有名。　⑤　豊臣秀吉は尾張の農民出身で信長に仕えて取り立てられ羽柴秀吉と名乗るようになり，全国平定後，朝廷から豊臣の姓を賜る。

問2　①　伊藤博文は幕末期から明治時代にかけて活躍した。　②　源頼朝は平安時代から鎌倉時代にかけて活躍。1147年に生まれて1199年に亡くなるので鎌倉時代の期間はごくわずかだが，平治の乱以後，伊豆に流されていたので，活躍したのは1180年以後と考えた方がよい。

③　聖武天皇は724年に即位し749年に娘に譲位するので奈良時代の天皇と考えればよい。

④　本居宣長は1730年に生まれて1801年に亡くなっているので，その生涯はすべて江戸時代。享保の改革の頃に生まれ，国学者として活躍した頃は田沼時代から寛政の改革の頃。　⑤　豊臣秀吉は1536年から98年までの生涯で，室町時代末から安土桃山時代。活躍したのはほぼ安土桃山時代と考えてよい。

4　**(日本の歴史―江戸時代から明治時代の歴史に関する問題)**

基本　問1　参勤交代制度は徳川家光の時代に，武家諸法度に盛り込まれたもの。江戸と領国の間を1年おきに大名に往復させ，大名に多大な出費をさせるものであった。

問2　出島は長崎の港の中につくられた埋め立て地。ここにオランダ商館を置き，鎖国下でオランダ人が来航した際にはここに住まわせた。

問3　杉田玄白と前野良沢がオランダ語で書かれた解剖書の「ターヘルアナトミア」を翻訳したものが解体新書。

問4　浦賀は神奈川県の三浦半島にある。

問5　薩長同盟は坂本龍馬と中岡慎太郎が仲介して結ばれた。

問6　大政奉還は徳川慶喜が政権を天皇に返上することを申し出たもの。1867年の10月に土佐藩の山内豊信が慶喜に提案し，慶喜が受け入れて天皇に申し出た。同じタイミングで，薩長には倒幕を命じる密勅が下されていたともされる。

問7　西南戦争は，薩摩藩士を中心とした不平士族が西郷隆盛をリーダーに立てて起こした反乱。

問8　田中正造は栃木県議会議員，県議会議長を経て，第1回総選挙で衆議院議員となった。足尾鉱毒事件が起こると，その解決のために尽力し，1901年に議員を辞職して天皇に直訴した。

問9　八幡製鉄所は，日清戦争後に中国から鉄鉱石を輸入し，九州の石炭を使って製鉄を行うということで，日清戦争の賠償金の一部を使いつくられた。八幡は現在の福岡県の北九州市の一地域。

★ワンポイントアドバイス★

歴史よりも地理の方がやや難しいかもしれない。設問を落ち着いて読み。求められていることを正しく把握してから解くことが重要。記号選択のものが多いが，語句記入の問題も比較的容易に答えられるものが多いので心配無用。

＜国語解答＞

一 ① 準備 ② 参拝 ③ 金属 ④ 蒸気 ⑤ 務める ⑥ のうり
⑦ ほうさく ⑧ のうりょく ⑨ むしゃ ⑩ そうりつ

二 問一 まるで～たから 問二 エ 問三 保健所に探～かなかった
問四 (例) 保護をする条件が厳しいため，安定した保護をしようとする気持ちが感じられたから。 問五 家・身体・お金 問六 (例) 信頼し，安定した場所だと思っていたから。

三 問一 A ウ B イ C ア 問二 苦手なこと～てみること
問三 (例) グチという否定的な言葉は，脳のパフォーマンスを下げたり，何か新しい発想を生み出すことができなくなるなどのデメリットがあること。
問四 すでに瞳孔～ばれてくる 問五 ア

○配点○
一 各2点×10
二 問一～問三・問六 各7点×4 問四 8点 問五 各2点×3
三 問一 各3点×3 問二・問四・問五 各7点×3 問三 8点 計100点

＜国語解説＞

一 (漢字の読み書き)

① 「準備」は「準」を同音の「順」と書く誤りが多い。「準」の熟語には「基準」「標準」などがある。「備」の訓は「そな - える・そな - わる」。「予備」「設備」などの熟語がある。 ② 「参拝」は，神社・寺などにお参りして神仏を拝むこと。「拝」は，つくりの横棒の数に注意する。「拝」の訓は「おが - む」。「礼拝」「拝見」などの熟語がある。 ③ 「属」を，同音の「族」と誤らない。「属」の熟語には「所属」「専属」などがある。 ④ 「蒸」は，中央の部分の形に注意する。訓は「む - す・む - れる・む - らす」。「蒸発」「蒸留」などの熟語がある。 ⑤ 「務める」は，同訓の「勤める」「努める」と区別する。「務める」は，与えられた役目や任務に当たるの意味。「勤める」は，与えられた仕事を毎日行うの意味。「努める」は，努力するの意味。 ⑥ 「脳裏」は，頭の中。「脳」は同音の形の似た「悩」と区別する。「裏」の訓は「うら」。「表裏」「裏面」などの熟語がある。 ⑦ 「豊」の訓は「ゆた - か」。「豊富」「豊満」などの熟語がある。 ⑧ 「能」は，形の似た「態(タイ)」と区別する。「技能」「万能」などの熟語がある。 ⑨ 「武者」は，武士，特に，よろい，かぶとを着けた武士。「武」は「ブ・ム」の二つの音がある。「ム」で読む熟語は「武者」くらいなので覚えておく。 ⑩ 「創立」は，学校や会社などの組織や機関を初めて作り設けること。「創」の訓は「つく - る」。「創造」「独創」などの熟語がある。

二 (小説－心情・情景の読み取り，文章の細部の読み取り，指示語の問題，記述力・表現力)

基本 問一 「例える表現」とあるので，「まるで……ような」とある部分に注目する。二十六字という字数指定にも注意して「まるで小さなピーナッツのような色と形状をしていたから」を抜き出す。

問二 直後に「自分のことでケンカをしているのが分かってつらかったのか，嫌われていると思ったのか」とある。自分のせいで主人公である美帆(＝「私」)が親とケンカになっていると思ったのである。

やや難 問三 「その後悔」とあるので，どのようなことを後悔しているのかをつかむ。直前に「ずっと，ピーのことが心残りだった」とある。心残りは，あることを行ったあとまで心配や未練が残ること。ピーをどのように心配していたのかをつかむ。ピーがいなくなり探したけれど見つからず，保健所に保護されたらしいと聞いて心配はしたけれど，「保健所に探しに行くことを当時まったく思いつかなかった」ことを後悔し，心残りに思っているのである。

重要 問四 「愛情」は，保護する犬猫に対する愛情である。「愛情」と「条件」「安定」という言葉がどのように関係してくるかを本文中から読み取る。まず，どこに「愛情」を感じたのかと言えば，直前に「厳しい」とあり，保護をする「条件」の厳しさに愛情を感じたのだとわかる。次に，なぜ保護をする「条件」を厳しくするのかについて読み取る。すると，「安定した保護」のためであるとわかる。これも，犬猫に対する愛情からである。これらの二つのことがらから感じられた気持ちをまとめると解答例のようになる。

問五 何が「自分にも必要である」のかを読み取る。続く文に「飼育できるような『家』，健康な『身体』，そしてもちろん『お金』。全て，保護犬を飼おうと飼うまいと必要なことだ」とある。

問六 傍線部の直前を読むと，「会社が美帆のよりどころで，人生の安心材料だった」とある。美帆が会社をどのように見ていたかは，続く文に述べられている。「信頼していた」「自分が安定した場所にいる」ということである。この二つを理由として，会社を「人生の安心材料」だと思っていたのである。

三 (論説文—文章の細部の読み取り，接続語の問題，記述力・表現力)

基本 問一 A 空欄のあとでは，チャレンジしたが苦手だというケースではどうすれば良いか，と話題が変わっている。話題を変えるときに使う「では」が入る。 B 空欄の前では，グチを言うことはデメリットがある，と述べている。「デメリット」は，ここでは「悪い結果」という意味である。あとでは，グチを言わないことは簡単ではない，とグチを言うことを認めている。前後で反対の内容を述べているので，逆接の「しかし」が入る。 C 空欄の前後では，救急医療の現場の過酷さについて述べている。空欄の前で述べた内容に，空欄のあとの内容を付け加えているので，付け足す意味を表す「しかも」が入る。

やや難 問二 「苦手なものは簡単に好きにはなれない」ということを肯定したあとで，「しかし」と続けて「大切なのは，苦手なことを避けるのではなく，まずは興味をもってチャレンジしてみることなのです」と述べている。

重要 問三 「デメリット」は，「悪い結果」という意味。直前の段落の「何気なく口にする，そのちょっとした言葉」は，グチのことである。すると，どのような悪い結果になるかというと，「脳のパフォーマンスを落としている」，「何か新しい発想が生まれることはまずありません」という二つのことがらが挙げられている。これらをまとめればよい。「デメリットの内容」を問われているので，解答は「～などのデメリットがあること。」とまとめる。

問四 問一のCでとらえたように，救急医療の現場の過酷さとはどのような状況なのかを読み取る。字数指定を手がかりに，直前の文から「すでに瞳孔が開いていたり……運ばれてくる」の部分を抜き出す。

問五 傍線部のある文は，「これは……常に心がけていたことがもたらした結果であると思っています」という述べ方である。「これ」が指す内容が，結果を示している。直前の文で述べているのは，「瞳孔が開いた状態で運ばれてきた患者さんに，約4割という非常に高い確率で社会復帰していただくことができました」という内容である。これを説明しているのはア。

★ワンポイントアドバイス★

小説は，行動や出来事などに表現されていることから人物の心情や思いをつかもう。また，心情の理由をつかむようにしよう。論説文は，どのようなことが説明されているのかを具体例からとらえて，筆者がどのように説明を進めて考えを述べているかを読み取っていこう。

第2回A

2022年度

解 答 と 解 説

《2022年度の配点は解答欄に掲載してあります。》

<算数解答>

1 (1) 11100 (2) 125000 (3) 19.5 (4) $\frac{1}{6}$ (5) $\frac{1023}{1024}$

2 (1) 40 (2) 2280 (3) 209 (4) $\frac{1}{6}$ (5) 24

3 (1) 4 (2) 1 (3) 2, 3, 8

4 (1) 78.5cm^2 (2) 25cm^2

○配点○

1 各6点×5 2 各6点×5 3 各8点×3 4 各8点×2 計100点

<算数解説>

1 (四則混合計算)

基本 (1) 27を9が3つと考えると工夫して計算できる。9+9+9+91+991+9991=(9+91)+(9+991)+(9+9991)=100+1000+10000=11100

重要 (2) 12.5×8=100になることを利用して工夫して計算する。12.5×8×8×12.5×12.5=100×100×12.5=125000

(3) 0.125×2=0.25になることを利用して分配法則を利用する。0.25×15+0.25×3×24−0.125×2×9=0.25×(15+72−9)=$\frac{1}{4}$×78=19.5

(4) 順番を考えてから計算する。①$\frac{3}{4}+\frac{5}{6}=\frac{9}{12}+\frac{10}{12}=\frac{19}{12}$, ②$\frac{19}{12}\times\frac{44}{19}=\frac{11}{3}$, ③$\frac{11}{3}-\frac{7}{9}=\frac{33}{9}-\frac{7}{9}=\frac{26}{9}$, ④⑤$\frac{13}{12}\div\frac{26}{9}\div\frac{9}{4}=\frac{13}{12}\times\frac{9}{26}\times\frac{4}{9}=\frac{1}{6}$

(5) 前の数の半分を加える。図を書いて考える。右図参照。和は1から$\frac{1}{1024}$を除いたもの。$1-\frac{1}{1024}=\frac{1023}{1024}$

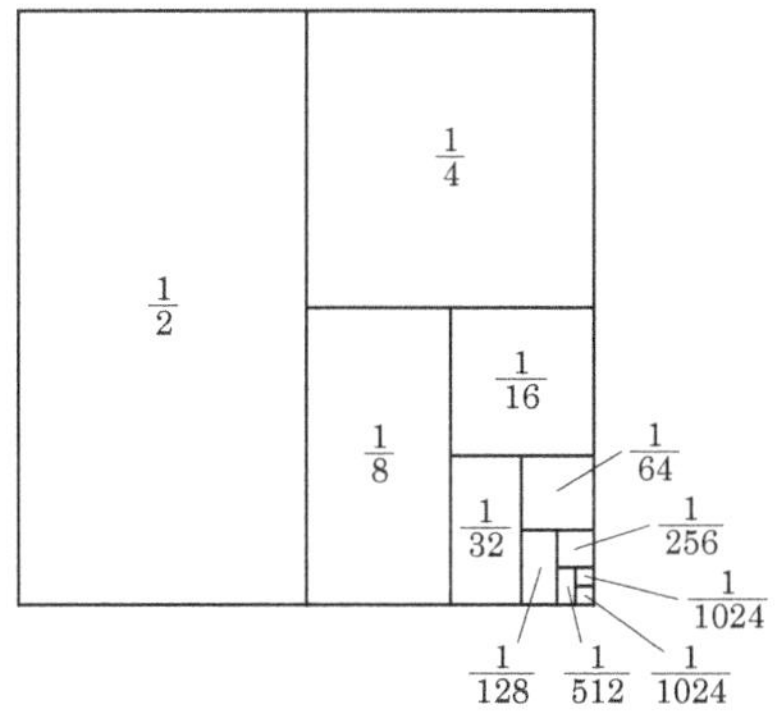

2 (時計算, 比, 数の性質, 規則性, 複合図形の面積)

(1) 5時0分の長針と短針がつくる小さい方の角は30×5=150(度), 20分間で短針は0.5×20=10(度)進み, 長針は6×20=120(度)進む。150+10−120=40(度)

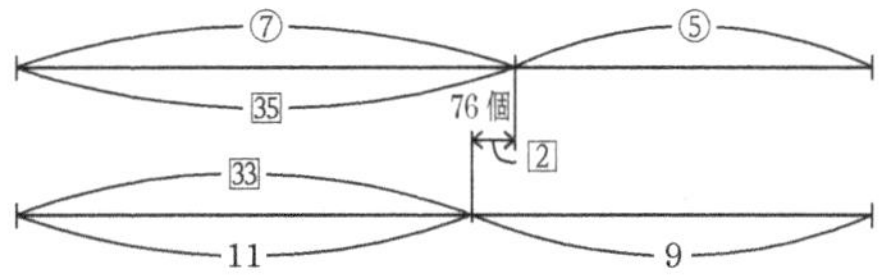

(2) 線分図を書いて考える。AくんとBくんのおはじきの合計は変わらないので, ⑦:⑤と11:9の和は等しい。⑦+⑤=⑫, 11+9=20, ⑫と20の

最小公倍数は$\boxed{60}$，$\boxed{60}$÷⑫＝5，$\boxed{60}$÷20＝3，⑦×5＝$\boxed{35}$，11×3＝$\boxed{33}$，$\boxed{35}$－$\boxed{33}$＝$\boxed{2}$，76÷$\boxed{2}$＝38，38×$\boxed{60}$＝2280(個)

(3)　5で割ると4余るのは5－4＝1より，5の倍数より1小さい整数，6で割ると5余るのは6－5＝1より，6の倍数より1小さい整数，両方の条件を満たす整数は5と6の公倍数30より1小さい整数，200に近い30の倍数は200÷30＝6余り20より，30×6＝180，30×7＝210，30の倍数より1小さいので，180－1＝179，210－1＝209，よって200に一番近い整数は209である。

(4)　分数の分母が変わるところで区切ると規則がわかる。2＋3＋4＋5＋6＝20，よって20番目の数は$\frac{1}{6}$である。

$\frac{2}{2}$，$\frac{1}{2}$／，$\frac{3}{3}$，$\frac{2}{3}$，$\frac{1}{3}$，／$\frac{4}{4}$，$\frac{3}{4}$，$\frac{2}{4}$，…

重要　(5)　斜線部分は直径6cmの半円と直径8cmの半円と6cm・8cm・10cmの直角三角形の和から直径10cmの半円を除いた図形。面積は$3\times3\times3.14\times\frac{1}{2}+4\times4\times3.14\times\frac{1}{2}+6\times8\div2-5\times5\times3.14\times\frac{1}{2}=(9+16-25)\times3.14\times\frac{1}{2}+24=24(\text{cm}^2)$

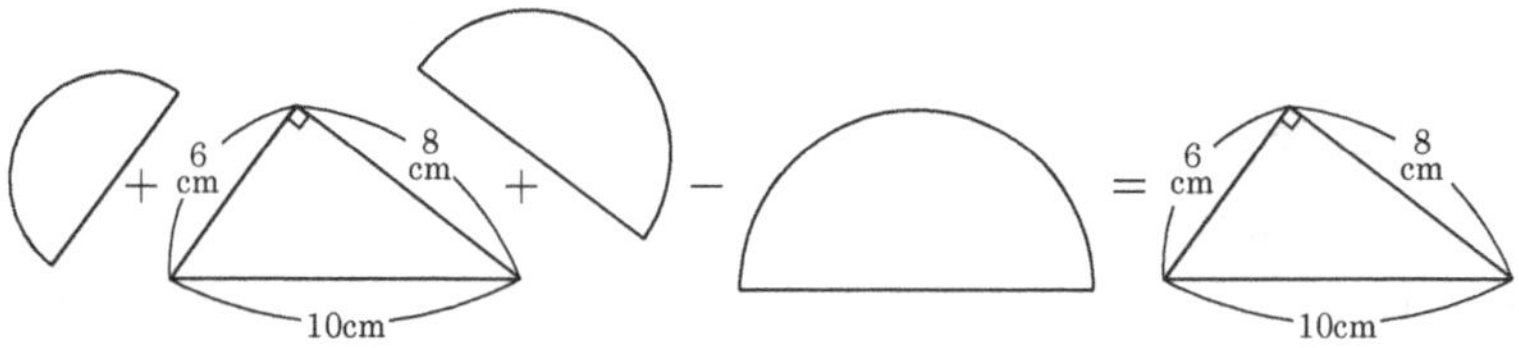

3 (規則性)

(1)　①36→②18→③9→④10→⑤5→⑥6→⑦3→⑧4，よって求める答えは4である。

(2)　①144→②72→③36→④18→⑤9→⑥10→⑦5→⑧6→⑨3→⑩4→⑪2→⑫1→⑬2→⑭1，以降奇数番目は2，偶数番目は1になる。よって2022番目は1である。

やや難　(3)　①8→②4→③2→④1，①3→②4→③2→④1，①2→②1→③2→④1，よって求める答えは8，3，2である。

4 (複合図形の面積の応用)

基本　(1)　おうぎ形OABは半径10cm・中心角90度，$10\times10\times3.14\times\frac{90}{360}=25\times3.14=78.5(\text{cm}^2)$

重要　(2)　斜線の部分は，頂角30度，等辺10cmの二等辺三角形3つの和から等辺が10cmの直角二等辺三角形を除いた図形。$10\times5\div2\times3-10\times10\div2=75-50=25(\text{cm}^2)$，

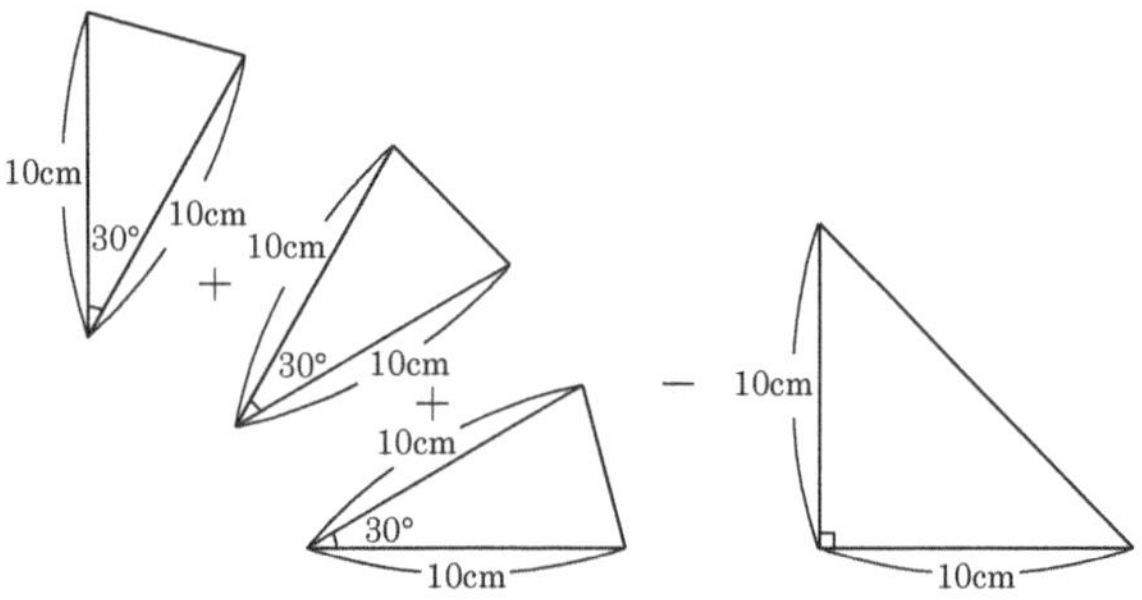

★ワンポイントアドバイス★

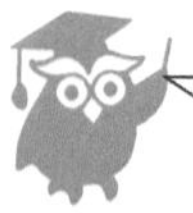

基礎的な問題を丁寧に取り組み，式や考え方を書くことで基礎力を身につけよう。また応用的・発展的な問題も日頃から数多く解く練習をしておくと良いだろう。式や考え方を過不足なく簡潔に書くことも意識して取り組もう。

＜国語解答＞

一　①　じょぶん　②　げんいん　③　ぞうきばやし　④　きせい　⑤　かま
⑥　留学生　⑦　簡潔　⑧　修復　⑨　態度　⑩　似顔絵

二　問一　(例)　ユーモアやジョークを仲間内でいい合い笑うこと。　問二　イ
問三　エ　問四　イ　問五　笑いには生命を根本から元気にする力がある(から。)
問六　⑥　英国紳士　⑦　アメリカ人　問七　自己管理法　問八　笑顔
問九　ア　問十　(例)　別のもののようだが，実は密接に関係しているということ。

三　問一　(例)　クラスの委員を決める選挙で当選したということ。　問二　エ
問三　(例)　ツカちゃんには一票しか入っていないということ。　問四　イ
問五　(例)　ツカちゃんが自分で自分に投票したのではないということ。　問六　ウ
問七　エ　問八　(例)　高橋エイジが相沢志穂の近くの席になりたいから。
問九　ア

○推定配点○

一　各2点×10
二　問一・問五　各5点×2　問二　3点　他　各4点×8
三　問一・問三・問五・問八　各5点×4　他　各3点×5
計100点

＜国語解説＞

一　(漢字の読み書き)

①「序文」は，書物で，本文の前にしるす文章。「序」の熟語には「序列」「序論」などがある。
②「原因」の「因」は，形の似た「困(コン)」と区別する。「因」の熟語には「因果」「起因」などがある。　③「雑木林」は，いろいろな種類の，材木としては使えない木が生えた林。「雑」は「ザツ・ゾウ」の二つの音がある。「雑巾」「雑言」などの熟語がある。　④「帰省」は，故郷に帰ること。「省」は「セイ・ショウ」の二つの音がある。訓は「はぶ‐く・かえり‐みる」。「省庁」「内省」などの熟語がある。　⑤「構える」は，ととのった形につくるという意味。「構」の音は「コウ」。「構造」「構想」などの熟語がある。同音で形の似た「講」と区別する。　⑥「留」は「リュウ・ル」の二つの音がある。訓は「と‐める・と‐まる」。「留守」「保留」などの熟語がある。　⑦「簡潔」は，簡単に要領よくまとまっている様子。「簡」は同音の「間」，「潔」は形の似た「契」と誤りやすい。「潔」の訓は「いさぎよ‐い」。「簡易」「簡略」，「清潔」「潔白」などの熟語がある。　⑧「修復」は，こわれた所をつくろい，もとどおりに直すこと。「復」を同音で形の似た「複」と区別する。「復」は，もとの状態にもどるという意味。「複」は，二重になっているという意味。「往復」「復旧」などの熟語がある。　⑨「態」は，形の似た「能(ノウ)」と区別する。「状態」「態勢」などの熟語がある。　⑩「似」は，形の似た「以(イ)」と区別する。「似」の音は「ジ」。「類似」「相似」などの熟語がある。

二　(論説文一文章の細部の読み取り，指示語の問題，接続語の問題，空欄補充の問題，ことばの意味，ことわざ・四字熟語，記述力・表現力)

重要　問一「自家発電」の「自家」は，自分の意味。「発電」は，ここでは何かを起こす・するという意味。「自家発電」は，自分で何かを起こす・するということ。「笑いを自家発電する」は，自分で笑いを起こすということ。直前の文に，「笑いを自家発電する」例としてイギリス人やアメリカ

人が挙げられている。イギリス人やアメリカ人は,「ユーモアやジョークを仲間内でいい合い笑う」のである。

やや難 問二　空欄の前で述べたことを理由として,「自分にもこういうもの(＝ユーモアのセンス)がもう少しあればと,ちょっと羨ましい気持ちになります」と述べている。前に述べたことが理由であることを表す「ですから」が入る。

基本 問三　「といった感情」と続いているので,感情を表す四字熟語であるとわかる。「喜怒哀楽」は,喜びと怒りと悲しみと楽しみ。そこから,人間のいろいろな感情という意味を表す。ア「一朝一夕」は,わずかの日時。イ「自給自足」は,自分に必要なものをすべて自分の生産でまかなうこと。ウ「枝葉末節」は,物事の中心でないつまらない部分・ことがら。

問四　直後に「感情がなければ,それはAIと同じで,人間とはいえません」とある。さらに,「感情表現は,その幅が広いほど人生も豊かになるのではないでしょうか」とある。これを言いかえれば,人間には感情があり,そのことで人生も豊かになるということ。この内容を説明しているのはイ。

重要 問五　「笑いが大切」な理由であるから,笑いには人間にとってどのような大切な点があるのかを読み取る。すると,「笑いには生命を根本から元気にする力があるわけです」とあるのが見つかる。

問六　問一でとらえたように,イギリス人やアメリカ人は,「ユーモアやジョークを仲間内でいい合いって笑うという習慣」がある。どのようなユーモアやジョークかと言うと,イギリス人は「ウイットに富んだユーモア」,アメリカ人は「シンプルなジョーク」である。

問七　「その一環として」選手たちがやっていることが,直後に続く部分で説明されている。研究テーマを自分で考え,検証し,実行するという行動は「自己管理法」である。

問八　「笑顔でプレーするとパフォーマンスが上がる」→笑顔・ネガティブ・怒りの言動の対比の実験で筋力や敏捷性などを測定→「笑顔」がもっとも高い数値になる→笑顔を作ることを試合前や普段の生活に取り入れる,というつながり。

問九　ここで話題にしているのは「笑いの効用(＝ききめ)」である。「笑う門には福来る」は,いつも楽しそうに笑って暮らす人の家には,自然に幸運が訪れるものだという意味。イ「石橋をたたいて渡る」は,慎重に物事をこと。ウ「かっぱの川流れ」は,どんなに熟達した人でも時には失敗することがあること。エ「急がば回れ」は,急いで危険な手段をとるより,時間がかかっても安全な手段をとったほうが早く目的を達することができるということ。

問十　「コインの表裏の関係」は,コインの表と裏は別々のものが描かれているが,コインそのものは一枚のものであることから,「別のもののようだが,実は密接に関係していること」の意味を表す。ここでは,「お笑い芸人が人気があることと,気持ちが沈みがちな人が多いということ」が「別のもののようだが,実は密接に関係していること」であるということ。

三 (小説一心情・情景の読み取り,文章の細部の読み取り,指示語の問題,ことばの意味,記述力・表現力)

やや難 問一　「そんなことないって」は,ツカちゃんの「決まりだな」に対して返した言葉。何がきまりなのかと考えると,この場面では「クラスの委員を決める選挙」をしているのであるから,当選がきまったということ。

基本 問二　「ぼく」の心情がわかる言葉は,「うっさいなあ」である。ツカちゃんの言葉に不機嫌になっている。「しかめつら」は「しかめっつら」とも言い,しかめた顔つきのこと。「しかめる」は,まゆの周辺にしわを寄せるの意味。そのようなきげんの悪そうな顔が「しかめつら」。

問三　文章の初めに「十票入った。黒板に『正』の字が二つ,縦に並ぶ」とある。「正」の字を書いて票数を表している。「横棒一本きり」とは,ツカちゃんには一票しか入っていないということ。

基本 問四　ツカちゃんは，ふざけたことばかり言っている。「お調子者」は，軽はずみで，調子に乗りやすい人。「軽はずみ」は，深く考えず，よけいなことを言ったり行ったりすること。

問五　「それ」は，直前のツカちゃんの会話を指している。そして，ツカちゃんの会話は，「ぼく」の「自分で自分に入れてどーするんだよ」を受けている。「ぼく」が「わかってる」ことは，「ツカちゃんが自分で自分に投票したのではないということ」である。

問六　「たるんでいる」は，その前の「中だるみの時期」を受けて言ったもの。「中だるみ」は，中学二年生の二学期に気持ちがたるんでしまうことを言う。

問七　「そういうの」が指しているのは，「選挙とか運動会とか台風とか地震とか」である。これらに共通するのは，「人々が盛り上がる普段はないような出来事」ということである。

重要 問八　前の部分で，現在の「ぼく」と相沢志穂の席の位置関係を説明して，「かなり遠い」と表現している。来月の席替えによって，「ぼく」は相沢志穂の近くの席になりたいのである。「人物名は省略しない」とあるので,「ぼく」の名前を探す。すると，名字については，文章の半ばに「僕の名前――高橋の下には，三つ目の『正』が完成していた」とある。下の名前は，ツカちゃんに「人気者じゃん，エイジ」と呼ばれている。そこで，理由を解答例のようにまとめる。

問九　「順当」は，順序や道理にかなっていて，正しい様子。選挙結果が土谷先生の思っていた通りだったのである。

★ワンポイントアドバイス★

論説文は，何を説明しているかを具体例からとらえ，文脈に注目し，筆者がどのように説明を進めて考えを述べているかを読み取ろう。小説は，会話や表情，動作などの表現から人物の心情や思いをつかもう。また，人物についての説明を正しく読み取る。論説も小説も語句の意味をおさえよう。

MEMO

大切なことはメモしておこうネ！

2021年度

入　試　問　題

2021年度

東海大学菅生高等学校中等部入試問題（第１回Ａ）

【算　数】（50分）　＜満点：100点＞

【注意】 定規・分度器・コンパスを使用してはいけない。

1 次の計算をしなさい。

(1) $2021+79\times8$

(2) $3.14\times12+3.14\times8-3.14\times10$

(3) $\left(\frac{7}{9}+\frac{1}{12}-\frac{3}{4}\right)\times36$

(4) $\left(\frac{5}{7}-\frac{2}{3}\right)\times0.7+\left(\frac{3}{10}\times1\frac{2}{3}-0.5\right)$

(5) $0.25\times64\times0.25\times0.25$

(6) $4.85+5.35+5.85+6.35+6.85+7.35+7.85+8.35$

2 次の □ にあてはまる数を求めなさい。

(1) $(4\times$ □ $-10)\times8=16$

(2) ５m^2の32％は □ cm^2です。

(3) 132と60の最大公約数は □ です。

(4) 下の数はある決まりで並んでいます。このとき，９番目の数は □ となります。

$1,\ \frac{1}{4},\ \frac{1}{9},\ \frac{1}{16},\ \frac{1}{25},\ \cdots\cdots$

(5) 図のような道路があり，家からポストまで行く最短の道順を考えます。このとき，家からＡ地点を必ず通過して，ポストまで行く方法は，全部で □ 通りあります。ただし，図に表された道以外は，通ることができません。

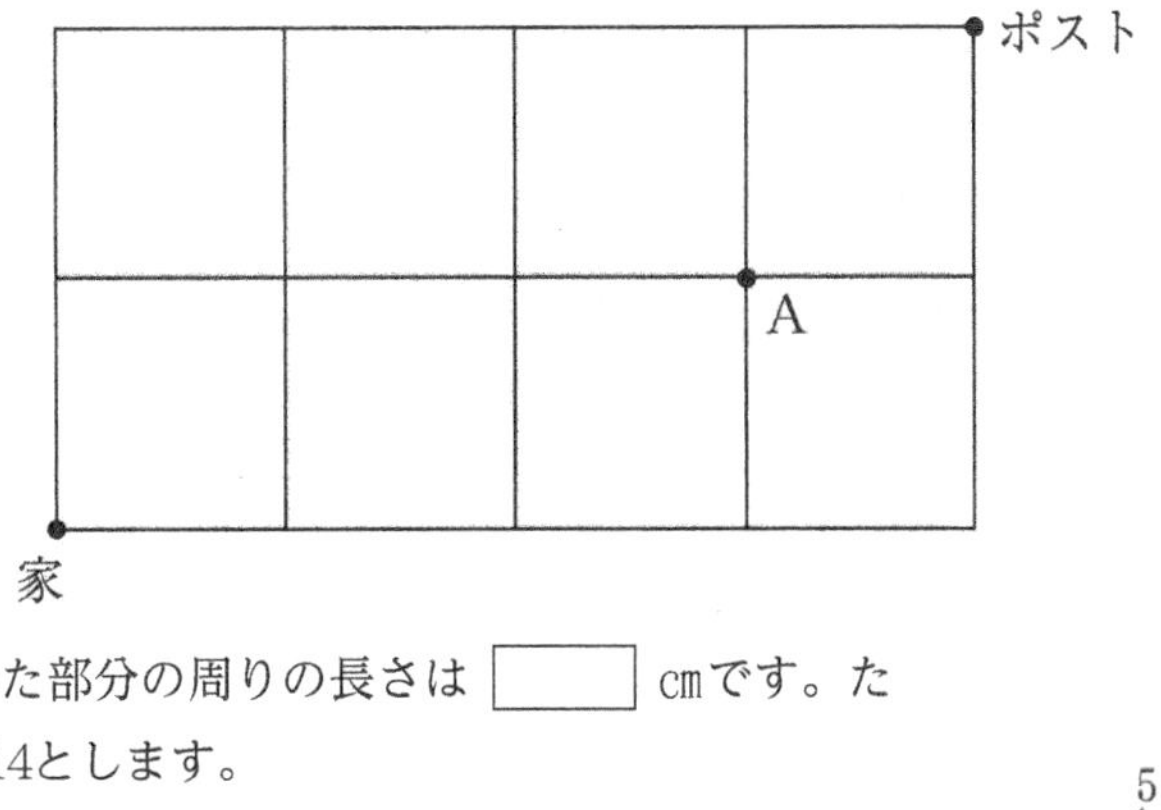

(6) 右図の色のついた部分の周りの長さは □ cmです。ただし，円周率は3.14とします。

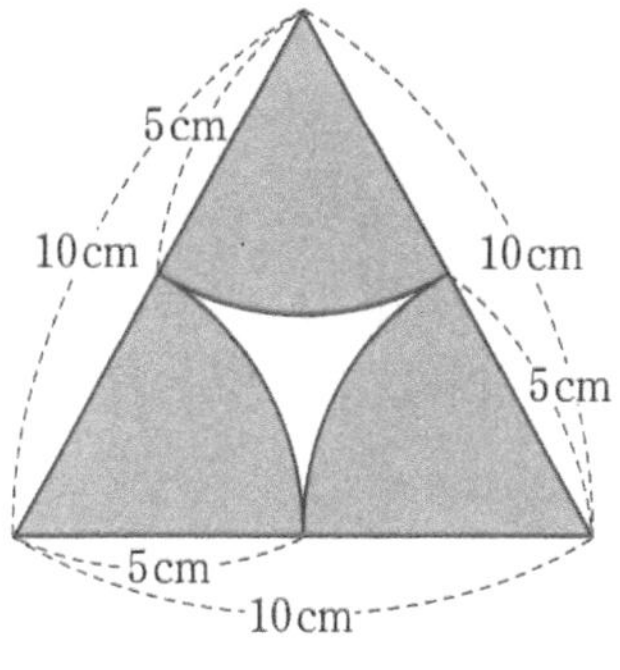

3　１周3600mの池があります。この池のまわりをＡさんは分速250m，Ｂさんは分速200mで走ります。

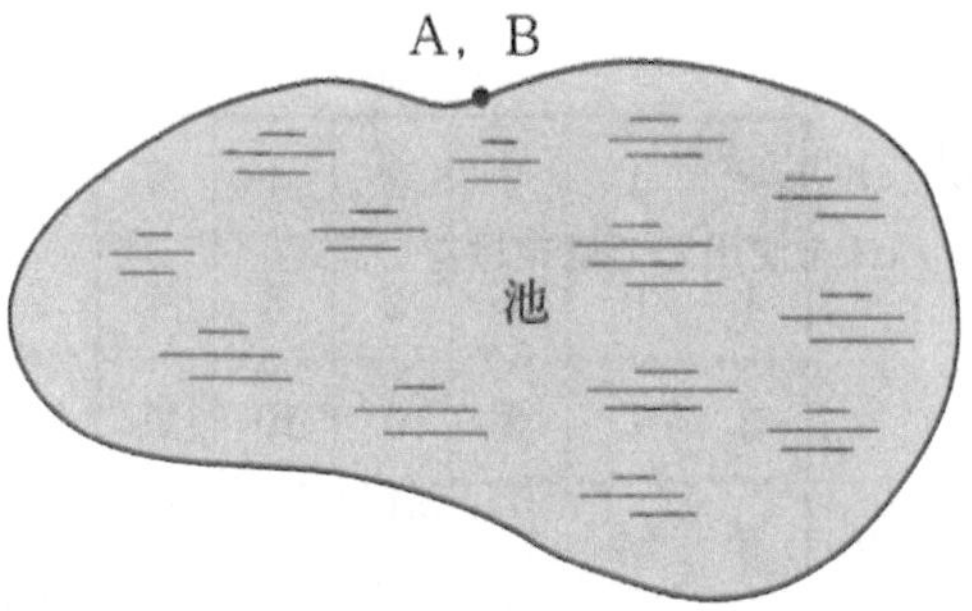

⑴　２人が同じ場所を同時に出発して，反対の方向に走ると，はじめて出会うのは出発してから何分後ですか。

⑵　２人が同じ場所を同時に出発して，反対方向に走ったとき，3回目に出会うのは何分後ですか。

⑶　２人が同じ場所を同時に出発して，同じ方向に走ると，ＡさんがＢさんをはじめて追いこすのは何分後ですか。

4　図のように，行と列で数を並べた表があります。例えば，４行目の３列目の数字は23になっており，これを〔4, 3〕＝23と表します。このとき，次の各問いに答えなさい。ただし，５行目以降も数字は続いています。

行＼列	1	2	3	4	5	6	7
1	0	1	2	3	4	5	6
2	7	8	9	10	11	12	13
3	14	15	16	17	18	19	20
4	21	22	23	24	25	26	27
5	⋮	⋮	⋮	⋮	⋮	⋮	⋮
6	⋮	⋮	⋮	⋮	⋮	⋮	⋮
7	⋮	⋮	⋮	⋮	⋮	⋮	⋮
⋮	⋮	⋮	⋮	⋮	⋮	⋮	⋮

⑴　〔7, 5〕はいくつになるか求めなさい。

⑵　〔〔10, 7〕, 〔2, 1〕〕はいくつになるか求めなさい。

5　下図のような直方体の形をした容器と底面の面積が200㎠の円柱があります。このとき，次の各問いに答えなさい。

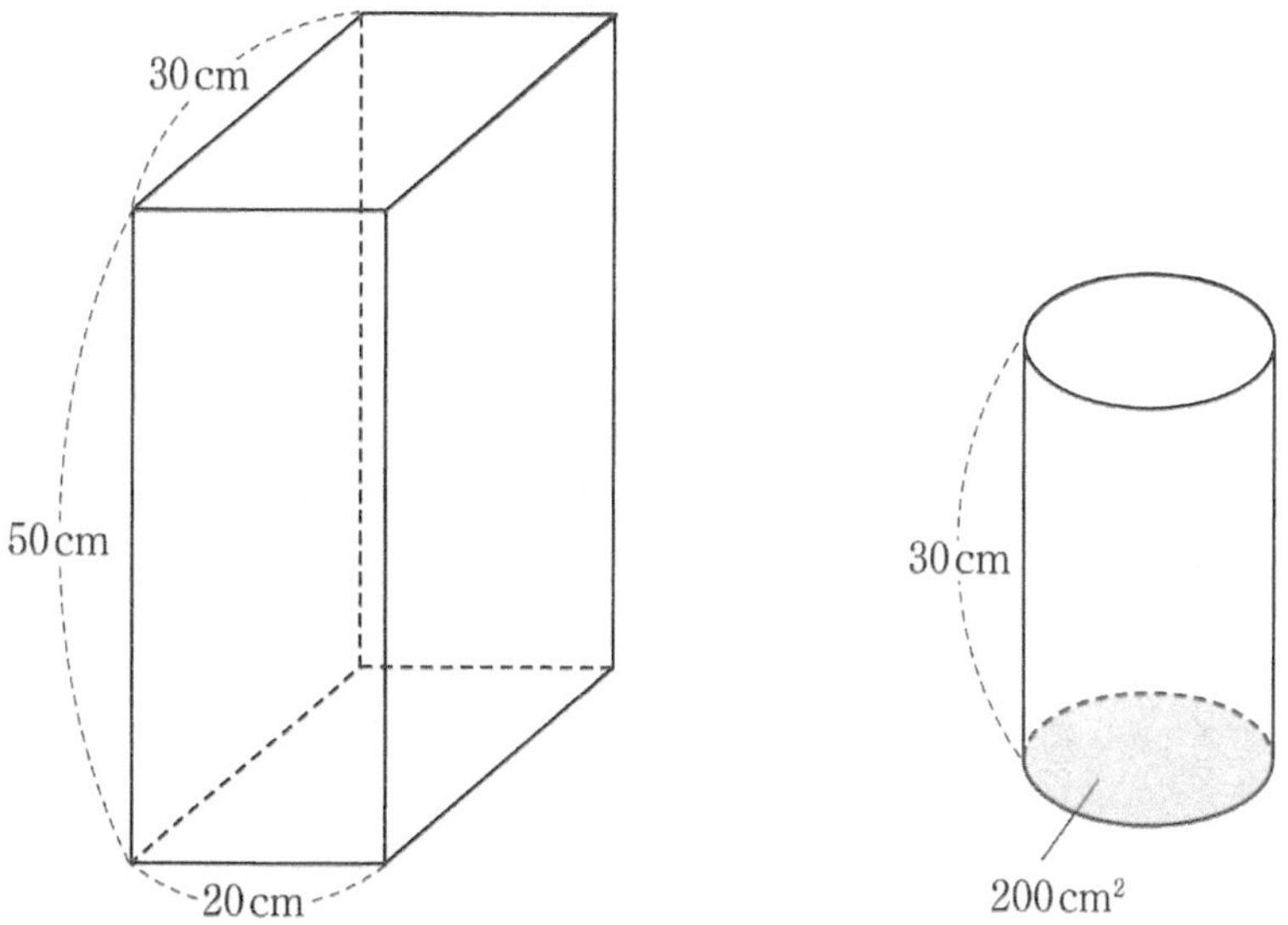

(1)　この容器に円柱をいれてから水を容器いっぱいまで注ぎ，その後円柱を取り出しました。このとき，水面の高さは何㎝になりますか。

(2)　この容器に円柱をいれてから水を15000㎤入れました。このとき，水面の高さは何㎝になりますか。

(3)　この容器に10㎝の高さまで水を入れ，その中にこの円柱を立てたまま沈めました。このとき，水面の高さは何㎝になりますか。

く形で、本文中より二十八字で抜き出し、最初と最後の五文字を書きなさい。

問二　空らん②・③に入ることばを以下よりそれぞれ選び、記号で答えなさい。

ア　そして　イ　たとえば　ウ　しかし　エ　さて

問三　筆者は免疫機能が正常に働いていたのはどのような環境だと考えていますか、本文中の言葉を使い二十字以内で説明しなさい。

問四　――線④「女性の看護師さんはリスクが高い」と筆者が考えている理由はなんですか。次の空らんに入る言葉を、本文中より四文字で抜き出しなさい。

（　　）が多いから。

問五　――線⑤「メラトニン」の働きを本文中より、四文字と十二文字でそれぞれ抜き出しなさい。

問六　――線⑥「がんは、まさに現代病と言える」とありますが、その理由として最も適切なものを以下より選び、記号で答えなさい。

ア　現代は夜に生活すると効率がいいと考えられ、仕事もたくさん用意され店も開いているから。

イ　悪い病気を抑制しようと、規則正しい生活をしてメラトニンが分泌されると眠くなってしまうから。

ウ　夜に働くことが多く睡眠が不十分だと、メラトニンが分泌されない病気にかかりやすくなってしまうから。

エ　現代社会は夜に働く機会が多く、また都市部では夜間も明るいためメラトニンが分泌されにくいから。

こうしたことも、日本人が清潔すぎるから起きていることです。あまり清潔になったがゆえに、私たちは自然から報復《ほうふく》※4を受けるということかもしれません。きれいになりすぎるのも考えものです。

考えてみれば、私たちが子どものころは、そこらじゅうがばい菌だらけだったので、免疫システムがきちんと作動していたのでしょう。前の章では、進化が必ずしも進歩ではないというお話をしましたが、人間はまさに進化する過程でさまざまな病気もまた取り込むことになってしまったのです。

《現代的な生活がつくる病》

現代的な生活がもたらす病気の例をもう一つ挙げましょう。

実は夜間勤務の多い女性は、乳がんの発生比率が高いという統計学的なデータがあります。たとえば④女性の看護師さんはリスクが高いのです。そこには⑤メラトニンというホルモンが関係しているという説があります。

メラトニンは、外界から受ける光に応じて分泌《ぶんぴつ》量が変わります。太陽が当たっている日中は少なく、夜になるとたくさん分泌※5される。メラトニンが多くなると、眠くなるという仕組みが働きます。夜になると自然に眠くなるのは、メラトニンが適切に分泌されているからなのです。

同時に、このメラトニンには、がん細胞の増殖《ぞうしょく》を抑制《よくせい》※6する働きもあるということが、わかってきました。これは逆に言うと、メラトニンが分泌されにくい環境にいると、がんにかかりやすいことを意味しています。

もうおわかりですね。夜勤をすると、夜間も照明などの光を浴びてしまうので、メラトニンが分泌されにくくなる。その結果、乳がん発生の可能性が高まってしまうというわけです。

ですから、がんの予防法は、規則正しい生活をして、夜、ちゃんと寝るということです。夜更《よふ》かしをせずに、静かな暗い場所で熟睡《じゅくすい》をするとメラトニンがたくさん分泌されることがわかっています。

夜勤というのも、現代社会ならではのスタイルでしょう。しかも都市部は夜間でも外が明るい。若いうちは無理がきくから、徹夜もしてしまう。昼夜の区別が薄《うす》れた社会で生活することでもたらされる⑥がんは、まさに現代病と言えるのではないでしょうか。

（池上彰「おとなの教養」NHK出版より）

※1　免疫……外から体に入ってきたばい菌などを外に出そうとする防御機構の一つ。
※2　宝の持ち腐れ……役立つ道具や、すぐれた力を持っていながら、それを使わなかったり発揮せずにいることのたとえ。
※3　コレラ……コレラ菌に感染することで発症する病気。
※4　報復……仕返しをすること。
※5　分泌……細胞から代謝産物を輩出すること。
※6　抑制……おさえてとどめること。

問一　――線①「花粉症」について、次の問題に答えなさい。

a　筆者は「花粉症」はどのようなことでおこったといっていますか。次の説明文の空らんに入るそれぞれの言葉を本文中よりⅠは四文字、Ⅱは九文字で抜き出しなさい。

「花粉症」とは（　Ⅰ　）を退治する、（　Ⅱ　）が誤って作動することでおこった病気である。

b　筆者は現代の日本人の何が原因だと考えていますか。「病気」に続

イ　公平なチームなどいままで考え付いたことがなく、自分も早く気付けばとうらやましく思ったから。

ウ　智を試合に出させてやれず、「かわいそう」にしてしまったのは監督である自分だから。

エ　主賓だから打ち上げの席に一刻も早くいかねばならないのに、後任の監督の話がだらだらと長いから。

問六　――線⑥「今度は素直な笑顔になった」とありますが、それはなぜですか。四十字以内で説明しなさい。

問七　――線⑦「智は一瞬きょとんとした顔になった」とありますが、それはなぜですか。四十字以内で説明しなさい。

三　次の文章に関するあとの問いに答えなさい。

《吸血ダニとの格闘から花粉症は生まれた》

日本では国民病と言われるほど花粉症の患者が大勢います。私自身も花粉症です。私が花粉症を発症したのは一九七五年のこと。当時は患者数が少なく、病気の辛《つら》さが理解してもらえませんでした。私自身、「春先になるとくしゃみが出るなあ。風邪だろうか」などと思っていました。この症状が「花粉症」だと診断を受けたのは、一九七七年になってからです。

でも大昔は、①花粉症という病気はありませんでした。

恐竜がまだ地球上にいた二億年前、地球で最初の哺乳類《ほにゅうるい》が誕生しました。でも、当時の哺乳類は皮膚《ひふ》に取り付いて血を吸う吸血ダニに苦しめられていたそうです。それは、吸血ダニに対する免疫《めんえき》※1システムがなかったからです。

②進化の過程で、哺乳類は吸血ダニに対抗する新しい免疫システムを獲得しました。ここにも突然変異があり、たまたま吸血ダニへの免疫システムをつくった哺乳類だけが生き延びたということです。

この免疫システムは、吸血ダニを異物《いぶつ》と判断して、それを退治する物質を放出します。こうして哺乳類は、吸血ダニを撃退することができるようになったのです。

現在の日本のような清潔な環境では、かつてほどダニに悩まされることはありません。そうなると、吸血ダニと戦っていた免疫システムが、宝の持ち腐《ぐさ》れ※2になります。そのために、たまたま外から入ってきたものを、敵と見誤《みあやま》って攻撃するということが起きるようになってしまいました。このとき、吸血ダニと勘違いされるのがスギ花粉なのです。スギの花粉が入ってくると、人間の免疫システムが誤って作動し、吸血ダニ退治の物質を出す。そのせいで、目がしょぼしょぼしたり、くしゃみをしたりすることになるわけです。

こうして見ると、花粉症という病気は、私たちの環境があまりに清潔になりすぎることでもたらされた病気だということがわかります。とりわけ日本の清潔度は先進国でもトップクラスでしょう。

③以前、インドネシアのバリ島に行った日本人が次々にコレラ※3にかかるということがありました。他の外国人たちはなんでもないのに、日本人だけがコレラになってしまう。

インドやインドネシアに行って生野菜を食べて、お腹を壊した人も大勢いると思います。でも、同じものを食べたり飲んだりしている現地の人はまったく平気です。

ていうレベルじゃないんですよ。息子に悲しい思いをさせたくないから、試合はぜったいに勝てる相手を選んでくれ、って。真剣に言うんですよ、みんな」

徹夫は「わかるような気がするなあ」と笑った。⑥今度は素直な笑顔になった。

「まあ、でも、うまく折り合いをつけてがんばりますよ」

後任の監督はおどけてげんなりした顔をつくり、「じゃあ」と立ち去っていった。彼の折り合いのつけ方にも一理あるのかもしれない。徹夫は思い、そうかもな、と認めたうえで、でもな、と声に出さずにつぶやいた。つづく言葉は、浮かんでこなかった。

川を吹き渡る強い風が、グラウンドの土埃《つちぼこり》を舞い上げる。天気予報より少し早く、試合が最終回に入った頃から風が強くなっていた。

加藤——と呼びかけて、試合はもう終わったんだと思い直し、父親に戻った。

「智、ちょっと残ってろ」

⑦智は一瞬きょとんとした顔になったが、すぐに「オッス！」と帽子をとって答えた。

バックネット裏では、江藤くんの一家が、ビデオの液晶《えきしょう》モニターを覗《のぞ》き込んで、さっそく息子の晴れ姿の鑑賞会を開いていた。

（重松清「卒業ホームラン」新潮社より）

※１　ブルペン……野球場にある投球練習場

※２　檄が飛んだ……ここでは元気のない者に刺激を与えて活気づけること。

※３　敬遠……野球において故意に四球を与えること。

※４　主賓……まねかれる客の中で最も格が高いメインゲスト。

問一　——線①「ムッとした」とありますが、江藤くんの父親はなぜムッとした顔をしたのですか、最も適切なものを次から選び、記号で答えなさい。

ア　江藤くんの調子が悪いことは見ればわかるのに、徹夫の対応が一テンポ遅れたから。

イ　相手チームのエースに対して、徹夫が二回を終わっても攻略法が見つけられないから。

ウ　せっかく息子の投手としての姿を撮影しているのに、徹夫が交代の準備を始めたから。

エ　いいことがないのにがんばる智の気持ちを考え、徹夫が試合に集中していないから。

問二　空らん②にはいる語句を次から選び、記号で答えなさい。

ア　抽象的　　イ　経済的　　ウ　学問的　　エ　致命的

問三　空らん③にはいる語句を次から選び、記号で答えなさい。

ア　手袋　　イ　帽子

ウ　上着　　エ　キャッチャーマスク

問四　——線④「この監督」とはだれかを次から選び、記号で答えなさい。

ア　徹夫　　イ　智

ウ　江藤くんの父親　　エ　後任の監督

問五　——線⑤「耳にさわった」のはなぜですか、最も適切なものを次から選び、記号で答えなさい。

ア　誰もが試合に出られると、選手にとって成長のきっかけを奪うという自分の考えに反するから。

智だった。

徹夫と目が合った。

智は、元気出さなくちゃね、というふうに微笑《ほほえ》み、うつむいて、もう顔を上げなかった。

試合が終わった。〇対十の完敗、いや、惨敗《ざんぱい》だった。

二十連勝の夢はついえたが、通算成績十九勝一敗ならりっぱなものだ。一列に並んだ選手たちと徹夫にバックネット裏からは大きな拍手が送られ、誰の親だったのだろう、「名監督！」という声もとんだ。

このあと、近くのファミリーレストランで一年間の活動を終えた打ち上げの席が設《もう》けられている。

※4主賓《しゅひん》は徹夫だ。幹事《かんじ》をつとめる江藤くんの父親が「監督さん、生ビールもありますから、グーッといきましょうや」とジョッキを傾《かたむ》けるしぐさをして笑う。

徹夫は愛想笑いを返して、グローブやバットを片付ける選手たちに目を移した。智もいる。こっちに背中を向けて、けっきょく試合では一度も使うことのなかったバットをケースに収めている。

バックネット裏に、佳枝の姿があった。母親どうしのおしゃべりの輪から少し離れたところにぽつんとたたずんで、こっちを見ていた。典子は、やはりいない。誘っても来なかったというより、最初から佳枝が誘わなかったのかもしれない。そのほうがいい。今日の試合だけは、見られたくなかった。

「お疲れさまでした、残念でしたね」

後任の監督に声をかけられた。「あのピッチャーは小学生じゃ打てませんよ、相手が悪かったんだ」と慰《なぐさ》められると、かえって悔しさが増してしまう。

「それで、ちょっと、監督にもご意見聞かせてもらいたいんですが……」

来年からは、試合数をいままでの三倍にするのだという。

「練習ばかりじゃ、こどもたちも張り合いがないと思うんですよね。やっぱり試合をしないと目標がないでしょう」

「年間六十試合ですか。すごいな、それ」

皮肉を込めて笑った。毎週一試合でも追いつかないペースだ。

「といってもね、チームを三つに分けようと思うんですよ。レベル別にA、B、Cっていう感じで。で、相手にもレベルを合わせてもらって、年間二十試合ずつ。これなら練習と試合のバランスもとれるし、補欠の子や下級生の子も試合に出られるから公平でしょう？　そうしないと、試合に出られない子がかわいそうだし、学校だって習熟度別《しゅうじゅくどべつ》にクラスを組もうかっていうご時世ですからね」

⑤かわいそう――が、耳にさわった。

苦笑いがゆがむ。公平という言葉を辞書でひけば、たしかにこの男の言っていることは正しいのかもしれないが、どこかが、なにかが、違う。正しくても、間違っている。智はBチームのレギュラーになっても喜ばないだろう。喜んでほしくない。監督としてでも親としてでもなく、野球をする男どうしとして。

だが、後任の監督は不意に肩から力を抜き、手品の種明かしをするように言った。

「ってね、これ、前のチームで思い知らされた教訓なんですよ。うるさい親の多いチームで、信じられますか？　ウチの子を試合に出せ、なん

三回裏、相手チームの先頭打者がフォアボールで出塁《しゅつるい》した。つづく打者はきっちり送りバントを決め、しかも江藤くんが打球の処理にもたついてしまい、ノーアウト一、二塁。打順はクリーンアップにまわる。

徹夫はタイムをかけて、キャッチャーの安西くんをベンチに呼び、江藤くんの調子を尋《たず》ねた。やはり、このイニングに入ってから、すべての球がサインとはぜんぜん違うコースに来ているという。

交代だ。ここで点を取られるわけにはいかない。ブルペンの水谷くんを見た。ウォーミングアップは、もうじゅうぶんだろう。

ところが、主審《しゅしん》に手を挙げようとした、そのとき――。

「裕太、がんばれよ！　まだいける、まだいける！」

バックネット裏から、江藤くんの父親の※2檄《げき》が飛んだ。息子ではなく、徹夫に聞かせたかったのかもしれない。

徹夫はベンチから浮かせた腰を、すとんと下ろした。腕組みをして、勝手にしろ、と声にならない声で吐き捨てる。

続投した江藤くんは、次のバッターの初球にワイルドピッチをした。ランナーは二、三塁に進む。徹夫は※3敬遠《けいえん》のサインを送った。だが、頭に血がのぼった江藤くんの目には入っていないようだ。

まずいぞ、と思う間もなく江藤くんは投球動作に入った。もうタイムもかけられない。

スパーン！　と快音が響く。

左中間にライナーで飛んだ打球はぐんぐん伸《の》びて、レフトの前島くんの差し出すグローブのはるか上を越えていった。

②　な三点が、入った。

救援《きゅうえん》のマウンドに登った水谷くんも打ち込まれた。三番手の長尾くんも、火のついた相手チームの打線には通用しなかった。

五回の裏を終わったところで〇対八。相手チームのエースはあいかわらず絶好調で、まだ一安打しか許していない。攻略の糸口は見つからない。たとえ見つけても、長尾くんが追加点を奪《うば》われるほうが先だろう。

「監督さん」

ショートの吉岡くんの父親が小走りにベンチ裏に来て、言った。

「もう試合の勝ち負けはいいですから、補欠《ほけつ》の子もみんな出してあげましょうよ。せっかくいままでがんばってきたんですから」

徹夫は黙ってうなずき、③　を目深《まぶか》にかぶり直した。

今日なら、出せた。この試合なら、智を出しても誰からも文句は言われなかった。

あいつの努力を最後の最後でむだにしたのは、俺だ。腕組みをして、地面に落ちる自分の影をにらみつけて、思う。

後悔はしない。勝つためにベストをつくしたのだ。

それでも――俺は智の父親として、④この監督のことを一生許さないだろう。

六回表の攻撃で、山本くんをピンチヒッターに送った。一家の声援を受けて、ツースリーまで粘ったが、最後は空振り三振。思いきりスイングしてよじれてしまった背中の14の数字が、一瞬、智の背負った16に見えた。

悔しそうな顔でひきあげてくる山本くんに、ベンチの横から励《はげ》ましの声が飛んだ。

「惜しい惜しい。ナイススイング！」

【国　語】（五〇分）〈満点：一〇〇点〉

【注意】 すべての問題において、句読点は一字と数えるものとする。

一 次の――線のカタカナを漢字に、漢字をひらがなに直しなさい。

（送りがなの必要なものはあわせて書くこと）

① 旅行のジュンビをする。
② ジョウキ機関車の写真をとる。
③ 気の毒な話を聞き心をイタメル。
④ 毎日の予習とフクシュウは大切だ。
⑤ 本のヘンシュウ者にあこがれる。
⑥ 源義経が平氏を追討する。
⑦ 運動の基本的な動きを教わる。
⑧ 特別な能力を身につける。
⑨ この地域は養蚕がさかんだった。
⑩ 消毒用のアルコールは揮発性がある。

二 次の文章に関するあとの問いに答えなさい。

徹夫《てつお》は少年野球の監督をしており、息子の智《とも》も選手の一人として練習に励んでいる。長女で中学二年生の典子は塾の講習やテストの日にもいかず、がんばることは無意味だと思ってしまっている。智の最後の試合であったこの日、妻の佳枝《よしえ》は球場に来ていたが、典子は姿を見せなかった。

智は下級生といっしょにベンチの横に並び、グラウンドの選手たちに声援《せいえん》を送っていた。

最後の試合に、出場どころかベンチ入りすらできなかったのに、智の様子はふだんと変わらない。どこか気まずそうな六年生の仲間に「がんばれよ」と声をかけ、自分と入れ替わって五年生でただ一人ベンチ入りした長尾《ながお》くんにも笑顔で接する。

俺なら、そんなことはできなかった。高校時代を振り返って、徹夫は思う。負けず嫌いの性格だった。野球だけではなく、勉強でもスポーツでも、負けたくないから必死にがんばってきた。それが報《むく》われることもあったし、報われなかったことも、もちろん、ある。

がんばればいいことが――「ある」とはやはり言えなくとも、「あるかもしれない」くらいなら典子に言ってやれるかもしれない。「いいことがあるかもしれないから、がんばる」と言葉を並べ替えてもいい。

だからこそ、本音を言えば、徹夫にはよくわからないのだ。

「いいことがないのに、がんばる」智の気持ちが。

監督としても、親としても、それは決して口にはできないことなのだが。

二回を終わって〇対〇。相手チームのエースは予想以上の好投手だった。一方、江藤くんの調子は予想以上に悪い。球が高めに浮き、スピードもキレもない。捕まるのは時間の問題だろう。

徹夫は打撃陣《だげきじん》にバットを一握《にぎ》り短く持つよう指示を出し、六年生の控《ひか》え投手の水谷くんにウォーミングアップを命じた。①息子の晴れ姿をビデオで撮っていた江藤くんの父親はムッとした顔でベンチを見たが、逆に水谷くんの両親は※1ブルペンの前に場所を移し、わくわくした顔で試合を見守っている。

2021年度

東海大学菅生高等学校中等部入試問題（第１回Ｂ）

【算　数】（50分）　＜満点：100点＞

【注意】 定規・分度器・コンパスを使用してはいけない。

1 次の計算をしなさい。

(1) $12+97+997+9997+99997$

(2) $1.25\times32+2.5\times34-7.5\times16$

(3) $166.5\div\left\{\left(2\frac{1}{7}-\frac{2}{3}\right)\times21-3.25\right\}$

(4) $\frac{1}{2}+\frac{1}{6}+\frac{1}{12}+\frac{1}{20}+\frac{1}{30}$

(5) $\frac{1}{2}+\frac{1}{4}+\frac{1}{8}+\frac{1}{16}+\frac{1}{32}+\frac{1}{64}+\frac{1}{128}+\frac{1}{256}+\frac{1}{512}+\frac{1}{1024}+\frac{1}{2048}$

2 次の□にあてはまる数を求めなさい。

(1) 112をわると４余り，79をわると７余る整数の中で一番大きいものは□です。

(2) りんご３個となし５個をあわせると860円かかり，りんご２個となし３個をあわせると540円かかります。このとき，りんご４個となし８個では□円になります。

(3) ３で割っても４で割っても１余る整数のうち，500に一番近い整数は□です。

(4) 下の数はある決まりで並んでいます。このとき10番目の数は□です。

$\frac{1}{2}$, $\frac{2}{5}$, $\frac{3}{8}$, $\frac{4}{11}$, $\frac{5}{14}$, ……

(5) 右図のように，縦10cm，横20cmの長方形と半径10cmの半円が組み合わさっています。点Ｅが辺ＢＣの中点となっているとき，斜線部分の面積は□cm^2です。ただし，円周率は3.14とします。

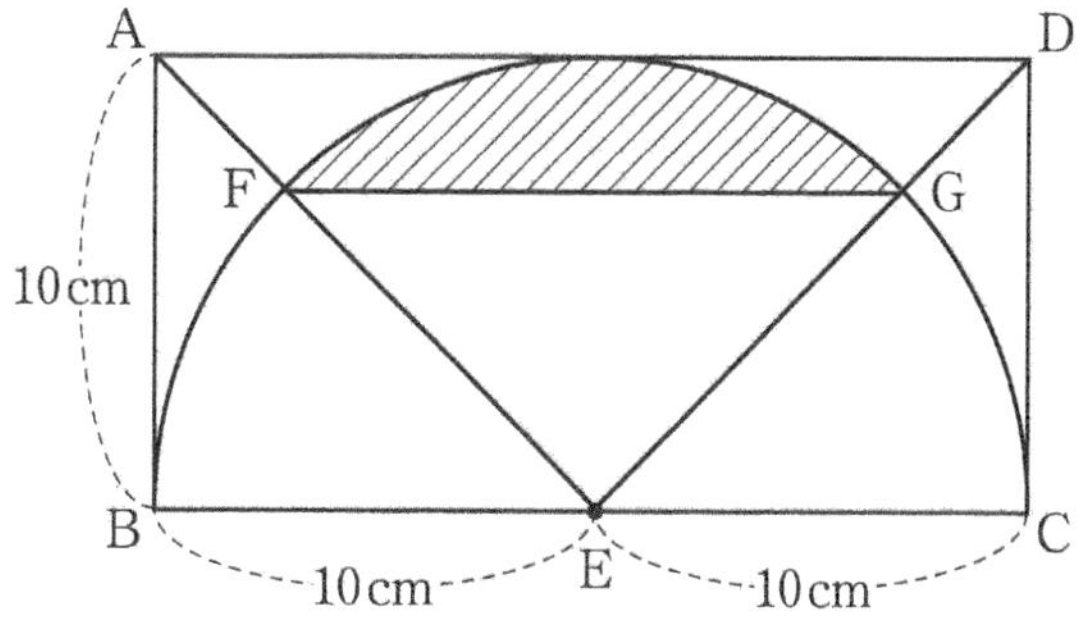

3 次のページの図のように，同じ大きさの正三角形を２枚重ねたところ，重なった部分が正六角形になり，その面積が180cm^2になりました。このとき，次の各問いに答えなさい。

(1) 正三角形ＡＣＥの面積は何cm^2ですか。

(2) 点Ａ，Ｂ，Ｃ，Ｄ，Ｅ，Ｆをそれぞれ結んでつなげたところ，正六角形ができました。このとき，できあがった正六角形の面積は重なってできた正六角形の面積の何倍ですか。

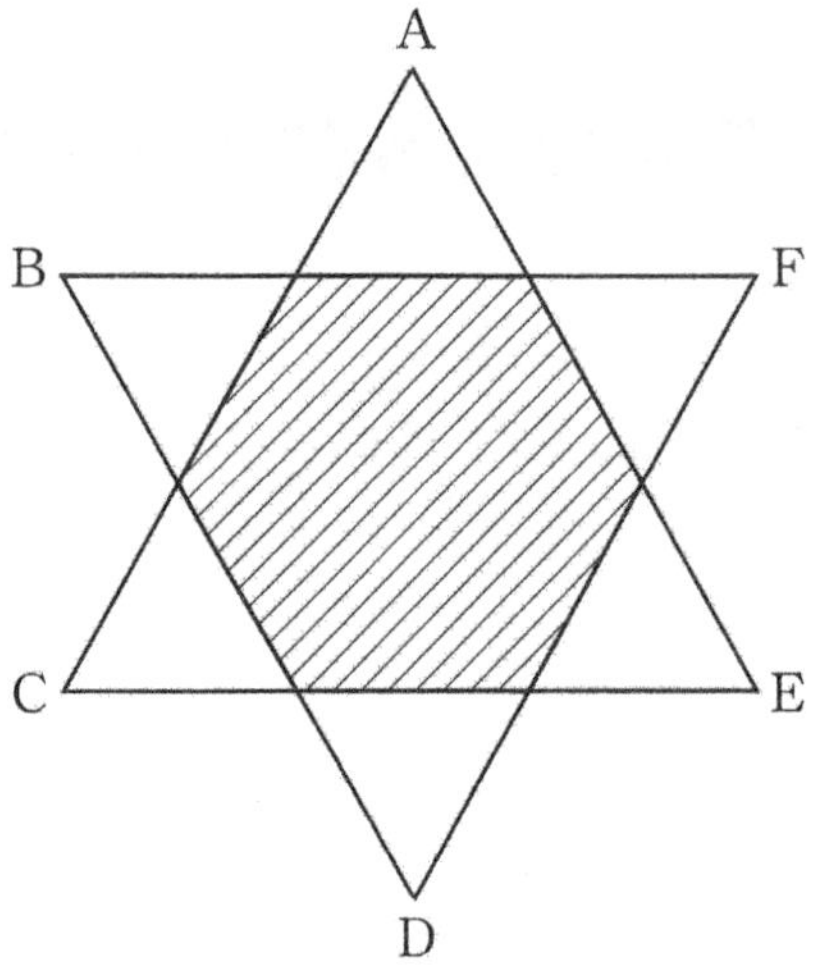

4 下図のような形をした容器に，水道管Ａで毎分2500㎤の割合で水がいっぱいになるまで入れます。いっぱいになると同時に水道管Ａを閉じ，容器下の排水管Ｂから毎分一定の割合で水を排水させました。下のグラフは，水を入れはじめてからの時間と水面の高さとの関係を表したものです。このとき，以下の各問いに答えなさい。

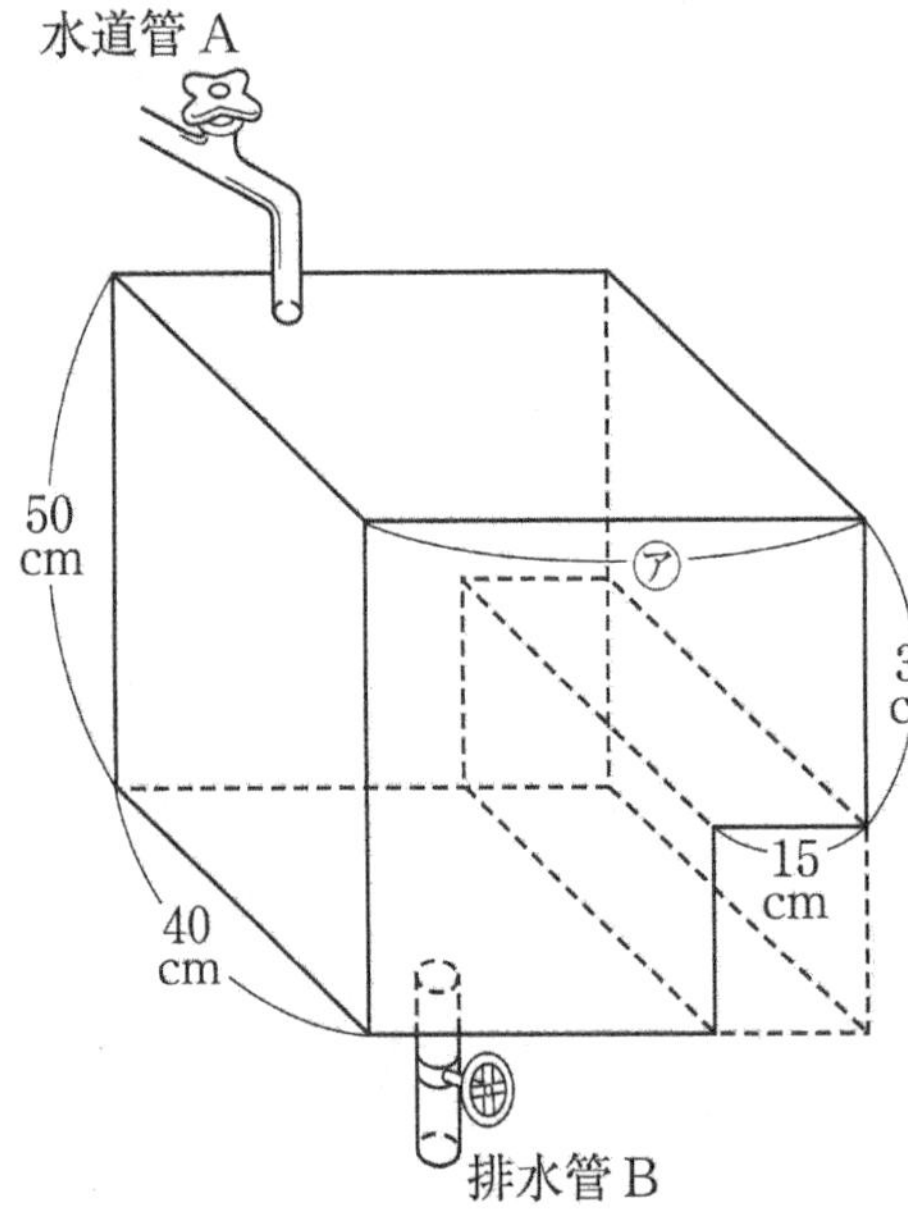

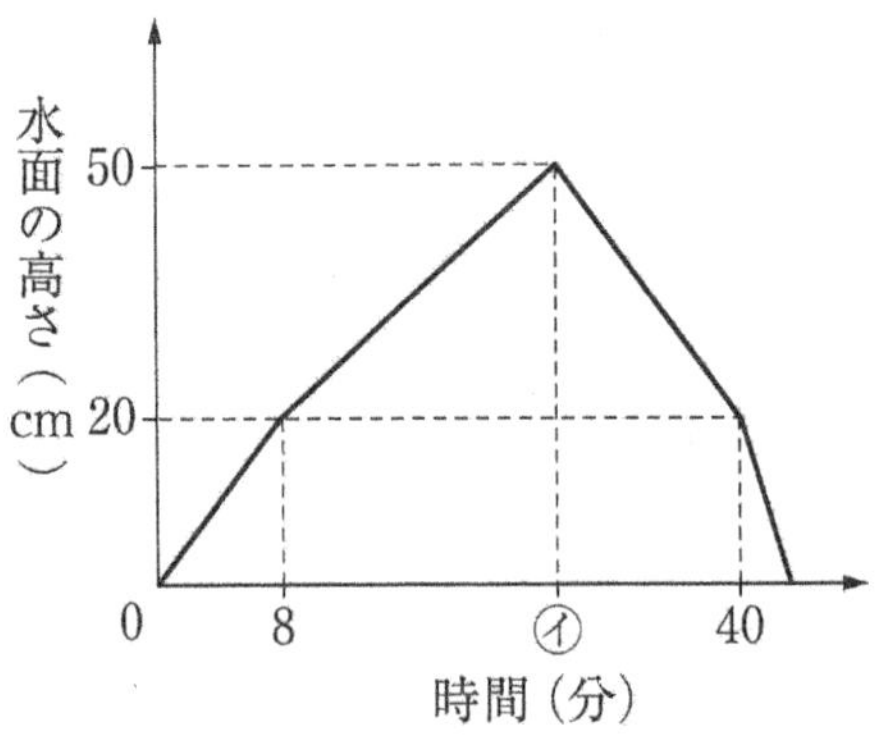

(1) この容器の横の長さである㋐は何㎝か求めなさい。

(2) グラフにおける㋑にあてはまる数を求めなさい。

(3) 排水管Ｂから排出する水の量は毎分何㎤か求めなさい。

【理　科】（社会と合わせて50分）　＜満点：50点＞

【注意】 定規・分度器・コンパスを使用してはいけない。

1　自然の長さが40㎝のばねＡと，30㎝のばねＢを用いて次の実験を行った。自然の長さとは，ばねに何もつるしていないときのばねの長さのことである。

［実験］ 図１のように，ばねＡやばねＢにいろいろな重さのおもりをつるし，おもりの重さとばねののびとの関係を調べた。図２は，その結果をグラフにまとめたものである。あとの問いに答えなさい。

図１

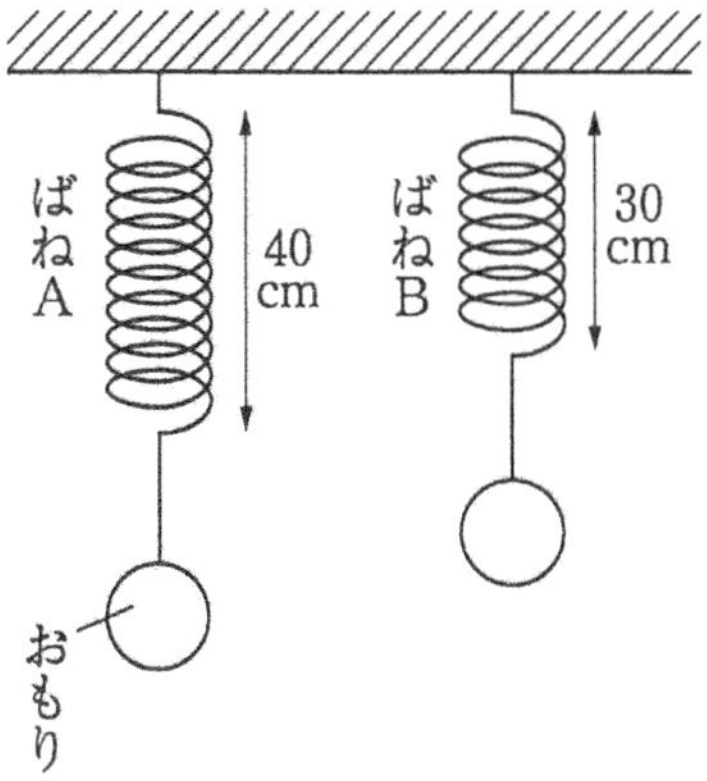

図２

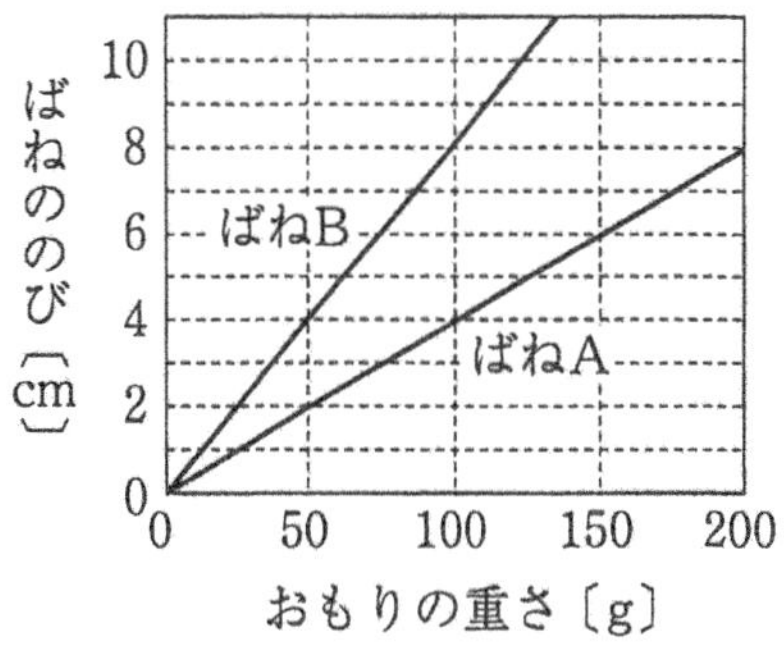

問１　ばねＡに150ｇのおもりをつるしたとき，ばねののびは何㎝か。

問２　ばねＢののびが８㎝のとき，つるしているおもりの重さは何ｇか。

問３　ばねＡに275ｇのおもりをつるしたとき，ばねＡの長さ（自然の長さとのびの合計）は何㎝か。

問４　ばねＢの長さが46㎝のとき，ばねＢにつるしているおもりの重さは何ｇか。

問５　図３のように，ばねＡとばねＢを縦につないで250ｇのおもりをつるしたとき，ばねＡ，Ｂ全体の長さは何㎝か。（ヒント：250ｇの重さは，ばねＡにもばねＢにもかかる。）

図３

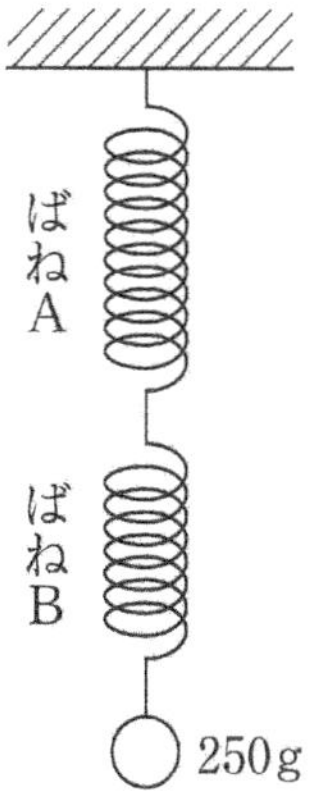

図４

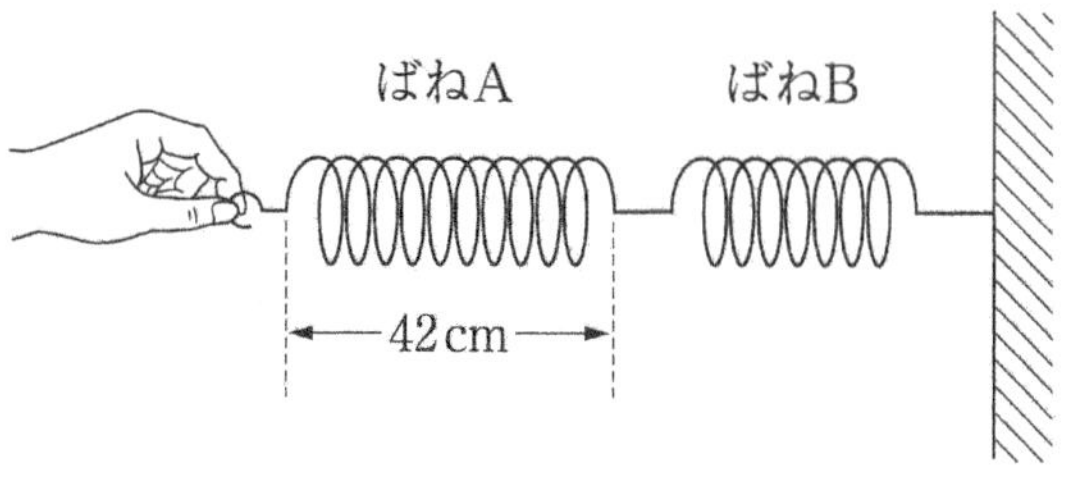

問６　図４のように，ばねＡとばねＢを横につないで一方の端をカベに固定し，もう一方を手で引いたとき，ばねＡの長さは42㎝であった。このときばねＢの長さは何㎝か。（ヒント：ばねＡを引く力は，ばねＢにも等しくかかる。）

2 次の表は，食塩とミョウバンの100ｇの水にとける限度の量（溶解《ようかい》度《ど》）と温度の関係を表したものである。以下の問いに答えなさい。

	0℃	20℃	40℃	60℃	80℃
食塩（g）	35.7	35.8	36.3	37.1	38.0
ミョウバン（g）	5.65	11.4	23.8	57.3	321

問１　80℃の水100ｇにミョウバンを200ｇとかしたとき，あと何ｇのミョウバンをとかすことができるか。

問２　60℃の水100ｇにミョウバンをとけるだけとかし，20℃に冷やすと何ｇのミョウバンが結晶として出てくるか。

問３　80℃の水100ｇに食塩をとけるだけとかしたときの濃度は約何％か。（ただし，割り切れないときは，小数第２位を四捨五入し小数第１位までで答えなさい。）

問４　40℃の水100ｇに食塩をとけるだけとかした水よう液と，40℃の水100ｇにミョウバンをとけるだけとかした水よう液をともに20℃まで下げたとき，結晶がたくさん出てくるのはどちらか。

問５　水の温度による溶解度の変化が小さいため，水温を下げる方法では，食塩の結晶を取り出しにくい。食塩の結晶をたくさん取り出すにはどうすればよいか。

問６　ミョウバンの結晶はどれか。次のア～エから選び記号で答えなさい。

3 図は，ヒトの肺とその一部を拡大したものである。あとの問いに答えなさい。

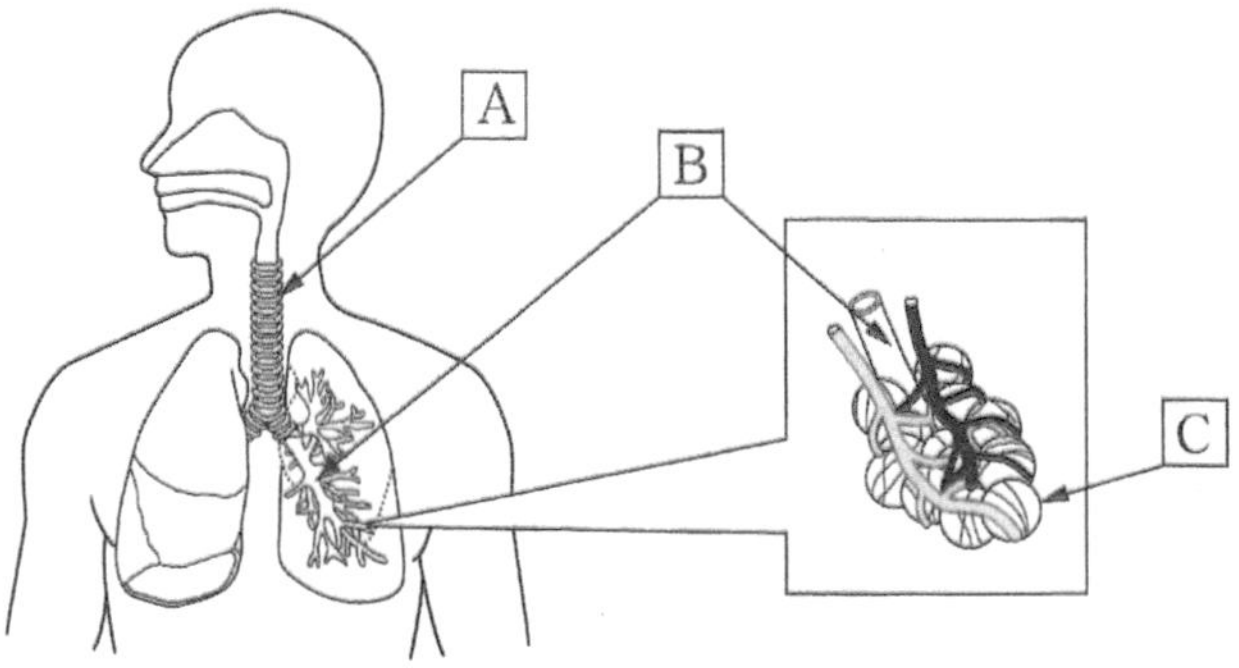

問１　図のＡ～Ｃの名前を答えなさい。

問２　Ｃは網目のように細い血管に取り囲まれている。この血管の名前を答えなさい。

問３　次のページの表は，吸った息とはいた息の中にふくまれる気体の割合を示したものである。（ａ）～（ｃ）にあてはまる気体の名前を次の中から選び答えなさい。（酸素，二酸化炭素，ちっ素，水素，アンモニア）

	（a）	（b）	（c）
吸った息	約 79％	約 21％	約 0.03％
はいた息	約 79％	約 16％	約 4％

4 地層ができる様子を調べるため，プラスチックの容器に，水，れき（小石），砂，泥を入れて，よくかき混ぜ，すばやく水平な場所に置いた。次の問いに答えなさい。

問１　れき，砂，泥は粒の何の違いで分けられるか。

問２　れき，砂，泥の沈み方はどうなるか。次のア～エから選び，記号で答えなさい。

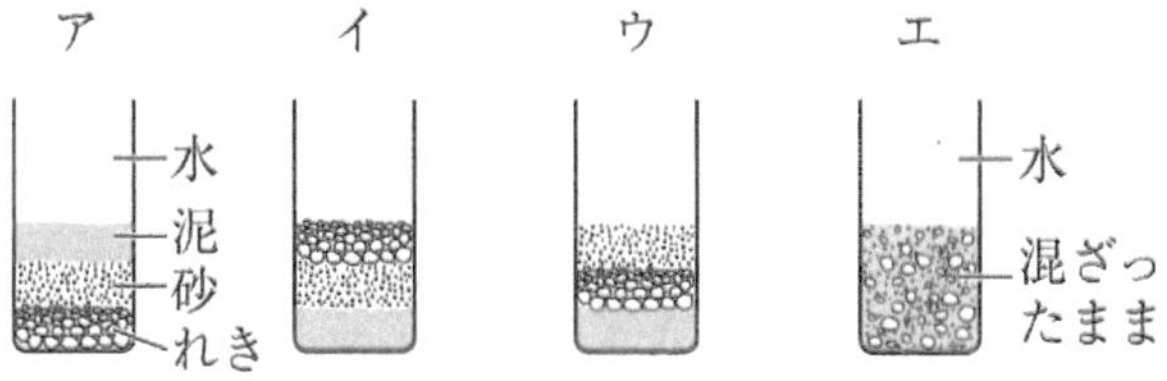

問３　次に，この実験を踏まえ，実際の川によって運ばれた土砂が海底に堆積する場合について考える。図のＡ，Ｂ，Ｃには，れき，砂，泥のうち主に何が堆積しているか。

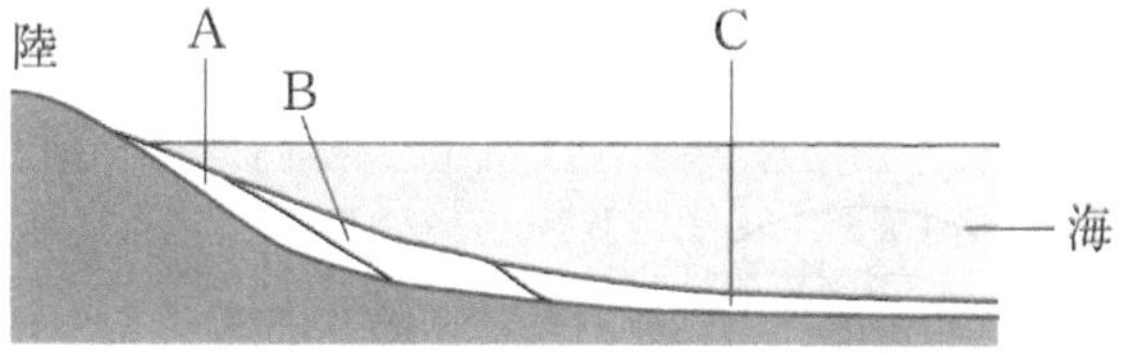

問４　問３のように堆積する理由を簡単に答えなさい。

【社　会】（理科と合わせて50分）　＜満点：50点＞

【注意】 定規・分度器・コンパスを使用してはいけない。

1　次の地図を見て，以下の問いに答えなさい。

問１　地図に見られる６つの気候区分の特色を説明している文をそれぞれ選び，記号で答えなさい。

ア　気温が高く，あたたかい地域です。夏や秋には雨がよく降ります。

イ　冬が長く，寒さがきびしいです。降水量は他の地域よりも少ないようです。

ウ　気候は太平洋側と似ていますが，1年を通じて降水量はやや少ないようです。

エ　１年を通じて気温が高く，雨の多い地域です。冬もあたたかいです。

オ　夏と冬の気温の差が大きいようです。１年を通じて降水量が多くありません。

カ　夏の気温は太平洋側と同じくらいですが，冬には雪がたいへん多いです。

問２　次のⅠ・Ⅱ・Ⅲを読んで，それぞれの農業は「地図のどの気候区分」でさかんに行われているものか，次の中から選び，番号で答えなさい。

＜Ⅰ＞『わたしの家では，じゃがいもをはじめとして，あずき，スイートコーン，てんさい，小麦をつくっています。５種類の作物を順にちがう畑で育てる輪作をしています。』

＜Ⅱ＞『さとうきびは，植えつけてから収穫まで１年から１年半ほどかかります。つゆの前にあたえる肥料のやり方で，生長に大きなちがいが出るので気をつかいます。』

＜Ⅲ＞『レタスには，たくさんの品種があります。収穫の時期に合わせて種を選びます。種によって，育つ期間，病気への強さ，育成に適した温度などにちがいがあります。』

⑴　北海道の気候　　⑵　太平洋側の気候　　⑶　中央高地の気候
⑷　日本海側の気候　　⑸　瀬戸内の気候　　⑹　南西諸島の気候

2　次の表を見て，（　）にあてはまる都道府県の名前を答えなさい。

都道府県名	おもな都道府県の産品・名所・伝統工芸品・歴史上の人物など		
（１）	○ぶどう１位	○もも１位	○武田信玄
（２）	○たまねぎ１位	○乳用牛１位	○じゃがいも１位
（３）	○さつまいも１位	○肉用牛２位	○西郷隆盛
（４）	○りんご１位	○ほたて貝２位	○ねぶた
（５）	○きゅうり１位	○ピーマン２位	○ぶた２位
（６）	○茶１位	○みかん３位	○三保松原
（７）	○レタス１位	○りんご２位	○もも３位

※１　生産品などの順位は全国における順位
※２　農林水産統計速報、ほか

3　次の各文章を読んで，以下の問いに答えなさい。

①　1911年，政府がすべての輸入品に自由に関税をかけることができる新しい条約を，アメリカをはじめ各国と結びました。こうして，日本にとって不平等な条約がすべて改正され，外国と対等な関係になることができました。

②　ドイツの攻撃によって，多くのユダヤ人がリトアニアににげこみました。リトアニアの日本領事館では，ユダヤ人たちが日本を通って安全な国へ行けるよう，ビザ（通過証）を発行しました。このビザによって6000人ものユダヤ人の命が救われました。

③　京都では将軍家のあとつぎ争いなどから，有力な武士たちも加わった応仁の乱がおこりました。この戦いは11年間も続きました。この後も戦乱が相次いで起こり，村の人々は田畑を荒らされるなど苦しみましたが，団結して村を守りました。

④　大名が守らなければならない決まりの中に，参勤交代の制度を加えました。これにより，大名は，石高によって決められた人数の行列を組み，江戸と領地の間を１年おきに行き来しました。大名の妻や子は，人質として江戸の屋しきに住みました。

⑤　都では伝染病がはやり，地方ではききんや災害も起こるなど，世の中はたいへん混乱しました。こうした中，おこなわれた大仏づくりは，国をあげての大事業でした。金属の大仏をつくる技

術は，渡来人の子孫が指導し，全国から集められた大勢の農民などが働きました。

問１　①～⑤の各文章の内容に関係の深い人物を次の中から１つずつ選び，記号で答えなさい。

㋐　徳川家康　㋑　雪舟　㋒　徳川家光　㋓　足利義政

㋔　足利義満　㋕　行基　㋖　杉原千畝　㋗　小村寿太郎

問２　①～⑤の各文章は何時代のできごとか，次の中から１つずつ選び，記号で答えなさい。（文章の内容が２つの時代に続く場合には，その人物が最も活躍した時代を答えなさい。）

ア　縄文時代　イ　弥生時代　ウ　古墳時代　エ　飛鳥時代

オ　奈良時代　カ　平安時代　キ　鎌倉時代　ク　室町時代

ケ　安土桃山時代　コ　江戸時代　サ　明治時代　シ　大正時代

ス　昭和時代

4　次の年表を見て，以下の問いに答えなさい。

年号・時代	で　き　ご　と	
縄文時代	加曽利貝塚のむらができる	⇒　①
弥生時代	吉野ケ里のむらができる	⇒　②
古墳時代	大きな古墳が各地につくられる	⇒　③
６０４年	聖徳太子が十七条の憲法をつくる	
６４５年	大化の改新が起こる	⇒　④
７１０年	平城京がつくられる	⇒　⑤
７９４年	平安京がつくられる	⇒　⑥
８９４年	遣唐使をとりやめる	
	藤原氏が大きな力をもつ	
	かな文字が使われ始める	⇒　⑦
１１５９年	源氏と平氏のあいだで戦いがおこる	⇒　⑧
１１９２年	鎌倉に幕府が開かれる	⇒　⑨

問１　年表の①のできごとに関係の深いことがらを次の中から選び，記号で答えなさい。

㋐　採集や狩りをしてくらす　㋑　小さなくにが各地にできる

㋒　はにわがつくられる　㋓　漢字や仏教が伝わる

問２　年表の②のできごとに関係の深いことがらを次の中から選び，記号で答えなさい。

㋐　採集や狩りをしてくらす　㋑　小さなくにが各地にできる

㋒　はにわがつくられる　㋓　大きな古墳がつくられる

問３　年表の③のできごとに関係の深いことがらを次の中から選び，記号で答えなさい。

㋐　はにわがつくられる　㋑　さまざまな書物がつくられる

㋒　法隆寺が建てられる　㋓　武士の力がしだいに強くなる

問４　年表の④のできごとに関係の深い人物を次の中から選び，記号で答えなさい。

(あ)　藤原道長　(い)　聖武天皇　(う)　小野妹子　(え)　中大兄皇子

問５　年表の⑤のできごとに関係の深い場所を次の中から選び，記号で答えなさい。

(あ)　奈良　(い)　京都　(う)　鎌倉　(え)　江戸

問６　年表の⑥のできごとに関係の深い場所を次の中から選び，記号で答えなさい。

(あ)　奈良　(い)　京都　(う)　鎌倉　(え)　江戸

問７　年表の⑦のできごとに関係の深い人物を次の中から選び，記号で答えなさい。

(あ)　紫式部　(い)　北条政子　(う)　杉田玄白　(え)　雪舟

問８　年表の⑧の戦いに勝利し，武士として初めて太政大臣となった人物を次の中から選び，記号で答えなさい。

(あ)　源頼朝　(い)　平清盛　(う)　北条時宗　(え)　足利義満

問９　年表の⑨のできごとに関係の深い人物を次の中から選び，記号で答えなさい。

(あ)　源頼朝　(い)　平清盛　(う)　北条時宗　(え)　足利義満

探し、初めと終わりの三字を抜き出しなさい。

問三　――線②「感情をコントロールする」とありますが、その具体的な例を⑴～⑶段落の文中より三つ抜き出し答えなさい。

問四　――線③「社会的な報酬」とありますが、その内容に**当てはまらないもの**を次より選び記号で答えなさい。

ア　転がってきたボールを拾い、投げ返したら笑顔でお礼を言われた。

イ　駅でお年寄りの荷物を持ってあげたら笑顔でお礼を言われた。

ウ　コンビニエンスストアで買い物をし、お店の人に笑顔でお礼を言われた。

エ　友達がハンカチを落とし、拾ってあげたときに「ありがとう」と言われた。

問五　――線④「怒った顔は、笑顔と同様に素早く認識されます。」とありますが、その理由がわかる部分を文中より三十八字で探し、初めと終わりの五字を抜き出しなさい。

問六　――線⑤「信頼感のない顔は、記憶しやすいといわれています。」とありますが、筆者はその理由をどのようだと考えているか、文中の言葉を使い、二十五字以上三十字以内で答えなさい。

て働くというのです。先述したように、笑顔の顔と名前との記憶には、金銭的な報酬をもらうときに活動する、※7前頭葉《ぜんとうよう》にある※8眼窩前頭皮質《がんかぜんとうひしつ》が、記憶にかかわる※9海馬とともに働くのです。

⑿笑顔が報酬となるのは、人の最大の特徴《とくちょう》といえるものかもしれません。犬やイルカなど、動物に芸を教えこむ時のご褒美《ほうび》はえさとなりますが、その目的はご馳走《ちそう》よりも、周りにほめられることではないでしょうか。先生や両親などからほめられることが最高のご褒美（報酬）で、笑顔はその延長なのです。これは、「③社会的な報酬」と呼ばれます。見知らぬ人に電車で座席を譲《ゆず》ってあげたり、道を教えて喜ばれること、そこで見た笑顔もご褒美となるのです。

⒀[B]、笑顔の逆は、なんでしょうか。④怒《おこ》った顔は、笑顔と同様に素早く認識されます。たくさんの群衆の中で怒っている顔を見つけたら、危険人物として近づかないことです。避《さ》けなくてはいけない危険人物を記憶することは、生き抜《ぬ》く上では大切なことだからです。

⒁より現実的な問題でいえば、近所でなんとなく不審《ふしん》な行動をとるような人、友達関係でも貸したお金が返ってこないような人、そんな油断のならない人物は後々損をこうむらないように、頭に入れておかねばなりません。そういうことから⑤信頼感《しんらいかん》のない顔は、記憶しやすいといわれています。[C]、記憶する仕組みが、笑顔とは違っています。顔や人物のネガティブな情報の処理や、社会的・精神的に傷つく感情の処理、そして罰《ばつ》の処理に関与《かんよ》するといわれる島皮質と記憶にかかわる海馬との相互作用《そうごさよう》があるといわれています※10。損をしないように脳が働いているかのようです。

⒂自分の身体の一部であるはずの顔は、単なる身体の一部という枠《わく》をこえ、周囲の世界と自分とをつなぐ、パイプ役となっているようです。

（山口真美『自分の顔は好きですか「顔」の心理学』〈岩波書店〉より）

※1　情動……いかり・おそれ・喜び・悲しみなど、急に起こってくるはげしい感情の動き。
※2　癇癪……いかりを一度に発散させる性質。
※3　ネガティブ……否定的で進んでものごとをおこなおうとしないこと。
※4　推し量り……あるものごとをもとにして、こうではないかと考えること。
※5　微笑……ほほえむこと。
※6　大胸骨筋……頬の骨から口角の皮膚にむけてついている筋肉のこと。
※7　前頭葉……大脳の前部分に位置し、人間の運動、言語、感情をつかさどる器官のこと。
※8　眼窩前頭皮質……脳の前部分に位置し、意思決定に重要な役割をはたす部分のこと。
※9　海馬……脳の一部で、記憶や空間学習能力に関わる脳の器官のこと。
※10　島皮質……大脳の一部で感情の処理の役割をはたしていると考えられる部分のこと。

問一　空らんA～Cに入る言葉として適切なものを次より選び、記号で答えなさい。

ア　では　　イ　しかし
ウ　ただし　エ　また

問二　――線①「表情は、心の中に生じる情動の発達のためにも大事な役割を果たす」とありますが、筆者は「情動の発達」のほかに表情の大事な役割をあげています。それを⑼段落より後の文中より十八字で

三　次の文章に関するあとの問いに答えなさい。

(1)①表情は、心の中に生じる情動※1の発達のためにも大事な役割を果たすのです。

(2)自分の感情が、どのように発達したのかを思い起してみましょう。小さい頃《ころ》に癇癪《かんしゃく》※2を起したり、欲しいものを泣いてねだったりした記憶《きおく》はありませんか。

(3)泣いているばかりの赤ちゃんから自我が芽生え始めた二歳《さい》をすぎたくらいの頃、気に入らないことがあると癇癪を起こし、欲しいものを泣いてせがんで、自分勝手に感情を爆発《ばくはつ》させる時期が続きます。第一次反抗期《はんこうき》と呼ばれる頃、わがままな感情は根気強くしつけられて、感情をコントロールできるようになっていくのです。思い通りにいかなくても我慢する、人前ではわがままを言わない、特にネガティブ※3な情動は抑《おさ》える……これらは友達やきょうだいと仲良くするために、家庭や学校で学習されてきたことなのです。

(4)当たり前のように過ぎてきたこの時期、もし表情を使って自分の感情を出す機会がなかったら、どうなるでしょうか。もちろん表情をつくることができないからといって、感情がわからないわけではないのです。感情はふつうにわきますが、表情がないため、周りの大人に自分の感情に気づいてもらえません。結果、②感情をコントロールする訓練を受けるきっかけを失ってしまいます。こうした訓練を受けずに大人になると、ネガティブな情動を自分で止めることができずに、暴走してしまいかねないというわけです。

(5)［Ａ］、ふだんの生活の中では、思わず発した相手の小さな表情の変化から、その人がなにを感じているかを推し量り※4、互《たが》いにぶつかり合わないようにしているところもあります。こうした小さな感情のぶつかりあいを体験していないと、自分の小さな感情の変化に対処できないことにもつながります。感情の経験はネガティブな感情だけでなく、ポジティブな感情を生み出すことにも必要です。大笑いすることで感情を強化することがないと、そういった感情を体験できなくなってしまうというのです。

(6)表情と感情の直接的なつながりを、ペンや箸を使って体験することができる、こんな実験があります。

(7)ペンや箸《はし》を横にして口にくわえてみてください。ペンをくわえると口角があがり、微笑《びしょう》※5をつくるときの筋肉である大胸骨筋※6が動きます。たったこれだけで、気分が変わるという研究もあります。もともと何の感情がわいていなくても、筋肉を動かすだけで、感情がわきあがるというのです。大胸骨筋はポジティブな表情をつくる時に使われ、この筋肉を緊張《きんちょう》させることによってネガティブな感情をつくり上げることができるといわれています。

(8)なんとなく人とうまくいかないなと思ったら、自分の顔の動きに気づいてみる必要もあるかもしれませんね。

(9)表情がないと顔の魅力《みりょく》はなくなるといいましたが、それはなぜでしょうか。

(10)表情の中では、笑顔が特に大切です。たくさんの人が並んでいる中で、笑顔は目に付きやすく、笑顔の顔は記憶されやすいといわれています。

(11)それには脳の働きが関係しています。笑顔は、脳にとって報酬《ほうしゅう》とし

※10　虚脱感……気がぬけたようになること。

問一　空らんＡ～Ｃに入る言葉を次より選び、記号で答えなさい。

ア　パッ　　イ　どっ　　ウ　バラバラ　　エ　パチパチ

問二　――線①「おしゃべり。こづきあい。くすくす笑い。」とありますが、「一年Ａ組のクラスメイトはもともと集中力がない」という理由のほかに、なぜこのような状況になっているのかを、ここより前の文中の言葉を使い三十五字以上四十字以内で説明しなさい。

問三　――線②「ときおり風にきしむ教室の窓からは、舞台を照らすスポットライトのようなライム色の光がそそいでいる」について次の⑴・⑵の問いに答えなさい。

⑴　ここからわかるヒロの心情を説明した次の文の（　）にあてはまる言葉を、ここより前の文中より探し、抜き出しなさい。

一年Ａ組を（　　　　）思う心情。

⑵　なぜ⑴のように思ったのか説明した次の文より、最も適切なものを選び記号で答えなさい。

ア　いつも静かな一年Ｂ組に比べて、Ａ組は明るくにぎやかだから。

イ　どれほどうるさいクラスでも、自分がクラス委員長だから。

ウ　この一年Ａ組の二十四人で、一緒に何かすることはもうないから。

エ　パーティーにもかかわらず、クラスのみんなのノリがよかったから。

問四　――線③「この手のお祭りごとにかけては、誰も心平にかなわない。」とありますが、その理由を説明した文で**当てはまらないもの**を一つ選び記号で答えなさい。

ア　みんなからパーティーのお金を徴収してくれたから。

イ　今日みんなで食べるおかしを買ってきてくれたから。

ウ　パーティーの計画を練ってくれたから。

エ　パーティー関係の了解を学校にもらってくれたから。

問五　――線④「ヒロはほっとした」とありますが、なぜそう思ったのかを説明した次の文より、最も適切なものを選び記号で答えなさい。

ア　自分たちのマジックが地味で盛り上がらないと心配だったが、女子トリオも同じだったから。

イ　自分たちのマジックに自信があり、同じマジックの女子トリオは上手くなかったため引き立つから。

ウ　自分たちのマジックが地味で盛り上がらないと心配していた中、女子トリオが盛り上がったから。

エ　自分たち以外にマジックをやるところはないと思っていたが、女子トリオが同じだったから。

問六　――線⑤「安堵とともにこのとき、ヒロの胸に立ちこめていたのは、言いようのない虚脱感だ。」について、次の⑴・⑵の問いに答えなさい。

⑴　ヒロがなぜ「安堵」したのかを説明した次の文の（　）に当てはまる言葉を、文中より三十五字で探し、初めと終わりの五字を抜き出しなさい。

タボが福島からきたことを（　三十五字　）から。

⑵　「安堵」とともにヒロが「言いようのない虚脱感」を感じたのはなぜですか。文中の言葉を使い、三十五字以上四十字以内で説明しなさい。

さんざんだ。

全体のムードがすっかりだらけたところで、しばしの休憩《きゅうけい》。五番手が準備に手まどっているあいだ、みんなはこぞっておかしへ殺到《さっとう》した。

人一倍がっついていたのは、言うもでもなく、タボだ。ポテトチップスでは腹が膨《ふく》らまないとばかりに、分厚いせんべいをばりばりたいらげていく。

りんごジュースを片手にその食いっぷりをながめながら、ヒロは口を開けたり閉めたりを何度かくりかえし、気持ちの準備をしてから「あのさ」と、横の敬太郎に話しかけた。

「ここだけの話なんだけど」

「ん、また？　なに」

「タボのこと」

「タボ？」

「ぼく、こないだ、うちの母から聞いちゃったんだよね。タボがいた小学校のこと」

「ああ、福島の？　震災《しんさい》の原発事故のあと、タボだけこっちに来たんだよね」

敬太郎は紙皿のポップコーンをほおばりながらさらりと返し、ヒロを※8唖然《あぜん》とさせた。

「敬太郎、なんで知ってんの？」

「お母さんに聞いた。っていうか、もうだいたいみんな知ってるし、みんなが知ってるってこと、タボも知ってるよ。こないだ、おみやげの〈ままどおる〉くれたじゃん」

「〈ままどおる〉？」

「福島のおかし。超《ちょう》絶品だったよなあ……あ、ヒロがノロウイルスで休んでたときか」

ぐわ！　ふいにタボの悲鳴が響《ひび》き、見ると、せんべいを横どりしようとした蒼太ともみあっている。力尽《づ》くでとりかえそうとするタボと、くすぐり攻撃で立ちむかう蒼太のせんべい争奪戦。

セコくて平和なその光景をながめながら、「そっか」とヒロは口のなかでつぶやいた。だいたいみんな知ってたのか。

⑤※9安堵《あんど》とともにこのとき、ヒロの胸に立ちこめていたのは、言いようのない※10虚脱感《きょだつかん》だ。

結局、最後までこのパターンだった……。

ポップコーンが止まらなくなっている敬太郎の横で、ヒロは遠い目をして思う。

一年Ａ組で起こるたいがいのことは、ぼくをさんざん悩《なや》ませたあげく、ぼくの知らないところで解決されていく。

（森絵都『クラスメイツ〈後期〉』〈偕成社〉より）

※１　感傷……わずかなことですぐ感情が動かされること。
※２　一糸乱れぬ……きちんとそろうさま。
※３　身じろぎ……身体を少し動かすこと。
※４　センチメンタル……感傷的であること。
※５　徴収……お金などを集めること。
※６　扮する……ある人物の姿になること。
※７　静寂……しんとしていてしずかなこと。
※８　唖然……予想もしなかったことに驚き、あきれてものも言えないさま。
※９　安堵……気がかりなことがなくなり安心すること。

「オーッ！」

ノリのいい子たちは一緒にこぶしを掲《かか》げ、シャイな子たちは［Ｂ］と拍手《はくしゅ》。誰《だれ》よりも楽しげに両手を打ちならしているのは、半円形のまんなかにいる藤田《ふじた》先生だ。

午前十一時半。②ときおり風にきしむ教室の窓からは、舞台《ぶたい》を照らすスポットライトのようなライム色の光がそそいでいる。

「ほな早速、みんなの出しものを披露《ひろう》してもらうけど、みんな腹ぺこやろから、後ろにあるおかしやジュースは好きにとってええ。ただし、出しものの合間に、邪魔《じゃま》にならへんようにな」

心平が言うが早いか、後ろの机に置かれたスナック菓子《がし》をめがけ、タボがダッシュで駆《か》けだした。すかさず蒼太《そうた》と近藤《こんどう》、ハセカンが追いかけ、三人がかりではがいじめにする。

「おいこら、そこの少年メタボ！　いくらなんでも早すぎるわ。どこがダイエットやねん」

心平のツッコミに［Ｃ］と笑いがはじけた。

やっぱり心平に司会を任せてよかった。一番端《はし》の椅子からみんなの笑顔を見まわしながら、ヒロは改めてそう思った。③この手のお祭りごとにかけては、誰も心平にかなわない。

そもそもこのパーティー自体、先頭に立って計画を練り、学校の了解《りょうかい》をもらい、会費としてクラス全員から五百円ずつ※5徴収《ちょうしゅう》した心平の活躍なくしては成立しなかった。

「ジャジャジャジャーン、ほんなら早速、ひと組目、行ってみようか……って、オレらか。蒼太、ハセカン、カモン！」

チームごとに出しものを発表しようと決めたのも心平なら、トップバッターをみずから買ってでたのも心平だ。

「オレらの出しものは、ずばり〈コント〉や。一発目からがつんと笑わせたるで！」

その宣言通り、三人のコントに教室はしょっぱなからおおいにわいた。

※6心平扮《ふん》する米山《よねやま》先生と、ハセカン扮する堤《つつみ》先生で、蒼太扮する藤田先生のハートを奪《うば》いあうという設定。心平が足にマジックで書いたスネ毛を見せるたび、クラスのみんなは大爆笑《ばくしょう》。最終的には両先生とも水泳部に勧誘《かんゆう》されておしまい、というオチも大ウケで、藤田先生も一緒にお腹を抱《かか》えていた。

続く二番手はノムさんと陸、イタルの三人組。出しものはコントから一転、まじめな〈歴史&昆虫クイズ〉だった。

※7静寂《せいじゃく》のなかではじまった不運な三番手は、久保由佳《くぼゆか》、田町《たまち》、日向子《ひなこ》の女子トリオだ。出しものの〈マジック〉はトランプを使った地味なもので、「あら、ふしぎ！」「まあ、びっくり！」などと日向子がはしゃぐほどに観客はしらけ、しんとしたまま幕は閉じた。

④正直、ヒロはほっとした。というのも、続く四番手はヒロと敬太郎《けいたろう》で、ふたりの出しものもおなじ〈マジック〉だったからだ。十円玉を使ったさらに地味なもので、おまけに、大事なところで敬太郎が隠《かく》しもっていたコインを落としてしまった。

「おーい、ネタバレしてんぞ」

「一から出なおしてこいや」

「あいかわらずツメが甘《あま》いぞ、委員長！」

【国　語】〈五〇分〉〈満点：一〇〇点〉

【注意】すべての問題において、句読点は一字と数えるものとする。

一

次の――線のカタカナを漢字に、漢字をひらがなに直しなさい。
（送りがなの必要なものはあわせて書くこと）

① 国語のジュギョウを受ける。
② コーヒーに砂糖をマゼル。
③ 鉱物資源を輸入する。
④ 天然記念物をホゴする。
⑤ 石油を貯蔵する。
⑥ 地震でダンソウができた。
⑦ 物のネダンが上がる。
⑧ 不足した分をオギナウ。
⑨ 明朗な性格をもつ。
⑩ キリツ正しい生活。

二

次の文章に関するあとの問いに答えなさい。

一年を締《し》めくくる儀式《ぎしき》でありながらも、修了式《しゅうりょう》というのは、なんとなく　Ａ　としない。つい六日前、おなじ体育館で涙《なみだ》なみだの卒業式をしたばかり。べつべつの高校へ旅立つ三年生たちの※1感傷が、今も床板《ゆかいた》の溝《みぞ》にしみついている。あの盛大な別れに比べたら、一年生や二年生を修了するだけの式なんて、ついでのおまけみたいなもの。教師も、生徒も、どこか「なあなあ」で気合いが入らない。

校長先生の話が長引くほどに、一年Ａ組のみんなは輪をかけてだらけ、クラス委員長のヒロをハラハラさせた。

もともと集中力のないクラスメイトたちだ。①おしゃべり。こづきあい。くすくす笑い。不揃《ふぞろ》いな列のとなりでは、一年Ｂ組の二十五人がびしっと前をむいている。まさに※2一糸乱れぬ整列、※3身じろぎどころか呼吸をしているのかも疑わしい。

結局、Ａ組は最後までＢ組に差をつけられっぱなしだった。

それでもやっぱりヒロは今、自分がＢ組ではなくＡ組のひとりとしてそこにいることに満足していた。

今日を最後に、クラスは解散。たとえ半分の十二人とは二年生でまたおなじクラスになるとしても、この二十四人で一緒《いっしょ》に並ぶことは二度とない。一生、ない。そう思うと、不格好なぐねぐねの列もいとおしく思えてくる。

いけない。ヒロは※4センチメンタルになりかけている自分を叱《しか》った。しんみりするのは早い。自分にはまだクラス委員長としての最後の仕事が残っている。

そう、修了式はたんなる学校の一行事。今日の真なるメインイベントは、クラスのみんなでやろうと決め、こつこつと準備を進めてきた自分たちの、一年Ａ組だけのお別れの儀式だ。

「ほんなら、はじめよか。一年Ａ組解散パーティー！　泣いても笑うても、今日で最後の一年Ａ組や。通知表のことなんぞはよ忘れて、パーッと盛りあがってくで！」

机を教室の後ろへ運び、半円形に並べた椅子《いす》にずらり腰《こし》かけたクラスメイトたちの前で、司会の心平《しんぺい》が威勢《いせい》よくこぶしを突《つ》きあげる。

2021年度

東海大学菅生高等学校中等部入試問題（第２回Ａ）

【算　数】（50分）　＜満点：100点＞

【注意】 定規・分度器・コンパスを使用してはいけない。

1 次の計算をしなさい。

⑴ $716.3-234.75+143.7$

⑵ $315-\{55-(72-63)\div 3\}\times 5$

⑶ $\left\{6\frac{1}{4}-0.25\div\left(\frac{1}{3}+\frac{1}{6}\right)\times 12\right\}\times 44$

⑷ $\frac{4}{5}\times 12-0.4\times 14+0.08\times 25$

⑸ $\frac{1}{1\times 2}+\frac{1}{2\times 3}+\frac{1}{3\times 4}+\frac{1}{4\times 5}+\frac{1}{5\times 6}+\frac{1}{6\times 7}$

2 次の □ にあてはまる数を求めなさい。

⑴ 1.6kgの25％は □ gです。

⑵ 菅生君とお姉さんの菅子さんの所持金の比は１：３です。菅子さんから菅生君が1000円もらったところ，菅生君と菅子さんの所持金の比が５：７となりました。菅生君のはじめの所持金は □ 円です。

⑶ １から200までの整数の中で，4でも６でも割り切れない整数は □ 個あります。

⑷ 下の数はある決まりで並んでいます。このとき，20番目の数は □ となります。

$$1,\ \frac{2}{3},\ \frac{3}{5},\ \frac{1}{7},\ \frac{2}{9},\ \frac{3}{11},\ \frac{1}{13},\ \cdots\cdots$$

⑸ 下図は長方形ABCDを直線EFで折り返したものです。このとき，角 x は □ 度です。

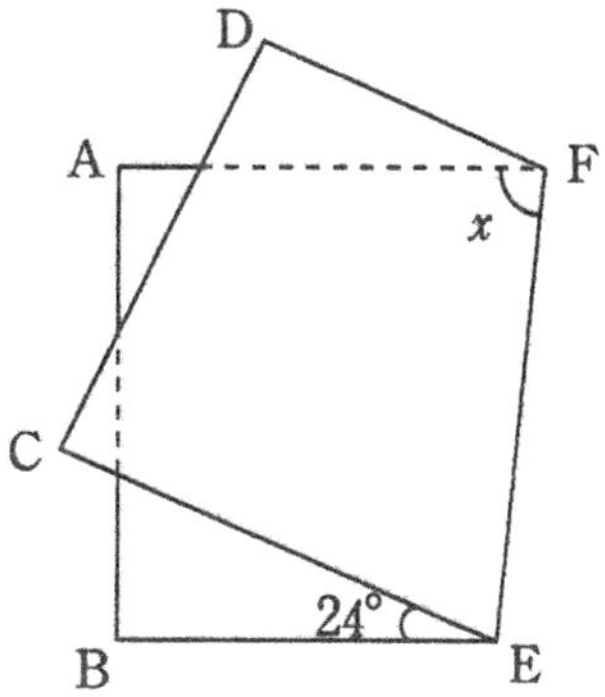

3　下図の長方形を，直線ℓを軸として180°回転させてできる立体について，次の各問いに答えなさい。ただし，円周率は3.14とします。

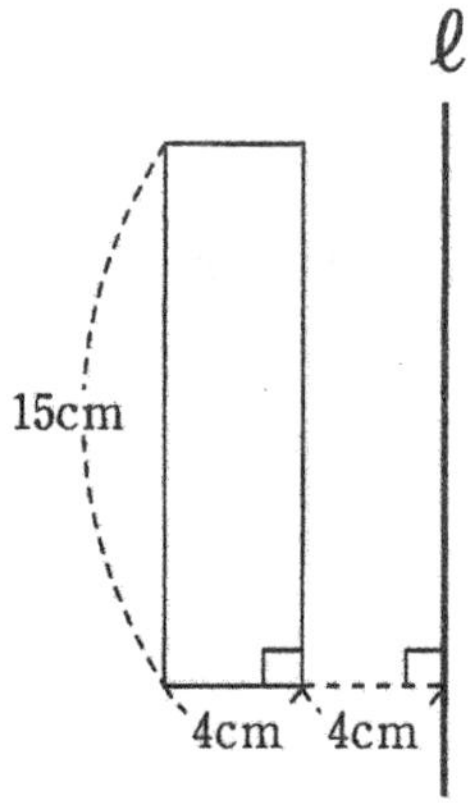

⑴　立体の体積を求めなさい。

⑵　立体の表面積を求めなさい。

4　右図のように，１辺が16㎝の正方形ABCDと長方形EFGHがある。このとき，次の各問いに答えなさい。

⑴　辺ICの長さを求めなさい。

⑵　長方形EFGHの面積を求めなさい。

⑶　三角形CGIの面積を求めなさい。

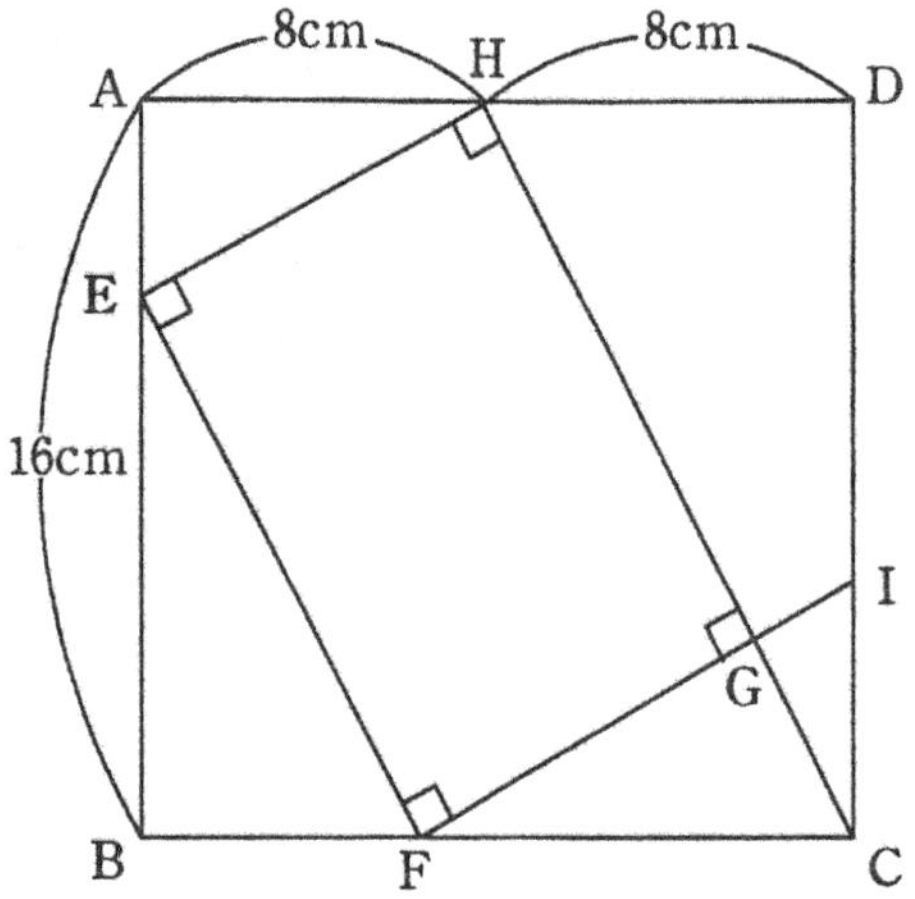

問四　――線③「その結果」とありますが、結果の内容を文中の言葉を使い、三十字以内で簡潔に書きなさい。

問五　――線④「正常な反応」の例として挙げた次の中から、**当てはまらないもの**を一つ選び、記号で選び答えなさい。

ア　近づいてくるものに対して目を離さず見続ける。

イ　近づいてくるものに対して目をつぶる。

ウ　近づいてくるものに対して逃げる。

エ　近づいてくるものに対して正しい位置に手を伸ばす。

つまり自分の身体を動かしてみない限り、脳を刺激《しげき》できないということです。身体と見ることの連携は、脳を成長させるためにたいへん重要なのです。

見ることと身体との結びつきは、事故によって身体が※7麻痺《まひ》した人の身体感覚の回復にも生かされるようです。※8脊椎損傷患者《せきついそんしょうかんじゃ》たちの日常をていねいに追った、※9臨床神経生理学者《りんしょうしんけいせいりがくしゃ》のジョナサン・コールの研究があります。

脊椎損傷によって手足が動かなくなり、身体感覚が完全に麻痺し、自分の足がどこにあるかもわからない状況《じょうきょう》の人でも、自分の身体が何と触《ふ》れているかを視覚で確認することによって、なくした※10触覚《しょっかく》を生み出そうと努力するそうです。感覚がないことは何より居心地の悪いものであり、そのようにして自分の軸《じく》となる身体感覚を取り戻《もど》そうとするのでしょう。つまり、視覚と運動との共同学習こそが、身体感覚の※11基盤《きばん》となっていくのです。

（山口真美『こころと身体の心理学』〈岩波書店〉より）

図１

図 1-5　動くネコと動かないネコ，視覚発達に劇的な違い

※１　必須……ぬかすわけにはいかないこと。
※２　孵化……たまごからひなや子が出ること。
※３　新生児……生まれて十日ぐらいまでの赤んぼう。
※４　大脳皮質……大脳の表面にひろがる神経細胞の層で、考えるための機能がつまっている部分。
※５　防衛……防ぎ、守ること。
※６　防御……※５と同じ意味。
※７　麻痺……しびれて感覚がなくなること。手足などが動かせなくなること。
※８　脊椎損傷患者……一般的な背骨といわれている部分が傷つくこと。
※９　臨床神経生理学者……人のさまざまな神経をあらゆる方法で診断、評価し、治療に役立てる学問の人。
※10　触覚……手足や皮膚《ひふ》がものにさわったときに起こる感覚。
※11　基盤……ものごとを支える土台。

問一　空らんＡ～Ｃに入る言葉として適切なものを次より選び、記号で答えなさい。

ア　つまり　　イ　しかし　　ウ　ただし　　エ　また

問二　――線①「重要な役割」とありますが、「野生生物」では具体的にどのような重要な役割があると筆者は述べていますか。文章中より三つ探し、「役割」に続く形で、それぞれ初めと終わりの三字を書き抜きなさい。

問三　――線②「運動能力の本来の目的」とありますが、本来の目的としてあげられている部分を十五字で探し、初めと終わりの三字を書き抜きなさい。

かしたらいるのではないかと思ったから。

イ　初めての野球観戦で神宮球場に行ったとき、とても気に入り、その体感をもう一度味わいたいと思ったから。

ウ　滝口と久しぶりに対局したとき、サナコウと野球観戦に行ったことを思い出し、また行きたくなったから。

エ　もやもやした気持ちを晴らそうと散歩に出たら、たまたま神宮球場が見えて行きたくなったから。

問六　――線⑤「サナコウ」の本名を文章中から漢字四字で探し、書き抜きなさい。

三　次の文章に関するあとの問いに答えなさい。

身体を使って動くことは、この世界とつながるうえで①重要な役割を果たしました。野生動物の世界をみても、敵から逃《に》げるため、獲物《えもの》を捕《と》らえるため、そしてこの地球上の環境《かんきょう》で生きていくため、あらゆる動物で運動能力を持つことが必須《ひっす》※1だということがわかります。

ヒヨコを卵から孵化《ふか》※2して育ててみると、脚《あし》の弱い個体がある程度の割合で生まれてくるものの、大きくならないうちに死んでしまいます。動物を観察すると、運動能力がありそうな個体が生き延びることを目の当たりにします。

ヒトは他の生物と比べると、生まれ持っての運動能力は最低のレベルです。ヒトの新生児※3は首もすわらず、動き回ることもできないほどに未熟に生まれます。脳の発達も未完成で、大脳皮質※4と呼ばれる意識をつかさどる脳の部分がまだ働いていない状態です。

A　未熟にもかかわらず、目の前の危険を避《さ》ける防衛《ぼうえい》※5能力は持っています。新生児の目の前にボールが近づく影《かげ》を見せると、目をつぶって防御《ぼうぎょ》※6する反応がみられるのです。「目の前に迫《せま》る危険を防御すること」、それこそが②運動能力の本来の目的で自分たちが生きるこの環境をうまくのりきることにあるのです。

階段の上り下りや、手を伸《の》ばしてものを取ることなど、日常の生活で必須とされる運動行為《こうい》は、じつは視覚と運動にかかわる脳の働きによって可能となっています。後にくわしくお話ししますが、視覚と運動にかかわる脳に障害を受けると、こうした当たり前の行為ができなくなるのです。

B　この世界に適応すべく備わっている運動能力のキーポイントは、視覚と運動の連携《れんけい》にあるのです。身体と視覚の連携がなければ、視覚も発達しません。

動物実験から示された、驚《おどろ》くべき結果があります。実験では、生まれたばかりのネコを図1のような装置に入れました。運動とそれにともなう視覚を制限しているのです。装置の中では、1匹《ぴき》のネコがもう1匹のネコをひっぱるようにして動き回ります。2匹《ひき》のネコは装置の中をぐるぐる回って、まったく同じ視覚の経験をします。C　片方は自分の力で動きながら見ることができますが、もう片方はひっぱられて見せられるだけ、という具合です。

③その結果は、身体と見ることの連携に、劇的な違いを生み出しました。こうして育てられた2匹のネコの視覚能力を調べてみると、自分で動き回ったネコだけが④正常な反応を示したのです。自分で動かなかったネコは、近づくものに目をつぶることができなかったり、正しい位置に手を伸ばすことができなかったりしました。

それから長い月日が流れた。今は横浜DeNA《ディーエヌエー》ベイスターズと名を変えたチームを俺は三十年近く応援し続けている。⑤サナコウの年は結局わからないままだったが、おそらく、もう追い越《こ》している。ホームの横浜スタジアムの内野席で観戦することが多くなったが、たまに神宮に来ると、どうしてもレフトスタンドでカレーが食べたくなる。そして、習慣のようにきょろきょろとまわりを見るのだ。もう※20明瞭《めいりょう》に思いだせない一つの顔を探して。（佐藤多佳子『いつの空にも星が出ていた』〈講談社〉より）

※1　囲碁……縦横それぞれ十九本の筋のまじわる所に黒い石、白い石の順に置き、相手の石をかこむゲーム。
※2　同好会……同じ趣味の人たちの集まり。
※3　前任者……前にその任務についていた人。
※4　棋力……囲碁や将棋《しょうぎ》の能力。
※5　対局……正式に囲碁や将棋で勝負すること。
※6　有段者……段位（能力を評価したくらい）をもっている人。
※7　モチベーション……ものごとをおこなうための動機や意欲のこと。
※8　盤面……囲碁などをするときの台の表面。
※9　唐突……前後のつながりもなく急に何かをする様子。
※10　繁華街……飲食店や映画館などの施設が多数集まっている地区のこと。
※11　戸外……建物の外。
※12　眼下……高いところから見た下のほう。
※13　当惑……どうしていいかわからず、まようこと。
※14　燦然……星や宝石などが、美しくかがやくようす。
※15　完投……一人の投手や一試合投げとおすこと。
※16　外苑……神宮の外にある広い庭。
※17　コントラスト……明るいところと暗いところを比べた差。
※18　鮮烈……印象が、新鮮で強烈なようす。
※19　碁……※1の囲碁と同じ意味。
※20　明瞭……はっきりしていること。

問一　空らんA～Eに入る言葉を次よりそれぞれ選び、記号で答えなさい。

ア　はっ　イ　ふらっ　ウ　ぷんぷん　エ　ぴょんぴょん
オ　くねくね

問二　――線①「サナコウはなぜか少しはにかんだような顔で安心したようにうなずいた」について、次のⅠ・Ⅱの問いに答えなさい。

Ⅰ　この時の「サナコウ」の心情について当てはまるものを次より選び、記号で答えなさい。

ア　驚き　イ　喜び　ウ　怒り　エ　焦り

Ⅱ　Ⅰの心情になった理由を文章中の言葉を使い、五十字以内で説明しなさい。

問三　――線②「ホエールズ」とありますが、このチームの正式名称を本文中より九字で探し、書き抜きなさい。

問四　――線③「『あのね』と一度言った。でも、その先は言わず、俺たちは聞き返さなかった」とありますが、「サナコウ」がその後に言いたかった言葉は何ですか。文章中の言葉を使い、二十五字以内で書きなさい。

問五　――線④「ふと思い立って、神宮球場に向かった。対戦相手がホエールズの日を調べて」とありますが、「俺」がその行動をとった理由として最も当てはまるものを次より選び、記号で答えなさい。

ア　忘れられないサナコウに会いたくて、ホエールズ戦へ行けばもし

ていたんだと俺は思う。真田先生はすごく熱心に囲碁同好会の次の顧問を探したのだと教頭先生は言っていた。でも、多忙《たぼう》な先生たちに引き受け手は現れなかったと。

　翌年、四月になり、俺と滝口は三年生になった。山本さんは第二志望の大学に通い、髪《かみ》を伸《の》ばすぞと謎《なぞ》の宣言をする。同好会はなくなったが、俺と滝口は時々昼休みや放課後の教室で※19碁《ご》を打つ。サナコウの話をすることはなかった。学校の誰《だれ》一人として、あの影《かげ》の薄《うす》いチビの古文の教師のことを思い出したりしないのではないか。俺以外は。

　煙《けむり》か霞《かすみ》のようにサナコウが消えてしまってから、俺はずっともやもやしていた。なんで、そんなにもやもやするのかわからないまま、四月の下旬《げじゅん》、④ふと思い立って、神宮球場に向かった。対戦相手がホエールズの日を調べて。

　学校から歩いたが、サナコウが案内してくれた迷路のような裏道ルートはわからず、さんざん迷った末に、ようやくたどりついた。一人でチケットを買うのも、中に入るのも、適当な席を選んで座るのも、かなり勇気が必要だった。

　レフトスタンドは、昨秋よりは人がいた。きょろきょろと見まわしてみたが、サナコウも、サナコウの生《い》き霊《りょう》もいるはずがない。先発投手が遠藤ではないとわかった時、俺は帰ろうかと思った。あまりにも落ちつかないし、ここに来た理由もわからなかった。それでもホエールズの攻撃《こうげき》が始まり、応援が始まると、歌っていたサナコウの大きな声が頭に蘇《よみがえ》った。夕空はあの日のように広く、緑の芝生《しばふ》の色は鮮《あざ》やかだった。風がさやさやと吹き抜けていく。春の風だ。

　3回の裏が終わった時、通路を歩いてきた、応援団のハッピを着た、特徴《とくちょう》のある口ヒゲのおじさんと目があった。俺が思わず「あっ」と言うと、おじさんは「お?」と言った。

「坊主《ぼうず》、たしか、サナちゃんと前に来てたな」

　おじさんに言われ、外見的に無個性な俺をよくぞ覚えているものだと感心した。おじさんはそのまま行ってしまったが、5回の裏が終わったあとにまたやってきて、「坊主、一人か?　サナちゃんは?」と聞いた。真田先生が退職して故郷の熊本に帰ったことを話すと、おじさんは「そう」とぽつんと言って、少し寂《さび》しそうな目になった。

「先生と親しかったんですか?」

　思わず尋ねると、

「顔見知り程度だけどねえ」

　おじさんは首を傾《かし》げた。

「ここではよく会ったよ。サナちゃんは川崎の生まれで、親父さんの代からの大洋ファンだと言ってたね。故郷は熊本なのかねえ」

　この人もサナコウのことをそんなに知っているわけではなさそうだった。

「いつも一人で来て、一生懸命《いっしょうけんめい》に応援してて」

　おじさんは、まだいなくなって間もない人をやけに懐《なつ》かしむようにしみじみと言った。

「あの日は、あんたらが一緒で嬉《うれ》しそうだったねえ」

　俺の肩《かた》をぽんぽんと何度も叩《たた》いて、

「また来てよ。大洋、応援してやってよ。サナちゃんの代わりにさ」

　とおじさんは言った。

えらく違っていた。マウンドははるか彼方《かなた》に見えた。ピッチャーもバッターも、まるで試合の主役ではないかのように小さく、遠く見える。近くにある外野という空間は、途方《とほう》もなく広く、たった三人しかいない外野手は信じられない速さと軽やかな身のこなしで打球を追って走った。その打線の行方を目で追うことがむずかしかった。高々と打ち上がった白いボールは、内野フライでも全部ホームランに見える。俺をめがけて飛んでくるように思える。

完全に暗くなると、白いカクテル光線が闇《やみ》に浮《う》き立《だ》って※14燦然《さんぜん》と輝《かがや》き、照らし出されるグラウンドは、すごく特別な場所のように見えた。身体を震《ふる》わせる大太鼓の音、甲高《かんだか》い笛の音、少人数なのに熱心に歌う人々の声、拍手《はくしゅ》、歓声《かんせい》、野次《やじ》、悲鳴。いつのまにか、俺たちもサナコウと一緒に手拍子《てびょうし》を打ち、拍手をしていた。このレフトスタンドが応援している横浜大洋《よこはまたいよう》ホエールズが勝つことをぼんやり願っていた。もちろん、どっちでも良かったのだ。ゲームがすごく面白かったわけでもない。ただ、なぜか、俺は、この場所が気に入った。風通しが良くて、カレーがうまくて、人が少なくて、その少しの人々がえらく楽しそうなこの場所が。

試合が一番盛り上がったのは、７回の表だった。ホエールズが、トリプルスチールを決めたのだ。三つの塁《るい》を埋《う》めた走者がみんな盗塁《とうるい》した。オールセーフになり、得点が入った。レフトスタンドは、もうお祭り騒《さわ》ぎだった。サナコウは立ちあがってバッタのように [D] 飛び跳《は》ねていた。

「すごい！　すごい！　すごい！　君たちは、なんて強運の持ち主なんだ！　こんなの、一生に一回だって見られないよっ」

その裏の守備の時、応援団のハッピを着た口ひげのおじさんが通りすがりに「サナちゃん」と声をかけてきた。二人は興奮して手を取り合うようにしゃべり、サナコウは俺たちを「ウチの生徒です」ととても自慢げに紹介《しょうかい》した。自慢してもらえるような立派なもんじゃない俺（とたぶん他の二人）は、尻《しり》がもぞもぞする気持ちになった。「大洋、好きなの？」とおじさんに驚いたように問われて、みんなで「えー」とつぶやいた時はもっともぞもぞした。「サナちゃん、本当に先生なんだね」とおじさんは笑って言って去っていった。

試合は２対１でホエールズが勝ち、遠藤《えんどう》は※15完投して勝利投手になった。

球場を出て、※16外苑《がいえん》の樹林に囲われた暗い道を歩く。すいているほうから帰ろうとサナコウが案内する方向が俺はわからなかった。行きと違って、彼《かれ》はやけにゆっくり歩いていた。とまりそうになることもあり、時々、後ろの俺たちを振《ふ》り返った。③「あのね」と一度言った。でも、その先は※17言わず、俺たちも聞き返さなかった。球場の明るさと、帰り道の暗さのコントラストが、今でも※18鮮烈《せんれつ》に心に残っている。

野球観戦の日から一週間たたないうちに、サナコウは俺たちの高校からいなくなった。母親の看病のために退職して故郷の熊本に帰ったと教頭先生から聞かされた。囲碁同好会は顧問を失い、結果的にその年で終わりになった。「一言くらい挨拶《あいさつ》してけって」と山本さんは [E] 怒《おこ》った。「野球に連れてく暇《ひま》なんかあったらさ」

あの日、部活の教室で基盤《きばん》を見つめていた時から、野球観戦後に青山《あおやま》一丁目《いっちょうめ》の駅で別れる時まで、サナコウは、ずっと、その話をしようとし

「君たちねえ、野球を見に行きませんか？」

　神宮球場は、かなりがんばれば、高校から歩いて行ける場所にあった。俺は行ったことがなかったし、他の二人もそうだと思う。しゃべんない部員同士のぼそぼそとした雑談の中で、野球を話題にしたことは、一度もなかった。

　※10繁華街《はんかがい》に近い住宅街の細い道を [B] と曲がりながら俺たちは歩いて行った。サナコウは、道をよく知っているようで、おまけにとんでもなく足が速かった。体育以外に運動をしない俺たちは、ついていくのに息が切れた。

　サナコウにチケットを買ってもらって入場し、階段をのぼって外野スタンドに出た。外から一度建物の中に入り、また外に出る――不思議な感覚だ。正確には、スタンドは建物の中だが、さっきまで歩いてきた※11戸外のどこよりも、広い空間にいきなり飛び出すのだ。頭上には暮れかけた藍色《あいいろ》の大きな空、※12眼下《がんか》には広々とした緑のグラウンド。十月の少し冷たい夕風までも、変わった気がした。勢いよく吹《ふ》き抜《ぬ》け、さわやかな匂《にお》いがする。

　俺は知らず知らず立ち止まっていたらしい。サナコウに話しかけられて、[C] とした。

「レフトスタンドでもいいかな？　どっちでも見られるんだけど」

　ホームチームのスワローズのファンじゃないかどうかと重ねて聞かれて、みんなが違《ちが》うと答えると、①サナコウはなぜか少しはにかんだような顔で安心したようにうなずいた。

　センターよりの中段のベンチシートに四人並んで座る。右側後方には応援団《おうえんだん》が陣取《じんど》っている。まだ試合開始前だが、席はどこもがらがらにすいていた。後から知ったことだが、数日前に広島カープが優勝を決めていて、この試合で戦うスワローズと②ホエールズは5位と6位のチームだった。ザ・消化試合というゲームには、両チームのファンすらそっぽを向き、スタンドは最後までがらがらのままだったのだ。

　サナコウは俺たちを売店に連れて行き、カレーライスとコーラを買ってくれて、自分は飲み物にはビールを選んだ。サナコウが酒を飲むことに驚《おどろ》いた。いや、教師が生徒の前で酒を飲むことに違和感《いわかん》があったのかもしれない。

　カレーの白いプラスチックの容器は熱くて持ちにくかったが、味はびっくりするくらいうまかった。スパイシーでこくがある。学食のカレーなんかと比べものにならない。俺たちがうめえなとぼそぼそつぶやいていると、「神宮のカレーはおいしいんだよ」とサナコウは自分の手柄のように自慢《じまん》した。

　そのうちに試合が始まり、背後の応援団が、ドンドーンと太鼓《たいこ》を打ち鳴らし始める。想像以上にでかい音だった。応援団以外の人たちも声をそろえて歌うことにも驚いた。時々違う歌にもなるが、たいていは「ここで一発ホームラン、ここで一発ホームラン、ライトへレフトへホームラン」とうたっている。サナコウは最初は大人しくしていたが、我慢《がまん》できなくなったのか、途中《とちゅう》から一緒《いっしょ》に歌った。意外にもよく通る、音程のしっかりした歌声だ。俺たち三人は※13当惑《とうわく》して顔を見合わせた。しゃべる声すらろくに聞いたことがないのに、歌？

　いくら運動と無縁《むえん》に生きていても、この時代の男子は、さすがに野球のルールくらいは知っている。父が家にいる時は居間のテレビは野球中継《ちゅうけい》が映っていた。ただ、テレビ画面と、外野スタンドから見るものは、

【国　語】〈五〇分〉　〈満点：一〇〇点〉

【注意】　すべての問題において、句読点や記号は一字と数えるものとする。

一　次の――線のカタカナを漢字に、漢字をひらがなに直しなさい。

（送りがなの必要なものはあわせて書くこと）

① 消費者ブッカが上がる。
② オウフク切符を買う。
③ 無礼をアヤマル。
④ 拾得物をトドケル。
⑤ 器楽合奏をする。
⑥ 弓でイノシシを射る。
⑦ 知識をキュウシュウする。
⑧ オーケストラのシキをする。
⑨ ケワシイ山に登る。
⑩ キンセイのとれた体格。

二　次の文章に関するあとの問いに答えなさい。

しゃべんない人だなぁ――それが真田先生のすべてだと思っていた。小柄《こがら》で痩《や》せていて、ネズミっぽい顔をしていて、いつもペラペラした生地の背広を着ている。古文を教わっていたが、授業の印象はほとんどない。

真田公吉《さなだこうきち》先生――サナコウは、三人きりの俺《おれ》たち※1囲碁《いご》※2同好会の顧問《こもん》で、たまにふらりと放課後の教室に顔を出して、「どうですか?」と、か細い声で尋《たず》ねる。囲碁のことは何も知らないようだ。※3前任者がいなくなって、無理やり押《お》しつけられた顧問なのだ。

「まあまあです」と答えるのは、いつも俺だった。三年の山本《やまもと》さんも、俺と同じ二年の滝口《たきぐち》も、しゃべるのが嫌《きら》いだ。あの頃《ころ》、俺たちのだれかが、サナコウに囲碁をやってみませんか?と一度でも聞いてみていれば、案外、義務《ぎむ》感にかられて覚えてくれたかもしれない。でも、なんせ、しゃべんない顧問に、しゃべんない部員たちだった。

三人とも、たいした※4棋力《きりょく》ではなかったし、それほどやる気もなかった。※5対局しながら教えてくれた、※6有段者の前顧問、岩田《いわた》先生が退職してからは、同好会の存在自体がひどく頼《たよ》りないものになっていた。学校、俺たち、どっちの※7モチベーション的にも。

それは、１９８４年、十月の初めのある日だった。活動日だから、月曜か木曜。北棟《きたとう》三階の特別教室に、サナコウが［Ａ］と顔を出した。お決まりの「どうですか?」の台詞《せりふ》は出なかった。俺と滝口の対局が見える近い位置に腰《こし》をすえて、サナコウは、黙《だま》ったまま、じっと※8盤面を見ている。俺はひどく落ちつかなくなった。早くいなくなってくれればいいと願った。滝口も山本さんも同じ思いだったはずだが、もちろん、みんな黙っていた。対局が終わると、「どっちが勝ったんですか?」とサナコウは尋ねた。そんなこともわからないのかという顔で、滝口が小さく手を挙げた。「この中で一番強い人は?」という問いには、山本さんが小さく手を挙げた。サナコウはふうと大きなため息をついて、「むずかしそうだねえ」とつぶやいた。そして、まったく※9唐突《とうとつ》に切り出したのだった。

第1回A

2021年度

解　答　と　解　説

《2021年度の配点は解答欄に掲載してあります。》

＜算数解答＞《学校からの正答の発表はありません。》

1　(1)　2653　(2)　31.4　(3)　4　(4)　$\frac{1}{30}$　(5)　1　(6)　52.8

2　(1)　3　(2)　16000　(3)　12　(4)　$\frac{1}{81}$　(5)　8　(6)　45.7

3　(1)　8分後　(2)　24分後　(3)　72分後

4　(1)　46　(2)　482

5　(1)　40cm　(2)　35cm　(3)　15cm

○推定配点○

各5点×20　計100点

＜算数解説＞

1　(四則計算)

(1)　2021＋632＝2653

(2)　3.14×(12＋8－10)＝31.4

(3)　28＋3－27＝4

(4)　$\frac{1}{21}\times\frac{7}{10}=\frac{1}{30}$

(5)　64÷(4×4×4)＝1

(6)　13.2×4＝52.8

2　(四則計算，割合と比，単位の換算，数の性質，場合の数，平面図形)

(1)　□＝(16÷8＋10)÷4＝3

重要　(2)　1 m^2＝100×100(cm^2)　50000×0.32＝16000(cm^2)

基本　(3)　132＝12×11，60＝12×5　したがって，最大公約数は12

基本　(4)　分母が9番目の平方数である分数は，$\frac{1}{81}$

重要　(5)　右図より，家からＡまでの行き方は4通り，
Aからポストまでの行き方は2通り
したがって，全部で4×2＝8(通り)

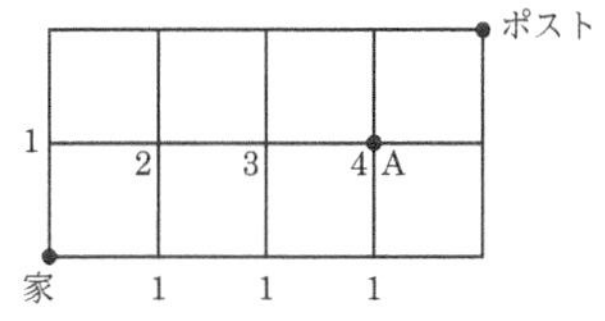

重要　(6)　右図より，図形の周りの長さは10×3＋10×3.14÷2
＝45.7(cm)

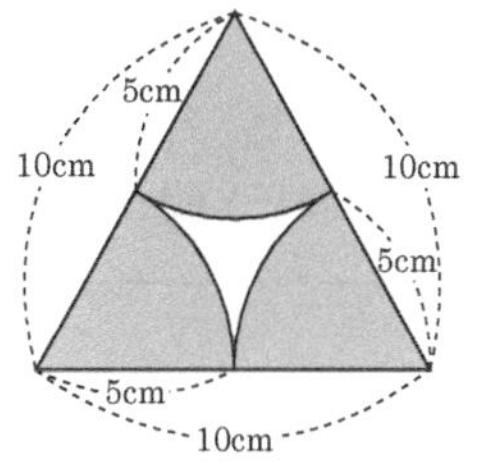

基本　3　(平面図形，速さの三公式と比，旅人算)

(1)　3600÷(250＋200)＝8(分後)

(2)　(1)より，8×3＝24(分後)

(3)　3600÷(250－200)＝72(分後)

重要 4 (平面図形，数列・規則性)

(1)　1列目には0，7，14，…，7の倍数が並ぶ。
したがって，7行目の5列目は7×(7−1)+5−1=46

(2)　10行目の7列目…7×(10−1)+7−1=63+6=69
2行目の1列目…7×(2−1)+1−1=7
したがって，69行目の7列目は7×(69−1)+7−1=476+6=482

重要 5 (立体図形，平面図形，割合と比)

(1)　容器内の水量…30×20×50−200×30=24000(cm^3)
したがって，水面の高さは24000÷(30×20)=40(cm)

(2)　円柱の上にある水量…15000−(30×20−200)×30
=3000(cm^3)
したがって，水面の高さは30+3000÷(30×20)=35(cm)

(3)　30×20×10÷(30×20−200)=15(cm)

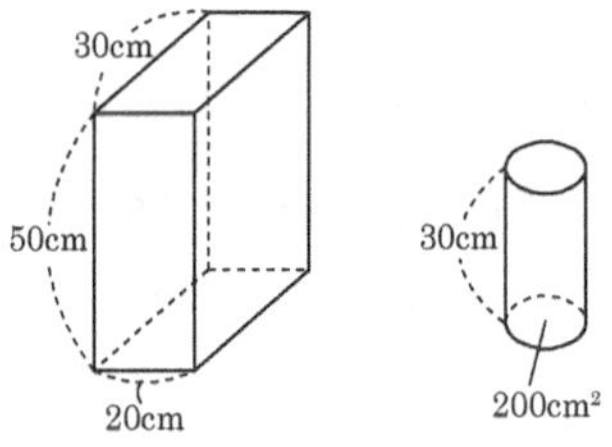

★ワンポイントアドバイス★

4「行列の表」は，1行目1列目が0から始まっており，注意しないとまちがう可能性もある。5(2)「水量が15000cm^3」のとき，水面が円柱の高さを超えるのか超えないのかを確認する必要がある。2(2)「単位の換算」で得点しよう。

＜国語解答＞《学校からの正答の発表はありません。》

一　① 準備　② 蒸気　③ 痛める　④ 復習　⑤ 編集　⑥ ついとう
⑦きほん　⑧ のうりょく　⑨ ようさん　⑩ きはつ

二　問一　ウ　問二　エ　問三　イ　問四　ア　問五　ア　問六　(例)　親として自分の子供が試合に出て，その上勝たせてやりたいと徹夫も考えてきたから。
問七　(例)　野球チームで活動している間は加藤と呼ばれるのに，監督から「智」と呼ばれたから。

三　問一　a　Ⅰ　吸血ダニ　Ⅱ　人間の免疫システム　b　私たちの環～たらされた
問二　② ウ　③ イ　問三　(例)　そこらじゅうがばい菌だらけだった環境。[そこらじゅうがばい菌だらけという環境。]　問四　夜間勤務　問五　眠くなる　がん細胞の繁殖を抑制する　問六　エ

○推定配点○

一　各2点×10
二　問六・問七　各8点×2　他　各4点×5
三　問一・問三・問五　各7点×4(問一a・b・問五各完答)　他　各4点×4　計100点

＜国語解説＞

一 (漢字の読み書き)

① 「準」を「順」と書く誤りが多いので注意する。「備」の訓は「そな - える・そな - わる」。「標準」「基準」「設備」「警備」などの熟語がある。 ② 「蒸」は，中央の部分を「承」と書かないように注意する。また「上気」と書かないようにする。「蒸」の訓は「む - す・む - れる・む - らす」。「蒸発」「蒸留」などの熟語がある。 ③ 「痛」は，体の状態に関する漢字なので「やまいだれ」が付く。訓は「いた - い・いた - む・いた - める」。「苦痛」「痛快」などの熟語がある。 ④ 「復」は，同音で形の似た「複」と区別する。「復」の熟語は「往復」「回復」，「複」の熟語は「複雑」「複製」などがある。 ⑤ 「編集」は，材料を集め，整理して，本・雑誌・新聞などを作ること。「編」の訓は「あ - む」。「編成」「編隊」などの熟語がある。 ⑥ 「追討」は，追っ手を差し向けて敵を打ち取ること。「追」の訓は「お - う」。「追加」「追放」などの熟語がある。「討」の訓は「う - つ」。「討論」「検討」などの熟語がある。 ⑦ 「基」の訓は「もと」。「基準」「基調」などの熟語がある。 ⑧ 「能」の熟語には「可能」「技能」などがある。「力」には「リキ」の音もある。「力量」「自力」などの熟語がある。 ⑨ 「養蚕」は，蚕を飼ってまゆをとること。「養」の訓は「やしな - う」。「栄養」「静養」などの熟語がある。「蚕」の訓は「かいこ」。「蚕糸」「蚕業」などの熟語がある。 ⑩ 「揮発性」は，ふつうの温度と気圧のもとで液体が気体になる性質。「揮」の熟語には「指揮」「発揮」などがある。

二 (小説－心情・情景の読み取り，文章の細部の読み取り，空欄補充の問題)

やや難 問一 控え投手にウォーミングアップを命じるということは，間もなく投手交代をするということを示している。いま投げている江藤くんの父親は，自分の息子が交代させられるのが不満でムッとしたのである。

基本 問二 「致命的」は，失敗・損害などがひどくて取り返しのつかない様子。三点を入れられてしまって，勝てる見込みがなくなったのである。

問三 「かぶり直した」とあるので，「帽子」か「キャッチャーマスク」だが，監督である徹夫はキャッチャーマスクは着けていないので，イ「帽子」と判断できる。

問四 智はベンチ入りをしていないので，試合に出ることはできない。「今日なら，出せた。この試合なら，智を出しても誰からも文句は言われなかった」とあるが，智をベンチ入りさせなかったのは，監督としての徹夫の判断である。その判断については「後悔はしない。勝つためにベストをつくしたのだ」と監督としては考えるが，「俺は智の父親として，この監督のこと(＝自分自身)を一生許さないだろう」というつながり。「この監督」とは，徹夫自身のことである。

問五 「耳にさわる」は「耳ざわり」と同じ意味で，聞いて気にさわることの意味。不快に思った理由は，直後に説明されている。男の言っていることに対して「どこかが，なにかが，違う。正しくても，間違っている」と考えたからである。徹夫は，がんばれば報われることもあるかもしれない・勝つためにベストをつくすという考え方をしている。誰でも試合に出られるようになれば，がんばることもベストをつくすこともなくなって「選手にとって成長の機会を奪う」ことになる。試合に出られないという厳しさがあるからこそ，がんばるのである。「試合に出られない子はかわいそう」という考え方は，自分の考えに反するので「耳にさわった」のである。

重要 問六 問四・問五と関連させて考える。問五は，監督の立場から「耳にさわった」のである。「今度は素直な笑顔になった」のは，父親の立場で考えたからである。問四でも，父親と監督の二つの立場の間で揺れる徹夫の姿が問われているが，父親の立場からすれば，息子を試合に出してやりたいし，それで勝てればよいと思っているので，後任の監督が話す父親の話について「わかるような気がするなあ」と笑っているのである。解答は，息子を試合に出してやりたいし，それで勝てればよいという徹夫の考えをまとめる。

重要 問七　父親についての描写に,「加藤――と呼びかけて,試合はもう終わったんだと思い直し,父親に戻った。『智,ちょっと残ってろ』」とある。智がきょとんとした顔になったのは,グラウンドでは野球チームの監督と選手の立場で接している父親が,「智」と父親の立場で呼びかけてきたからである。この内容を,智の立場で説明すると,解答例のようになる。

三　(論説文－文章の細部の読み取り,接続語の問題)

重要 問一　a「花粉症という病気は,私たちの環境があまりに清潔になりすぎることでもたらされた病気だ」とあるのに注目する。この文の初めには「こうして見ると」とあって,直前の段落の説明を受けて,花粉症という病気が「私たちの環境があまりに清潔になりすぎることでもたらされた」ものだと説明している。具体的には,清潔な環境になると「吸血ダニ」がいなくなってきて,吸血ダニを退治する免疫システムが使われなくなる。すると,外から入ってくるものを敵と見誤って攻撃するようになり,スギの花粉が入ってくると「人間の免疫システム」が誤って作動して,それが花粉症の症状を生み出すのである。Ⅰには「吸血ダニ」,Ⅱには「人間の免疫システム」が入る。　b　aで説明したように,現在の日本で花粉症の患者が大勢いるのは,「花粉症という病気は,私たちの環境があまりに清潔になりすぎることでもたらされた病気だ」からである。

基本 問二　②　空らんの前では「免疫システムがなかった」とあり,後では「免疫システムを獲得しました」とある。前後が反対の関係なので,逆接のウ「しかし」が入る。　③　空らんの前で述べた「日本の清潔度は先進国でもトップクラス」という内容を説明するために,空らんの後で「インドネシアのバリ島に行った日本人」の例を挙げている。例であることを示す,イ「たとえば」が入る。

問三　問一と関連させて考える。「花粉症という病気は,私たちの環境があまりに清潔になりすぎることでもたらされた病気」で,「人間の免疫システム」が誤って作動して,それが花粉症の症状を生み出すのである。それとは反対に「私たちが子どものころは,そこらじゅうがばい菌だらけだったので,免疫システムがきちんと作動していた」のである。免疫機能が正常に働いていた環境とは「そこらじゅうがばい菌だらけだった」環境ということになる。

問四　直前に「たとえば」とあって,――線④の内容は,直前の文で述べられている「夜間勤務の多い女性は,乳がんの発生比率が高いという統計的なデータがあります」ということの例であると分かる。言いかえれば,夜間勤務が多い女性看護師は乳がんのリスクが高いのである。そして,その理由は「メラトニンというホルモンが関係している」のである。続く段落から,メラトニンと乳がん発生の関係が説明されている。外界から受ける光が少なくなると分泌されるメラトニンには「がん細胞の増殖を抑制する働きもある」ので,夜間勤務が多い女性の看護師さんは,「夜間も照明などの光を浴びてしまうので,メラトニンが分泌されにくくなる。その結果,乳がん発生の可能性が高まってしまう」のである。

やや難 問五　問四で説明したように,メラトニンには「がん細胞の増殖を抑制する働きもある」。そして,メラトニンが分泌されて多くなると「眠くなるという仕組み」が働くのである。

問六　現代社会の特徴として,筆者は「夜勤」「都市部では夜間でも外が明るい」「昼夜の区別が薄れた社会」を挙げている。そのことと「がん」の関連を読み取ると,直前の段落に「がんの予防法は……夜,ちゃんと寝るということです……熟睡をするとメラトニンがたくさん分泌されることがわかっています」とある。夜に働く機会が多く,都市部では夜間も明るいためにメラトニンが分泌されにくく,がんになりやすいのである。現代社会の特徴が,がんにつながっているのである。ウはまぎらわしいが,「メラトニンが分泌されない病気」という説明はしていない。

★ワンポイントアドバイス★

小説は，行動や会話，表情などの表現から人物の心情をつかもう。また，人物の内面の思いがどう表現されているかをつかむようにしよう。論説文は，筆者の考え方をとらえて，その考え方に沿って筆者がどのような例を挙げているか，どう説明を進めているかを読み取っていこう。

第1回B

2021年度

解 答 と 解 説

《2021年度の配点は解答欄に掲載してあります。》

＜算数解答＞《学校からの正答の発表はありません。》

1 (1) 111100 (2) 5 (3) 6 (4) $\frac{5}{6}$ (5) $\frac{2047}{2048}$

2 (1) 36 (2) 1280円 (3) 505 (4) $\frac{10}{29}$ (5) 28.5

3 (1) 270cm^2 (2) 3倍

4 (1) 40cm (2) 27.2分 (3) 3750cm^3

○推定配点○

1 各6点×5 他 各7点×10 計100点

＜算数解説＞

1 (四則計算)

(1) $12+100+1000+10000+100000-3\times4=111100$

(2) $2.5\times(16+34-48)=5$

(3) $166.5\div\left\{\left(\frac{15}{7}-\frac{2}{3}\right)\times21-3.25\right\}=166.5\div(31-3.25)=16650\div2775=666\div111=6$

重要 (4) $\frac{1}{1}-\frac{1}{2}+\cdots+\frac{1}{5}-\frac{1}{6}=\frac{5}{6}$

重要 (5) 全体の和の2倍が$1+\frac{1}{2}+\cdots+\frac{1}{512}+\frac{1}{1024}$,

これから全体の和を引くと$1-\frac{1}{2048}=\frac{2047}{2048}$

2 (数の性質,消去算,割合と比,数列・規則性,平面図形)

基本 (1) $112-4=108=36\times3$, $79-7=72=36\times2$の最大公約数は36

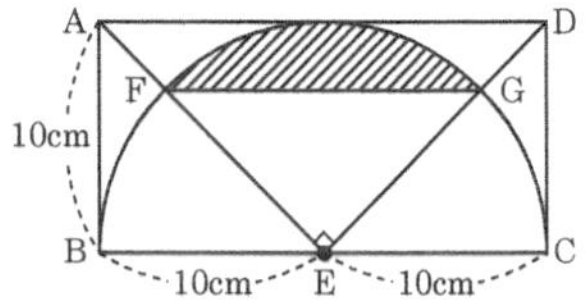

重要 (2) りんご$3-2=1$(個),なし$5-3=2$(個)の値段は$860-540=320$(円) したがって,りんご4個,なし8個の値段は$320\times4=1280$(円)

重要 (3) 3,4の最小公倍数12の倍数+1で500に一番近い数は$500\div12=41\cdots8$より,$500+12-8+1=505$

重要 (4) 10番目の分数の分母は$3\times10-1=29$

したがって,この分数は$\frac{10}{29}$

重要 (5) 右上図より,$10\times10\times3.14\div4-10\times10\div2=78.5-50=28.5$(cm^2)

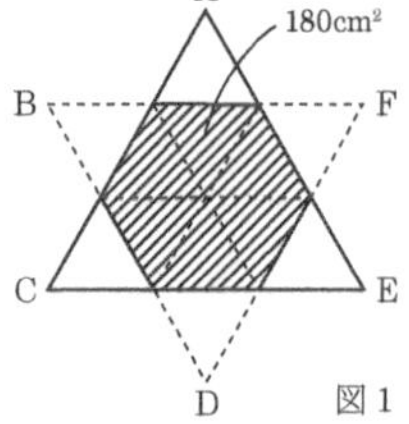

図1

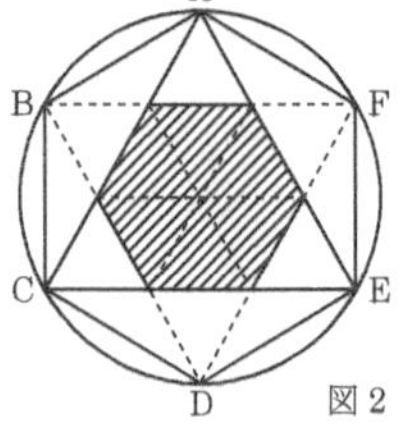

図2

重要 3 (平面図形,割合と比)

(1) 図1より,$180\div6\times(6+3)=270$(cm^2)

(2) 図2より,$(6+2\times6)\div6=3$(倍)

重要 4 (立体図形，平面図形，グラフ)

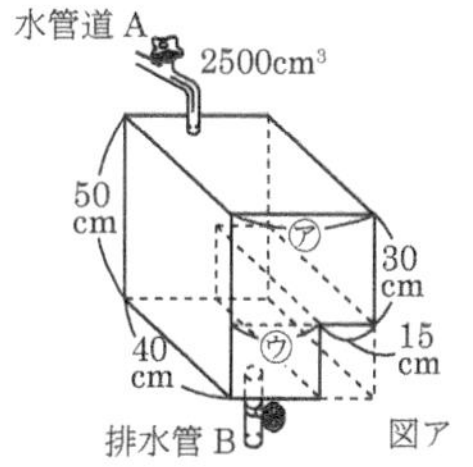

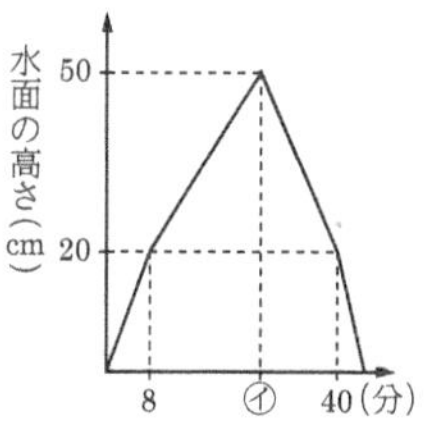

(1) グラフより，図アにおいて㋒は

2500×8÷(40×20)＝25(cm)

したがって，㋐は25＋15＝40(cm)

(2) (1)より，8＋30×40×40÷2500＝27.2(分)

(3) グラフと(2)より，30×40×40÷(40－27.2)

＝3750(cm^3)

★ワンポイントアドバイス★

1(5)「分母2」が2倍ずつ増えるので，全体に2をかけて計算する。4(1)「容器の全体の横幅」は，下の段にたまる水量から計算する。特に，難しい問題が出題されているわけではなく，自分にとって解きやすい問題から着手しよう。

＜理科解答＞《学校からの正答の発表はありません。》

1 問1 6cm 問2 100g 問3 51cm 問4 200g
問5 100cm 問6 34cm

2 問1 121g 問2 45.9g 問3 27.5% 問4 ミョウバン
問5 水を蒸発させる 問6 エ

3 問1 A 気管 B 気管支 C 肺ほう 問2 毛細血管
問3 (a) ちっ素 (b) 酸素 (c) 二酸化炭素

4 問1 大きさ 問2 ア 問3 A れき B 砂 C 泥
問4 (理由) 粒の大きいものは重く河口付近に堆積し，粒の小さいものは軽く遠くまで運ばれ，河口から離れた所に堆積するから。

○推定配点○

各2点×25 計50点

＜理科解説＞

重要 1 (力のはたらきーばね)

問1 図2よりばねAに150gのおもりをつるしたときの伸びは6cmである。25gで1cmのびる。

問2 図2よりばねBののびが8cmのときにおもりの重さは100gである。12.5gで1cmのびる。

問3 ばねの伸びとおもりの重さは比例するので，150(g)：6(cm)＝275(g)：x(cm)よりx＝11(cm)だから，(自然長)40(cm)＋(のび)11(cm)＝(ばねの長さ)51(cm)となる。

問4 ばねBの自然長は30cmよりのびは46－30＝16(cm)である。問2より8(cm)：100(g)＝16(cm)：x(g)よりx＝200gとなる。

問5 ばねAは250gで150(g)：6(cm)＝250(g)：x(cm)よりx＝10cm伸びて40(cm)＋10(cm)＝50(cm)となる。ばねBは250gで100(g)：8(cm)＝250(g)：x(cm)よりx＝20cm伸び，30(cm)＋20(cm)＝50(cm)となるので，50(cm)＋50(cm)＝100(cm)となる。

問6　ばねAののびは42(cm)－40(cm)＝2(cm)だから150(g)：6(cm)＝x(g)：2(cm)よりx＝50gの力で引いている。ばねBは50gで100(g)：8(cm)＝50(g)：x(cm)よりx＝4cm伸びるので，30(cm)＋4(cm)＝34(cm)となる。

2　(物質と変化－ものの溶け方)

重要　問1　80℃の水200gにミョウバンは321gとけるので321(g)－200(g)＝121(g)とかすことができる。

重要　問2　60℃の水100gには57.3gとけ，20℃になると11.4gしかとけないので，57.3－11.4＝45.9(g)の結晶が出てくる。

重要　問3　80℃の水100gに食塩は38.0gとけるので38.0(g)÷(100(g)＋38(g))×100=27.53…より27.5％。

問4　40℃の水100gに食塩は36.3g，ミョウバンは23.8gとけ，20℃では食塩は35.8g，ミョウバンは11.4gとけるので結晶がたくさん出てくるのはミョウバンである。

問5　水をなくせばよいので，水を蒸発させると蒸発しない食塩が残る。

問6　アは食塩，イは硝酸カリウム，ウは硫酸銅，エがミョウバンの結晶である。

3　(生物－人体)

問1　空気はAの気管，Bの気管支を通り，Cの肺ほうで酸素と二酸化炭素の交換を行う。

問2　肺ほうの周りを肺動脈と肺静脈の毛細血管が囲んでいる。

問3　(a)は空気中に最も多く含まれるちっ素で，吐く息に少なくなっている(b)は酸素，吐く息に増えている(c)は二酸化炭素である。

4　(天体・気象・地形－流水・地層・岩石)

問1　れき，砂，泥は粒の大きさで区別される。

重要　問2　粒の大きいれきが重いので先に沈み，つぎに砂，一番上に泥が沈む。

問3　川の水の運搬作用により運ばれるが重いれきは先に沈み，つぎに砂，泥の順に河口から遠くにたい積する。

問4　流水のはたらきによりけずられてできるため，粒の大きいものは重く河口付近にたい積し，粒の小さいものは軽く遠くまで運ばれ，河口から離れた場所にたい積する。

★ワンポイントアドバイス★

ばねののびとおもりの重さが比例する。問1・問2は，ばねA，ばねBが何gで何cm伸びるのかの数値をグラフから読み取る。問3以降はその数値を活用して比例式で解いていく。ばねの長さを答えるのか全体の長さを答えるのかに注意しよう。

＜社会解答＞《学校からの正答の発表はありません。》

1　問1　北海道の気候　イ　　南西諸島の気候　エ　　太平洋側の気候　ア　　瀬戸内の気候　ウ　　中央高地の気候　オ　　日本海側の気候　カ　　問2　〈Ⅰ〉 1　〈Ⅱ〉 6　〈Ⅲ〉 3

2　(1)　山梨県　(2)　北海道　(3)　鹿児島県　(4)　青森県　(5)　宮崎県　(6)　静岡県　(7)　長野県

3　問1　①　く　②　き　③　え　④　う　⑤　か　問2　①　サ　②　ス　③　ク　④　コ　⑤　オ

4　問1　あ　問2　い　問3　あ　問4　え　問5　あ　問6　い　問7　あ　問8　い　問9　あ

○推定配点○
1 問1 各2点×6 問2 各1点×3 2 各1点×7 3 各1点×10 4 各2点×9
計50点

<社会解説>

1 (日本の地理－日本の各地の気候と農業に関する問題)

重要 問1 ア 気温が高く，6，7月の梅雨，秋の台風で雨が多いのが太平洋側の気候の特色。
イ 冬が長く，寒く，降水量が少ないのは北海道の気候の特色。北海道は梅雨がないので6月頃の降水量が少ない。 ウ 太平洋側と似ていて年間を通して降水量が少ないのは瀬戸内の気候の特色。夏と冬の季節風がどちらも瀬戸内に達する前に山地山脈で遮られるので降水量が少なくなる。 エ 一年を通じて気温が高く降水量が多いのは南西諸島の気候の特色。 オ 夏と冬の寒暖の差が大きく，降水量が少ないのは中央高地の気候の特色。 カ 気温は太平洋側と変わらないが降水量が冬に多いのは日本海側の特色。冬の北西季節風がユーラシア大陸から日本海を渡って吹き込み，その際に日本海で得た水分を雪として降らすので，北陸の降雪量は世界でもきわめて多い方になる。

問2 〈1〉 じゃがいも，あずき，スイートコーン(とうもろこし)，テンサイ，小麦などをすべて作っているのは北海道。 〈2〉 さとうきびは日本だと南九州や南西諸島での栽培がほとんどになる。 〈3〉 レタスは暑さに弱いので，夏に比較的冷涼な中央高地での栽培が盛ん。

やや難 2 (日本の地理－各県の主要な農作物に関する問題)

(1) ぶどう，ももの生産が多く，武田信玄ゆかりの地は山梨県。
(2) たまねぎ，じゃがいもの生産が多く，乳用牛の飼育頭数が多いのは北海道。
(3) さつまいもの生産が多く，肉用牛の飼育頭数が多く，西郷隆盛ゆかりの地は鹿児島県。
(4) りんご，ほたての生産が多く，ねぶた祭りで有名なのは青森県。
(5) きゅうり，ピーマンの生産が多く，ぶたの飼育頭数が多いのは宮崎県。宮崎県のピーマンは促成栽培が有名。
(6) 茶，みかんの生産が多く，三保の松原があるのは静岡県。
(7) レタス，りんご，ももの生産が多いのは長野県。

3 (日本の歴史－日本の歴史上の人物なに関連する問題)

重要 問1 ① 1911年にアメリカと交渉し関税自主権を回復させた外務大臣が小村寿太郎。 ② 第二次世界大戦の頃，バルト三国の一つのリトアニアの領事館に勤めていて，ユダヤ人にビザを発行し脱出できるようにしたのは杉原千畝。 ③ 応仁の乱の際の室町幕府の将軍が足利義政。
④ 武家諸法度に参勤交代の制度を加えたのは徳川家光。 ⑤ 行基は奈良時代の渡来人系の僧。土木事業や民間への布教を行い人々からは慕われ，大仏造立の際には人々を率いる力をかわれて参加した。

問2 ① 小村寿太郎が活躍したこととして有名なのが1911年の条約改正の他に，1905年のポーツマス条約があり，どちらも明治時代のこと。 ② 杉原千畝がリトアニアの領事館にいた頃は昭和時代。 ③ 足利義政は室町幕府8代将軍なので，時代は室町時代。 ④ 徳川家光は江戸幕府3代将軍なので江戸時代。 ⑤ 行基の活躍した時代は奈良時代の聖武天皇の頃。

4 (日本の歴史一縄文時代から鎌倉時代の歴史に関する問題)

問1 あ 縄文時代はまだ生活の基盤が狩猟採集だった。小さなくにが形成されるようになるのは後半で，実際に使われるようになるのは古墳時代から。仏教が公に伝えられたとされるのは朝鮮半島の百済の聖明王によって538年のことで，蘇我稲目の時代。稲目の子が馬子で，馬子の時代には聖徳太子が出てくる。

問2　い　弥生時代の遺跡の吉野ヶ里遺跡は環濠集落として知られ，この集落がつくられた頃は，小さなくにごとの争いがあったので守りのために集落の周りを掘で囲ってあったとみられている。

問3　あ　はにわは古墳に埋葬された人が死後の世界でも生前と同じように暮らせるように，その埋葬された人の家来や使っていたものなどの代わりに，姿かたちを似せたものを埋めるようになった中国の風習に近いものであるとともに，古墳に盛られた土が崩れないようにその土を留めるために置かれたとされている。

基本　問4　え　大化の改新は中大兄皇子が中臣鎌足とともに，蘇我入鹿を殺害し，蝦夷を自殺に追い込んだ乙巳の変の後に行われた天皇中心の政治体制に切り替えていく一連の政治改革。

問5　あ　平城京は710年に元明天皇の時代に遷都された都。その前にあった，持統天皇の時代の藤原京の北にある。

問6　い　平安京は794年に桓武天皇の時代に遷都された都。その前に784年に長岡京へ遷都するはずだったが，実行の中心となっていた藤原種継が殺害されてしまったことで，中断し，長岡京ではなく平安京になった。

重要　問7　平安時代にかな文字は最初は女性の間で広まっていった。選択肢の中で平安時代の女性は紫式部のみ。北条政子は鎌倉時代，杉田玄白は江戸時代で男性，雪舟は室町時代で男性。

問8　1159年の平治の乱で源義朝を破ったのが平清盛。清盛はその後，武士として初めて1167年に太政大臣となる。

問9　1185年に壇ノ浦の合戦で平氏が滅び，さらに1189年に奥州藤原氏を滅ぼして，源頼朝は武士勢力の中で名実ともに頂点となり1192年に征夷大将軍となり鎌倉に幕府を開いた。

★ワンポイントアドバイス★

歴史よりも地理の方がやや難しいかもしれない。設問を落ち着いて読み，求められていることを正しく把握してから解くことが重要。記号選択のものが多いが，語句記入の問題も比較的容易に答えられるものが多いので心配しないこと。

＜国語解答＞《学校からの正答の発表はありません。》

一　①　授業　②　混ぜる　③　こうぶつ　④　保護　⑤　ちょぞう　⑥　断層⑦　値段　⑧　補う　⑨　めいろう　⑩　規律

二　問一　A　ア　B　エ　C　イ　問二　(例)　三年生の盛大な卒業式に比べ，一・二年を修了するだけの式は，おまけみたいだから。　問三　(1)　いとおしく
(2)　ウ　問四　イ　問五　ア　問六　(1)　もうだいた～も知ってる
(2)　(例)　ぼくをさんざん悩ませたあげく，ぼくの知らないところで解決されていくから。

三　問一　A　エ　B　ア　C　ウ　問二　周囲の～イプ役　問三　・思い通りにいかなくても我慢する　・人前ではわがままは言わない　・ネガティブな情動は抑える
問四　ウ　問五　避けなくて～ことだから　問六　(例)　巻き込まれて自身が損をしないように脳がはたらきかけるから。

○推定配点○

一　各2点×10

二　問一・問三(2)・問四・問五　各4点×6　他　各5点×4

三　問一・問四　各4点×4　他　各5点×4(問三完答)　計100点

＜国語解説＞

一 (漢字の読み書き)

① 「授業」は「受業」と誤りやすいので注意する。「授」の訓は「さず‐ける・さず‐かる」。「授受」「授賞」などの熟語がある。「業」には「ゴウ」の音もある。訓は「わざ」。「業務」「業界」などの熟語がある。　② 「混ぜる」は，同訓の「交ぜる」と区別する。別のものを入れて一つにするが，区別できない場合は「混ぜる」，区別できる場合は「交ぜる」を使う。「混」の音は「コン」。「混乱」「混雑」などの熟語がある。　③ 「鉱物」は，地中に天然にできるいろいろな成分のかたまり。「鉱」には，「炭鉱」「金鉱」などの熟語がある。　④ 「保護」は，弱いものをかばい守ること。「保」の訓は「たも‐つ」。「保健」「保証」などの熟語がある。「護」には,「護衛」「看護」などの熟語がある。　⑤ 「貯蔵」は，物をたくわえておくこと。「貯」には，「貯金」「貯水池」などの熟語がある。「蔵」の訓は「くら」。「土蔵」「秘蔵」などの熟語がある。　⑥ 「断層」は，地盤の割れ目に沿ってできた地面の食いちがい。「断」の訓は「ことわ‐る・た‐つ」。「断絶」「独断」などの熟語がある。「層」は,「高層」「階層」などの熟語がある。　⑦ 「値」の「ね」は訓。「あたい」の訓もある。音は「チ」。「価値」「数値」などの熟語がある。「段」には，「段階」「格段」などの熟語がある。　⑧ 「補」は，「ネ(しめすへん)」を書かないように注意する。音は「ホ」。「補充」「補正」などの熟語がある。　⑨ 「明朗」は，明るく朗らかでわだかまりがないこと。「明」には「ミョウ」の音もある。「朗」の訓は「ほが‐らか」。「朗読」「晴朗」などの熟語がある。　⑩ 「規律」は，人の行いのもとになる決まり。「規」には，「規準」「規制」などの熟語がある。「律」は「リチ」の音もある。「自律」「法律」などの熟語がある。

二 (小説－心情・情景の読み取り，文章の細部の読み取り，空欄補充の問題)

基本　問一 「パッとしない」は，はなやかでない様子。三年生の盛大な卒業式と比べて，「ついでのおまけみたいなもの」「気合いが入らない」一年生や二年生を修了するだけの式を「パッとしない」と表現した。

重要　問二 問一でとらえたように，三年生の盛大な卒業式と比べ，一年生や二年生を修了するだけの式は，「ついでのおまけみたいなもの」で「気合いが入らない」のである。この内容を，指定の字数で理由を説明する形で「～だから」とまとめる。

問三 (1) 光がそそいでいるのは一年A組の教室にである。光は，一年A組を見わたしているヒロの心情を表したものである。ヒロが一年A組をどのように見ているかは，「それでもやっぱりヒロは今，自分がB組ではなくA組のひとりとしてそこにいることに満足していた」から後の部分に描かれている。そこから心情を表す言葉に注目すると，クラスの仲間と一緒に並ぶことは二度とないと思って「いとおしく思えてくる」と表現した部分が見つかる。　(2) 「いとおしく思えてくる」とある文の初めに「そう思うと」とある。どう思ったからいとおしくなったのかといえば，直前にあるように「この二十四人で一緒に並ぶことは二度とない」と思ったからである。

やや難　問四 直後の「そもそも」の後に，一年A組解散パーティーが実現したいきさつが描かれている。心平は，ウ「計画を練って」，エ「了解を学校にもらって」，ア「お金を徴収してくれた」のである。おかしをだれが買ったかは描かれていない。

問五　直後に「というのも」とあって，ほっとした理由が描かれている。ヒロと敬太郎の「出しものも同じ〈マジック〉だったから」，女子トリオのトランプを使ったマジックが地味でしらけたまま終わったので，「十円玉を使ったさらに地味な」自分たちのマジックが盛り上がらなくても，女子トリオと同じだから安心したのである。

重要　問六　(1)　直前に「だいたいみんな知ってたのか」とあって，タボが福島からきたことをみんなが知っていたことに安堵していることがわかる。「みんな知ってた」という内容を，敬太郎は「もうだいたいみんな知ってるし，みんなが知ってるってこと，タボも知ってるよ」とヒロに伝えている。　(2)「虚脱感」の具体的な内容は，直後で描かれている。ヒロが思ったことは「一年A組で起こるたいがいのことは，ぼくをさんざん悩ませたあげく，ぼくの知らないところで解決されていく」ので，虚脱感を感じてしまうのである。この内容を，指定の字数で理由を説明する形で「～から」とまとめる。

三　(論説文 - 文章の細部の読み取り，接続語の問題)

基本　問一　A　空らんの後の文を読んでいくと，「～ところもあります」とある。「も」は付け加えるときに使う言葉である。付け加えることを表す接続語は，エ「また」。　B　空らんの前までは，笑顔について説明している。後には「笑顔の逆は，なんでしょうか」とあって，話題を変えている。話題を変えるときに使う，ア「では」が入る。　C　空らんの前で，「記憶しやすいといわれています」と説明をして，後では「記憶する仕組みが，笑顔とは違っています」と，記憶する場合の条件を付け加えている。条件を付け加えるときに使う，ウ「ただし」が入る。

問二　(9)段落は「表情がないと顔の魅力はなくなるといいましたが，それはなぜでしょうか」とあって，表情と顔の関係について話題を示している。(10)段落からは，表情と顔の関係について説明をしている。そして，(15)段落で「顔は……周囲の世界と自分とをつなぐ，パイプ役となっているようです」と述べて，顔(表情)の役割をあげている。

やや難　問三　(3)段落に「わがままな感情は根気強くしつけられて，感情をコントロールできるようになっていくのです」とあって，直後の文で具体的な例をあげて感情のコントロールとはどのようなものかを説明している。それは，「思い通りにいかなくても我慢する」「人前ではわがままを言わない」「ネガティブな情動は抑える」の三つである。

問四　直前の「これ」の指す内容が「社会的な報酬」の説明である。「周りにほめられることではないでしょうか。先生や両親などからほめられることが最高のご褒美(報酬)で，笑顔はその延長なのです」とある。さらに，——線③のあとの文で，電車で座席を譲ってあげたり，道を教えて喜ばれたりしたときに「見た笑顔もご褒美となるのです」と説明している。つまり，ほめられたり，親切にして感謝されたりするときに見ることのできる笑顔が「社会的な報酬」である。これに当てはまらないのは，ウの，買い物をして笑顔でお礼を言われた場合である。

問五　直後の文で，「怒っている顔を見つけたら，危険人物として近づかないことです」と怒った顔が，どのような意味を持つかを説明している。そして，続く文で，「避けなくてはいけない危険人物を記憶することは，生き抜く上では大切なことだから」と理由を述べている。

重要　問六　直前の「そういうことから」が指しているのは，「近所でなんとなく不審な行動をとるような人，友達関係でも貸したお金が返ってこないような人，そんな油断のならない人物」とかかわると損をこうむるので，頭に入れておくということである。信頼感のない顔が記憶しやすいのは，そのような人物に「巻き込まれて自身が損をしないように脳がはたらきかけるから」である。解答は，理由を説明する形で「～から」とまとめる。

★ワンポイントアドバイス★

小説は，行動や表情，会話などに表現されていることから人物の心情や思いをつかもう。また，心情の理由をつかむようにしよう。　論説文は，どのようなことが説明されているのかを具体例からとらえて，筆者がどのように説明を進めて考えを述べているかを読み取っていこう。

第2回A

2021年度

解 答 と 解 説

《2021年度の配点は解答欄に掲載してあります。》

<算数解答>《学校からの正答の発表はありません。》

1 (1) 625.25 (2) 55 (3) 11 (4) 6 (5) $\frac{6}{7}$

2 (1) 400 (2) 1500 (3) 133 (4) $\frac{2}{39}$ (5) 78

3 (1) 1130.4cm^3 (2) 835.92cm^2

4 (1) 5cm (2) 120cm^2 (3) 5cm^2

○推定配点○

1 各6点×5　他　各7点×10　計100点

<算数解説>

1 (四則計算)

(1) $716.3+143.7-234.75=860-234.75=625.25$

(2) $315-52\times5=55$

(3) $25\times11-11\times12\times2=11\times(25-24)=11$

(4) $9.6+2-5.6=6$

(5) $1-\frac{1}{2}+\cdots-\frac{1}{7}=\frac{6}{7}$

2 (割合と比，単位の換算，数の性質，数列・規則性，平面図形)

基本 (1) $1600\div4=400$(g)

重要 (2) 1：3＝3：9が5：7になったので$5-3=2$が1000円に相当する。
したがって，菅生君の最初の所持金は$1000\div2\times3=1500$(円)

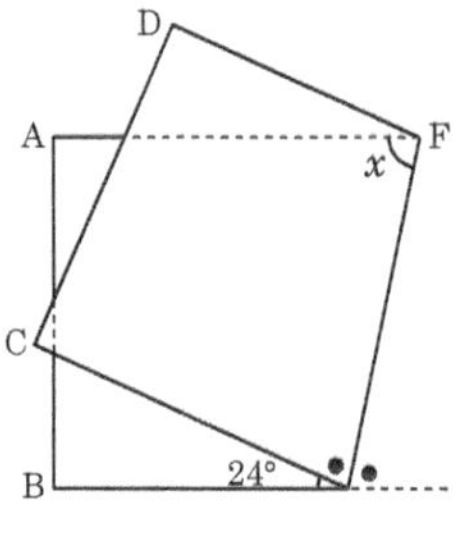

重要 (3) 4の倍数…$200\div4=50$(個)
6の倍数…$200\div6=33\cdots2$より，33個
12の倍数…$200\div12=16\cdots8$より，16個
したがって，4でも6でも割り切れない整数は$200-(50+33-16)=133$(個)

基本 (4) 20番目の分子→$20\div3=6\cdots2$より，2
20番目の分母→$2\times20-1=39$
したがって，20番目の分数は$\frac{2}{39}$

重要 (5) 右図より，角xは$(180-24)\div2=78$(度)

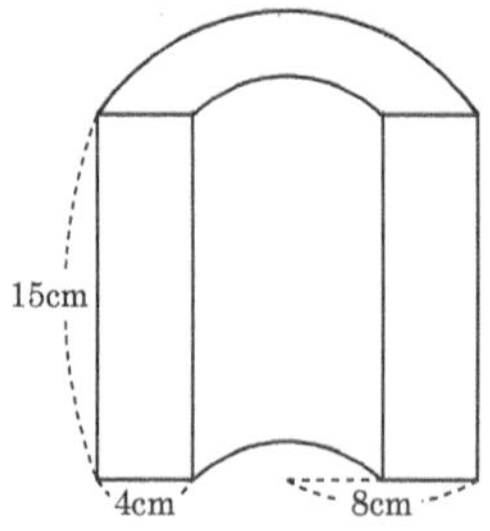

重要 3 (平面図形，図形や点の移動，立体図形)

(1) 右図より，$(8\times8-4\times4)\times3.14\div2\times15=1130.4(\text{cm}^3)$

(2) 底面積×2…$(8\times8-4\times4)\times3.14=48\times3.14(\text{cm}^2)$
側面積…$\{(8+4)\times3.14+4\times2\}\times15=180\times3.14+120(\text{cm}^2)$
したがって，表面積は$(48+180)\times3.14+120=835.92(\text{cm}^2)$

重要 4 (平面図形，相似)

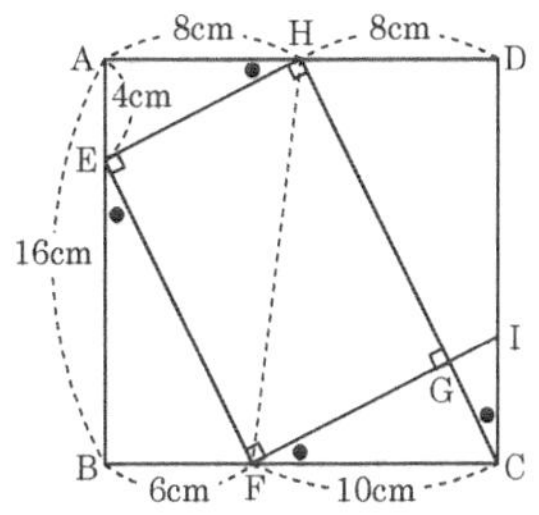

(1) 直角三角形FCIとCDHは相似であり，
FC：CIは2：1　したがって，ICは10÷2＝5(cm)

(2) 台形ABFH…(8＋6)×16÷2＝112(cm²)
したがって，長方形EFGHは
{112－(4×8＋12×6)÷2}×2＝120(cm²)

(3) (2)より，三角形FCGは10×16÷2－120÷2＝20(cm²)
したがって，三角形CGIは10×5÷2－20＝5(cm²)

★ワンポイントアドバイス★

4(2)「長方形EFGH」の求め方には複数の方法があり，試行錯誤してみると勉強になる。同様に，(3)「三角形CGI」についても，複数の解き方がある。自分にとって，解きやすい問題から確実に着手しよう。

＜国語解答＞《学校からの正答の発表はありません。》

一 ① 物価　② 往復　③ 謝る　④ 届ける　⑤ がっそう　⑥ い(る)
⑦ 吸収　⑧ 指揮　⑨ 険しい　⑩ 均整

二 問一 A イ　B オ　C ア　D エ　E ウ　問二 Ⅰ イ
Ⅱ (例) 真田先生はホエールズを応援しているため，生徒三人が対戦相手のファンではないと聞いて安心したから。　問三 横浜大洋ホエールズ　問四 (例) 母親の看病のために退職して故郷の熊本に帰ること。　問五 ア　問六 真田公吉

三 問一 A イ　B ア　C ウ　問二 敵から～逃げる(役割)　獲物を～らえる(役割)　この地～ていく(役割)　問三 目の前～ること　問四 (例) 自分の身体を動かしてみない限り，脳を刺激できないということ。　問五 ア

○推定配点○

一 各2点×10
二 問一A～E 各2点×5　問二Ⅰ・問五・問六 各4点×3　他 各6点×3
三 問一・問二・問五 各4点×7　他 各6点×2　計100点

＜国語解説＞

一 (漢字の読み書き)

① 「物価」は，物の価格。「価」の訓は「あたい」。「価値」「評価」などの熟語がある。　② 「往」は，形の似た「住(ジュウ)」と区別する。「復」は，同音で形の似た「複」と区別する。「往」も「復」も「行く」の意味を表す「彳(ぎょうにんべん)」が付く。「往来」「往路」「復帰」「復興」などの熟語がある。③ 「謝る」は同訓の「誤る」と区別する。「誤る」は，まちがえるの意味。「謝」の音は「シャ」。「謝罪」「謝礼」などの熟語がある。　④ 「届ける」は「尸」を「戸」，「由」を「田」と誤らない。

⑤ 「合」は「ゴウ・ガッ・カッ」の三つの音がある。「合同(ゴウドウ)」「合宿(ガッシュク)」「合戦(カッセン)などの熟語がある。 ⑥ 「射る」は，弓につがえて，矢を放つの意味。「射」の音は「シャ」。「発射」「照射」などの熟語がある。 ⑦ 「吸」「収」は，へんとつくりを入れ替えてしまう誤りに注意する。「吸」の訓は「す - う」。「呼吸」「吸引」などの熟語がある。「収」の訓は「おさ - める・おさ - まる」。「収納」「収入」などの熟語がある。 ⑧ 「指」の訓は「ゆび・さ - す」。「指導」「指令」などの熟語がある。「揮」は「発揮」「揮発」などの熟語がある。 ⑨ 「険しい」は，危険や困難な事態が予想される様子であるという意味。形の似た「検」と区別する。「保険」「険悪」などの熟語がある。 ⑩ 「均整」は，つりあいがよくとれていること。「均」は「平均」「均等」などの熟語がある。「整」の訓は「ととの - える・ととの - う」。「整備」「整列」などの熟語がある。

二 (小説－心情・情景の読み取り，文章の細部の読み取り，空欄補充の問題)

基本 問一 A イ「ふらっと」は，これという目的も予告もなく，出て行ったり入ってきたりする様子。サナコウは特別教室に顔を出したが，黙ったままじっと盤面を見ているので，これという目的もなくやってきたと考えられる。 B 直後に「と曲がりながら」とあるのでオ「くねくね」が入る。 C 話しかけられて，「知らず知らず立ちどまっていたらしい」自分に気づいたのである。気づく様子を表すア「はっとした」となる。 D バッタのように飛び跳ねる様子を表す言葉はエ「ぴょんぴょん」である。 E 直後に「怒った」とある。怒った様子を表す言葉はウ「ぷんぷん」である。

重要 問二 Ⅰ 「安心したように」とある心情と合うのは，イ「喜び」である。 Ⅱ「安心した」理由を考える。生徒たちが，ホームチームのスワローズのファンではないと知ると安心したのは，サナコウ(真田先生)が対戦相手のホエールズを応援しているからである。それは，ホエールズが得点した場面でサナコウが興奮しているところからわかる。「真田先生はホエールズを応援している」「生徒達は対戦相手のスワローズのファンではないと知って安心した」という二つの内容をまとめる。

問三 「ホエールズ」を手がかりにして探していくと，「このレフトスタンドが応援している横浜大洋ホエールズが勝つことを」とある部分が見つかる。

重要 問四 読み進めていくと，「サナコウは俺たちの高校からいなくなった。母親の看病のために退職して故郷の熊本に帰ったと教頭先生から聞かされた」，「野球観戦後に青山一丁目の駅で別れる時まで，サナコウは，ずっと，その話をしようとしていたんだと俺は思う」とある。この内容と――線③の「『あのね』と一度言った」を重ねあわせると，サナコウが言いたかった言葉とは「母親の看病のために退職して故郷の熊本に帰ること」だったと判断できる。

やや難 問五 読み進めていくと，「レフトスタンドは，昨秋よりは人がいた。きょろきょろと見まわしてみたが，サナコウも，サナコウの生き霊もいるはずがない」とある。「俺」は，ホエールズを応援する人たちがいるレフトスタンドにいけば，いるはずもないことを分かっていながら，もしかしたらサナコウがいるのではないかと思ったのである。

問六 文章の初めに，「真田公吉先生――サナコウは」とある。

三 (論説文－文章の細部の読み取り，指示語の問題，接続語の問題)

基本 問一 A 空らんの前では，ヒトは未熟に生まれると述べている。後では，未熟だけれども防衛能力は持っていると述べている。前後で反することを述べているので，逆接の「しかし」が入る。 B 空らんの前では，視覚と運動にかかわる脳に障害を受けると運動行為ができなくなる，と述べている。空らんの後では，「運動能力のキーポイントは，視覚と運動の連携にある」と言いかえて説明を補足している。言いかえて説明することを示す「つまり」が入る。 C 空らんの前で説明した「同じ視覚の経験」という内容に，あとで「片方は～，もう片方は～」と条件を付け加えている。条件を付け加えることを示す「ただし」が入る。

やや難 問二　何が「重要な役割を果たし」たのかといえば,「身体を使って動くこと」である。「身体を使って動くこと」が，どのような役割を果たしているのかは，直後に「野生動物の世界をみても，敵から逃げるため，獲物を捕らえるため，そしてこの地球上の環境で生きていくため」と，三つの役割が示されている。

問三　直前の「それ」が指しているのは，「目の前に迫る危険を防御すること」である。「それ」に代入すると，「目の前に迫る危険を防御することこそが運動能力の本来の目的で」となる。

重要 問四　「その結果は」の直後に，結果の内容が２匹のネコを比べることで具体的に説明されている。そして，続く段落で具体的な説明を「つまり」と受けて，「自分の身体を動かしてみない限り，脳を刺激できないということです」と要約している。

やや難 問五　「正常な反応」を示したのは「自分で動き回ったネコ」である。直後に，「自分で動かなかったネコ」の反応が説明されているが，それは，正常な反応ではないということである。すると，できないこととして説明されている，イ「近づいてくるものに対して目をつぶる」，エ「近づいてくるものに対して正しい位置に手を伸ばす」は，正常な反応ということになる。ウ「近づいてくるものに対して逃げる」は，問二でとらえたように，第一段落で「敵から逃げる」と説明されているので，これも正常な反応である。アは，イと反対の内容であるから，正常な反応には当てはまらない。

★ワンポイントアドバイス★

小説は，会話や表情，動作などの表現から人物の心情や思いをつかもう。また，人物についての説明を正しく読み取るようにしよう。論説文は，何が説明されているのかを具体例からとらえて，指示語などに注目して，筆者がどのように説明を進めて考えを述べているかを読み取っていこう。

MEMO

大切なことはメモしておこうネ！

2020年度

★★★★★★★★★★★★★★★★★★★★★★★

入　試　問　題

2020年度

東海大学菅生高等学校中等部入試問題（第１回Ａ）

【算　数】（50分）　＜満点：100点＞

【注意】 定規・分度器・コンパスを使用してはいけない。

1 次の計算をしなさい。

(1) $2020-20\times26$

(2) $6\times3.14-2.14$

(3) $\left(2\frac{1}{4}-1\frac{3}{8}+\frac{7}{2}\right)\times16$

(4) $7.5\times2\frac{2}{5}\div0.25\div\frac{3}{4}$

(5) $0.2\times125\times0.2\times0.2$

(6) $5+9+13+17+21+25+29+33+37+41$

2 次の □ にあてはまる数を求めなさい。

(1) 32と48の最小公倍数は □ です。

(2) $2.5\text{m}^2:3000\text{cm}^2=$ □ ： 6

(3) 4でも6でも割り切れる整数の中で，500に一番近い整数は □ です。

(4) 13，17，19，23，29，31の平均は □ です。

(5) 下の数はある決まりで並んでいます。このとき，8番目の数は □ となります。

$1\frac{2}{5}$，2，$2\frac{3}{5}$，$3\frac{1}{5}$，$3\frac{4}{5}$，$4\frac{2}{5}$，……

(6) 下の図は中心角90°のおうぎ形を点Aを中心に90°回転させたものです。このとき，斜線部分の面積は □ cm^2となります。ただし，円周率は3.14とします。

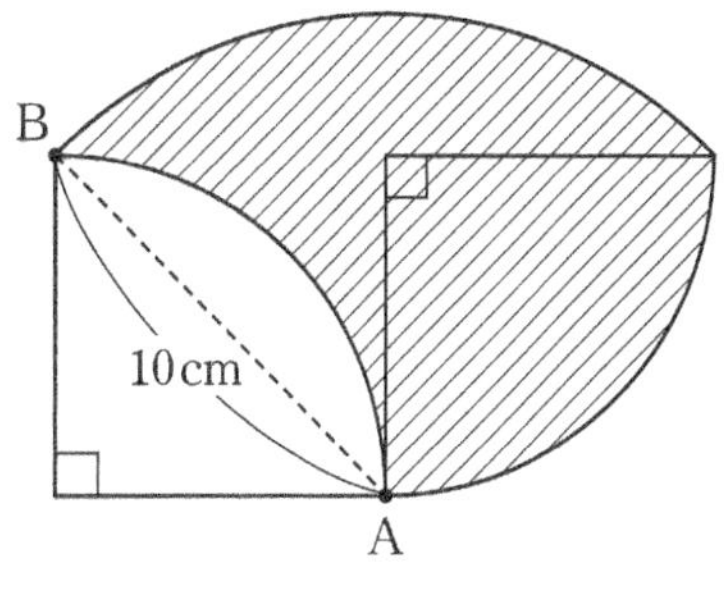

3　右の図は，面積が100cm^2である台形ABCDです。辺DCとBCは垂直に交わっており，３つの線分AD，BC，EFが平行であるとき，次の各問いに答えなさい。

(1)　線分EFの長さを求めなさい。

(2)　四角形EBCFの面積を求めなさい。

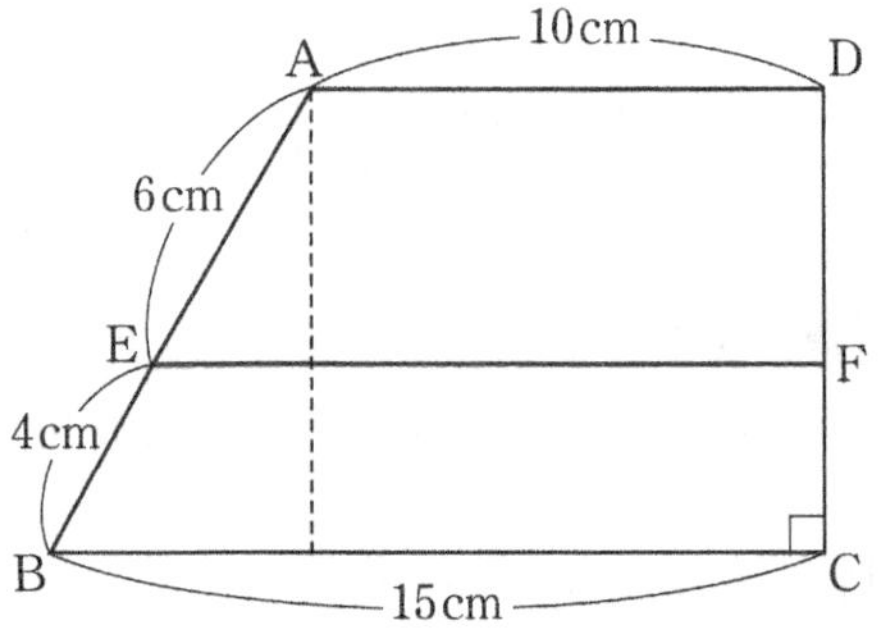

4　右の図のような時計があります。このとき，次の各問いに答えなさい。

(1)　長針と短針は１分間にそれぞれ何度ずつ進みますか。

(2)　時計の時刻が６時55分であるとき，時計の長針と短針がつくる小さい方の角の大きさを求めなさい。

(3)　９時と10時の間で，長針と短針が重なる時刻は何時何分になりますか。

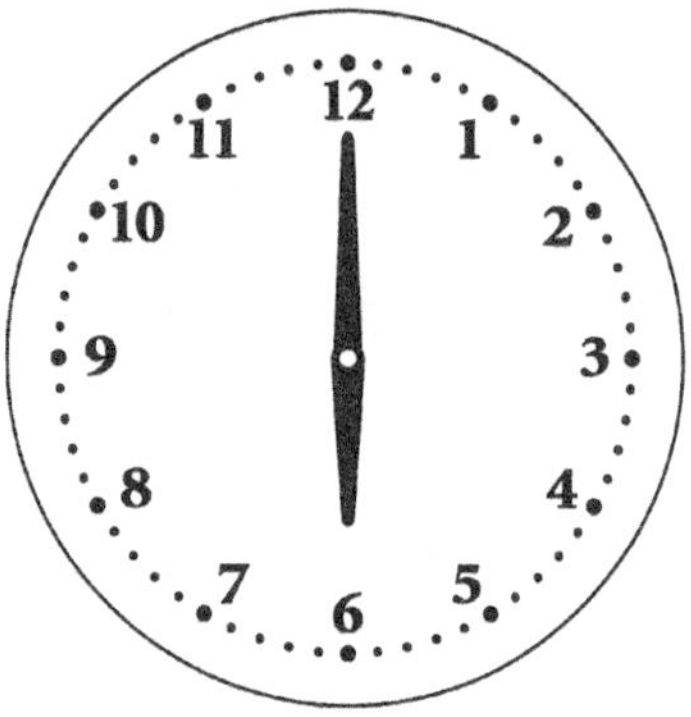

5　右のような図形を，直線 l を軸として１回転させて立体をつくります。このとき，次の各問いに答えなさい。ただし，円周率は3.14とします。

(1)　この立体の見取り図をかきなさい。（ただし，点線を用いて立体の中の様子も分かるようにかくこと）

(2)　この立体の体積を求めなさい。

(3)　この立体の表面積を求めなさい。

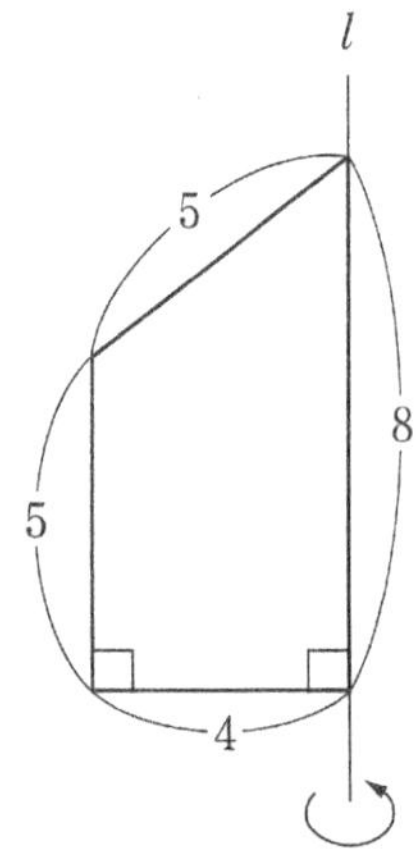

〈表２〉　令和元年度　東海大学菅生高等学校中等部　一年Ａ組　時間割表

	月	火	水	木	金	土
1	社会	道徳	理科	技術家庭	英語	英語演習
2	保健体育	社会	理科	技術家庭	英語演習	数学
3	数学	音楽	美術	英会話	国語	理科
4	国語	国語	数学	数学	社会	音楽
5	英語	数学	※ＬＨＲ	国語	保健体育	
6	理科	書写	社会	英語	保健体育	

※ LHRは、ロングホームルームの略で、学級活動の時間です。

【語群】　ア　英語　　イ　音楽　　ウ　技術家庭　　エ　国語
　　　　　オ　社会　　カ　数学　　キ　美術　　　　ク　保健体育
　　　　　ケ　理科

問五　――線④「この呼び方に僕は少々違和感を覚えています」とありますが、筆者はなぜ「この呼び方」に「違和感を覚え」たのでしょうか。その理由として最も適切なものを以下より選び、記号で答えなさい。

ア　筆者は、勉強をする意味を受験ではなくより豊かな生き方だと考えているから、受験科目で主要教科かどうかを決めてしまうことに違和感を覚えている。

イ　筆者は、すべての教科が「人がより豊かに生きる」ために必要だから、何が主要な教科で何がそうでない教科なのかを決めること自体、違和感を覚えている。

ウ　筆者は、何がその人にとって主要教科か副教科かは、一生を過ごす中でだんだんと決まってくるものだから、中学や高校の時点で決めてしまうことに違和感を覚えている。

エ　筆者は、すべての勉強が自分の人生にプラスになると考えているから、自分以外の他人が主要教科かどうかを決めることに違和感を覚えている。

問六　この文章に書かれている筆者の考える「勉強の意味」をふまえて、あなたは中学入学後、どのように「勉強」に取り組むべきだと考えますか。その考えを百字以内で答えなさい。

じょうにもったいないと思います。たとえ入試が、現時点では優先される目的であったとしても、「副教科」のおもしろさを味わうことなく卒業するのは、損です。

（南野忠晴『正しいパンツのたたみ方――新しい家庭科勉強法』
（岩波書店）を一部改訂）

※１　グローバル……地球的。世界的な規模。
※２　理屈……当然そうなるという筋道。
※３　頑なさ……人の言うことに従わず、自分の考え方を通そうとすること。
※４　閉口……すっかり困ること。
※５　留年……高校生や大学生が、他の生徒は次の学年に進んでも、同じ学年にとどまってしまうこと。
※６　主体的……自分の意志にもとづいて、相手に働きかける様子。
※７　カリキュラム……先生が学校で教える内容と順番のこと。
※８　無頓着……ものごとを気にしない様子。
※９　必須……抜《ぬ》くわけにはいかないこと。必要なこと。
※10　まま……ときどき。
※11　段……段階。とき。場合。
※12　序列化……ある順序に並べること。
※13　各人……それぞれの人。

問一　空らんＡ～Ｄに当てはまる言葉を以下より選び、記号で答えなさい。
ア　また　　イ　つまり
ウ　たとえば　　エ　だから
オ　ところが

問二　――線①「よく生徒に『先生、なんで英語なんか勉強せなあかんの？　わたしら日本人やのに』と聞かれました」とありますが、なぜこのような質問を生徒がするのだと筆者は考えていますか。その答えとして最も適切なものを以下より選び、記号で答えなさい。
ア　英語よりも大切な教科がたくさんあると思っているから。
イ　英語の学習は難しいと最初からあきらめているから。
ウ　英語が難しくてできないことから逃《に》げてしまっているから。
エ　インターネットを使えば、英語が話せなくても会話ができるから。

問三　――線②「教わる側にしてみれば、それだけではついていけないこともままあるのです」について、あとの１・２に答えなさい。
１　「教わる側」に筆者はどのような意識が必要だと述べていますか。文中より九字で探し、最初の三字をぬき出して答えなさい。
２　「それ」が指す内容は何でしょうか。文中の言葉を使って、四十字以内で答えなさい。

問四　――線③「中学や高校では、よく主要教科と副教科というように、学校で勉強する教科を分けて呼びます」とありますが、次の〈表１〉と〈表２〉を見て、一般的《いっぱんてき》に中学校で言われる【主要教科】と【副教科】に分けなさい。ただし、【語群】にある記号で解答すること。

〈表１〉　令和二年度大学入試センター試験　試験期日

期日	出題教科	科目
令和2年　1月18日　土曜日	社会	世界史AB 日本史AB 地理AB 現代社会 倫理《りんり》 政治経済ほか
	国語	国語
	外国語	英語 ドイツ語 フランス語 中国語 韓国語《かんこくご》
令和2年　1月19日　日曜日	理科	物理基礎《きそ》 科学基礎 生物基礎 地学基礎
	数学①	数学Ⅰ 数学Ⅰ・Ａ
	数学②	数学Ⅱ 数学Ⅱ・Ｂ 簿記《ぼき》・会計 情報関係基礎
	理科②	物理 化学 生物 地学

仲良しの友だちとも別れなくちゃならないだろう。そしたらつまらない毎日にならないかな。だから赤点がつかない程度にはがんばろう。僕も授業のやり方、わかりやすくなるように、ちょっと工夫してみるよ」と答えるようにしました。

英語を勉強する意味が、自分の日常とリンクして考えられるようになると不思議なもので、「わかりました。わたしももう少しがんばってみます」と言う生徒が増えてきました。

この一件を通して感じたのは、受身《うけみ》で授業を聞いていても、ちっともおもしろくないということでした。学ぶ意味や目的が、自分の日常とつながって初めて、※6主体的に学ぶ気持ちが芽生《めば》える、そう思いました。だから勉強する理由が「留年して仲良しの友人と学年が違《ちが》ってしまうのがいやだ」といったものであったとしてもかまわないわけです。

もう一つ気がついたことがありました。僕は決められた※7カリキュラムを教えることには一生懸命《いっしょうけんめい》でしたが、「どうして勉強するのか」を伝えることには、まったく※8無頓着《むとんちゃく》でした。だから生徒に「どうして勉強するの？」と聞かれたとき、その答えに詰《つ》まって「グローバル社会が云々《うんぬん》」みたいな返事をしてしまったのです。英語は主要教科でもあり、受験には※9必須《ひっす》の科目でもあります。勉強して当たり前、そんな気持ちがどこかにあったのかもしれません。しかし②教わる側にしてみれば、それだけではついていけないことも※10ままあるのです。そのためにも、教える側に「授業は生徒とともに作っていくものだ」という意識が必要なのだと再確認しました。

英語教員のときのそんな体験が、家庭科を教える※11段になって、役に立ったのは言うまでもありません。ましてや家庭科は、英語と比べて生徒の日常生活に密着している内容です。僕は、意気込《いきご》んで教え始めました。[B]英語の授業を受けているときと、家庭科の授業を受けているときとで、生徒たちの必死さが違《ちが》う現実に僕はまもなくぶつかりました。これが、副教科を教えるということなのかと気がつくのにそう時間はかかりませんでした。③中学や高校では、よく主要教科と副教科というように、学校で勉強する教科を分けて呼びます。「主要教科」であった英語教員から、「副教科」の家庭科教員に変わったからというわけでもありませんが、④この呼び方に僕は少々違和感《いわかん》を覚えています。なにをもって「主要」とし、なにをもって「副」とするのか、その理由が透《す》けて見えるからです。

たぶん今の教育制度が、大学入試を頂点とする「入試」システムをその中心に置いているからでしょう。ペーパーテストの結果、つまり数字で※12序列化しやすい科目が、「主要教科」になってしまうのかなと思います。

本来、勉強は入試のためだけにするものではありません。「人がより豊かに生きてゆくため」にするものです。社会に出てからも、また高齢《こうれい》になっても、勉強は続きます。勉強したことが自分のプラスになったと思えたら、それが本来の意味での勉強の成果です。

[C]「入試」から離《はな》れて勉強の意味を考えれば、※13各人《かくじん》が勉強したい「主要教科」も違ったものになってくるのではないでしょうか。

自分の興味関心が一番集中する教科が、すなわちその人の本当の意味での「主要教科」です。[D]、入試に関係する主要教科だから必死に勉強するけれど、関係ない副教科だから手を抜くという発想は、ひ

イ　どんな人でも元気にそして笑顔にするために心のこもった温かいスープを出したいという思い。

ウ　散歩で疲《つか》れた人が心地よく休めるためにと安心する味のするスープを出したいという思い。

エ　病気やケガをした人に元気になってもらうために健康に良いスープを出したいという思い。

問四　――線③「見てみぬ振《ふ》りをする」とありますが、誰《だれ》が「見てみぬ振りをする」のでしょうか。その答えとして最も適切なものを以下より選び、記号で答えなさい。

ア　私（咲）　　イ　祖父

ウ　祖母　　エ　スープを飲みにきた人たち

オ　小さな悪魔《あくま》

問五　――線④「欲しい、というコンタクトレンズをはめたように、他のことは見えなくなってしまい」とありますが、この言葉を生活の場面に当てはめたとき、それに**適さないもの**を一つ選び、記号で答えなさい。

ア　疲れていたので電車の席にどうしても座りたいと思い、ドアが開くとすぐに空いている席に向かって走る場面。

イ　バスで隣《となり》の人がさいふを忘れて降りたので、自分の降りるバス停ではなかったがどうしても渡《わた》したかったので降りる場面。

ウ　試食コーナーでどうしても食べたい好物が試食として出されていたので、何度も何度も並んでそれをもらう場面。

エ　どうしても捕《つか》まえたいチョウがいたため、食事の時間も忘れて、一日中森や野原を走り回って捕まえようとする場面。

三　次の文章に関するあとの問いに答えなさい。

あなたは「何のために勉強するんだろう？」と悩《なや》んだことがありますか？　そばにいる大人を観察してみても、誰《だれ》でもが、［Ａ］高校で勉強したことを日常的に使って仕事をしているようには見えません。

英語の教員をしていたころ、①よく生徒に「先生、なんで英語なんか勉強せなあかんの？　わたしら日本人やのに」と聞かれました。教員になりたてのころは、「これからは※1グローバル社会だし、英語に限らずだけど語学が一つくらいできた方がいいと思うよ」とかなんとか、生徒がすぐに納得してくれそうな※2理屈《りくつ》をひねり出しては答えにしていました。

ところがどんな理由を挙げても納得してくれない生徒もいました。

「どうしてですか？　別に英語が使えなくても生きていけるし、わたし、大人になっても英語使わないと思うし、だいたいそういう仕事にもつきません」と譲《ゆず》りません。その※3頑《かたく》なさに、※4閉口《へいこう》しながらも、何年かするうちに、僕《ぼく》ははっと気付いたのです。僕に勉強する意味を問うてくる生徒たちは、別に英語を勉強する理由が知りたくて質問しているわけではないことに……。

生徒たちは、「先生、私には先生の英語の授業が難しくてついていけません。なんとかして欲しいんですけど」ということを訴《うった》えていたのです。

僕は、それまでの「とにかく勉強しよう！」「努力するしかない！」的な発言はやめ、「高校の英語は、難しいよね。僕にも難しいもの」とまず、生徒たちの気持ちを受け止めるようにしました。

そのうえで「英語ができないからといって、幸せな人生が送れなくなるなんてことはないけど、赤点がついて※5留年《りゅうねん》なんかしちゃったら、

でね、また明日（もしくは来週）来てね」と祖母が言い、おかわりを欲《ほっ》する人にはその状況《じょうきょう》（家は遠いのか、また来られる人なのか、どうしてそんなに※8ひもじいのか）をたずねて、もう一杯出してあげることもあった。ホームレスの人には必ずおかわりを出していた。

そんな全てを眺《なが》めているうちに私は人間が愛《いと》おしくなり、そしてこわくなった。

豆スープがほしい、おいしい、嬉《うれ》しい、ありがとう、よかったらこれ受けとって、そこまではみんな思い至《いた》る。

でも、祖母の手がまるでぼろぞうきんみたいに［C］になって、血が出てばんそうこうをしているのに、それには気づかない。鍋《なべ》を運んでくる祖父が足を引きずっていても、めったに手伝いはしない。それをなんとも思わないでいられる、あるいは目に入らない、あるいは③見てみぬ振《ふ》りをする、人間の※9鈍感さ。あるいはずるさ。

え、もうなくなるの、でも私まではもらえるよね？　というときにだれもが見せる同じ表情。

④欲しい、というコンタクトレンズをはめたように、他のことは見えなくなってしまい、少しでも多くもらいたいと思う。スープくらいのことならこういう面を見せてもいいだろう、という感覚。善良な人々に潜《ひそ》む小さな悪魔《あくま》がこわかった。極小だからこそ、決して消えることはない。

それなのになぜだろう、豆スープを手に持って［D］とした笑顔になる人たちを見ると、涙《なみだ》が出そうになってしまう。それだからやめられない、人間を、豆スープを。そう思った。自分の中にも極小の悪魔と同時に潜む、その※10くめどもつきない愛のかけらみたいなものを、どちらも小さいその消えないものを、味わいたいような気持ちにいつしかなっていた。

（よしもとばなな『さきちゃんたちの夜』（幻冬舎）所収
「癒しの豆スープ」より）

※1　瞑想……目を閉じて、深く考えること。
※2　憩い……休息。
※3　共通項……共通した一つのまとまり。
※4　スタンド……台。
※5　ストック場……まだ売り物として出していないものを置いてある場所。
※6　年金……制度や契約《けいやく》にもとづいて、決まった時期に受け取るお金のこと。
※7　健全……望ましい様子。
※8　ひもじい……ひじょうにお腹《なか》がへっている状態。
※9　鈍感……感覚や感じ方が鈍《にぶ》いこと。
※10　くめどもつきない……限りがないこと。

問一　空らんＡ～Ｄに当てはまる言葉を、以下より選び、記号で答えなさい。

ア　がさがさ　　イ　ぐっ　　ウ　ほっこり　　エ　ぐつぐつ
オ　いらいら

問二　――線①「みんなあてにしちゃって」とありますが、みんなは何を「あてに」しているのでしょうか。簡単に説明しなさい。

問三　――線②「ここは店じゃないからなくなったらおしまいなんでね、また明日（もしくは来週）来てね」とありますが、祖母はどのような思いでこの言葉を言っていたと考えられますか。その答えとして最も適切なものを以下より選び、記号で答えなさい。

ア　ぐちや長話をしたい人にそれをひかえさせる力を持った優しい味のスープを出したいという思い。

ささを思う。

あんなにもただ欲しがる人たちに囲まれて、いやな顔ひとつせずに無料でスープを出し続けた祖父母。

先に祖母《そぼ》が亡くなり、祖父《そふ》はその悲しみを［B］と抱《かか》えしょげて小さくなって、三ヶ月後にそっと亡くなった。こわいくらいなにも人に押《お》しつけないふたりだった。そしてなにも人に押しつけないところだけがふたりの※3共通項《きょうつうこう》だった。

近所の人たちの生々しい反応にうんざりしてはいたけれど、実を言うと私も祖父母の豆スープが恋《こい》しくなっていた。

私がこの家にやってきたとき、うちはすでに「豆スープが無料で飲める立寄《たちより》どころ」だった。

売っていたわけではないから「豆スープ屋」でさえない。

祖父母は元々たばこ屋を営んでいた。駅前からの商店街が終わって少し歩いた狭《せま》い道に面したところに、店舗《てんぽ》だった部分がある。自宅の玄関《げんかん》から見るとそこはうらにあたる。たばこを売る※4スタンドと、その後ろの※5ストック場《ば》と、数人が座れるようになっているスペース。たったそれだけの小さい場所だった。

父からの仕送りが充分《じゅうぶん》になり、ふたりとも※6年金をもらうようになり、祖父母は豆スープを大量に作るようになった。はじめはたばこ屋と同時進行だったが、やがて週末の豆スープが忙《いそが》しくなってたばこ屋はたたんだ。

月曜日に材料を買ってきて、仕込《しこ》みをして、火曜日から金曜日まで煮込み続けて、土日に配るというベースも自然に決まったそうだ。

近所の毎日寄っていくおばさんが胃をわずらったのがきっかけだったと祖母は言っていた。緑茶を出すと胃に悪いかもしれないから我が家特製の豆スープを出してあげよう、ということから始まったと。

そのおばさんはスープをおいしいと言って、毎週飲みに来て、胃を半分以上切ったのにすっかり元気になってしまった。

スープだけの力ではないとは思う。

おばさんの家からうちまで歩いて十分、ちょうどいいリハビリ運動のあとに、栄養のあるスープを飲んで祖父母とちょっとした温かいおしゃべりをして帰っていくと全部で三十分くらい。

その全部が、週末を楽しみに過ごすことや、豆スープに特に期待していなかったこととうまく相まって、彼女《かのじょ》に奇跡《きせき》を起こしたのだと思う。

おばさんの顔色はみるみるよくなり、おばさんの話す内容も明るくなっていったそうだ。

おばさんがあまりにも変わったので、おばさんの家族が、その知り合いが、しょっちゅう寄ってスープを飲んでいくようになった。

じっくり座れないというのが、またよかったのだと思う。丸いすか、塀《へい》にもたれての立ち飲みか、迷惑《めいわく》にならない程度に道に立って飲むことしかできないから長くはいられない。おのずとそこでは長話やぐちを控《ひか》える雰囲気《ふんいき》になった。時間があるときボランティアで手伝ってくれる人たちもいたので、教会で無料の食事を配っているときの※7健全で静かな雰囲気がいちばん似ていたかもしれない。

〈中略〉

土日ともにたいてい午前中で豆スープは品切れ、それでおしまいだった。

残念がる人には「②ここは店じゃないからなくなったらおしまいなん

【国　語】（五〇分）〈満点：一〇〇点〉

【注意】 すべての問題において、句読点は一字と数えるものとする。

一　次の――線のカタカナを漢字に、漢字をひらがなに直しなさい。

（送りがなの必要なものはあわせて書くこと）

① 試合に負けてヒジョウにくやしい思いをした。

② 講演会終了《しゅうりょう》後、質問する時間をモウケル。

③ 試験に向けて、心構えをととのえた。

④ キョウカイ線を越《こ》えないように気をつける。

⑤ 宮沢賢治《みやざわけんじ》は、畑で毎日タガヤス生活をしていた。

⑥ 家族で富士山《ふじさん》に登り、初日の出を拝む。

⑦ 五回のウラの攻撃《こうげき》がこれから始まる。

⑧ リレーで、ハイゴからライバルがせまる。

⑨ 昼休みに図書室で、朗読会が行われた。

⑩ 祖父のお墓にお花やお線香をソナエル。

二　次の文章に関するあとの問いに答えなさい。

「咲《さき》ちゃん、あんたは作れないの？　あんなにそばにいたのに。散歩してても淋《さび》しくってものたりなくってしょうがないよ。」

祖父母《そふぼ》が亡くなってから、すれ違《ちが》う近所の人たちに何回それを言われたことか。

「癒《いや》していたのは、きっと祖父母の人柄《ひとがら》のほうで、スープ自体じゃないんだと思うんですよ。」

私はそう答える。するとみんな「それもそうだよね」と言いながらも深いところでは「な～んだ、あんたはやっぱりなにもくれる気がないのか」というちょっと失望した顔をして帰っていく。

子どもが新しく買ったおもちゃをすぐに壊《こわ》してしまってがっかりして　Ａ　しているときの顔に似ている。

どんなに大人になっても、おばあさんやおじいさんになっても、そんなときはその人の中の子どもが顔を見せる。

これほど多くの人が、週末に朝の散歩をしているのかと驚《おどろ》くことがよくあった。

のんびり歩いてくる人、家族といっしょの人、ひとりで※1瞑想《めいそう》しているようにただ歩く人、ジョギングしている人。様々だけれど、とにかく晴れていれば、いや、たとえ雨でも家を出てなんとなく目標を決めて歩く人たちの群れ。

なんのために？

足の力を保つために、気分をよくするために、血行を整えるために。気分をよくして今日一日をなんとかよきものにするために。それぞれに問えば理由はあるのだろうけれど、深いところでは理由のない行動だと思う。

人間ってなんだろう、体があるってなんだろう。

朝起きたあと、時間があればなんとなく歩いてみたいあの気持ちは体から出てくるのか、心からなのか。

そしてその歩きの途中《とちゅう》に、ちょうどよい※2憩《いこ》いの場として町の人たちにせっていされた我が家。

なによ、①みんなあてにしちゃって、と思うと同時に、自分の器の小

MEMO

大切なことはメモしておこうネ！

2020年度

東海大学菅生高等学校中等部入試問題（第１回Ｂ）

【算　数】（50分）　＜満点：100点＞

【注意】 定規・分度器・コンパスを使用してはいけない。

1　次の計算をしなさい。

(1)　$8+98+998+9998+99998$

(2)　$257-\{182-(89-34)\div 5\}\div 3$

(3)　$\left\{5\frac{2}{3}-1.75\div\left(2\frac{1}{3}+\frac{1}{6}\right)\times 6\right\}\times 15$

(4)　$3\frac{3}{4}\times 0.5\div 1.25\times\frac{5}{7}\times 0+2\frac{2}{5}\div\frac{4}{3}\times 3.75$

(5)　$\left(\frac{1}{1\times 2}\right)+\left(\frac{1}{2}-\frac{1}{3}\right)+\left(\frac{1}{3\times 4}\right)+\left(\frac{1}{4}-\frac{1}{5}\right)+\left(\frac{1}{5\times 6}\right)+\left(\frac{1}{6}-\frac{1}{7}\right)+\left(\frac{1}{7\times 8}\right)$

2　次の $\square$ にあてはまる数を求めなさい。

(1)　$\left(2\frac{2}{5}-\square\div\frac{2}{3}\right)\div 1\frac{1}{2}=1$

(2)　１から100までの整数の中で，３または４の倍数は全部で $\square$ 個あります。

(3)　１から25までの整数を順にかけ合わせたとき，でき上がった整数は一の位から０が連続して $\square$ 個続きます。

(4)　下の数はある決まりで並んでいます。このとき，31番目の数は $\square$ です。

３，９，15，21，27，……

(5)　右の図のように，半円と正三角形が重なった形があります。このとき，斜線部分の面積は $\square$ cm^2 です。ただし，円周率は3.14とします。

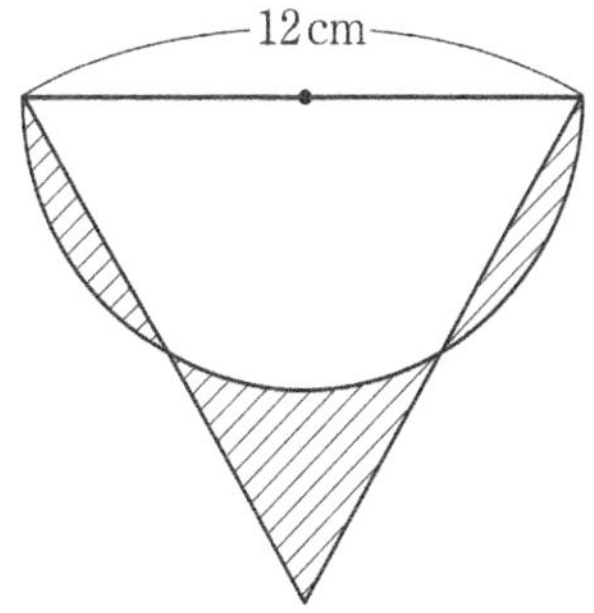

3　ＡさんとＢさんの家は４㎞はなれていて，その間に学校があります。ある日，ＡさんとＢさんは朝８時に学校で待ち合わせをして，Ａさんは分速80m，Ｂさんは分速60mで同時に家を出ました。Ａさんは７時50分に学校に到着し，Ｂさんは８時10分に学校に到着したとき，次の各問いに答えなさい。

(1)　Ａさんの家は学校まで何㎞はなれていますか。

(2)　Ｂさんは分速何mで歩けば待ち合わせの時間に間に合いますか。

4 下の図は，四角形ＡＢＣＤ，ＣＤＥＦが正方形になるように半径10㎝の円を横に３つ重ねてできた図形です。このとき，次の各問いに答えなさい。ただし，円周率は3.14とします。

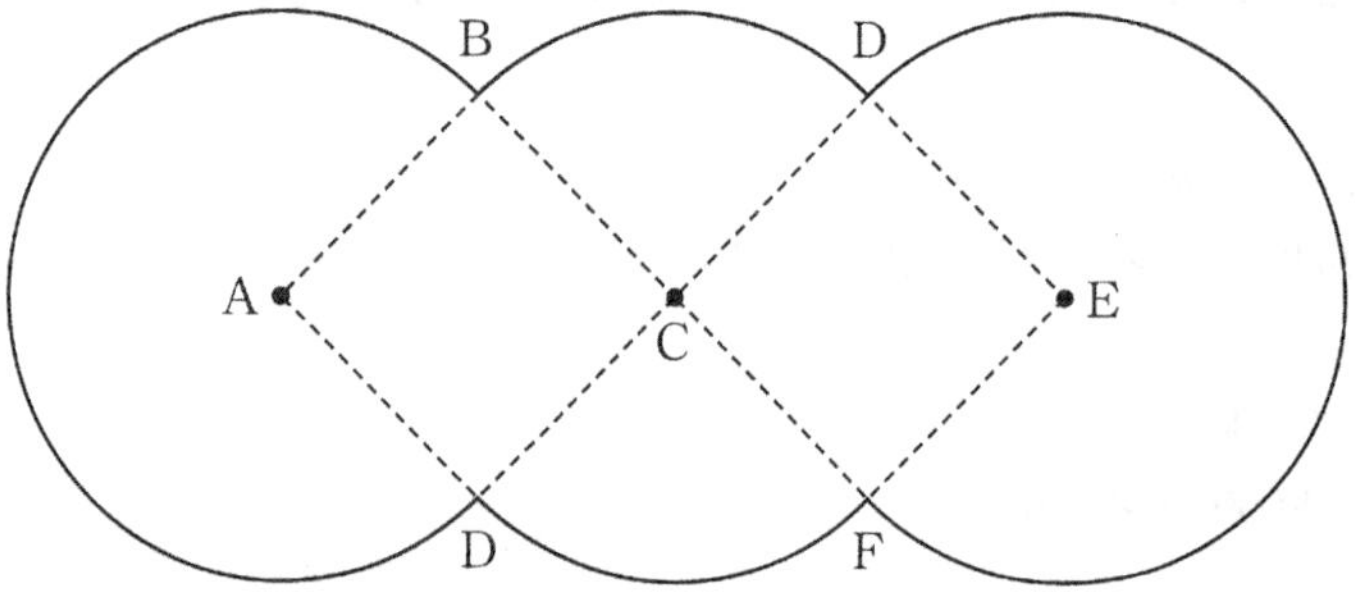

⑴ この図形の面積は何㎠ですか。

⑵ この図形のまわりの長さは何㎝ですか。

⑶ この図形の横に，２つの円をさらに重ねて図形をつくりました。できあがった図形の面積は何㎠になりますか。

【理　科】（社会と合わせて50分）　＜満点：50点＞

【注意】　定規・分度器・コンパスを使用してはいけない。

1　長さ120cm，重さ100ｇで太さが一様なまっすぐな棒を用いて図のようにさおばかりをつくりました。この棒の左はしに重さ300ｇの皿をつるし，棒の左はしから20cmのところを糸でつるしました。棒には，重さ200ｇのおもりＰがつるしてあり，Ｐは棒の上を自由に動かせるものとします。皿に何ものせてないとき，ある位置におもりＰをつるすと，棒が水平になってつり合いました。これについて，次の各問いに答えなさい。ただし，糸の重さは考えなくてよいものとします。

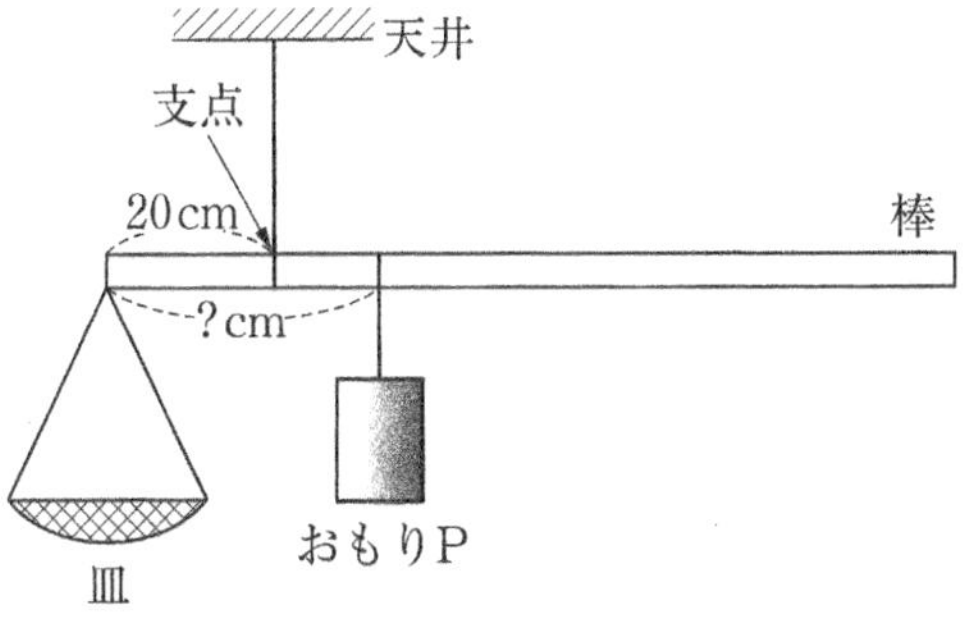

問１　棒自身の重さは棒の左はしから何cmのところにかかっていますか。（ヒント：重さは重心にかかります。一様な棒の重心は，棒のちょうど真ん中にあります。）

問２　皿に何ものせていないとき，支点をつるした糸には，何ｇの重さを支える力がはたらいていますか。（ヒント：糸は，棒，皿，おもりすべてを支えています。）

問３　皿に何ものせていないとき，Ｐの位置は棒の左はしから何cmのところですか。計算や考え方も解答用紙に書きなさい。（ヒント：支点の左右で，てこのつり合いの条件を考えてみましょう。棒自身の重さも忘れないようにして下さい。）

問４　皿に10ｇのおもりを乗せたとき，棒がつり合うＰの位置は，問３の位置から何cm右にずれますか。計算や考え方も解答用紙に書きなさい。

問５　棒の右はしにおもりＰをつるしたとき，棒が水平になってつり合うのは，皿に何ｇのおもりを乗せたときですか。計算や考え方も解答用紙に書きなさい。

2　次の表は，気体の発生方法と性質についてまとめたものです。次のページの各問いに答えなさい。

	気体名	発生方法	気体の性質
A	酸素	うすい（ａ）に二酸化マンガンを加える	（ｄ）性がある
B	二酸化炭素	石灰石にうすい（ｂ）を加える	石灰水を通すと（ｅ）くにごる
C	水素	（ｃ）にうすい硫酸を加える	マッチの火を近づけると燃えて（ｆ）ができる
D	アンモニア	こいアンモニア水を加熱する	（ｇ）がある

問１　前のページの表の（ａ）～（ｇ）にあてはまる言葉を次の語群から選び答えなさい。

語群

水　食塩水　砂糖水　重曹水　過酸化水素水　水酸化ナトリウム水溶液　塩酸
銅　亜鉛　銀　燃焼　助燃　酸　アルカリ　白　黒　赤　青　炭
二酸化炭素　刺激臭　卵の腐敗臭

問２　酸素，水素，アンモニアの集め方でもっとも適切な方法を，それぞれア～ウから選び記号で答えなさい。ただし，同じ記号を何回選んでもよいとします。

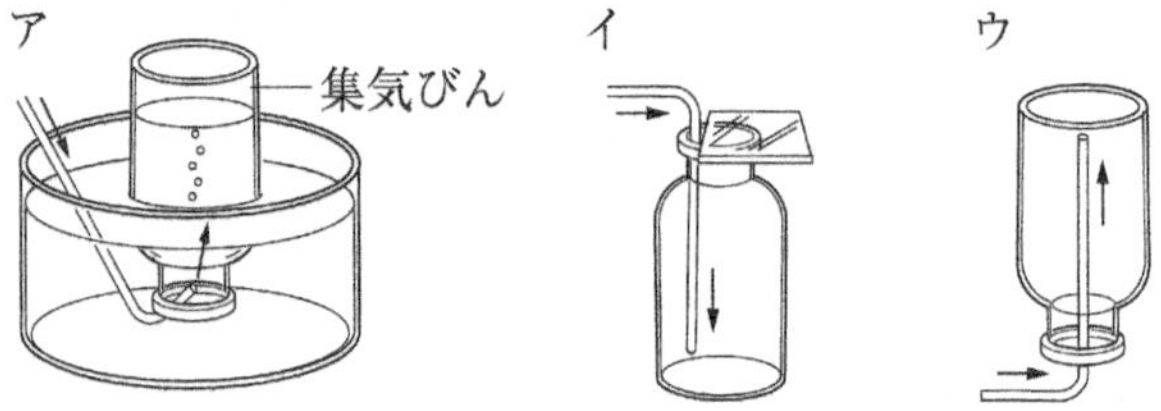

問３　二酸化炭素の集め方として適切でない方法を，問２のア～ウから選び記号で答えなさい。またその理由を答えなさい。

３　右図は，食べ物の消化にかかわる体の部分を表しています。次の各問いに答えなさい。

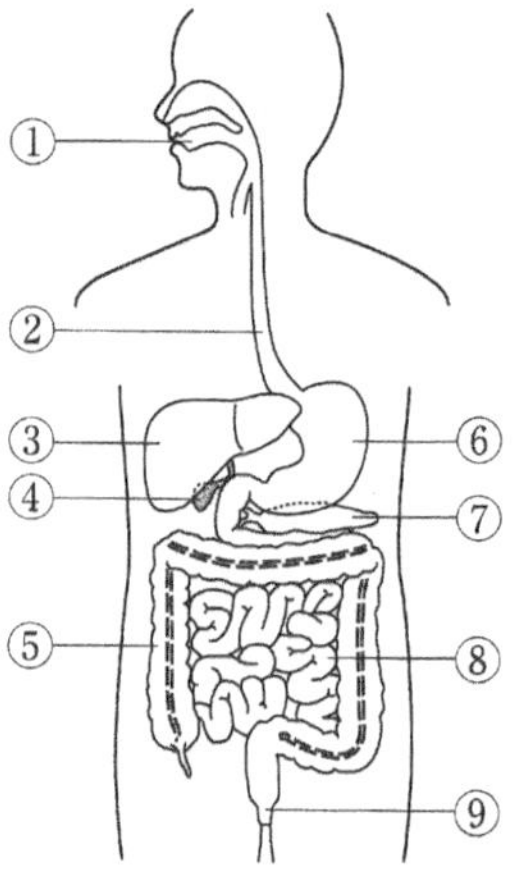

問１　図の①から⑨の名称を次の語群から選び答えなさい。

語群

小腸　口　胆のう　大腸　すい臓　じん臓　心臓
かん臓　気管　食道　こう門　胃　肺　気管支
十二指腸　ぼうこう

問２　次のはたらきをする消化器官はどこですか。図の①～⑨から選び記号で答えなさい。

⑴　おもに食べ物に含まれる養分を吸収する。

⑵　体内に吸収された養分をたくわえたり，体にとって害になるものを分解したりする。

⑶　消化された食べ物から水分を吸収する。

４　次のページの図のＡ～Ｄは，春分，夏至，秋分，冬至の日の地球の位置を表したものです。次の各問いに答えなさい。

問１　図で地球が公転している向きは，Ｘ，Ｙのどちらですか。記号で答えなさい。

問２　春分の日の地球の位置を表しているのはどれですか。Ａ～Ｄから選び記号で答えなさい。また，その理由を簡単に答えなさい。

問３　四季の変化が見られる理由を『地軸』と『公転している面』という言葉を使って説明しなさい。ただし，地軸とは，地球の自転軸のことを言います。

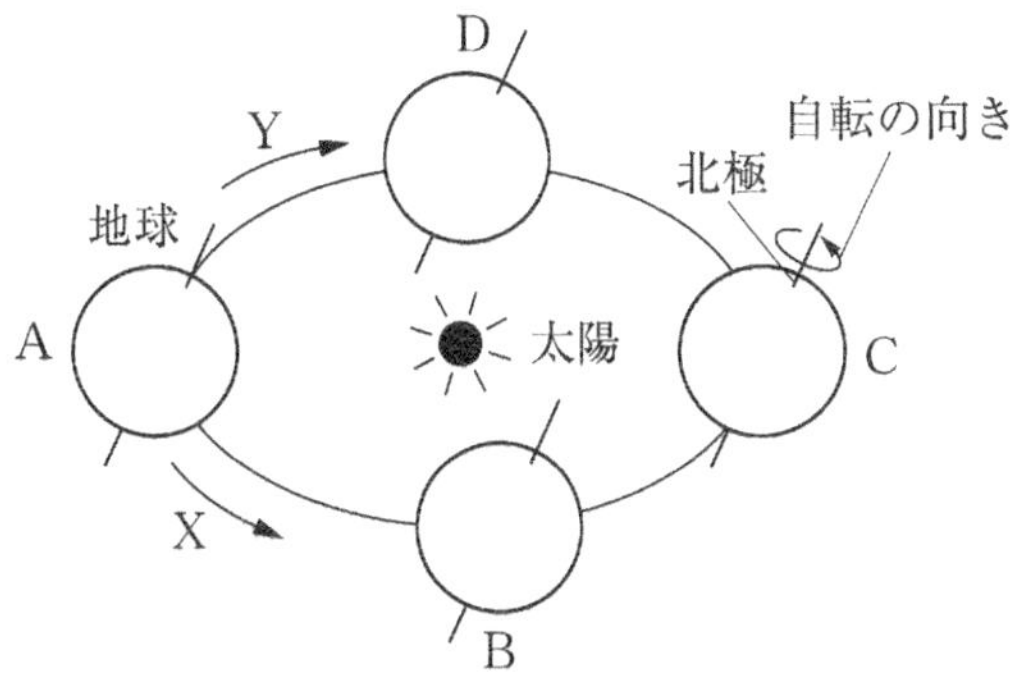
D
Y
自転の向き
北極
地球
A
太陽
C
X
B

【社　会】（理科と合わせて50分）　＜満点：50点＞

【注意】 定規・分度器・コンパスを使用してはいけない。

1　次の地図を見て，以下の問いに答えなさい。

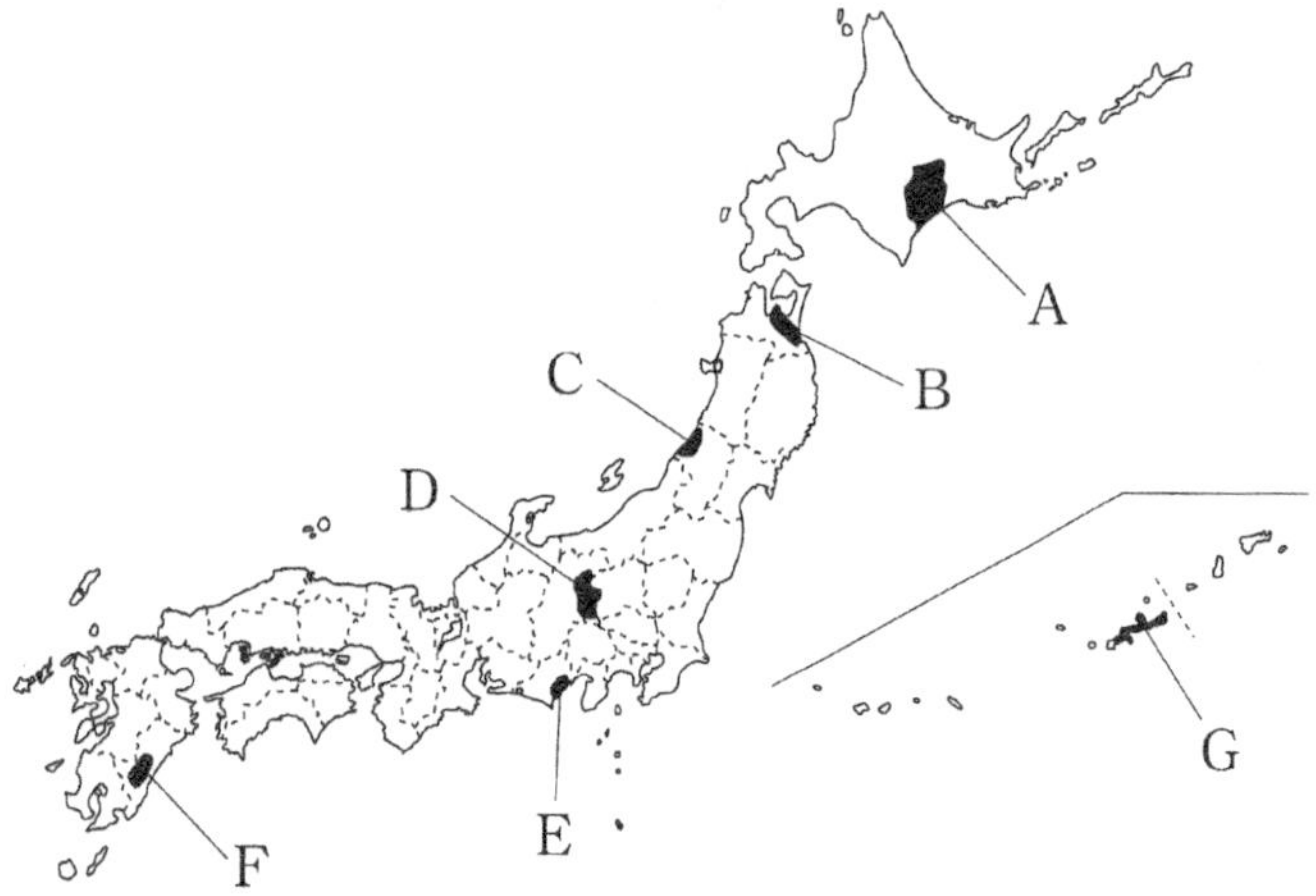

問１　地図中のＡ～Ｇの産地や地域の特色としてあてはまる文を次の中から１つずつ選び，記号で答えなさい。

(あ)すずしい気候を生かしてほかの産地の野菜が少ない夏から秋に，新鮮で安全な野菜を収穫できるように，さまざまな工夫をしています。

(い)日差しが強く，気温や湿度の高い気候に合ったさとうきびは，昔からさかんにつくられてきた特産物です。今でも，県全体の畑の約３分の１でつくられています。

(う)多くの農家では，じゃがいもをはじめとして，あずき，スイートコーン，てんさい，小麦をつくっています。５種類の作物を順にちがう畑で育てています。

(え)水田農業試験場では，品種改良や有機農業の研究をしています。庄内平野で最も多く栽培されている「はえぬき」という品種の米は，この試験場で開発されました。

(お)焼津漁港は国内有数のかつおの水あげ高をほこり，昔からかつおのとれるまちとして有名です。消費量の多い場所に近いので，新鮮なまま運ぶのに便利な土地です。

(か)冬でもあたたかい気候を利用したきゅうりづくりがさかんです。生産されたきゅうりは，九州地方のほかに，関東地方や近畿地方などの大消費地に送られます。

(き)この地域は，国内有数の漁業生産をほこります。なかでもほたて貝の養殖やひらめの栽培漁業がさかんです。とりすぎによって資源が減らないように管理しています。

問２　（う）の文の内容にあてはまる農業方法を次の中から選び，記号で答えなさい。

ア　二毛作

イ　二期作

ウ　近郊農業

エ　輪作

2　次の表を見て，以下の問いに答えなさい。

＜日本の主な気候の月平均気温と月降水量＞　　上段は気温℃　下段は降水量 mm　理科年表　平成 30 年

気候	２月	４月	６月	８月	10 月	12 月	全年
A	－4.3	3.4	10.6	17.3	11.3	－0.5	6.3
	23	67	91	121	106	50	1021
B	2.4	11.5	20.6	26.3	16.0	5.3	13.6
	262	96	145	150	211	423	2755
C	7.3	14.9	22.0	27.0	18.9	9.0	16.5
	103	210	293	251	200	63	2325
D	0.2	10.6	19.9	24.7	13.2	2.3	11.8
	44	75	126	92	102	28	1031
E	5.9	14.4	23.0	28.1	18.4	7.9	16.3
	48	76	151	86	104	37	1082
F	17.1	21.4	26.8	28.7	25.2	18.7	23.1
	120	166	247	241	153	103	2041

問　表のＡ～Ｆの気候の特色としてあてはまる文を次の中から１つずつ選び，記号で答えなさい。

(あ)北海道は冬が長く，寒さがきびしいです。降水量は他の地域よりも少ないです。

(い)南西諸島の気候です。那覇は気温が高く，雨の多い地域です。冬もあたたかいです。

(う)日本海側の夏の気温は太平洋側と同じくらいですが，冬にはたくさん雪が降ります。

(え)瀬戸内の気候です。太平洋側の気候と似ていますが，降水量がやや少ないです。

(お)中央高地は，夏と冬の気温差が大きいです。１年を通じて降水量が少ないです。

(か)太平洋側は，気温の高いあたたかい地域です。夏や秋には降水量が多くなります。

3　次の各文章を読んで，次のページの問いに答えなさい。

①　尾張（愛知県）の小さな大名でしたが，駿河（静岡県）の大名，今川義元を桶狭間（愛知県）で戦って破り，それ以後，まわりの大名を次々に従えていきました。琵琶湖の近くに安土城を築き，天下統一に備えました。

②　僧であったこの人物は，道路や橋，池をつくるなど，人々のくらしを助けながら仏教の教えを広めていました。大仏をつくるには，新しい技術と多くの労働力を必要としたため，朝廷は，この人物に協力を求めました。

③　元軍は，1274年と1281年の二度にわたって，大軍をもって日本をおそいました。しかし，全国の武士たちの激しい反撃や暴風雨などによって，大きな損害を受け，大陸に引きあげていきました。

④　手に入れたオランダ語の医学書が人体についてくわしく正確にえがかれていることにおどろきました。この人物たちは，協力し合い苦心しながらもこの医学書を日本語にほんやくし，「解体新書」と名づけて出版しました。

⑤　他の大きな武士団を都から追いはらい，藤原氏もおさえつけて，武士として初めて太政大臣につきました。同じ一族の多くを朝廷の高い位につけたり，地方の役人に任じて領地を管理したりしました。

問１　①～⑤の各文章の内容に関係の深い人物を次の中から１つずつ選び，記号で答えなさい。

(あ)平清盛　(い)鑑真　(う)北条時宗　(え)杉田玄白

(お)足利義満　(か)行基　(き)源頼朝　(く)織田信長

問２　①～⑤の各文章は何時代のできごとか，次の中から１つずつ選び，記号で答えなさい。（文章の内容が２つの時代に続く場合には，その人物が最も活躍した時代を答えなさい。）

ア　縄文時代　イ　弥生時代　ウ　古墳時代　エ　飛鳥時代

オ　奈良時代　カ　平安時代　キ　鎌倉時代　ク　室町時代

ケ　安土桃山時代　コ　江戸時代　サ　明治時代　シ　大正時代

4　次の年表を見て，以下の問いに答えなさい。

年　号	で　き　ご　と
１６００年	関が原の戦いが起こる。
１６３５年	参勤交代の制度が定められる。　⇒　①
１６３９年	鎖国が完成する。
	町人の文化がさかんになる。　⇒　②
１８２１年	日本で最初の正確な日本地図がつくられる。　⇒　③
１８５３年	ペリーが浦賀に来航する。
１８５４年	日米和親条約を結ぶ。　⇒　④
１８５８年	外国と修好通商条約を結ぶ。
１８６７年	徳川慶喜が政権を朝廷に返す。　⇒　⑤
１８７１年	藩が廃止されて、県が置かれる。
１８７２年	「学問のすすめ」が出版される。　⇒　⑥
１８８９年	大日本帝国憲法が発布される。　⇒　⑦
１８９４年	治外法権が廃止される。　⇒　⑧
１９１１年	関税自主権が回復される。　⇒　⑨

問１　年表の①のできごとに関係の深い人物を次の中から選び，記号で答えなさい。

(あ)徳川家康　(い)徳川家光　(う)足利尊氏　(え)足利義満

問２　年表の②のできごとに関係の深い人物を次の中から選び，記号で答えなさい。

(あ)歌川広重　(い)雪舟　(う)紫式部　(え)北条政子

問３　年表の③のできごとに関係の深い人物を次の中から選び，記号で答えなさい。

(あ)本居宣長　(い)伊能忠敬　(う)杉田玄白　(え)近松門左衛門

問４　年表の④について，この条約によって開かれた港は下田とどこか。次の中から選び，記号で答えなさい。

(あ)横浜　(い)新潟　(う)函館　(え)博多

問５　前のページの年表の⑤のできごとを何というか，次の中から選び，記号で答えなさい。

（あ）地租改正　（い）学制　（う）明治維新　（え）大政奉還

問６　年表の⑥のできごとに関係の深い人物を次の中から選び，記号で答えなさい。

（あ）夏目漱石　（い）福沢諭吉　（う）板垣退助　（え）田中正造

問７　年表の⑦のできごとに関係の深い人物を次の中から選び，記号で答えなさい。

（あ）伊藤博文　（い）野口英世　（う）西郷隆盛　（え）勝海舟

問８　年表の⑧のできごとに関係の深い人物を次の中から選び，記号で答えなさい。

（あ）伊藤博文　（い）大隈重信　（う）陸奥宗光　（え）小村寿太郎

問９　年表の⑨のできごとに関係の深い人物を次の中から選び，記号で答えなさい。

（あ）伊藤博文　（い）大隈重信　（う）陸奥宗光　（え）小村寿太郎

② 文章中では、「ＩｏＴ」の具体例としてエアコンやトイレなどに搭載された時の、私たち人間とのつながりが挙げられています。①の答えをふまえて、文章中に書かれている例以外であなたが考える「ＡＩ」や「ＩｏＴ」が活躍する生活を、**できるだけくわしく**書きなさい。

問三 ――線②「人とのコミュニケーションが中心になる仕事は、代替が難しい」とありますが、なぜ人とのコミュニケーションはＡＩにとって難しいのですか。その理由として**適さないもの**を次の中から一つ選び、記号で答えなさい。

ア 人とコミュニケーションを取るとき、例え同じ言葉でも、喜ぶ人と悲しむ人がいて、その人にどの言葉をかけるべきか前もって想定することが困難だから。

イ 人とコミュニケーションを取るとき、例え「うれしい」という言葉を相手が発したとしても、本当はそうではないと解釈しなければならない場面があるから。

ウ 人とコミュニケーションを取るとき、表情や言葉、しぐさなどを総合して相手の気持ちを予測する力が必要とされ、とても複雑に考えなければならないから。

エ 人とコミュニケーションを取るとき、表情から相手の気持ちを考えるのだが、その人が笑《わら》っているのか怒っているのかをＡＩが判断することは難しいから。

を提案したり、暮らしが快適になるよう考えたりする。「有能すぎる相棒」、それがＡＩです。

Ｃ、こうしてＡＩが活躍《かつやく》の場を広げるほど、「ＡＩ頼み」の生活に慣れきってしまい、知らないうちに、人間が本来持っていた能力が衰《おとろ》えてしまうこともありえます。心配なのは、不測の事態です。災害で大規模な停電が起きたり、※8サイバーテロによってネットが使えなくなったりしたときに、ＡＩに依存《いぞん》した社会は、予想以上に大混乱するでしょう。

ＡＩによって、働く環境《かんきょう》が変化することも想定しなくてはなりません。二〇一五年末に※9野村総合研究所《のむらそうごうけんきゅうじょ》が公表した将来予測は、日本の※10就労人口の四九《よんじゅうきゅう》％が※11従事している職業は、今後二〇《にじゅう》年以内にＡＩによって※12代替《だいたい》が可能になる、という内容でした。

代替されやすいとされたのは、一般《いっぱん》事務員、受付係、マンションなどの管理、警備員、ビルの清掃員、レジ係、バスやタクシーの運転者など。代替されにくい職業は、外科《げか》医、※13言語聴覚士《げんごちょうかくし》、俳優、ミュージシャン、美容師、保育士などでした。おおまかに言えば、ゼロから1を生み出すような※14クリエイティブな仕事や、抽象《ちゅうしょう》的な思考を使う仕事、マニュアルでは対応できない事態が起こりやすい仕事、②人とのコミュニケーションが中心になる仕事は、代替が難しい一方、単純作業や定型的な業務はＡＩが肩代わりしやすい、ということです。

（元村有希子『カガク力を強くする！』〈岩波書店〉を一部改訂）

※1　提唱……そうすることに意義があることを、人々に呼びかけること。
※2　ＡＩ……Artificial Intelligenceの略。人工知能。
※3　特異点……比べて見たとき、はっきりとほかのものと違っているところ。
※4　抽象的……具体的でなくて、実際の様子がはっきりしない状態。
※5　突飛……非常に意外な様子。
※6　搭載……電子機器などに、部品や機能をそなえること。
※7　かかりつけ……いつも診察《しんさつ》・治療《ちりょう》を受けること。
※8　サイバーテロ……ハッカーなどがインターネットを悪用して、国家や社会基盤を混乱させること。
※9　野村総合研究所……国の政策に関することなどについて研究する大手の会社。
※10　就労……仕事にとりかかること。
※11　従事……その仕事をすること。
※12　代替……ほかのもので代えること。
※13　言語聴覚士……言語障害者の診断・治療を専門とする人。
※14　クリエイティブ……自分の考えで新しくつくり出すこと。

問一　空らんＡ～Ｃに入る言葉を次から選び、記号で答えなさい。

ア　さらに　イ　たとえば　ウ　しかし　エ　または

問二　――線①「ＩｏＴ」について次の①・②の問いに答えなさい。

①　家電製品などにＡＩが搭載されてつながり合う「ＩｏＴ」が進められている目的は何であると筆者は述べていますか。それについて説明した次の文章の空らんに当てはまる言葉を文章中より探し、抜《ぬ》き出しなさい。

ＩｏＴの開発の目的は、（　3字　）を（　2字　）にするためである。

年にはコンピューターの計算能力がすべての分野で人間を超《こ》える、②二〇三〇年代には、判断や※4抽象《ちゅうしょう》的な思考といった人間の脳の高度な機能を、コンピューターネットワークが支援《しえん》する技術が確立される、③二〇四五年には、人間の脳の活動はコンピューターと一体化し、人間の知能は飛躍的に拡大する——。

囲碁《いご》ＡＩ「アルファ碁《ご》」が、世界チャンピオンと闘《たたか》って勝利したのが二〇一六年。その後、アルファ碁は改良を重ね、古い自分と闘って全勝するほどに進化しています。チェス、将棋《しょうぎ》、囲碁など、盤上《ばんじょう》で勝ち負けを競うゲームの世界だけを見れば、シンギュラリティはすでに到来《とうらい》しているとみてもいいかもしれません。

［Ａ］、カーツワイル氏の「脳の活動がコンピューターと一体化する」という予測は、※5突飛《とっぴ》に聞こえますが、思い当たる部分もあります。

私の日常に、スマートフォン（スマホ）は欠かせない存在です。「外部脳」と呼んでもいいぐらいです。朝起きたらスマホを立ち上げて一日の予定を確認し、電子メールをチェックします。過去にメールをやりとりした相手ならば、途中《とちゅう》まで打ち込むだけでスマホが予測してお目当てのアドレスを探し出してくれます。

電話をかけるときには、スマホの電話帳から宛先《あてさき》を選ぶだけ。取材先に向かう時にはスマホがカーナビ代わりになりますし、取材現場ではスマホで写真を撮《と》り、相手とのやりとりもスマホに録音します。

私が新聞記者になった三〇《さんじゅう》年前は、メモ帳、筆記用具、手帳、一眼レフカメラ、テープレコーダー、地図帳などがそれぞれの役割を担ってくれていたのですが、今ではスマホ一台で済んでしまうのです。しかも、こうして私が作り出した膨大《ぼうだい》なデータを、「クラウド」と呼ばれるネット空間に保存し、必要なときに取り出すことも可能になりました。

地球上の数十億人が同じようにスマホを使って記録したり調べたりしたデータが「ビッグデータ」として蓄積《ちくせき》され、「人類の脳」になる。それを個々人が自由に使える時代がやってくる、とカーツワイル氏は言っているわけです。そう考えると、この予測は「非現実的」と片付けられない気がしてきますね。

日常生活でも、エアコンや冷蔵庫などの家電製品にＡＩが※6搭載《とうさい》されて①ＩｏＴ《アイオーティー》（Internet of Things：モノのインターネット）でつながり合う日はそう遠くないと思います。［Ｂ］こんなイメージです。

目覚めると、ＡＩエアコンがすでに作動して部屋を適温にしてくれています。トイレに行けば、おしっこの色や成分をＡＩ便器が分析《ぶんせき》し、異常な結果が出れば教えてくれます。それどころか、※7かかりつけのお医者さんにメールで知らせ、受診《じゅしん》予約までしてくれる。

外出先ではスマホが位置情報を常に把握《はあく》していて、自宅の最寄《もよ》りの駅の改札を出ると、ＡＩ風呂《ぶろ》がお湯を張り始めます。洗濯《せんたく》用の洗剤《せんざい》がもう少しでなくなることを収納棚《しゅうのうだな》のＡＩが認識し、「帰り道のドラッグストアで買って来てはどうでしょう」とメッセージを送ってくれます。ＡＩ冷蔵庫は、中にある材料からできる献立《こんだて》を提案してくれ、「ＯＫ」と返事をすれば、買い足す食材がいちばん安い近くのスーパーマーケットを知らせてくれる……。

夢みたいですが、技術的には可能です。使い続けることで私のライフスタイルや好みがデータとして蓄積され、私が思いつく前に好きなもの

どのようなことが単純ではないのですか。「フォーム」と「スピード」という言葉を必ず使い、六十字以内で説明しなさい。

問三　――線②「二人と一人に挟まれた舞奈」とありますが、次の図のA～Dの席順に当てはまるものを、次の中から一つ選び記号で答えなさい。

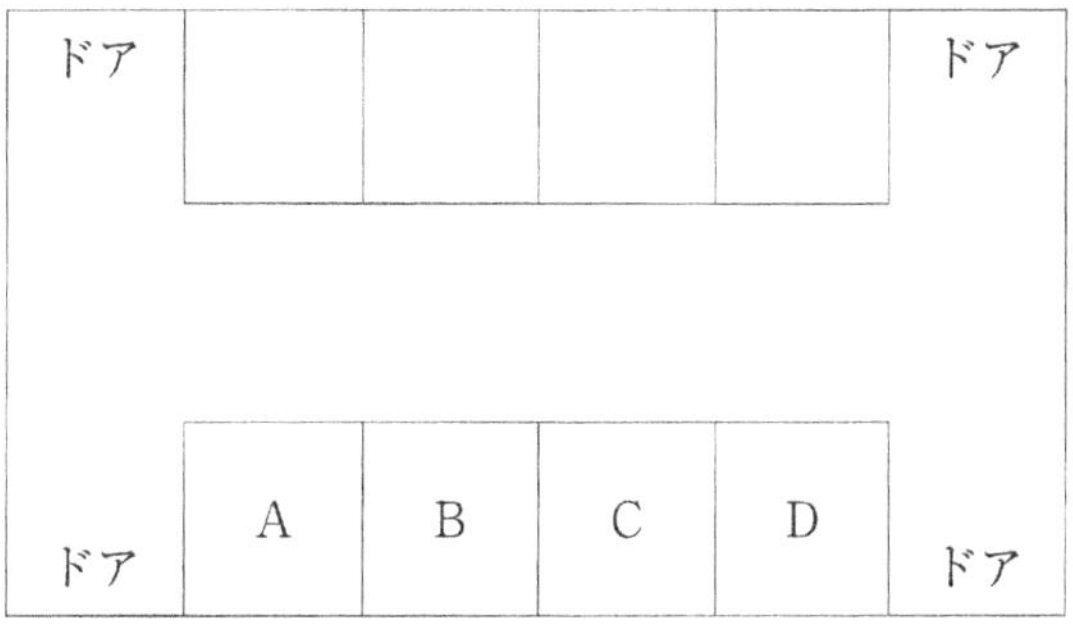

ア　A　千帆　　B　舞奈
　　C　恵梨香　D　希衣
イ　A　恵梨香　B　舞奈
　　C　希衣　　D　千帆
ウ　A　希衣　　B　千帆
　　C　舞奈　　D　恵梨香
エ　A　希衣　　B　恵梨香
　　C　舞奈　　D　千帆
オ　A　千帆　　B　恵梨香
　　C　舞奈　　D　希衣

問四　――線③「言葉が」とありますが、どの言葉を指していますか。その答えとして最も適切な会話文をＡ～Ｅの記号で答えなさい。

問五　――線④「誰かの幻想」とありますが、誰の、どのような幻想のことですか。文章中の言葉を使って、三十五字以内で説明しなさい。

問六　――線⑤「自責」とは、「自分で自分の過ちをせめてとがめること」という意味ですが、ここでの希衣が思う自分の「過ち」とは何ですか。その答えとして最も適切なものを次の中から選び、記号で答えなさい。

ア　長年のペアであった千帆を裏切り、自分が恵梨香とペアを組むこと。
イ　自分の理想が、いつの間にか千帆を苦しめるほどになっていたこと。
ウ　長年のペアであった千帆の夢を、自分の力で叶えられないこと。
エ　恵梨香の言葉が千帆を傷つけた時、何もしてあげられなかったこと。

三　次の文章に関するあとの問いに答えなさい。

「二〇四五年問題って本当に来ますか？」

ある学校で講演をした時、聴衆《ちょうしゅう》の一人がこんな質問をしてくれました。「そうですねぇ……来る、という人もいるし、既《すで》に来ている、という人もいます。私は、分野によっては来ていると考えています」。そんな私の答えに、すっきりしない様子です。

二〇四五年問題は、アメリカのレイ・カーツワイル氏が※1提唱しました。未来学者、発明家、実業家、コンピューター・エンジニア……たくさんの肩書《かたがき》を持つカーツワイル氏は、※2AI《エーアイ》やコンピューターの処理能力が飛躍《ひやく》的に向上し、地球上の人類の知識を総動員してもコンピューターに劣《おと》る状況《じょうきょう》を「シンギュラリティ（技術的※3特異点）」と名付け、その日が二〇四五年までにやってくる、と予測したのです。

カーツワイル氏の最新のインタビュー（『人類の未来』、吉成真由美《よしなりまゆみ》編、NHK出版新書）には、より具体的な予測が載《の》っていました。①二〇二九

「千帆！　それは――」

「私も、それがいいと思う。希衣はペアが得意だから、きっと恵梨香ちゃんとでも上手くやれるよ。それに、」

※15躊躇《ちゅうちょ》したのか、千帆は一度言葉を区切った。言い淀《よど》み、思い悩《なや》み、それでも千帆は正面から希衣の顔を見つめた。強張《こわば》る希衣の手を握《にぎ》り締《し》め、千帆は掠《かす》れた声で囁《ささや》いた。

Ｅ「それに、ほっとしてるんだ。希衣が追ってる理想の私に、今の私はなれないから。希衣の夢は、私にはちょっと重すぎるよ」

舞奈は初めて見た。③言葉が、④誰かの幻想《げんそう》を殺すところを。

希衣の口から、ひゅっと鈍《にぶ》い音が漏《も》れた。舞奈は想像する、その柔らかな心臓が千帆の本音に貫《つらぬ》かれているところを。傷口から漏れる黒々とした液体は、⑤自責と悲哀《ひあい》で出来ていた。

そっと、千帆が希衣から手を離《はな》す。窓の外へと目線を移した彼女は、「もうすぐ駅だね」と明るく言った。「いいんだよ、これで。私はシングルで頑張るし。別に、ペアだけがカヌーの全てじゃない」

「でも、本当にいいんですか？」

不安を隠《かく》せない様子で、恵梨香はジャージの腹部をぎゅっと握《にぎ》る。

「正直に言って、先輩たちの時より遅《おそ》くなる可能性も高いですよ。私、ペアとかやったことないですし」

「それは大丈夫。ほら、今年ダメでも来年がある。その頃には息が合うようになってるかもしれないでしょ？」

しっかりとした口ぶりに、恵梨香は少しだけ※16安堵《あんど》したようだった。力んでいた肩の力が抜け、長い両腕が［ｄ］と下がる。

「先が長い計画ですね」

「そういうものでしょ、スポーツって」

電車が緩《ゆる》やかに減速し、やがて見慣れた駅舎が現れた。

（武田綾乃『君と漕ぐ――ながとろ高校カヌー部』〈新潮社〉所収）

※1　インハイ……インターハイの略。インターハイは、高校の全国大会のこと。
※2　煽る……ものごとに勢いをつける。
※3　宥める……おだやかに事がおさまるように、間に入り上手くおさえる。
※4　露わ……かくれていたものがあらわれる。
※5　曖昧……なにとも決められないではっきりしないようす。
※6　嫌悪……つよく嫌うこと。
※7　合理的……世間で正しいとされることにあっていること。
※8　咳払い……声に出してわざとせきをすること。
※9　思案……いろいろと考えること。
※10　仰け……上を向くこと。
※11　ストローク……オールのひとこぎ。
※12　パドル……カヌーなどを漕ぐための道具。
※13　ギア……周りに歯をきざみつけて動力をつたえる車。
※14　双膀……両方のひとみ。
※15　躊躇……しようか、やめようか、と気持ちがまようこと。
※16　安堵……気がかりなことがなくなって、安心すること。

問一　空らんａ～ｄに当てはまる言葉を次から選び、記号で答えなさい。

ア　ガタン　　イ　ぎゅっ　　ウ　コホン　　エ　だらり

問二　――線①「そんな単純なもんじゃない」とありますが、カヌーの

ると私は思ってる」

「はぁ？」

千帆があんぐりと口を開ける。その一言に、拒絶《きょぜつ》にも似た深い※6嫌《けん》悪《お》が滲《にじ》んでいた。見開かれた彼女の両目が、信じられないと言外《げんがい》に叫《さけ》んでいる。

「何言ってるの？」

Ａ「湧別さんは速いよ。この子なら県大会で一位を取るどころか、もっと上を目指せる。じゃあ、ペアは千帆と湧別さんが組んだ方がいいでしょ。去年のシングル、埼玉県大会で私は七位で、千帆は二位だった。小学生でも分かることだよ。二位と七位が組むより、一位と二位が組んだ方がいい」

「カヌーが①そんな単純なもんじゃないって、希衣だってわかってんでしょ」

「でもそれが一番※7合理的じゃん。分かってないのはどっちよ。大体――」

「あの、ちょっといいですか？」

白熱するやり取りに割り込《こ》むように、恵梨香が小さく手を挙げた。興奮で我を忘れていた二人も、そこで冷静さを取り戻《もど》したらしい。［ａ］と、希衣が気まずそうに※8咳払《せきばら》いした。

「なに？」

「いや、私の名前が出てたので」

「あぁ、ごめんね。希衣がわけのわかんないこと言って」

「分かるでしょ、意味は。湧別さん、あなたはどう思うの。もし千帆とあなたが組んだら、速くなれると思う？」

［ｂ］、と電車が大きく揺《ゆ》れた。②二人と一人に挟《はさ》まれた舞奈は、［ｃ］と身を縮こまらせる。千帆と希衣はずっと昔から相棒だというのに、どうしてそんなことが言えるのだろう。結果が絆《きずな》以上に重視すべきものだとは、舞奈にはどうも思えない。
※9思案するように、恵梨香は自身の顎《あご》を軽く擦《す》った。やがて、開いた唇《くちびる》からため息と共に声がこぼれる。
Ｂ「正直に言って、もし誰《だれ》かとペアをやらなきゃいけないとしたら、私は鶴見《つるみ》先輩の方を希望します」

「なんで」

予想外の展開だったのだろう、希衣が大きく身を※10仰《あお》け反《ぞ》らした。二人から目を逸《そ》らしたまま、恵梨香が口早に説明する。

Ｃ「フォームの差です。天神《てんじん》先輩は小柄《こがら》だし、※11ストロークが小さい。一人でやってるところを見ても、※12パドル数の多さでカバーしてる。そして、鶴見先輩はペアの時、そんな天神先輩に合わせてる。でも、私はそのやり方を真似《まね》できません。回数で稼《かせ》ぐタイプじゃないし、そもそも私のフォームに合わせてもらわないと困ります。だから、もし私がペアをやるにしても、相手は……」

先輩相手に気を遣《つか》ったのか、恵梨香はそこで言葉を濁《にご》した。小さい※13ギアと大きいギア。数日前の千帆の柔《やわ》らかな声音が、舞奈の耳奥《おく》で蘇《よみがえ》る。

思わず立ち上がった希衣を手で制し、千帆は静かに微笑《ほほえ》んだ。睫毛《まつげ》に縁《ふち》取られた※14双眸《そうぼう》に、うっすらと透明《とうめい》な膜《まく》が張っている。ゆらめく涙《なみだ》を瞼《まぶた》の奥に押し込み、千帆は喉《のど》を震《ふる》わせた。

Ｄ「そう、だね。二位と七位より、一位と七位の方が速い」

【国　語】〈五〇分〉〈満点：一〇〇点〉

【注意】すべての問題において、句読点は一字と数えるものとする。

一　次の——線のカタカナを漢字に、漢字をひらがなに直しなさい。
（送りがなの必要なものは合わせて書くこと）

① 五歳以下のヨウジ。
② 徳川《とくがわ》バクフは江戸《えど》におかれた。
③ アタタカナ気候になる。
④ 公私のけじめをつける。
⑤ 天皇・皇后両陛下。
⑥ 雑木林が広がっている。
⑦ ドウトクの授業を受ける。
⑧ 勝つためのセンジュツを練る。
⑨ 話し合いで司会者をツトメル。
⑩ ヨウリョウよくまとめる。

二　次の文章に関するあとの問いに答えなさい。

黒部舞奈《くろべまいな》は、埼玉県《さいたまけん》のながとろ高校入学とともに、同学年の湧別恵梨香《ゆうべつえりか》に誘われてカヌー部に入部した。初心者の舞奈は毎日一生懸命《いっしょうけんめい》練習に励《はげ》んでいる。ながとろ高校カヌー部には二年生の鶴見希衣《つるみきえ》と天神千帆《てんじんちほ》がいる。希衣と千帆は昨年、埼玉県予選を通過し、関東大会にまで進出した。

この日は、全国大会（インターハイ）埼玉県予選を前に、いくつかの学校が集まり合同練習が行われた。そこには、昨年全国大会優勝の利根蘭子《とねらんこ》も来ていた。

今、練習が終わりながとろ高校カヌー部の四人は電車で帰っている。


「希衣《きえ》はさ、いつの私を見てるの」

「いつって、今だよ」

「だったらそんなトンチンカンなこと言わないでしょ。大体、蘭子《らんこ》ちゃんは東京《とうきょう》だし、私たちが去年※1インハイに進めなかったのは別の子たちに負けたからじゃん。そっちに向き合わないで蘭子ちゃんばっかり見てるのは、なんか、馬鹿《ばか》みたいだよ」

「よく言うよ。千帆《ちほ》が一番、利根蘭子《とねらんこ》のこと引きずってるくせに」

「別に引きずってない」

「引きずってるよ。千帆は、一位になりたいんでしょ」

二人の声の調子は普段《ふだん》と変わらず、それがまた舞奈《まいな》の不安を※2煽《あお》った。取っ組み合いの喧嘩《けんか》でも始めてくれれば、無理にでも※3宥《なだ》めることができるのに。恐《おそ》れを押《お》し付けるように恵梨香にしがみつくと、彼女《かのじょ》はようやく面を上げた。左耳からイヤホンを引き抜《ぬ》き、恵梨香《えりか》は片眉《かたまゆ》の端《はし》を跳《は》ね上げた。

「何かありました？」

後輩《こうはい》の一声に、二人の口論はピタリと止んだ。両腕《りょううで》を組んで不機嫌《ふきげん》さを※4露《あら》わにする希衣に対し、千帆は※5曖昧《あいまい》な微笑《びしょう》を浮《う》かべている。

「特になんでもないんだよ、気にしないで」

「なんでもないことないでしょ」

千帆の台詞《せりふ》に覆《おお》いかぶせるようにして、希衣が唸《うな》った。

「今年、利根蘭子はペアには出ないって言ってた、シングルに絞《しぼ》るって。じゃ、千帆が本気出してやれば、ペアで一位を狙《ねら》えるんだよ」

「そんな馬鹿なこと言って」

「馬鹿じゃない。千帆と湧別《ゆうべつ》さんが組めば、インハイ優勝だってありえ

第1回A

2020年度

解　答　と　解　説

《2020年度の配点は解答欄に掲載してあります。》

＜算数解答＞《学校からの正答の発表はありません。》

1　(1)　1500　(2)　16.7　(3)　70　(4)　96　(5)　1　(6)　230

2　(1)　96　(2)　50　(3)　504　(4)　22　(5)　$5\frac{3}{5}\left[\frac{28}{5}\right]$　(6)　78.5

3　(1)　13(cm)　(2)　$44\frac{4}{5}$[44.8](cm^2)

4　(1)　(長針)6(度)，(短針)0.5(度)　(2)　122.5(度)

(3)　9(時)$49\frac{1}{11}$(分)

5　(1)　右図　(2)　301.44(cm^3)　(3)　238.64(cm^2)

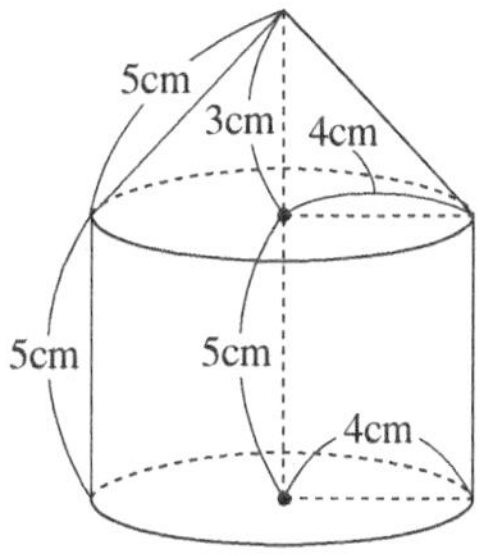

○推定配点○

各5点×20　　計100点

＜算数解説＞

1　(計算問題)

(1)　$2020-20\times26=2020-520=1500$

(2)　$6\times3.14-2.14=18.84-2.14=16.7$

(3)　$\left(2\frac{1}{4}-1\frac{3}{8}+\frac{7}{2}\right)\times16=\left(2\frac{2}{8}-1\frac{3}{8}+\frac{28}{8}\right)\times16=\left(\frac{18}{8}-\frac{11}{8}+\frac{28}{8}\right)\times16=\frac{35}{8}\times16=70$

(4)　$7.5\times2\frac{2}{5}\div0.25\div\frac{3}{4}=\frac{15}{2}\times\frac{12}{5}\times4\times\frac{4}{3}=96$

(5)　$0.2\times125\times0.2\times0.2=\frac{1}{5}\times125\times\frac{1}{5}\times\frac{1}{5}=1$

(6)　$5+9+13+17+21+25+29+33+37+41=(5+41)+(9+37)+(13+33)+(17+29)+(21+25)=46\times5=230$

基本　2　(計算問題，数の性質，面積，文章題など)

(1)　右の図より，最小公倍数は，$2\times2\times2\times2\times2\times3=96$である。

2	32	48
2	16	24
2	8	12
2	4	6
	2	3

(2)　$1m^2=10000cm^2$なので，$2.5m^2：3000cm^2=25000：3000=50：6$である。

(3)　4と6の公倍数は24である。$500\div24=20$あまり20より，4でも6でも割り切れる整数の中で，500に一番近い整数は，$24\times21=504$である。

(4)　平均は，6個の整数の和÷6で求めることができる。よって，平均は，$(13+17+19+23+29+31)\div6=132\div6=22$である。

(5)　並んでいる数は，$\frac{3}{5}$ずつ大きくなっている。よって，8番目の数は，$4\frac{2}{5}+\frac{3}{5}+\frac{3}{5}=5\frac{3}{5}$である。

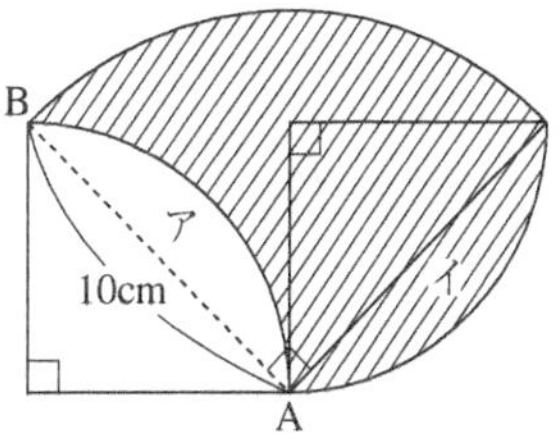

(6)　右の図で，イの部分をアの部分に移動させて考えると，求める面積は，半径が10cmで中心角90度のおうぎ形の面積と同じで

ある。よって，求める面積は，$10\times10\times3.14\times\frac{90}{360}=78.5(\text{cm}^2)$である。

3 (平面図形，面積)

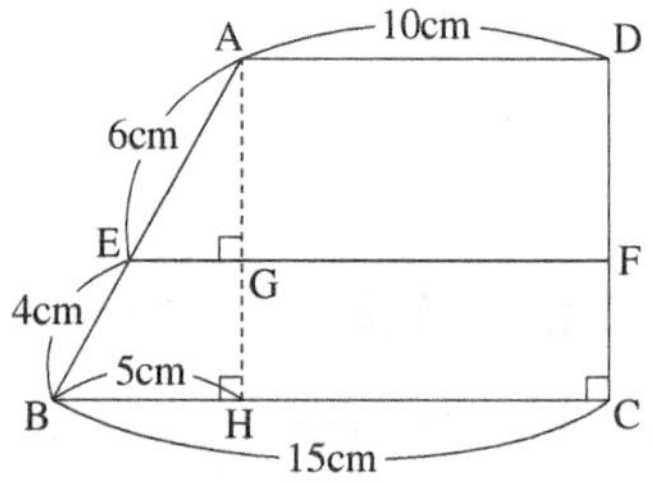

(1) 右の図で，三角形AEGと三角形ABHとは相似な三角形である。よって，EG：BH＝AE：ABより，EG：5＝6：10＝3：5なので，EG＝3cmとなり，EF＝13cmである。

(2) 台形ABCDの面積が100cm^2なので，$(10+15)\times DC\div2=100(\text{cm}^2)$より，$DC=100\times2\div25=8(\text{cm})$である。(1)より，AG：AH＝3：5なので，$8\times\frac{3}{5}=\frac{24}{5}(\text{cm})$となり，$GH=8-\frac{24}{5}=\frac{16}{5}(\text{cm})$である。よって，四角形EBCFの面積は，$(13+15)\times\frac{16}{5}\div2=\frac{224}{5}=44\frac{4}{5}(\text{cm}^2)$である。

4 (時計算)

基本 (1) 長針は，1時間で360度進むので，1分間には，$360\div60=6$(度)進む。また，短針は，1時間で，$360\div12=30$(度)進むので，1分間には，$30\div60=0.5$(度)進む。

(2) 長針は，6時から，$6\times55=330$(度)進んで，11の目盛りの位置にある。また，短針は，6時から，$0.5\times55=27.5$(度)進む。よって，6時55分であるとき，長針と短針がつくる小さい方の角の大きさは，$(330-180)-27.5=122.5$(度)である。

重要 (3) 9時であるとき，長針と短針がつくる大きい方の角の大きさは，$30\times9=270$(度)である。よって，長針と短針が重なる時刻は，$270\div(6-0.5)=\frac{540}{11}=49\frac{1}{11}$(分)より，9時$49\frac{1}{11}$(分)である。

5 (立体図形)

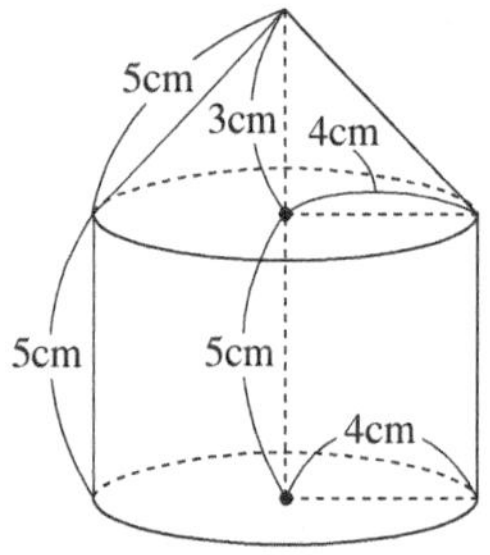

(1) 直角三角形を1回転させると円すいになり，長方形を1回転させると円柱になるので，右の図のような立体になる。

重要 (2) この立体の体積は，$4\times4\times3.14\times3\div3+4\times4\times3.14\times5=50.24+251.2=301.44(\text{cm}^3)$である。

やや難 (3) 円すい部分の展開図の側面部分の中心角を□度とする。$(5\times2)\times3.14\times\frac{□}{360}=(4\times2)\times3.14$　$10\times\frac{□}{360}\times3.14=8\times3.14$　$10\times\frac{□}{360}=8$　$\frac{□}{360}=\frac{8}{10}=\frac{4}{5}$　よって，この立体の表面積は，$5\times5\times3.14\times\frac{4}{5}+5\times\{(4\times2)\times3.14\}+4\times4\times3.14=62.8+125.6+50.24=238.64(\text{cm}^2)$である。

★ワンポイントアドバイス★

1の計算問題では，工夫をすると計算しやすいものがふくまれているので，正確に速く計算する力をつけておく必要がある。また，2の基本的な問題を速く解き，時間配分に十分注意して，後半の問題に取り組むことが重要である。

＜国語解答＞ 《学校からの正答の発表はありません。》

一 ① 非常　② 設ける　③ こころがま(え)　④ 境界(線)　⑤ 耕す
⑥ おが(む)　⑦ 裏　⑧ 背後　⑨ ろうどく(会)　⑩ 供える

二　問一　A　オ　　B　イ　　C　ア　　D　ウ　　問二　(例)　豆スープを無料でもらえること。　問三　イ　　問四　エ　　問五　イ

三　問一　A　ウ　　B　オ　　C　イ　　D　エ　　問二　ウ　　問三　1　主体的
2　(例)　英語が主要教科であり，受験にも必須科目なので，勉強をして当たり前だということ。　問四　【主要教材】　ア・エ・オ・カ・ケ　　【副教材】　イ・ウ・キ・ク
問五　ア　　問六　(例)　私は，将来は父のように技術者として海外で働きたいと思っています。それを実現するために，主体的に英語と数学，理科を学びたいです。まずは，基礎学力をしっかりつけるために，日々の勉強を頑張りたいと考えます。

○推定配点○

一　各2点×10　　二　問一・問三～問五　各4点×7　　問二　6点

三　問一・問二・問四・問五　各4点×7(問四完答)　　問三　1　2点　　2　6点　　問六　10点

計100点

＜国語解説＞

一　(漢字の読み書き)

①「非」を「悲」と書く誤りが多いので注意する。「非常」は，程度がふつうでない様子。とても，の意味。「常」の訓読みは「つね」。「非情」「非常識」などの熟語がある。　②「設ける」は，作る，置くの意味。音読みは「セツ」。「設置」「建設」などの熟語がある。　③「心構え」は，あることがらに対する心の持ち方。「構」の音は「コウ」。「かま-う」という訓読みもある。「構造」「構成」などの熟語がある。　④「境界線」は，地域をくぎる線のこと。「境」の訓読みは「さかい」。「国境」「環境」などの熟語がある。「界」には「世界」「限界」などの熟語がある。　⑤「耕す」は，へんを「未」や「末」と書かないように注意する。横棒は3本。「耕」の音は「コウ」。「耕作」「農耕」などの熟語がある。　⑥「拝」は，つくりを「平」と書かないように注意する。横棒が4本である。「拝」の音は「ハイ」。「参拝」「礼拝」などの熟語がある。　⑦「裏」は，「衣」と「里」を組み合わせた漢字。音は「リ」。「裏面(りめん)」「表裏(ひょうり)」などの熟語がある。

⑧「背後」は，後ろのこと。「背」の訓読みは「せ・せい」。「背景」「背面」などの熟語がある。「後」には「コウ」の音もある。訓読みは「のち・うし-ろ・あと」。「コウ」と読む熟語には「後半」「後続」などがある。　⑨「朗読」は，声を出して詩や文章を読むこと。「朗」の訓読みは「ほが-らか」。「明朗」などの熟語がある。　⑩「供える」は，同訓の「備える」と区別する。「供える」は，神や仏にささげるの意味。「備える」は，前もって用意するの意味。「供」の音は「キョウ」。「とも」という訓読みもある。「供給」「提供」などの熟語がある。

二　(小説－心情・情景の読み取り，文章の細部の読み取り，空欄補充の問題)

やや難　問一　A「～している」と続く言葉は，ア「がさがさ」，ウ「ほっこり」，オ「いらいら」。直前の「がっかりして」と合うのは「いらいら」である。　B「～と抱え」という動作と結びつくのは，イ「ぐっ」。祖父は，祖母が死んだ悲しみを表に出さずに，自分の中に「ぐっと抱え」たのである。　C　直前の「ぼろぞうきん」の様子と，血が出ている祖母の手の様子を表す言葉としてふさわしいのは，ア「がさがさ」。　D　直後の「笑顔」を表す言葉は，心が温まる様子を表すウ「ほっこり」。

基本　問二「あてにする」は，期待するの意味。直後の文に「欲しがる人たちに……無料でスープを出し続けた祖父母」とある。読み進めていくと，「うちはすでに『豆スープが無料で飲める立寄どころ』だった」とある。「豆スープを無料でもらえること」をあてにしていたのである。

問三　「お店じゃない」というのは，お金をとらないかわりに「どんな人でも」スープを飲ませるということを言おうとしている。続く部分に，「おかわりを欲する人にはその状況……をたずねて，もう一杯出してあげることもあった。ホームレスの人には必ずおかわりを出していた」とあるのは，「元気にそして笑顔にするために」スープを出していたということで，お金をかせぐためにスープを出していたのではないということを描いている。

問四　直前に描かれている，祖母の手から血が出てばんそうこうをしている様子や，祖父が足を引きずっている様子を「見てみぬ振りをする」のはだれかを考えると，エ「スープを飲みにきた人たち」であるとわかる。「私(咲)」は，そのようなスープを飲みにきた人たちの様子を，「鈍感」「ずるさ」と感じている。

重要　問五　「コンタクトレンズ」は，目にはめてよく見えるようにするためのもの。「欲しい，というコンタクトレンズをはめた」というのは，「欲しい」という気持ちはよく見えた，ということ。しかし，「他のこと(＝「欲しい」という気持ち以外のこと)は見えなくなってしまい」という状態になってしまうのである。つまり，――線④は，自分の目的ばかりに夢中になってしまい，目的以外のことは考えられない状態になってしまうことを表現している。ア「どうしても座りたい」，ウ「どうしても食べたい」，エ「どうしても捕まえたい」は，「どうしても」という自分の目的ばかりに夢中になっている状態。ア・ウは他人への迷惑，エは食事をとることが考えられない状態になっているのである。イは，「自分の降りるバス停ではなかった」というように，自分の目的ではなく，隣の人はさいふを忘れて困るだろうという，他人の立場に立って考えている様子なので適さない。

三　**(論説文―要旨・大意の読み取り，文章の細部の読み取り，指示語の問題，接続語の問題，記述力・表現力)**

基本　問一　A　前で述べた勉強することの例として，「高校で勉強したこと」を挙げている。例示のウ「たとえば」が当てはまる。　B　前では，「意気込んで教え始めました」と迷いのない積極的な様子が表現されている。あとでは，生徒の反応にとまどっている様子が表現されている。前後が反対の内容なので，逆接のオ「ところが」が当てはまる。　C　前で述べている「勉強したことが自分のプラスになったら，本来の意味での勉強の成果」という内容を，あとでは「勉強の意味を考えれば，各人が勉強したい『主要教科(＝大切な教科)』も違ったものになってくる」と言い換えて補足説明をしている。説明を加えるときの「つまり」が当てはまる。　D　前では「自分の興味関心が一番集中するのが，その人の『主要教科』」と述べている。あとでは，それを理由として，自分の興味関心があるかないかは関係なく，「入試に関係する主要教科だから勉強するが，関係ない副教材は手を抜くという発想はもったいない」と述べている。理由を示す「だから」が当てはまる。

やや難　問二　次の段落に，「生徒たちは，『先生，私には先生の英語の授業が難しくてついていけません。なんとかして欲しいんですけど』ということを訴えていたのです」とある。ウの「逃げてしまっている」は，自分で勉強することから逃げてしまい，先生に「なんとかして欲しい」と訴えている様子を指している。

問三　1　この文章は，生徒(＝教わる側)からの「どうして勉強するの？」という問いかけについて，筆者がさまざまに考えたことを述べている。そして，生徒たちからしてみれば，「学ぶ意味や目的が，自分の日常とつながって初めて，主体的に学ぶ気持ちが芽生える」ということを，筆者は感じ取っている。――線②に関して言うと，英語は主要教科で，受験に必須の科目だから勉強して当たり前という理由だけでは，生徒は勉強についていけないのである。つまり，教わる側にしてみれば，「主体的に学ぶ気持ち(意識)」が必要であり，そうでないと，勉強についていけないのである。　2 「それだけ」ではついていけずに,「主体的に学ぶ気持ち（意識)」が必要ということ。「それ」とは,英語は主要教科で,受験に必須の科目だから勉強して当たり前ということである。

問四　あとの部分に「なにをもって『主要』とし,なにをもって『副』とするのか,その理由が透けて見えるからです」と述べ,理由として「たぶん今の教育制度が,大学入試を頂点とする『入試』システムをその中心に置いているからでしょう」と述べている。そして,〈表1〉の「令和二年度大学入試センター試験　試験期日」を見ると,出題教科は「社会・国語・外国語(英語)・理科・数学」となっている。さらに,〈表2〉の「令和元年度　東海大学菅生高等学校中等部　一年A組　時間割表」を見ると,全34時間のうち,社会が4時間,国語が4時間,外国語(英語)が6時間,理科が4時間,数学が5時間である。他に技術家庭が2時間,保健体育が3時間,音楽と美術は1時間ずつである。これらのことから考えると,【主要教科】は大学入試試験教科の,ア英語,エ国語,オ社会,カ数学,ケ理科であると判断できる。残りの,イ音楽,ウ技術家庭,キ美術,ク保健体育が【副教科】である。

問五 「違和感」とは,ちぐはぐな感じ。「この呼び方」とは,「主要教科」「副教科」という呼び方。これは,問四でとらえたように「大学入試を頂点とする『入試』システム」から生まれた呼び方である。読み進めていくと,筆者は「本来,勉強は入試のためだけにするものではありません。『人がより豊かに生きてゆくため』にするものです」と考えていることがわかる。さらに,「『入試』から離れて勉強の意味を考えれば,各人が勉強したい『主要教科』も違ったものになってくる」と述べている。「入試教科＝主要教科(＝大切な教科)」という考え方に,ちぐはぐな感じを覚えているのである。この内容を説明しているのは,ア。　イ 「すべての教科が『人がより豊かに生きる』ために必要」とは述べていない。各人が勉強したい,より豊かに生きるための「主要教科」は人によって異なる。　ウ 「中学や高校の時点で決めてしまうこと」でなく,分ける呼び方に違和感を覚えている。　エ 「すべての勉強が自分の人生にプラスになる」とは述べていない。

重要

問六　問五でとらえたように,筆者は「勉強は『人がより豊かに生きてゆくため』にするもの」と考えている。「筆者が考える『勉強の意味』」とは,豊かに生きるために勉強をするということである。作文は,あなたの考える豊かな人生を示したうえで,そういう人生を送るために中学入学後にどう勉強に取り組むかを具体的に書く。解答例は,海外で技術者として働きたいこと,主体的に英語と数学,理科を学びたいこと,まず,日々の勉強を頑張りたいことが書かれている。

★ワンポイントアドバイス★

小説は,行動や会話,出来事などに表現されていることから人物の心情や思いをつかもう。また,表現がどういうことを表しているのかをつかむようにしよう。論説文は,筆者の考え方をとらえて,その考え方に沿って筆者がどのように説明を進めているかを読み取っていこう。

第1回B

2020年度

解　答　と　解　説

《2020年度の配点は解答欄に掲載してあります。》

＜算数解答＞ 《学校からの正答の発表はありません。》

1 (1) 111100　(2) 200　(3) 22　(4) $6\frac{3}{4}$[6.75]　(5) $\frac{7}{8}$

2 (1) $\frac{3}{5}$　(2) 50　(3) 6　(4) 183　(5) 18.84$\left[18\frac{21}{25}\right]$

3 (1) 1.6(km)　(2) (分速)80(m)

4 (1) 828(cm^2)　(2) 125.6(cm)　(3) 1342(cm^2)

○推定配点○

1・2　各6点×10　3・4　各8点×5　計100点

＜算数解説＞

1 (計算問題)

(1) $8+98+998+9998+99998=(10-2)+(100-2)+(1000-2)+(10000-2)+(100000-2)=111110-2\times5=111100$

(2) $257-\{182-(89-34)\div5\}\div3=257-(182-55\div5)\div3=257-(182-11)\div3=257-171\div3=257-57=200$

(3) $\left\{5\frac{2}{3}-1.75\div\left(2\frac{1}{3}+\frac{1}{6}\right)\times6\right\}\times15=\left\{5\frac{2}{3}-1\frac{3}{4}\div\left(2\frac{2}{6}+\frac{1}{6}\right)\times6\right\}\times15=\left(5\frac{2}{3}-\frac{7}{4}\times\frac{2}{5}\times6\right)\times15=\left(5\frac{2}{3}-\frac{21}{5}\right)\times15=\left(5\frac{10}{15}-4\frac{3}{15}\right)\times15=1\frac{7}{15}\times15=\frac{22}{15}\times15=22$

(4) $3\frac{3}{4}\times0.5\div1.25\times\frac{5}{7}\times0+2\frac{2}{5}\div\frac{4}{3}\times3.75=0+2\frac{2}{5}\times\frac{3}{4}\times3\frac{3}{4}=\frac{12}{5}\times\frac{3}{4}\times\frac{15}{4}=\frac{27}{4}=6\frac{3}{4}$

(5) $\left(\frac{1}{1\times2}\right)+\left(\frac{1}{2}-\frac{1}{3}\right)+\left(\frac{1}{3\times4}\right)+\left(\frac{1}{4}-\frac{1}{5}\right)+\left(\frac{1}{5\times6}\right)+\left(\frac{1}{6}-\frac{1}{7}\right)+\left(\frac{1}{7\times8}\right)=\left(\frac{1}{1}-\frac{1}{2}\right)+\left(\frac{1}{2}-\frac{1}{3}\right)+\left(\frac{1}{3}-\frac{1}{4}\right)+\left(\frac{1}{4}-\frac{1}{5}\right)+\left(\frac{1}{5}-\frac{1}{6}\right)+\left(\frac{1}{6}-\frac{1}{7}\right)+\left(\frac{1}{7}-\frac{1}{8}\right)=\frac{1}{1}-\frac{1}{8}=\frac{7}{8}$

基本 2 (計算問題，数の性質，規則性，面積など)

(1) $\left(2\frac{2}{5}-\square\div\frac{2}{3}\right)\div1\frac{1}{2}=1$　$2\frac{2}{5}-\square\div\frac{2}{3}=1\times1\frac{1}{2}=1\frac{1}{2}$　$\square\div\frac{2}{3}=2\frac{2}{5}-1\frac{1}{2}=2\frac{4}{10}-1\frac{5}{10}=\frac{9}{10}$　$\square=\frac{9}{10}\times\frac{2}{3}=\frac{3}{5}$

(2) 1から100までの整数の中で，3の倍数の個数は，100÷3＝33(個)あまり1より，33個である。4の倍数の個数は，100÷4＝25(個)より，25個である。また，3と4の公倍数は12であり，12の倍数の個数は，100÷12＝8(個)あまり4より，8個である。よって，1から100までの整数の中で，3または4の倍数は，全部で，33＋25－8＝50(個)ある。

(3) 2×5＝10なので，0が連続する個数は，2×5の個数で考える。5の個数より2の個数が多いので，5の個数で考える。25÷5＝5(個)より，1から25までの整数の中で，5の倍数は5個ある。また，

25＝5×5と分解することができるので，25には5が2個あり，25÷25＝1(個)なので，1から25までの整数の中で，25の倍数は1個ある。よって，1から25までの整数を順にかけ合わせたとき，一の位から連続する0の個数は，5＋1＝6(個)である。

(4)　3×1，3×3，3×5，3×7，3×9，…の順に数が並んでいる。□番目の数＝3×□番目の奇数になっている。31番目の奇数は，2×31－1＝61である。よって，31番目の数は，3×61＝183である。

(5)　アの部分とイの部分を合わせて正三角形にしてウの部分に移動すると，斜線部分の面積は，半径6cmで中心角60度のおうぎ形の面積と等しくなる。よって，求める面積は，$6\times6\times3.14\times\frac{60}{360}=18.84$(cm^2)である。

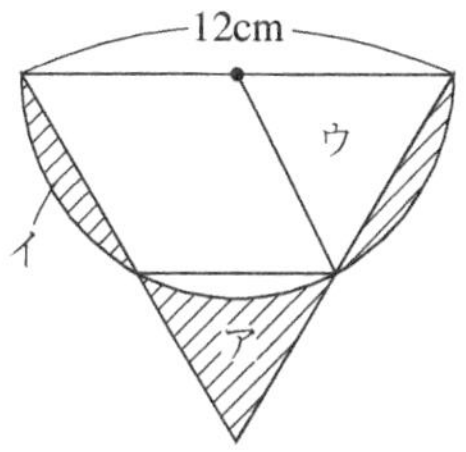

3　(旅人算)

(1)　AさんとBさんの速さの比は，80：60＝4：3なので，2人が進んだ様子を図に表すと，右の図のようになる。よって，Aさんの家から学校までの距離は，$(4000-60\times20)\times\frac{4}{7}=2800\times\frac{4}{7}=1600$(m)＝1.6(km)である。

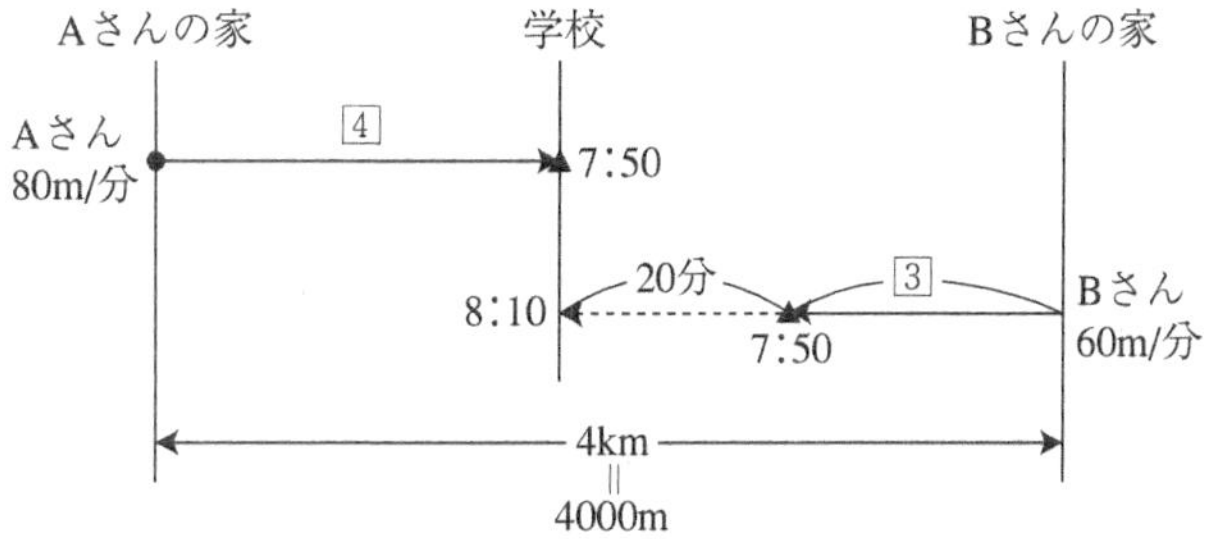

(2)　(1)より，Bさんの家と学校との距離は，4－1.6＝2.4(km)である。また，2人が家を出発した時間は，1600÷80＝20(分)なので，7時50分－20分＝7時30分である。よって，8時までの時間は，30分なので，Bさんが待ち合わせの時間に間に合うためには，2400÷30=80(m／分)で歩けばよい。

4　(平面図形，面積)

重要　(1)　中心角が270度のおうぎ形と，中心角が90度のおうぎ形を合わせると，円1個と同じである。よって，この図形の面積は，半径10cmの円が2個と，1辺の長さが10cmの正方形が2個との合計と同じである。10×10×3.14×2＋10×10×2＝628＋200＝828(cm^2)である。

(2)　図形のまわりの長さは，半径10cmの円周の長さが2個と同じである。(10×2)×3.14×2＝125.6(cm)である。

やや難　(3)　円が2個増えるごとに，面積は半径10cmの円が1個と，1辺の長さが10cmの正方形が2個との合計だけ増えていくことになる。よって，求める面積は，828＋10×10×3.14＋10×10×2＝828＋314＋200＝1342(cm^2)である。

★ワンポイントアドバイス★

1の計算問題と，2の基本的な問題を，速く正確に解くことが，最も重要なポイントである。その上で，後半の問題の中には，思考力を必要とする問題もあるので，時間配分に十分注意して，解ける問題に取り組むことが必要である。

＜理科解答＞《学校からの正答の発表はありません。》

1 問1 60(cm) 問2 600(g) 問3 30(cm) 問4 1(cm) 問5 900(g)

2 問1 (a) 過酸化水素水 (b) 塩酸 (c) 亜鉛 (d) 助燃 (e) 白
(f) 水 (g) 刺激臭 問2 (酸素) ア (水素) ア (アンモニア) ウ
問3 (二酸化炭素) ウ (理由) (例) 空気より重いため，下から気体が逃げてしまうから。

3 問1 ① 口 ② 食道 ③ かん臓 ④ 胆のう ⑤ 大腸 ⑥ 胃
⑦ すい臓 ⑧ 小腸 ⑨ こう門 問2 (1) ⑧ (2) ③ (3) ⑤

4 問1 X 問2 (記号) D (理由) (例) Cは冬至で公転の向きが反時計回りだから。
問3 (例) 地軸が公転している面に対して垂直でなく傾いているため，季節によって太陽の当たる角度が変わるから。

○推定配点○
1 問1・問2 各2点×2 他 各3点×3 2 問3理由 2点 他 各1点×11
3 問1 各1点×9 他 各2点×3 4 問3 3点 他 各2点×3 計50点

＜理科解説＞

1 (てこ－さおばかり)

基本 問1 棒の長さは120cmなので，棒の重心は左はしから120(cm)÷2＝60(cm)のところにある。

問2 支点では，棒，皿，おもりPの重さすべてを支えているので，100＋300＋200＝600(g)の重さを支える力がはたらいている。

重要 問3 棒の左はしから$x$cmのところにおもりPをつるしているとすると，てこのつり合いの条件から，20(cm)×300(g)＝(x－20)(cm)×200(g)＋40(cm)×100(g) x＝30(cm)

やや難 問4 皿に10gのおもりをのせると，皿とおもりの重さの合計は300＋10＝310(g)となる。このとき，棒がつり合うPの位置が棒の左はしから$x$cmのところとすると，20(cm)×310(g)＝(x－20)(cm)×200(g)＋40(cm)×100(g) x＝31(cm)となる。問3より，もとの位置は棒の左はしから30cmなので，31－30＝1(cm)右にずれる。

やや難 問5 皿にxgのおもりをのせたときにつり合うとすると，20(cm)×(300＋x)(g)＝40(cm)×100(g)＋100(cm)×200(g) x＝900(g)

2 (気体の発生・性質－いろいろな気体)

重要 問1 酸素は，うすい過酸化水素水(オキシドール)に二酸化マンガンを加えると発生し，ものが燃えるのを助ける性質(助燃性)がある。二酸化炭素は，石灰石や貝がらなど，炭酸カルシウムをふくむものにうすい塩酸を加えると発生し，石灰水を白くにごらせる性質がある。水素は，亜鉛や鉄などの金属にうすい硫酸や塩酸を加えると発生し，火をつけると燃えて水ができる。アンモニアは，アンモニア水を加熱すると発生し，刺激臭のある気体である。

問2 酸素は水に少ししかとけないので，アの水上置換法で集める。水素は水にほとんどとけないので，アの水上置換法で集める。アンモニアは，水によくとけ，空気よりも軽いので，ウの上方置換法で集める。

問3 二酸化炭素は，水に少しとけ，空気よりも重いので，アの水上置換法やイの下方置換法で集める。ウの上方置換法では，空気より重い二酸化炭素は，集気びんの下から気体が逃げてしまうため，集め方としては適切でない。

3 （人体ーヒトの臓器）

基本 問1　①は口，②は食道，③はかん臓，④は胆のう，⑤は大腸，⑥は胃，⑦はすい臓，⑧は小腸，⑨はこう門である。また，口→食道→胃→小腸→大腸→こう門と続く，食べ物の通り道をまとめて消化管という。

重要 問2　(1)　食べ物に含まれる養分は，口や胃，小腸などで消化されて，小腸にある柔毛と呼ばれるつくりから吸収される。　(2)　吸収された養分をたくわえたり，体に害になるものを分解したり，胆汁をつくったりしているのはかん臓である。かん臓でつくられた胆汁は，胆のうにたくわえられる。　(3)　水分は主に大腸で吸収される。

4 （太陽と地球ー四季の変化）

基本 問1　北極を上にした図では，地球は太陽のまわりを反時計回りに公転している。

問2　地球の北極と南極を結ぶ地軸の北極側が太陽とは反対側に傾いているCが冬至の日の地球の位置を表している。問1より，地球の位置はC→D→A→B→…と動き，冬至→春分→夏至→秋分→…と季節が変化することから，春分の日の地球の位置はDとなる。

重要 問3　地軸が傾いていることで太陽の光の当たる角度が1年の間に変化し，地面に対する太陽の光の当たる角度が変わることで，地面のあたたまり方が変わって季節の変化が生じる。

★ワンポイントアドバイス★

基本的な問題が中心だが，理由や目的などを短文記述で答える必要がある問題の出題もあるので，基本～標準的な内容を中心に，記述問題も合わせて練習しておこう。

＜社会解答＞《学校からの正答の発表はありません。》

1　問1　A　う　B　き　C　え　D　あ　E　お　F　か　G　い　問2　エ

2　A　あ　B　う　C　か　D　お　E　え　F　い

3　問1　①　く　②　か　③　う　④　え　⑤　あ　問2　①　ケ　②　オ　③　キ　④　コ　⑤　カ

4　問1　い　問2　あ　問3　い　問4　う　問5　え　問6　い　問7　あ　問8　う　問9　え

○推定配点○

1　各2点×8　2　各1点×6　3　各1点×10　4　各2点×9　計50点

＜社会解説＞

1 （日本の地理ー日本の各地の農業・水産業に関する問題）

重要 問1　(あ)「涼しい気候を生かして」野菜栽培を行うので高冷地農業をイメージ。地図中のDの地域が，群馬県と長野県の県境付近で，夏のキャベツ栽培が有名な嬬恋村がこのあたりにある。(い)「日差しが強く，気温や湿度の高い気候」からGの沖縄を考える。　(う)「あずき」や「てんさい」の栽培が多いのは北海道なのでAの十勝平野。　(え)「水田農業試験場」，「庄内平野」，「はえぬき」からCの庄内平野。　(お)「焼津漁港」からE。　(か)「冬でもあたたかい気候」からFの宮崎平野。　(き)「国内有数の漁業生産」「ほたて貝の養殖」からBの青森県の下北半島のあたり。八戸が大きな漁港としてあり，陸奥湾はほたて貝の養殖が盛ん。

問2　作物を年毎に変えていき，同じ土地で同じ作物を作り続けて土地がやせるのを防ぐのが輪作。

2　(日本の地理ー日本の各地の気候に関する問題)

問　(あ)　北海道は平均気温が一番低く，年降水量も少ないA。特に，月ごとの降水量で6月のものが少ないのは北海道ならではの理由で北海道は梅雨がないため。　(い)　南西諸島は平均気温も高く降水量も多いF。　(う)　日本海側の気候は冬の降水量の多さにあるのでB。2月，12月の降水量が最も多い。　(え)　瀬戸内の気候は比較的温暖で降水量が少なめのE。夏と冬の季節風がどちらも山地にさえぎられ瀬戸内に吹き込む際には水分が少なくなっていることが理由。(お)　中央高地は寒暖の差が大きいこと，降水量は少なめであることでD。　(か)　太平洋側の気候は夏は高温多湿で冬は冷涼で乾燥するのでC。

3　(日本の歴史ー日本の歴史上の人物に関連する問題)

重要　問1　①　織田信長は尾張の小大名。1560年の桶狭間の戦いで今川義元を破り下剋上で勢力を伸ばしていく。　②　行基は奈良時代の渡来人系の僧。土木事業や民間への布教を行い人々からは慕われ，大仏造立の際には人々を率いる力をかわれて参加した。　③　北条時宗は鎌倉幕府第8代執権。1274年の文永の役，1281年の弘安の役の際に御家人以外の武士も統率し幕府の支配体制を固めるが，弘安の役の後の1288年に若くして死ぬ。　④　杉田玄白は前野良沢とともにオランダ語の解剖書の「ターヘル・アナトミア」を翻訳し，『解体新書』として出版した。　⑤　平清盛は1156年の保元の乱，1159年の平治の乱で権力を握り，藤原氏の摂関政治と同様に一族で重要な役職を独占した。

問2　①　織田信長は1560年の桶狭間の戦いで台頭し，1573年に室町幕府を滅ぼす。この後が安土桃山時代になる。　②　行基が活躍したのは聖武天皇の頃の奈良時代。　③　北条時宗は元寇の際の執権なので鎌倉時代に活躍。　④　杉田玄白は18世紀後半から19世紀初頭の江戸時代に活躍。⑤　平清盛は12世紀の平安時代末期に活躍し，武士として初めて朝廷の高い地位に就いた。

4　(日本の歴史ー江戸時代から明治時代の歴史に関する問題)

問1　参勤交代の制度を定めたのは徳川家光。大名を統制する武家諸法度は将軍の代替わりの際に少しずつ書き改められていたが，家光の代になった際に参勤交代の内容が加えられた。

問2　歌川広重は18世紀末に生まれ19世紀前半に活躍した画家。

問3　伊能忠敬は50歳を過ぎてから蘭学を学び西洋式の測量術を覚え，それを使って各地を歩いて測量して正確な地図を作っていった。

やや難　問4　日米和親条約で開港したのは下田と函館。この後の日米修好通商条約で開港したのは函館はそのままで，下田の代わりに横浜を開き，その他に長崎，新潟，神戸を開いた。

問5　1867年の10月に江戸幕府の第15代将軍の徳川慶喜が政治を朝廷に返したのが大政奉還。

問6　福澤諭吉は江戸時代末に活躍。最初は蘭学を学んだが，開港後の横浜でオランダ語はあまり使えないことを悟り英語を学ぶようになった。

重要　問7　伊藤博文は1885年に最初の内閣総理大臣となるが，その後内閣総理大臣の職を辞め，内閣の上に枢密院を作り，そこで憲法制定を行った。憲法発布の際の首相は2代目の黒田清隆。

問8　日米修好通商条約に盛り込まれていた不平等な内容のうち，領事裁判権の撤廃に最初に成功したのは陸奥宗光でイギリスが最初に応じた。

問9　関税自主権の回復に成功したのは小村寿太郎で，最初に応じたのはアメリカ。

★ワンポイントアドバイス★

試験時間に対して問題数はやや多いが基本的な事項を問う問題が多いので，あせる必要はない。それぞれの設問の問題を丁寧に読んで，求められているものを正確につかんでから設問の記号の中から答えを選ぶこと。

＜国語解答＞ 《学校からの正答の発表はありません。》

一　① 幼児　② 幕府　③ 暖かな　④ こうし　⑤ こうごう
⑥ ぞうきばやし　⑦ 道徳　⑧ 戦術　⑨ 務める　⑩ 要領

二　問一　a ウ　b ア　c イ　d エ　問二　(例)　スピードだけでペアを決めるのではなく，二人がフォームを合わせられるかと時間をかけて考えなければならないということ。　問三　ウ　問四　E　問五　(例)　千帆と恵梨香が組めばインターハイで優勝できるという希衣の夢。　問六　イ

三　問一　A ア　B イ　C ウ　問二　①　(3字)　暮らし　(2字)　快適
②　(例)　私が考える「AI」や「IoT」が活躍する家具は，勉強の計画を作ってくれて管理してくれる机だ。私は勉強の計画を立てるのが苦手で，しかも，計画通りに実行できないので両親によくしかられる。そこで，タブレットに学校や塾，スポーツクラブの予定のほかに，例えば漢字を100字覚えるなどと目標を入力すると，机に搭載されたAIが日課表を作ってくれるのである。そして，勉強の進行が遅れると音声で教えてくれたり，調整してくれたりする机である。その日に何をすればよいかがわかり，両親にしかられることもなくなり，計画を作り直す手間も省けるので勉強が快適になる。　問三　エ

○配点○

一　各2点×10　二　問一・問四　各4点×5　問二　10点　問三・問五・問六　各5点×3
三　問一・問二①　各4点×5　問二②　10点　問三　5点　計100点

＜国語解説＞

一 (漢字の読み書き)

①「幼児」は，幼い子ども。「幼」の訓読みは「おさな(い)」。「幼少」「長幼」などの熟語がある。「児」には「児童」「育児」などの熟語がある。　②「幕」は，形の似た「墓(ボ・はか)」と区別する。「幕」には「マク」の音もある。「幕末」「開幕(かいまく)」などの熟語がある。「府」は，部首の「广」を「厂」と書かないように注意する。「政府」などの熟語がある。　③「暖か」は，送り仮名を「暖たか」と誤りやすいので注意する。また「温か」と区別する。気候の場合は「暖か」を書く。「暖」の音は「ダン」。「寒暖」「温暖」などの熟語がある。　④「公私」は，おおやけのことにかかわりのあることと，自分だけにかかわりのあること。「公」の訓読みは「おおやけ」。「公共」「公認」などの熟語がある。「私」の訓読みは「わたくし」。「私設」「私人」などの熟語がある。　⑤「皇后」は，天皇・皇帝の妻。「皇」には「オウ」の音もある。「皇族」「皇位」などの熟語がある。　⑥「雑木林」は，いろいろな種類の木が生えている林。「雑」には「ザツ」の音もある。「ゾウ」と読む熟語には「雑巾(ぞうきん)」「雑言(ぞうごん)」などがある。　⑦「道徳」は，人として守らなければならない正しい行い。「徳」を，同音の「得」や「特」と書かないように注

意する。「徳」は，人としての正しい心や行いがあって，人からしたわれる人がら。「徳の高いお坊さん」のように使う。「人徳」「悪徳」などの熟語がある。　⑧「戦術」は，戦いや試合に勝つための方法。「戦」の訓読みは「たたか(う)・いくさ」。「戦乱」「戦果」などの熟語がある。「術」には「学術」「芸術」などの熟語がある。　⑨「務める」は，同訓の「勤める」「努める」と区別する。「務める」は，与えられた役目をするの意味。「勤める」は，仕事をするの意味。「努める」は，努力するの意味。「務」の音は「ム」。「任務」「勤務」などの熟語がある。　⑩「要領」は，物事を上手に行うやり方。「要」の訓読みは「かなめ・い(る)」。「要約」「要素」などの熟語がある。「領」には「領土」「領域」などの熟語がある。

[二]（小説一心情・情景の読み取り，文章の細部の読み取り，空欄補充の問題）

やや難　問一　a　直後に「咳払いした」とある。咳を表す言葉は，ウ「コホン」である。　b　直後に「電車が大きく揺れた」とある。大きさがあり，固くて重みのあるものが動く様子を表す言葉は，ア「ガタン」である。　c　直後に「身を縮こまらせる」とある。「縮こまる」は，縮んだように小さくなる様子。イ「ぎゅっ」は，強く握ったり押しつけたりして物を小さくする様子を表す擬態語。　d　直後に「下がる」とある。エ「だらり」は，力なくたれさがっている様子。

重要　問二　指定語の「フォーム」と「スピード」に関係する表現を文章中から探す。「フォーム」については，恵梨香が「そもそも私のフォームに合わせてもらわないと困ります」と言っている。「スピード」については，希衣が「湧別さんは速いよ」「速くなれると思う？」と言っているのが見つかる。これらの表現と千帆の「単純なもんじゃない」という言葉を考え合わせると，ペアを決めることと，スピードが速くなること，フォームを合わせることの関係は単純なものではないということを言おうとしているとわかる。そして，電車の中でのペアを決める話し合いの最後に，恵梨香が「先が長い計画ですね」と言っていることに注目すると，「単純ではない」というのは，解答例のように，スピードだけでペアを決めるのではなく，恵梨香と希衣のフォームを合わせられるかを時間をかけて考えなければならないということを言っているとわかる。

問三　文章中の4人の位置関係についての表現は，次の通り。　(1)　二人と一人に挟まれた舞奈　→　舞奈はBかC　　(2)　二人(希衣・千帆)から目を逸らしたまま，恵梨香が口早に　→　恵梨香はAかD　　(3)　強張る希衣の手を握り締め，千帆は掠れた声で　→　希衣と千帆は並んで座っているから，ABかCDの位置　　すると，舞奈はC，恵梨香はD，希衣と千帆はABに並んで座るという位置関係が読み取れる。

問四　[A]は，千帆と恵梨香がペアを組むことを主張している希衣の言葉である。[B]・[C]は，希衣とのペアを望んでいる恵梨香の言葉。そして，[E]のあとの「誰かの幻想を殺す」というのは，「希衣が追ってる理想の私に，今の私はなれないから。希衣の夢は，私にはちょっと重すぎる」という[E]の千帆の言葉によって，千帆と恵梨香のペアでインターハイ優勝を目指すという希衣の夢(幻想)が消えたことを指している。

重要　問五　[E]は，千帆が希衣に対して言っている言葉。問四でとらえたように，「誰かの幻想」とは希衣の幻想であり，[A]で主張されていることである。解答の言葉は，[A]で詳しく説明する前に希衣が言っている「千帆と湧別さんが組めば，インハイ優勝だってありえると私は思ってる」という言葉を使ったもの。

問六　問四・問五と関連させて考える。「希衣の夢は，私にはちょっと重すぎる」という千帆の言葉は，問五でとらえた「千帆と湧別さんが組めば，インハイ優勝だってありえると私は思ってる」という希衣の理想を指している。「重すぎる」は，希衣の期待の重さに千帆が苦しめられることを指している。その言葉を聞いて，希衣はイに説明されている自分の過ちに気づいたのである。

三 (論説文ー文章の細部の読み取り，空欄補充の問題，記述力・表現力)

基本 問一 A 前では，ゲームの世界ではシンギュラリティ(技術的特異点)はすでに到来していると述べている。これは，カーツワイル氏の予測の①・②がゲームの世界では実現していることを説明している。あとでは，その内容に加えて「脳の活動がコンピュータと一体化する」という③の予測について思い当たる部分があると述べている。累加のア「さらに」が入る。 B 前で説明している「IoT(Internet of Things:モノのインターネット)でつながり合う日」の例として，「こんなイメージ」を挙げている。例示のイ「たとえば」が入る。 C 前では，AIを「有能すぎる相棒」と評価して，AIのある生活をよいものとしている。あとでは，AIに頼りすぎると人間の能力が衰えると，AIのある生活をよくないものとしている。前後が反対になっているので，逆接のウ「しかし」が入る。

やや難 問二 ① 「こんなイメージです」からあとの部分は，AIが搭載されたIoTが日常生活で使われたらどうなるか，という例である。例を挙げて説明したあとで，筆者は「夢みたいですが，技術的には可能です」と述べて「暮らしが快適になるよう考えたりする。『有能すぎる相棒』，それがAIです」と説明している。つまり，IoTの開発の目的は，暮らしを快適にするためである。

② 「AI」や「IoT」は，暮らしを快適にするためのものである。だから，解答もどういうものがあれば，どう快適に暮らせるかという視点でまとめる。解答例は，日課表を作って進行を管理してくれる机があれば，何をすればよいかがわかり，両親にしかられず，計画を作り直す手間も省けるので快適になるとまとめている。

問三 人とのコミュニケーションがAIにとって難しいのは，――線②の直前にあるように「マニュアルでは対応できない事態が起こりやすい」からである。マニュアルは，手順や方法を示した本。設問は，コミュニケーションはAIにとって難しいという事例に適さないものを選ぶというもの。言いかえれば，マニュアルで対応できるものを選べばよい。エの「笑っているのか怒っているのか」は，表情から判断できるのでマニュアルで対応できる。これが正解。ア，同じ言葉をかけて喜ぶか悲しむかを想定するのは困難だから，マニュアル対応できない。イ，言葉と気持ちが一致していないという事態は，マニュアルでは対応できない。ウ，表情や言葉，しぐさを総合して相手の気持ちを予測することは，場面，場面で違うからマニュアル対応できない。

★ワンポイントアドバイス★

小説は，行動や会話などに表現されていることから人物の心情や思いをつかもう。また，表現から場面の様子をつかむようにしよう。 論説文は，どのようなことが説明されているのかを具体例からとらえて，筆者がどのように説明を進めて考えを述べているかを読み取っていこう。

MEMO

大切なことはメモしておこうネ！

解答用紙集

○月×日 △曜日　天気（合格日和）

◆ご利用のみなさまへ

＊解答用紙の公表を行っていない学校につきましては、弊社の責任において、解答用紙を制作いたしました。

＊編集上の理由により一部縮小掲載した解答用紙がございます。

＊編集上の理由により一部実物と異なる形式の解答用紙がございます。

人間の最も偉大な力とは、その一番の弱点を克服したところから生まれてくるものである。――カール・ヒルティ――

東京学参株式会社

東海大学菅生高等学校中等部(第1回A)　2024年度　◇算数◇

※ 128%に拡大していただくと，解答欄は実物大になります。

1

(1)	(2)	(3)	(4)	(5)	(6)

2

(1)	(2)	(3)	(4)	(5)	(6)

3

(1)（式）

m

(2)（式）

本

(3)（式）

本

4

(1)

点

(2)

人

(3)

人

5

(1)（式）

：　　：

(2)（式）

cm^2

◇国語◇

東海大学菅生高等学校中等部(第１回Ａ)　２０２４年度

※１３３％に拡大していただくと、解答欄は実物大になります。

一

① 武力　② 粉末　③ 正夢　④ 綿花

⑤ ギム　⑥ テンジ　⑦ デンショウ　⑧ タシカメル

⑨ ショゾウ　⑩ タンジュン

二

問一　問二　問三 ③ ④ ⑬ ⑭

問四　10　15　20　報道。

問五

問六　10　13　報道をさせないため。

問七　問八　問九　問十

問十一　10　15　20　25

問十二

三

問一 ① ⑦ ⑪　問二

問三　問四　問五

問六

問七

問八

問九

問十 i ii

東海大学菅生高等学校中等部(第1回B)　2024年度　◇算数◇

※ 128％に拡大していただくと，解答欄は実物大になります。

1

(1)	(2)	(3)	(4)	(5)

2

(1)	(2)	(3)	(4)	(5)

3

(1)

(2)　(式)

cm^3

(3)　(式)

cm^3

4

(1)　(式)

cm^2

(2)　(式)

:

◇国語◇

東海大学菅生高等学校中等部（第１回Ｂ）　２０２４年度

※１３３％に拡大していただくと、解答欄は実物大になります。

一

① ハッキ	② カンビョウ	③ ソンケイ	④ サイシュウ
⑤ マゼル	⑥ ヘラス	⑦ センレン	⑧ 縦断
⑨ 県庁	⑩ 退ける　ける		

二

問一　A　B　C　D

問二

問三

問四

問五

三

問一　A　B　C

問二

問三

問四

東海大学菅生高等学校中等部（第2回A）　2024年度

◇算数◇

※ 130％に拡大していただくと，解答欄は実物大になります。

1

(1)	(2)	(3)	(4)	(5)

2

(1)	(2)	(3)	(4)	(5)

3

（1）

（2）

4

（1） 見取り図

（2）

cm^3

（3）

cm^2

東海大学菅生高等学校中等部（第２回Ａ）　２０２４年度

◇国語◇

※１５２％に拡大していただくと、解答欄は実物大になります。

一

① リュウイキ
② ダンゲン
③ ムクイル
④ シュウヨウ
⑤ ボウエキ
⑥ 優良
⑦ 預金
⑧ 背ける　　けろ
⑨ 庁舎
⑩ 退ける　　ける

二

問一　A　B　C　D

問二

問三
西洋音楽
日本の音楽

問四　ア　イ　ウ　エ

問五　〜

三

問一

問二

問三

問四

東海大学菅生高等学校中等部(第1回A)　2023年度　◇算数◇

※ 130%に拡大していただくと，解答欄は実物大になります。

1

(1)	(2)	(3)	(4)	(5)	(6)

2

(1)	(2)	(3)	(4)	(5)	(6)

3

(1) (式)

A　秒速　　m　　B　秒速　　m

(2) (式)

秒後

4

(1)

cm^2

(2)

cm^2

(3)

cm

5

(1)

cm^3

(2)

cm^2

(3)

cm

2023年度

東海大学菅生高等学校中等部（第１回Ａ）

◇国語◇

※ 132%に拡大していただくと、解答欄は実物大になります。

一

①口調　②取捨　③負傷　④仁愛

⑤ヨウサン　⑥シュウノウ　⑦テンジ　⑧ショウメイショ

⑨オサナイ　⑩ツトメル

二

問一　（13字）から。

問二　②　③

問三

問四

問五　（30字）

問六

問七

問八　⑨　⑩

問九　Ⅰ　（25字）という意識。

Ⅱ

三

問一　（22字）

問二

問三　（40字）

問四　④　⑦

問五

問六

問七

問八

問九　（45字）

※ 130%に拡大していただくと，解答欄は実物大になります。

1

(1)	(2)	(3)	(4)	(5)

2

(1)	(2)	(3)	(4)	(5)

3

(1)

円

(2)

円

4

(1)

cm^3

(2)

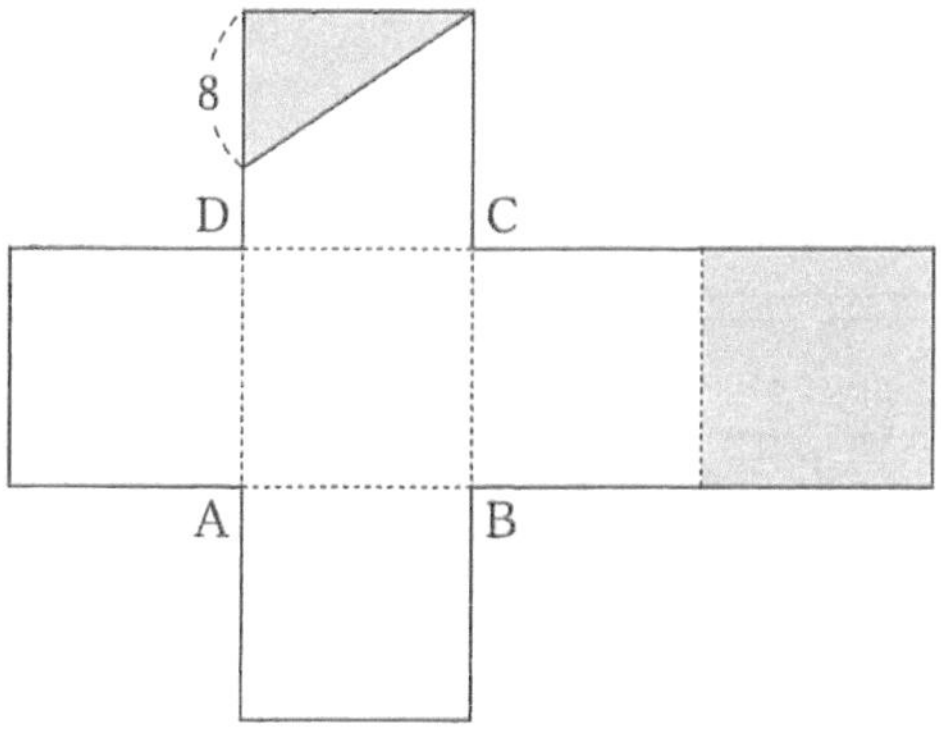

2023年度 東海大学菅生高等学校中等部（第１回Ｂ）

◇国語◇

※132%に拡大していただくと、解答欄は実物大になります。

一

① シュウダン
② ゲンショウ
③ ギム
④ シュシャ
⑤ ウラニワ
⑥ 得る　（　）る
⑦ 夫妻
⑧ 熟練
⑨ 補う　（　）う
⑩ 郵送

二

問一（50字）

問二　〜

問三

問四（90〜100字）

問五

問六　A　B

三

問一

問二　A　B

問三　〜

問四

問五　〜

問六（50〜60字）

東海大学菅生高等学校中等部(第2回A)　2023年度　◇算数◇

※ 133%に拡大していただくと，解答欄は実物大になります。

1

(1)	(2)	(3)	(4)	(5)

2

(1)	(2)	(3)	(4)	(5)

3

(1)

cm^3

(2)

cm^2

4

(1)

(2)

(3)

2023年度

東海大学菅生高等学校中等部(第2回A)

◇国語◇

※141%に拡大していただくと，解答欄は実物大になります。

一

① 著作権	② 批評	③ 画一	④ 忠誠
⑤ ドウソウカイ	⑥ ヒテイ	⑦ ホウフ	⑧ ノバス
⑨ タンジュン	⑩ センモン		

二

問一 ① ⑥

問二 ② ③

問三

問四 ～

問五

問六

問七

問八

三

問一

問二 ～ から。

問三

問四

問五

問六

問七 ⑦ ⑧

東海大学菅生高等学校中等部(第1回A)　2022年度

◇算数◇

※ 130%に拡大していただくと，解答欄は実物大になります。

1

(1)	(2)	(3)	(4)	(5)	(6)

2

(1)	(2)	(3)	(4)	(5)	(6)

3

(1)（式）

cm^2

(2)（式）

cm

(3)（式）

cm

4

(1)

通り

(2)

通り

(3)

通り

5

(1)

cm^3

(2)

cm^2

2022年度

東海大学菅生高等学校中等部（第1回A）

◇国語◇

※132%に拡大していただくと、解答欄は実物大になります。

一

① ヒキイル	② ココロヨイ	③ ショウヒゼイ	④ エイセイ
⑤ フリエキ	⑥ 真面目	⑦ 眼鏡	⑧ 過程
⑨ 大判	⑩ 統計		

二

問一　問二　問三　問四　問五

問六（10、20、30、35）

三

問一

問二　②　⑥

問三　〜　こと。

問四（25）（25）（25）

問五（10）

問六（10、20、30、40）

問七

東海大学菅生高等学校中等部（第1回B）　2022年度

◇算数◇

※ 130%に拡大していただくと，解答欄は実物大になります。

1

(1)	(2)	(3)	(4)	(5)

2

(1)	(2)	(3)	(4)	(5)

3

(1)

cm²

(2)

倍

4

(1)

(2)

(3) (式)

cm³

東海大学菅生高等学校中等部（第1回B）　2022年度

◇理科◇

※ 130％に拡大していただくと，解答欄は実物大になります。

1

問1				問2
A	B	C	D	

問3	問4	問5	問6

2

問1	問2	問3
	g	cm^3

問4	問5	問6
g	cm^3	cm^3

3

問1

問2			
A	B	C	D

問3		
葉の表 cm^3	葉の裏 cm^3	くき cm^3

4

問1			
A	B	C	D

問2			
A	B	C	D

問3		問4	
季節	気団	（a）	（b）

東海大学菅生高等学校中等部(第1回B)　2022年度　◇社会◇

※ 130％に拡大していただくと，解答欄は実物大になります。

1

問1			
Ⅰ	Ⅱ	Ⅲ	Ⅳ
問1	問2		
Ⅴ	Ⅰ	Ⅱ	Ⅲ
問2			
Ⅳ	Ⅴ		

2

〈Ⅰ〉

(1)	(2)	(3)	(4)
(5)	(6)		

〈Ⅱ〉

(1)	(2)	(3)	(4)
(5)	(6)		

3

問1			
①	②	③	④
問1	問2		
⑤	①	②	③
問2			
④	⑤		

4

問1	問2	問3
問4	問5	問6
問7	問8	問9

◇国語◇

※ １３２％に拡大していただくと、解答欄は実物大になります。

一

① ジュンビ	② サンパイ	③ キンゾク	④ ジョウキ
⑤ ツトメル	⑥ 脳裏	⑦ 豊作	⑧ 能力
⑨ 武者	⑩ 創立		

二

問一　〜

問二

問三　〜

問四

問五　・　・

問六

三

問一　A　B　C

問二　〜

問三

問四　〜

問五

東海大学菅生高等学校中等部（第2回A）　2022年度　◇算数◇

※ 133％に拡大していただくと，解答欄は実物大になります。

1

(1)	(2)	(3)	(4)	(5)

2

(1)	(2)	(3)	(4)	(5)

3

(1)

(2)

(3)

4

(1)

cm^2

(2)

cm^2

◇国語◇

※１４１％に拡大していただくと、解答欄は実物大になります。

一

①	②	③	④
序文	原因	雑木林	帰省
⑤	⑥	⑦	⑧
構える	リュウガクセイ	カンケツ	シュウフク
⑨	⑩		
タイド	ニガオエ		

二

問一

問二　問三　問四

問五　から。

問六　⑥　⑦

問七　問八　問九

問十

三

問一

問二

問三

問四

問五

問六　問七

問八

問九

東海大学菅生高等学校中等部(第1回A)　2021年度

◇算数◇

※ 139%に拡大していただくと，解答欄は実物大になります。

1

(1)	(2)	(3)	(4)	(5)	(6)

2

(1)	(2)	(3)	(4)	(5)	(6)

3

(1)（式）

分後

(2)（式）

分後

(3)（式）

分後

4

(1)

(2)

5

(1)（式）

cm

(2)（式）

cm

(3)（式）

cm

東海大学菅生高等学校中等部（第１回Ａ）　２０２１年度

※１３０％に拡大していただくと、解答欄は実物大になります。

◇国語◇

一

①ジュンビ　②ジョウキ　③イタメル　④フクシュウ

⑤ヘンシュウ　⑥追討　⑦基本　⑧能力

⑨養蚕　⑩揮発

二

問一　問二　問三

問四　問五

問六（40）

問七（40）

三

問一　a　Ⅰ　Ⅱ

b　～

問二　②　③

問三（20）

問四

問五

問六

◇算数◇

※ 137％に拡大していただくと，解答欄は実物大になります。

1

(1)	(2)	(3)	(4)	(5)

2

(1)	(2)	(3)	(4)	(5)

3

(1)

cm²

(2)

倍

4

(1) (式)

㋐　cm

(2) (式)

㋑　分

(3) (式)

cm^3

東海大学菅生高等学校中等部（第1回B）　2021年度　◇理科◇

※ 137％に拡大していただくと，解答欄は実物大になります。

1

問1	問2	問3
cm	g	cm
問4	問5	問6
g	cm	cm

2

問1	問2	問3
g	g	%
問4	問5	問6

3

問1		
A	B	C
問2		
問3		
（a）	（b）	（c）

4

問1	問2	
問3		
A	B	C
問4		
理由		

東海大学菅生高等学校中等部(第1回B)　2021年度

◇社会◇

※ 137%に拡大していただくと，解答欄は実物大になります。

1

問1			
北海道の気候	南西諸島の気候	太平洋側の気候	瀬戸内の気候
問1		問2	
中央高地の気候	日本海側の気候	＜Ⅰ＞	＜Ⅱ＞
問2			
＜Ⅲ＞			

2

(1)	(2)	(3)	(4)
(5)	(6)	(7)	

3

問1			
①	②	③	④
問1	問2		
⑤	①	②	③
問2			
④	⑤		

4

問1	問2	問3
問4	問5	問6
問7	問8	問9

◇国語◇

東海大学菅生高等学校中等部(第1回B)　２０２１年度

※ １３５%に拡大していただくと，解答欄は実物大になります。

一

① ジュギョウ

② マゼル

③ 鉱物

④ ホゴ

⑤ 貯蔵

⑥ ダンソウ

⑦ ネダン

⑧ オギナウ

⑨ 明朗

⑩ キリツ

二

問一　A　B　C

問二

問三　(1)　(2)

問四

問五

問六　(1) ～　(2)

三

問一　A　B　C

問二 ～

問三
・
・
・

問四

問五 ～

問六

東海大学菅生高等学校中等部(第2回A)　2021年度　◇算数◇

※ 137%に拡大していただくと，解答欄は実物大になります。

1

(1)	(2)	(3)	(4)	(5)

2

(1)	(2)	(3)	(4)	(5)

3

（1）（式）

cm^3

（2）（式）

cm^2

4

（1）（式）

cm

（2）（式）

cm^2

（3）（式）

cm^2

２０２１年度 東海大学菅生高等学校中等部（第２回Ａ）

◇国語◇

※１４５％に拡大していただくと，解答欄は実物大になります。

一

① ブッカ	② オウフク	③ アヤマル	④ トドケル
⑤ 合奏	⑥ 射る	⑦ キュウシュウ	⑧ シキ
⑨ ケワシイ	⑩ キンセイ		

二

問一　A　B　C　D　E

問二　Ⅰ　Ⅱ

問三

問四

問五

問六

三

問一　A　B　C

問二　〜　役割　〜　役割　〜　役割

問三　〜

問四

問五

合

東海大学菅生高等学校中等部(第1回A)　2020年度　◇算数◇

※129%に拡大していただくと，解答欄は実物大になります。

1

(1)	(2)	(3)	(4)	(5)	(6)

2

(1)	(2)	(3)	(4)	(5)	(6)

3

(1) cm

(2) cm^2

4

(1) 長針　　度，短針　　度

(2) 度

(3) 時　　分

5

(1)

(2) cm^3

(3) cm^2

◇国語◇

東海大学菅生高等学校中等部(第1回A)　２０２０年度

※１２６％に拡大していただくと、解答欄は実物大になります。

一

① ヒジョウ	② モウケル
③ 心構え	④ キョウカイ線
⑤ タガヤス	⑥ 拝む
⑦ ウラ	⑧ ハイゴ
⑨ 朗読会	⑩ ソナエル

二

問一　A　B　C　D

問二

問三　問四　問五

三

問一　A　B　C　D

問二

問三　1　2

問四　【主要教科】　【副教科】

問五

問六

東海大学菅生高等学校中等部(第1回B)　2020年度

◇算数◇

※129％に拡大していただくと，解答欄は実物大になります。

1

(1)	(2)	(3)	(4)	(5)

2

(1)	(2)	(3)	(4)	(5)

3

(1)

km

(2)

分速　m

4

(1) (式)

cm^2

(2) (式)

cm

(3) (式)

cm^2

東海大学菅生高等学校中等部(第1回B)　2020年度

◇理科◇

※129％に拡大していただくと，解答欄は実物大になります。

1

問1	問2	
(cm)	(g)	

問3	問4	問5
計算や考え方 答え　(cm)	計算や考え方 答え　(cm)	計算や考え方 答え　(g)

2

問1			
(a)	(b)	(c)	(d)
(e)	(f)	(g)	

問2		
酸素	水素	アンモニア

問3	
二酸化炭素	理由

3

問1		
①	②	③
④	⑤	⑥
⑦	⑧	⑨

問2		
(1)	(2)	(3)

4

問1	問2	
		理由

問3

東海大学菅生高等学校中等部(第1回B)　2020年度

◇社会◇

※129％に拡大していただくと，解答欄は実物大になります。

1

問1			
A	B	C	D
問1			問2
E	F	G	

2

問		
A	B	C
問		
D	E	F

3

問1			
①	②	③	④
問1	問2		
⑤	①	②	③
問2			
④	⑤		

4

問1	問2	問3
問4	問5	問6
問7	問8	問9

2020年度

東海大学菅生高等学校中等部（第1回B）

※131%に拡大していただくと、解答欄は実物大になります。

◇国語◇

一

① ヨウジ	② バクフ	③ アタタカナ	④ 公私
⑤ 皇后	⑥ 雑木林	⑦ ドウトク	⑧ センジュツ
⑨ ツトメル	⑩ ヨウリョウ		

二

問一 a b c d

問二

問三

問四

問五

問六

三

問一 A B C

問二 ① 3字 2字

②

問三

MEMO

大切なことはメモしておこうネ！

MEMO

大切なことはメモしておこうね！

MEMO

大切なことはメモしておこうネ！

MEMO

大切なことはメモしておこうネ！

MEMO

大切なことはメモしておこうネ！

MEMO

大切なことはメモしておこうネ！

MEMO

大切なことはメモしておこうネ！

東京学参の
中学校別入試過去問題シリーズ

＊出版校は一部変更することがあります。一覧にない学校はお問い合わせください。

東京ラインナップ

あ　青山学院中等部(L04)
麻布中学(K01)
桜蔭中学(K02)
お茶の水女子大附属中学(K07)
か　海城中学(K09)
開成中学(M01)
学習院中等科(M03)
慶應義塾中等部(K04)
啓明学園中学(N29)
晃華学園中学(N13)
攻玉社中学(L11)
国学院大久我山中学
（一般・CC）(N22)
（ＳＴ）(N23)
駒場東邦中学(L01)
さ　芝中学(K16)
芝浦工業大附属中学(M06)
城北中学(M05)
女子学院中学(K03)
巣鴨中学(M02)
成蹊中学(N06)
成城中学(K28)
成城学園中学(L05)
青稜中学(K23)
創価中学(N14)★
た　玉川学園中学部(N17)
中央大附属中学(N08)
筑波大附属中学(K06)
筑波大附属駒場中学(L02)
帝京大中学(N16)
東海大菅生高中等部(N27)
東京学芸大附属竹早中学(K08)
東京都市大付属中学(L13)
桐朋中学(N03)
東洋英和女学院中学部(K15)
豊島岡女子学園中学(M12)
な　日本大第一中学(M14)
日本大第三中学(N19)
日本大第二中学(N10)
は　雙葉中学(K05)
法政大学中学(N11)
本郷中学(M08)
ま　武蔵中学(N01)
明治大付属中野中学(N05)
明治大付属八王子中学(N07)
明治大付属明治中学(K13)
ら　立教池袋中学(M04)
わ　和光中学(N21)
早稲田中学(K10)
早稲田実業学校中等部(K11)
早稲田大高等学院中学部(N12)

神奈川ラインナップ

あ　浅野中学(O04)
栄光学園中学(O06)
か　神奈川大附属中学(O08)
鎌倉女学院中学(O27)
関東学院六浦中学(O31)
慶應義塾湘南藤沢中等部(O07)
慶應義塾普通部(O01)
さ　相模女子大中学部(O32)
サレジオ学院中学(O17)
逗子開成中学(O22)
聖光学院中学(O11)
清泉女学院中学(O20)
洗足学園中学(O18)
捜真女学校中学部(O29)
た　桐蔭学園中等教育学校(O02)
東海大付属相模高中等部(O24)
桐光学園中学(O16)
な　日本大中学(O09)
は　フェリス女学院中学(O03)
法政大第二中学(O19)
や　山手学院中学(O15)
横浜隼人中学(O26)

千・埼・茨・他ラインナップ

あ　市川中学(P01)
浦和明の星女子中学(Q06)
か　海陽中等教育学校
（入試Ⅰ・Ⅱ）(T01)
（特別給費生選抜）(T02)
久留米大附設中学(Y04)
さ　栄東中学（東大・難関大）(Q09)
栄東中学（東大特待）(Q10)
狭山ヶ丘高校付属中学(Q01)
芝浦工業大柏中学(P14)
渋谷教育学園幕張中学(P09)
城北埼玉中学(Q07)
昭和学院秀英中学(P05)
清真学園中学(S01)
西南学院中学(Y02)
西武学園文理中学(Q03)
西武台新座中学(Q02)
専修大松戸中学(P13)
た　筑紫女学園中学(Y03)
千葉日本大第一中学(P07)
千葉明徳中学(P12)
東海大付属浦安高中等部(P06)
東邦大付属東邦中学(P08)
東洋大附属牛久中学(S02)
獨協埼玉中学(Q08)
な　長崎日本大中学(Y01)
成田高校付属中学(P15)
は　函館ラ・サール中学(X01)
日出学園中学(P03)
福岡大附属大濠中学(Y05)
北嶺中学(X03)
細田学園中学(Q04)
や　八千代松陰中学(P10)
ら　ラ・サール中学(Y07)
立命館慶祥中学(X02)
立教新座中学(Q05)
わ　早稲田佐賀中学(Y06)

公立中高一貫校ラインナップ

北海道　市立札幌開成中等教育学校(J22)
宮　城　宮城県仙台二華・古川黎明中学校(J17)
市立仙台青陵中等教育学校(J33)
山　形　県立東桜学館・致道館中学校(J27)
茨　城　茨城県立中学・中等教育学校(J09)
栃　木　県立宇都宮東・佐野・矢板東高校附属中学校(J11)
群　馬　県立中央・市立四ツ葉学園中等教育学校・
市立太田中学校(J10)
埼　玉　市立浦和中学校(J06)
県立伊奈学園中学校(J31)
さいたま市立大宮国際中等教育学校(J32)
川口市立高等学校附属中学校(J35)
千　葉　県立千葉・東葛飾中学校(J07)
市立稲毛国際中等教育学校(J25)
東　京　区立九段中等教育学校(J21)
都立大泉高等学校附属中学校(J28)
都立両国高等学校附属中学校(J01)
都立白鷗高等学校附属中学校(J02)
都立富士高等学校附属中学校(J03)
都立三鷹中等教育学校(J29)
都立南多摩中等教育学校(J30)
都立武蔵高等学校附属中学校(J04)
都立立川国際中等教育学校(J05)
都立小石川中等教育学校(J23)
都立桜修館中等教育学校(J24)
神奈川　川崎市立川崎高等学校附属中学校(J26)
県立平塚・相模原中等教育学校(J08)
横浜市立南高等学校附属中学校(J20)
横浜サイエンスフロンティア高校附属中学校(J34)
広　島　県立広島中学校(J16)
県立三次中学校(J37)
徳　島　県立城ノ内中等教育学校・富岡東・川島中学校(J18)
愛　媛　県立今治東・松山西中等教育学校(J19)
福　岡　福岡県立中学校・中等教育学校(J12)
佐　賀　県立香楠・致遠館・唐津東・武雄青陵中学校(J13)
宮　崎　県立五ヶ瀬中等教育学校・宮崎西・都城泉ヶ丘高校附属中学校(J15)
長　崎　県立長崎東・佐世保北・諫早高校附属中学校(J14)

公立中高一貫校「適性検査対策」問題集シリーズ

総合編
作文問題編
資料問題編
数と図形編
生活と科学編
実力確認テスト編

私立中・高スクールガイド
THE《ザ》 私立
私立中学&高校の学校生活がわかる！

東京学参の
高校別入試過去問題シリーズ

＊出版校は一部変更することがあります。一覧にない学校はお問い合わせください。

東京ラインナップ

あ 愛国高校（A59）
青山学院高等部（A16）★
桜美林高校（A37）
お茶の水女子大附属高校（A04）
か 開成高校（A05）★
共立女子第二高校（A40）★
慶應義塾女子高校（A13）
啓明学園高校（A68）★
国学院高校（A30）
国学院大久我山高校（A31）
国際基督教大高校（A06）
小平錦城高校（A61）★
駒澤大高校（A32）
さ 芝浦工業大附属高校（A35）
修徳高校（A52）
城北高校（A21）
専修大附属高校（A28）
創価高校（A66）★
た 拓殖大第一高校（A53）
立川女子高校（A41）
玉川学園高等部（A56）
中央大高校（A19）
中央大杉並高校（A18）★
中央大附属高校（A17）
筑波大附属高校（A01）
筑波大附属駒場高校（A02）
帝京大高校（A60）
東海大菅生高校（A42）
東京学芸大附属高校（A03）
東京農業大第一高校（A39）
桐朋高校（A15）
都立青山高校（A73）★
都立国立高校（A76）★
都立国際高校（A80）★
都立国分寺高校（A78）★
都立新宿高校（A77）★
都立墨田川高校（A81）★
都立立川高校（A75）★
都立戸山高校（A72）★
都立西高校（A71）★
都立八王子東高校（A74）★
都立日比谷高校（A70）★
な 日本大櫻丘高校（A25）
日本大第一高校（A50）
日本大第三高校（A48）
日本大第二高校（A27）
日本大鶴ヶ丘高校（A26）
日本大豊山高校（A23）
は 八王子学園八王子高校（A64）
法政大高校（A29）
ま 明治学院高校（A38）
明治学院東村山高校（A49）
明治大付属中野高校（A33）
明治大付属八王子高校（A67）
明治大付属明治高校（A34）★
明法高校（A63）
わ 早稲田実業学校高等部（A09）
早稲田大高等学院（A07）

神奈川ラインナップ

あ 麻布大附属高校（B04）
アレセイア湘南高校（B24）
か 慶應義塾高校（A11）
神奈川県公立高校特色検査（B00）
さ 相洋高校（B18）
た 立花学園高校（B23）
桐蔭学園高校（B01）
東海大付属相模高校（B03）★
桐光学園高校（B11）
な 日本大高校（B06）
日本大藤沢高校（B07）
は 平塚学園高校（B22）
藤沢翔陵高校（B08）
法政大国際高校（B17）
法政大第二高校（B02）★
や 山手学院高校（B09）
横須賀学院高校（B20）
横浜商科大高校（B05）
横浜市立横浜サイエンスフロンティア高校（B70）
横浜翠陵高校（B14）
横浜清風高校（B10）
横浜創英高校（B21）
横浜隼人高校（B16）
横浜富士見丘学園高校（B25）

千葉ラインナップ

あ 愛国学園大附属四街道高校（C26）
我孫子二階堂高校（C17）
市川高校（C01）★
か 敬愛学園高校（C15）
さ 芝浦工業大柏高校（C09）
渋谷教育学園幕張高校（C16）★
翔凜高校（C34）
昭和学院秀英高校（C23）
専修大松戸高校（C02）
た 千葉英和高校（C18）
千葉敬愛高校（C05）
千葉経済大附属高校（C27）
千葉日本大第一高校（C06）★
千葉明徳高校（C20）
千葉黎明高校（C24）
東海大付属浦安高校（C03）
東京学館高校（C14）
東京学館浦安高校（C31）
な 日本体育大柏高校（C30）
日本大習志野高校（C07）
は 日出学園高校（C08）
や 八千代松陰高校（C12）
ら 流通経済大付属柏高校（C19）★

埼玉ラインナップ

あ 浦和学院高校（D21）
大妻嵐山高校（D04）★
か 開智高校（D08）
開智未来高校（D13）★
春日部共栄高校（D07）
川越東高校（D12）
慶應義塾志木高校（A12）
さ 埼玉栄高校（D09）
栄東高校（D14）
狭山ヶ丘高校（D24）
昌平高校（D23）
西武学園文理高校（D10）
西武台高校（D06）
た 東京農業大第三高校（D18）
は 武南高校（D05）
本庄東高校（D20）
や 山村国際高校（D19）
ら 立教新座高校（A14）
わ 早稲田大本庄高等学院（A10）

北関東・甲信越ラインナップ

あ 愛国学園大附属龍ヶ崎高校（E07）
宇都宮短大附属高校（E24）
か 鹿島学園高校（E08）
霞ヶ浦高校（E03）
共愛学園高校（E31）
甲陵高校（E43）
国立高等専門学校（A00）
さ 作新学院高校
（トップ英進・英進部）（E21）
（情報科学・総合進学部）（E22）
常総学院高校（E04）
た 中越高校（R03）＊
土浦日本大高校（E01）
東洋大附属牛久高校（E02）
な 新潟青陵高校（R02）
新潟明訓高校（R04）
日本文理高校（R01）
は 白鷗大足利高校（E25）
ま 前橋育英高校（E32）
や 山梨学院高校（E41）

中京圏ラインナップ

あ 愛知高校（F02）
愛知啓成高校（F09）
愛知工業大名電高校（F06）
愛知みずほ大瑞穂高校（F25）
暁高校（3年制）（F50）
鶯谷高校（F60）
栄徳高校（F29）
桜花学園高校（F14）
岡崎城西高校（F34）
か 岐阜聖徳学園高校（F62）
岐阜東高校（F61）
享栄高校（F18）
さ 桜丘高校（F36）
至学館高校（F19）
椙山女学園高校（F10）
鈴鹿高校（F53）
星城高校（F27）★
誠信高校（F33）
清林館高校（F16）★
た 大成高校（F28）
大同大大同高校（F30）
高田高校（F51）
滝高校（F03）★
中京高校（F63）
中京大附属中京高校（F11）★
中部大春日丘高校（F26）★
中部大第一高校（F32）
津田学園高校（F54）
東海高校（F04）★
東海学園高校（F20）
東邦高校（F12）
同朋高校（F22）
豊田大谷高校（F35）
な 名古屋高校（F13）
名古屋大谷高校（F23）
名古屋経済大市邨高校（F08）
名古屋経済大高蔵高校（F05）
名古屋女子大高校（F24）
名古屋たちばな高校（F21）
日本福祉大付属高校（F17）
人間環境大附属岡崎高校（F37）
は 光ヶ丘女子高校（F38）
誉高校（F31）
ま 三重高校（F52）
名城大附属高校（F15）

宮城ラインナップ

さ 尚絅学院高校（G02）
聖ウルスラ学院英智高校（G01）★
聖和学園高校（G05）
仙台育英学園高校（G04）
仙台城南高校（G06）
仙台白百合学園高校（G12）
た 東北学院高校（G03）★
東北学院榴ヶ岡高校（G08）
東北高校（G11）
東北生活文化大高校（G10）
常盤木学園高校（G07）
は 古川学園高校（G13）
ま 宮城学院高校（G09）★

北海道ラインナップ

さ 札幌光星高校（H06）
札幌静修高校（H09）
札幌第一高校（H01）
札幌北斗高校（H04）
札幌龍谷学園高校（H08）
は 北海高校（H03）
北海学園札幌高校（H07）
北海道科学大高校（H05）
ら 立命館慶祥高校（H02）

★はリスニング音声データのダウンロード付き。

都道府県別 公立高校入試過去問 シリーズ

- 全国47都道府県別に出版
- 最近数年間の検査問題収録
- リスニングテスト音声対応

公立高校入試対策問題集シリーズ

- 目標得点別・公立入試の数学（基礎編）
- 実戦問題演習・公立入試の数学（実力錬成編）
- 実戦問題演習・公立入試の英語（基礎編・実力錬成編）
- 形式別演習・公立入試の国語
- 実戦問題演習・公立入試の理科
- 実戦問題演習・公立入試の社会

高校入試特訓問題集 シリーズ

- 英語長文難関攻略33選（改訂版）
- 英語長文テーマ別難関攻略30選
- 英文法難関攻略20選
- 英語難関徹底攻略33選
- 古文完全攻略63選（改訂版）
- 国語融合問題完全攻略30選
- 国語長文難関徹底攻略30選
- 国語知識問題完全攻略13選
- 数学の図形と関数・グラフの融合問題完全攻略272選
- 数学難関徹底攻略700選
- 数学の難問80選
- 数学 思考力—規則性とデータの分析と活用—

2404A

〈ダウンロードコンテンツについて〉

本問題集のダウンロードコンテンツ、弊社ホームページで配信しております。現在ご利用いただけるのは「2025年度受験用」に対応したもので、**2025年3月末日**までダウンロード可能です。弊社ホームページにアクセスの上、ご利用ください。

※配信期間が終了いたしますと、ご利用いただけませんのでご了承ください。

中学別入試過去問題シリーズ

東海大学菅生高等学校中等部　2025年度

ISBN978-4-8141-3187-7

[発行所] 東京学参株式会社
〒153-0043　東京都目黒区東山2-6-4

書籍の内容についてのお問い合わせは右のQRコードから　⇒

※書籍の内容についてのお電話でのお問い合わせ、本書の内容を超えたご質問には対応できませんのでご了承ください。

2024年6月6日　初版